★★★★★

基于网络热度的全国红色旅游经典景区消费需求研究

—— 2023 ——

罗栋　李卫飞　马丽君 ◎ 著

旅游教育出版社
·北京·

图书在版编目（CIP）数据

基于网络热度的全国红色旅游经典景区消费需求研究. 2023 / 罗栋, 李卫飞, 马丽君著. -- 北京：旅游教育出版社, 2024. 11. -- ISBN 978-7-5637-4773-3

Ⅰ. F592.6

中国国家版本馆 CIP 数据核字第 2024DS4942 号

基于网络热度的全国红色旅游经典景区消费需求研究（2023）

罗栋　李卫飞　马丽君　著

策　　划	赖春梅
责任编辑	赖春梅
出版单位	旅游教育出版社
地　　址	北京市朝阳区定福庄南里 1 号
邮　　编	100024
发行电话	（010）65778403　65728372　65767462（传真）
本社网址	www.tepcb.com
E - mail	tepfx@163.com
排版单位	北京鸿文瀚海有限公司
印刷单位	唐山玺诚印务有限公司
经销单位	新华书店
开　　本	787 毫米 ×1092 毫米　1/16
印　　张	17.25
字　　数	344 千字
版　　次	2024 年 11 月第 1 版
印　　次	2024 年 11 月第 1 次印刷
定　　价	88.00 元

（图书如有装订差错请与发行部联系）

前　言

　　2024年5月，习近平总书记对旅游工作作出重要指示：着力完善现代旅游业体系，加快建设旅游强国，让旅游业更好服务美好生活、促进经济发展、构筑精神家园、展示中国形象、增进文明互鉴。总书记的指示为我国旅游高质量发展提供了根本遵循。用好红色资源、赓续红色血脉，推动红色旅游高质量发展，是建设旅游强国的重要内容。

　　自2004年底，中共中央办公厅、国务院办公厅颁布实施《2004—2010年全国红色旅游发展规划纲要》以来，历经三期发展规划纲要的培育发展，各地对红色旅游的重视程度、开发水平不断提高，全国红色旅游发展迅速，成效显著，红色旅游的规模不断扩大，体系不断完善，政治效益、社会效益和经济效益不断显现。当前，红色旅游已经成为我国旅游业的重要组成部分。据《中国红色旅游发展报告（2023）》，全国红色旅游接待人数已突破20亿人次，红色旅游市场规模接近万亿元。在新发展阶段下，如何全面贯彻新发展理念，持续增强红色旅游健康发展新动能，进一步促进红色文化与旅游深度融合，更好发挥红色旅游综合效益，推动红色旅游高质量发展行稳致远，是红色旅游研究亟待解决的新课题。

　　2019年以来，湘潭大学红色旅游研究团队围绕全国红色旅游经典景区网络热度开展了系列研究，形成了网络热度排名、客源市场分析、影响因素分析及建议等主要研究框架。本书写作团队由罗栋老师、李卫飞老师、陈喆芝老师、马丽君老师组成。本团队经过多次反复讨论，利用全国红色旅游经典景区网络热度已有成果，在2021年和2022年年度报告的基础上，继续将网络热度分析与红色旅游消费需求研究相结合，形成了红色旅游消费需求研究框架。团队邀请著名红色旅游研究专家刘建平教授、阎友兵教授、方世敏教授、林龙飞教授和龙祖坤教授等，对研究方案进行了具体指导，确定沿用"基于网络热度的全国红色旅游经典景区消费需求研究"题目，并以年度形成体系和显示区分，内容上继续保持全国红色旅游经典景区网络热度分析、消费群体特征研究、消费需求空间分布研究、消费需求影响因素及红色旅游发展建议四个研究板块。

本书共由五个部分组成：第一部分绪论，详细阐述了研究背景、研究目的，并系统交代了研究对象、数据来源和数据处理；第二至五部分即本书一至四章。第一章红色旅游经典景区网络热度分析是后续消费需求研究的基础，分析全国整体和七大区域的网络热度概况，并按时间段与景区等级进行了网络热度排名。第二章红色旅游经典景区消费群体特征研究，从人口特征和搜索对象偏好两个方面剖析红色旅游经典景区的消费群体，分析公众对红色旅游经典景区的偏好特征。第三章红色旅游经典景区消费需求空间分布研究，从全国、七大区域、省域、景区四个维度对消费需求空间分布展开剖析，从地理空间角度分析了红色旅游消费需求的结构特征。第四章基于前三章数据分析，梳理红色旅游经典景区消费需求影响因素，提出红色旅游发展建议。

本书凝结了湘潭大学商学院旅游与酒店管理系各位老师的持续投入，依托中国红色旅游创新发展研究基地（湘潭大学）、中国旅游研究院红色旅游研究基地、湖南省旅游研究基地（湘潭大学）等研究平台开展。相关研究结论从宏观、中观、微观层面揭示了全国红色旅游经典景区的消费需求状况及特征，为进一步激发红色旅游市场潜力提供针对性的建议。

作为湘潭大学旅游管理专业国家一流本科专业建设、旅游管理专业综合改革试点项目的重要成果，本书是旅游管理专业本科人才培养体系中红色旅游与文化传承、旅游品牌建设与管理、旅游消费者行为、旅游大数据理论与应用等课程的延展教材和参考书。本书在写作过程中，吸纳了湘潭大学商学院工商管理学术硕士研究生、旅游管理专业硕士研究生和旅游管理专业优秀本科生加入研究团队，在此诚挚感谢他们的参与和付出。其中湘潭大学工商管理专业学术硕士研究生张妍、唐清砖，旅游管理专业硕士研究生刘白雪、梁蓉和2022级旅游管理专业本科生曹奥文、陈嘉欣、黄晶晶、韩曼婷、刘畅、刘晶、李梦瑶、陶可心、赵玉婷，这13位同学参与核对检索关键词、搜集基础数据、进行数据处理、整合文字分析，展现了非常出色的学习热情、能力与团队合作精神。

最后要向读者声明的是，我们这项研究工作还存在不足，如果您在阅读此书过程中发现了任何问题，欢迎您随时指正。

目 录

绪 论 ·· 001

第一章　红色旅游经典景区网络热度分析 ·· 007
　　第一节　红色旅游经典景区网络热度概况 ·· 008
　　第二节　红色旅游经典景区网络热度排名 ·· 019

第二章　红色旅游经典景区消费群体特征研究 ·· 055
　　第一节　红色旅游经典景区消费群体人口特征 ·· 056
　　第二节　红色旅游经典景区消费群体搜索对象偏好 ·· 114

第三章　红色旅游经典景区消费需求空间分布研究 ·· 153
　　第一节　全国消费需求空间分布 ·· 154
　　第二节　区域消费需求空间分布 ·· 155
　　第三节　省域消费需求空间分布 ·· 164
　　第四节　景区消费需求空间分布 ·· 176

第四章　红色旅游经典景区消费需求影响因素及红色旅游发展建议 ·· 261
　　第一节　消费需求影响因素 ·· 262
　　第二节　红色旅游发展建议 ·· 266

绪 论

本研究借助大数据分析技术，以红色旅游景区消费需求为分析对象，基于网络热度，全面分析新时代背景下全国红色旅游经典景区的公众消费需求状况，以期为我国红色旅游实现高质量发展，更好发挥红色旅游的经济、文化、政治功能作出贡献。

本研究团队希望借助该研究实现以下三个目的：

（1）为国家从宏观层面掌握红色旅游消费需求现状提供帮助。从国家整体层面对我国红色旅游的总体市场需求总量，红色旅游消费群体的人口特征、搜索对象偏好作出全面、深入分析，为国家从整体上掌握红色旅游消费群体的基本特征和需求现状提供帮助。

（2）为地方从中观层面把握区域红色旅游市场竞合态势、消费需求特征提供依据。以区域和省份为划分标准，详细分析全国7大区域和各省（自治区、直辖市）的红色旅游消费需求水平、主要客源市场、消费需求特征等，为区域和地方把握区域内及区域间红色旅游市场竞合态势、消费需求特征提供依据。

（3）为红色旅游景区从微观层面明确其市场地位提供参考。本研究对我国红色旅游经典景区的网络关注度进行排名，详细分析这些景区的主要客源市场和消费需求特征，为红色旅游景区明确其在全国和区域内的市场地位提供参考。

一、研究对象

按照中共中央办公厅、国务院办公厅印发的《2016—2020年全国红色旅游发展规划纲要》要求，国家发改委、中宣部等部委联合发布《全国红色旅游经典景区名录》，共有300处红色旅游经典景区进入名录。全国红色旅游经典景区的红色旅游资源历史跨度长、类型丰富、特点鲜明，具有极高的历史价值和文化内涵。《全国红色旅游经典景区名录》共收录红色旅游景区300处，其中有121处景区被百度指数收录。本报告分析对象为被百度指数收录的这121处红色旅游经典景区。

121处红色旅游经典景区中，华北地区29处（北京市13处、天津市3处、山西省6处、河北省7处），东北地区9处（黑龙江省3处、吉林省1处、辽宁省5处），华东地区38处（上海市6处、江苏省9处、浙江省2处、安徽省4处、江西省8处、山东省6处、福建省3处），华中地区17处（河南省3处、湖北省3处、湖南省11处），华南地区13处（广东省11处、广西壮族自治区2处），西南地区11处（重庆市1处、四川省5处、贵州省4处、云南省1处），西北地区4处（陕西省3处、甘肃省1处）。按照景区等级来看，AAAAA级景区26处（华北地区5处、东北地区1处、华东地区9处、华中地区6处、华南地区1处、西南地区2处、西北地区2处），AAAA级景区57处（华北地区10处、东北地区6处、华东地区17处、华中地区10处、华南地区8处、西南地区5处、西北地区1处），AAA级景区13处（华北地区3处、东北地区2处、华东地区6处、华南地区1处、西南地区1处），AA级景区2处（华北地区2处），其他景区（未查到等级的景区）23处（华北地区9处、华东地区6处、华中地区1处、华南地区3处、西南地区3处、西北地区1处），无A级景区。

二、数据来源

百度指数是以百度网页搜索和百度新闻搜索为基础的免费海量数据分析服务，用以反映不同关键词在过去一段时间里的"用户关注度"和"媒体关注度"。其中，"用户关注度"是以数千万网民在百度的搜索量为数据基础，以关键词为统计对象，科学分析并计算出各个关键词在百度网页搜索中搜索频次的加权和，并以曲线图的形式展现。本报告以"用户关注度"来衡量景区网络热度。截至2023年，百度指数的主要功能模块有：基于单个词的趋势研究（包含整体趋势、PC趋势和移动趋势）、需求图谱、舆情管家、人群画像；基于行业的整体趋势、地域分布、人群属性、搜索时间特征。PC趋势积累了2006年6月至今的数据；移动趋势上线稍晚，积累了从2011年1月至今的数据。

借助百度指数官方平台，检索的关键词为景区名称，收集2023年度（2023年1月1日至2023年12月31日）34个省级行政区对121处景区网络关注度（百度指数）的整体日均值与移动日均值、"十一"假期（2023年9月29日至2023年10月6日，共8天）间和春节假期（2023年1月21日至2023年1月27日）间的整体与移动日均值、男女占比、不同年龄阶段占比等数据，进行汇总整理，作为分析红色旅游经典景区消费需求的基础数据。

三、数据处理

将121个景区数据收集整理后，用日均值（移动日均值、整体日均值）乘以365得到年总值（移动搜索年总值、整体搜索年总值），"十一"期间的日均值乘以8得到"十一"假期总值，春节期间日均值乘以7得到春节假期总值。随后分别从红色旅游经典景区网络热度、消费群体特征、消费需求空间分布三大方面展开分析，数据处理具体如下。

（一）网络热度

1. 红色旅游经典景区网络热度基本情况的数据处理

将121个景区的全年、"十一"假期、春节假期的整体搜索热度总值与移动搜索热度总值分别相加再除以121，得到全年、"十一"和春节期间的整体搜索均值与移动搜索均值。不同等级的景区整体搜索热度年总值分别相加得到各等级景区搜索热度年总值，除以各级别景区数量，即为不同等级景区搜索热度年均值，与之相应也可得到不同等级景区搜索热度"十一"期总值、期均值和春节期总值、期均值。将每个景区的整体搜索热度年总值乘以性别占比，得到每个景区男女各自的网络热度，所有景区男性群体搜索热度相加为年总值，再除以121，得到男性搜索热度年均值；同理可得女性搜索热度年总值、年均值，并通过年总值计算男性与女性搜索热度占比。将每个景区的整体搜索热度年总值乘以年龄占比，得到每个景区各年龄段的网络热度，所有景区同年龄段搜索热度相加为该年龄段年总值，再除以121，得到该年龄段搜索热度年均值，并通过年总值计算各年龄段搜索热度占比。将全国分为华北地区、东北地区、华东地区、华中地区、华南地区、西南地区、西北地区七个区，每个区域按照上述方式进行数据处理，分别得到区域红色旅游经典景区全年、"十一"假期、春节假期的网络热度情况。

2. 红色旅游经典景区网络热度排名的数据处理

121个景区按整体搜索热度年总值从高到低进行排序，得到全国红色旅游经典景区全年网络热度排名，同理可得到华北地区、东北地区、华东地区、华中地区、华南地区、西南地区、西北地区七个区的红色旅游经典景区全年网络热度排名；按整体搜索热度期总值对121个景区从高到低进行排序，得到全国红色旅游经典景区的"十一"假期、春节假期网络热度排名，进一步得到七大区域的红色旅游经典景区的"十一"假期、春节假期网络热度排名；将全国AAAAA、AAAA、AAA、AA、其他这五个等级景区按整体搜索热度年总值分别进行排序，得到全国不同等级红色旅游经典景区的网络热度排名。

（二）消费群体特征

1. 全国红色旅游经典景区消费群体人口特征的数据处理

将每个景区整体搜索年总值乘以性别比例，121个景区同性别的年总值相加，得到所有景区男性与女性搜索年总值，该年总值除以所有景区整体搜索年总值得到男性、女性占比，此占比除以全网男性、女性占比再乘以100，得到红色旅游经典景区消费群体性别分布TGI指数，年总值除以121得到年均值。同理，可得全国不同等级景区的男性与女性年总值、占比、TGI、年均值。所有景区按性别占比从高到低进行排序，分别整理男性、女性搜索偏好排名前二十的景区，并分析景区等级。同理可得到华北地区、东北地区、华东地区、华中地区、华南地区、西南地区、西北地区七个区的红色旅游经典景区消费群体性别特征，包括区内所有景区、区内不同等级景区的基本特征（年总值、占比、TGI、年均值），区内男性、女性搜索偏好排名前五的景区。

将每个景区整体搜索年总值乘以年龄段比例，121个景区同年龄段的年总值相加，得到所有景区各年龄段的搜索年总值，该年总值除以所有景区整体搜索年总值得到年龄段占比，此占比除以全网对应年龄段占比再乘以100，得到红色旅游经典景区消费群体各年龄段TGI指数，年总值除以121得到年均值。同理，可得全国不同等级景区的不同年龄段年总值、占比、TGI、年均值。所有景区按年龄占比从高到低进行排序，分别整理19岁及以下、20～29岁、30～39岁、40～49岁和50岁及以上五个年龄段搜索偏好排名前二十的景区，并分析景区等级。同理可得到华北地区、东北地区、华东地区、华中地区、华南地区、西南地区、西北地区七个区的红色旅游经典景区消费群体年龄特征，包括区内所有景区、区内不同等级景区的基本特征（年总值、占比、TGI、年均值），区内五个年龄段搜索偏好排名前五的景区。

2. 全国红色旅游经典景区消费群体搜索对象偏好的数据处理

通过摘录每个景区来自34个省级单位搜索值这一基础数据，可实现同一省级单位对121个红色旅游经典景区搜索量的对比，由此分析消费群体搜索对象偏好。该部分按华北地区、东北地区、华东地区、华中地区、华南地区、西南地区、西北地区七大区域展开，每个区域首先分析整体搜索对象偏好，随后分别展开区内省级单位客源对红色旅游经典景区的搜索偏好。

以华北地区为例，将北京、天津、河北、山西四个省级单位客源对每个景区的日均值、年总值分别相加，得到华北地区区域客源对每个景区的搜索日均值、年总值。121个景区按搜索年总值从高到低进行排序，整理排名前十八的景区，分析其等级分布，并探讨华北地区区域客源对本区域红色旅游经典景区的搜索偏好。将华北地区消费群体对全国AAAAA景区的搜索日均值、年总值按从高到低进行排序，整理排名前五的景区，同理，整理AAAA景区排名前十、AAA景区排名前二、AA景区排名前二、其他景区排名前四的景区，得到华北地区客源对不同等级红色旅游经典景区的搜索偏好。随后，分别展开北京、天津、河北、山西消费群体对全国红色旅游经典景区的搜索偏好。

（三）消费需求空间分布

1. 全国消费需求空间分布的数据处理

将每个景区来自34个省级行政区域的搜索日均值相加，乘以365，得到每个景区获得的搜索年总值，121个景区年总值相加，得到全国红色旅游经典景区消费需求总量，除以34得到平均需求量。将同一省级行政区域对121个景区的搜索年总值相加，得到全国红色旅游经典景区的消费需求空间分布，即每个省级行政区域对全国红色旅游经典景区的搜索年总值与占比，并据此将34个省级行政区域排序。

2. 区域消费需求空间分布的数据处理

将华北地区红色旅游经典景区来自34个省级行政区域的搜索日均值相加，乘以365，得到这些景区获得的搜索年总值，景区年总值相加，得到华北地区红色旅游经典景区消费需求总量，除以34得到平均需求量。将同一省级行政区域对华北地区红色旅游经典景区的搜索年总值相加，得到华北地区红色旅游经典景区的消费需求空间分布，即每个省级行政区域对华北地区红色旅游经典景区的搜索年总值与占比，并据此将34个省级行政区域排序。同理，分析东北地区、华东地区、华中地区、华南地区、西南地区、西北地区区域的红色旅游经典景区消费需求空间分布。

3. 省域消费需求空间分布的数据处理

考虑121个红色旅游经典景区来自25个省级行政区域，分别对这些省域进行消费需求空间分布分析。以北京为例，将北京市红色旅游经典景区来自34个省级行政区域的搜索日均值相加，乘以365，得到这些景区获得的搜索年总值，景区年总值相加，得到北京市红色旅游经典景区消费需求总量，除以34得到平均需求量。将同一省级行政区域对北京市红色旅游经典景区的搜索年总值相加，得到北京红色旅游经典景区的消费需求空间分布，即每个省级行政区域对北京红色旅游经典景区的搜索年总值与占比。同理，分析其他

24个省级行政区域的红色旅游经典景区消费需求空间分布。

4. 景区消费需求空间分布的数据处理

将每个红色旅游经典景区来自34个省级行政区域的搜索日均值相加，乘以365，得到该景区的消费需求总量，除以34得到平均需求量。各景区消费需求空间分布包括34个客源地的搜索年总值与占比，并据此进行排序。

第一章 红色旅游经典景区网络热度分析

本研究基于网络热度对红色旅游经典景区消费需求展开分析。网络热度分析是消费需求研究的首要前提与坚实基础,因此第一章梳理了我国红色旅游经典景区网络热度概况,包括百度指数搜索数据所呈现的基本情况与具体排名。基本情况首先展示了全国红色旅游经典景区在全年、"十一"假期、春节假期的网络搜索数值,不同等级红色旅游经典景区被搜索的全年数值与占比,不同年龄段公众、不同性别公众对红色旅游经典景区展开搜索的全年数值与占比;随后分别对七大地区的全年、"十一"假期、春节假期红色旅游经典景区网络热度整体数据展开分析。具体排名涉及红色旅游经典景区全年网络热度、"十一"假期网络热度、春节假期网络热度、不同等级景区网络热度排名。

进行基于百度指数搜索数据的红色旅游经典景区网络热度基本情况与具体排名分析研究,有利于我们掌握2023年度我国公众在全年与特殊节假日对红色旅游的网络关注情况及相关分布特征,能够较好地了解广大的现实与潜在游客的红色旅游消费意愿及行为概况,从而为提升我国红色旅游整体受关注程度,明确各红色旅游经典景区发展定位提供指导。

第一节 红色旅游经典景区网络热度概况

一、全国红色旅游经典景区网络热度概况

全国红色旅游经典景区网络热度基本情况如表1-1所示。从全年网络热度来看,百度指数所收录的全国121个红色旅游经典景区全年整体搜索热度总值为51 923 075次,将其除以景区个数121,获得年均值429 116次,全年移动搜索热度总值35 276 885次,年均值291 545次,计算可知,移动搜索年总值占整体搜索量的67.94%。以上数据表明蕴含丰富革命精神和承载艰辛历史的红色旅游经典景区对大众具有强烈吸引力,国家级经典景区知名度高、搜索量大,同时也反映了我国现阶段发展特征:互联网普及率高、上网终端设备中以手机为代表的移动端遥遥领先。不同等级景区搜索热度方面,AAAAA级红色旅游经典景区的网络热度年总值为22 934 410次,占121个景区年总值的44.17%,将其除以AAAAA景区数量26,获得年均值882 093次。AAAA级红色旅游景区(57个)的网络热度年总值15 045 300次,占所有景区年总值的28.98%,年均值263 953次。AAA级红色旅游经典景区(13个)的网络热度年总值为4 413 215次,占比8.50%,年均值339 478次。AA级红色旅游经典景区(2个)的网络热度年总值为202 940次,占比0.39%,年均值101 470次。其他级别的红色旅游经典景区(23个)的网络热度年总值为9 327 210次,占比17.96%,年均值405 531次。以上数据一方面展示我国红色旅游经典景区的等级构成,AAAA级景区为构成主体,数量占比超过47%,未评定A级景区等级的其他景区占比少于五分之一,AAAAA级景区占比21.49%,AAA景区占比10.74%,AA级景区最少。从整体来看,我国红色旅游经典景区质量等级较高(AAAAA级、AAAA级景区数量占比超过68%),但同时仍有许多景区尚未获得A级景区认证,引导、支持这部分景区积极参与质量等级评定,可作为未来红色旅游经典景区高质量发展的工作抓手。另一方面,搜索热度数值直观展示了大众对于不同等级红色旅游经典景区的关注度,AAAAA、AAAA景区搜索总量占所有景区搜索总量的比重均超过70%;搜索年均值中AAAAA级景区是领

头羊，尽管数量占比不到22%，但平均到每个景区的年度搜索量超过88万次，可见旅游景区质量等级是人们熟知并认可的评价体系，最高级别AAAAA级景区广受关注；未获A级景区认定的23个景区次之，搜索年均值数量超过40万次，结合具体的景区名录不难发现，以中国国家博物馆为代表的一系列博物馆、纪念馆因管理体制的差异，主要开展博物馆等级评估，而未参与旅游景区质量等级评定，但其红色旅游资源丰富，知名度、关注度也十分突出；AAA级景区再次之，搜索年均值数量超过33万次；之后是AAAA级景区，搜索年平均值数量超过26万，AA景区最少。

从2023年的"十一"假期网络热度来看，全国121个红色旅游经典景区整体搜索热度期总值为1 323 696次，期均值为10 940次；移动搜索热度期总值1 059 792次，期均值8759次；移动搜索占总搜索量的80.06%。其中，AAAAA级景区"十一"期间网络热度期总值为566 952次，期均值21 806次，在121个景区中占比42.83%。AAAA级景区网络热度期总值391 304次，期均值6865次，占比29.56%。AAA级景区网络热度期总值99 112次，期均值7624次，占比7.49%。AA级景区网络热度期总值15 592次，期均值7796次，占1.18%。其他级别的红色旅游经典景区的网络热度期总值250 736次，期均值10 902次，占比18.94%。"十一"假期我国红色旅游经典景区网络热度期总值最高为AAAAA级景区，跟随其后的依次是AAAA、其他、AAA、AA景区。

从2023年的春节假期网络热度来看，全国121个红色旅游经典景区网络整体搜索热度期总值为789 005次，期均值为6521次；移动搜索网络热度期总值651 028次，期均值5380次；移动搜索占总搜索量的82.51%。其中，AAAAA级网络热度期总值378 287次，期均值14 550次，在121个景区中占比47.94%。AAAA级景区网络热度期总值213 857次，期均值3752次，占比27.10%。AAA级景区网络热度期总值61 159次，期均值4705次，占比7.75%。AA级景区网络热度期总值1330次，期均值665次，占比0.17%。其他级别的景区网络热度期总值134 372次，期均值5842次，占比17.03%。春节假期我国红色旅游经典景区网络热度期总值最高的是AAAAA级景区，跟随其后的依次是AAAA、AAA、其他、AA景区。

从性别搜索热度来看，男性检索者的年检索总值为27 711 917次，平均至每一个景区的年检索值为229 024次，占比53.38%。女性检索者的年检索总值为24 206 048次，年均值为200 050次，占比46.62%。男性检索者与女性检索者对红色旅游经典景区的关注度表明男性检索者对红色旅游经典景区的关注度略高于女性检索者。

从年龄搜索热度来看，19岁及以下检索者的年总值为5 453 774次，平均至每一个景区的年检索值为45 073次，占比10.50%。20～29岁检索者年总值13 019 083次，年均值107 596次，占比25.07%。30～39岁检索者年总值16 310 058次，年均值134 794次，占比31.41%。40～49岁检索者年总值9 814 245次，年均值81 109次，占比18.90%。50岁及以上检索者年总值为7 325 856次，年均值60 544次，占比14.11%。综上，2023年全国红色旅游经典景区网络热度最高的检索者年龄段是30～39岁，随后依次是20～29岁、40～49岁、50岁及以上、19岁及以下。当然，因本研究关注的是基于百度指数的网络热度，受群体网络使用卷入度、互联网技术掌握情况差异等因素影响，30～39岁与20～29岁两个年龄段人群的比重自然偏高。

表 1-1 全国红色旅游经典景区网络热度基本情况

全年网络热度	整体搜索热度		年总值（次）	51 923 075
			年均值（次）	429 116
	移动搜索热度		年总值（次）	35 276 885
			年均值（次）	291 545
	不同等级景区搜索热度	AAAAA（26个）	年总值（次）	22 934 410
			占比	44.17%
			年均值（次）	882 093
		AAAA（57个）	年总值（次）	15 045 300
			占比	28.98%
			年均值（次）	263 953
		AAA（13个）	年总值（次）	4 413 215
			占比	8.50%
			年均值（次）	339 478
		AA（2个）	年总值（次）	202 940
			占比	0.39%
			年均值（次）	101 470
		其他（23个）	年总值（次）	9 327 210
			占比	17.96%
			年均值（次）	405 531
"十一"期间网络热度	整体搜索热度		期总值（次）	1 323 696
			期均值（次）	10 940
	移动搜索热度		期总值（次）	1 059 792
			期均值（次）	8759
	不同等级景区搜索热度	AAAAA（26个）	期总值（次）	566 952
			占比	42.83%
			期均值（次）	21 806
		AAAA（57个）	期总值（次）	391 304
			占比	29.56%
			期均值（次）	6865
		AAA（13个）	期总值（次）	99 112
			占比	7.49%
			期均值（次）	7624
		AA（2个）	期总值（次）	15 592
			占比	1.18%
			期均值（次）	7796
		其他（23个）	期总值（次）	250 736
			占比	18.94%
			期均值（次）	10 902
春节期间网络热度	整体搜索热度		期总值（次）	789 005
			期均值（次）	6521

续表

				期总值（次）	651 028
春节期间网络热度	移动搜索热度			期均值（次）	5380
	不同等级景区搜索热度	AAAAA（26个）		期总值（次）	378 287
				占比	47.94%
				期均值（次）	14 550
		AAAA（57个）		期总值（次）	213 857
				占比	27.10%
				期均值（次）	3752
		AAA（13个）		期总值（次）	61 159
				占比	7.75%
				期均值（次）	4705
		AA（2个）		期总值（次）	1330
				占比	0.17%
				期均值（次）	665
		其他（23个）		期总值（次）	134 372
				占比	17.03%
				期均值（次）	5842
性别搜索热度	男性			年总值（次）	27 714 559
				占比	53.38%
				年均值（次）	229 046
	女性			年总值（次）	24 208 516
				占比	46.62%
				年均值（次）	200 070
年龄搜索热度	19岁及以下			年总值（次）	5 453 774
				占比	10.50%
				年均值（次）	45 073
	20～29岁			年总值（次）	13 019 083
				占比	25.08%
				年均值（次）	107 596
	30～39岁			年总值（次）	16 310 058
				占比	31.41%
				年均值（次）	134 794
	40～49岁			年总值（次）	9 814 245
				占比	18.90%
				年均值（次）	81 109
	50岁及以上			年总值（次）	7 325 856
				占比	14.11%
				年均值（次）	60 544

注：部分数据因四舍五入的原因，存在总计与分项合计不等的情况。

二、区域红色旅游经典景区网络热度概况

根据我国地理区域划分标准，全国划分为东北地区（黑龙江省、吉林省、辽宁省）、华北地区（北京市、天津市、河北省、山西省、内蒙古自治区）、华东地区（上海市、江苏省、浙江省、安徽省、江西省、山东省、福建省、台湾省）、华南地区（广东省、广西壮族自治区、海南省、香港特别行政区、澳门特别行政区）、华中地区（河南省、湖北省、湖南省）、西北地区（陕西省、甘肃省、青海省、宁夏回族自治区、新疆维吾尔自治区）、西南地区（重庆市、四川省、贵州省、云南省、西藏自治区）七大行政地理分区，各个分区红色旅游经典景区网络热度在全年、"十一"假期、春节假期的基本情况分别如表1-2、表1-3、表1-4所示。

（一）区域红色旅游经典景区全年网络热度

整体搜索热度方面，年度总值最高的是华北地区，拥有29个国家级红色旅游经典景区，贡献超过近三分之一的全国总搜索量；其次是华东地区，38个红色旅游经典景区带来28%以上的搜索热度；华中地区拥有17个红色旅游经典景区，搜索量占比超过16%；其他区域搜索量均不足全国总量的27%，由高至低依次是东北地区、西南地区、华南地区、西北地区。整体搜索热度的区域排名与各区域所拥有的红色旅游经典景区数量直接相关。基于各区域红色旅游经典景区数量所计算的年均值能够有效反映景区平均网络热度。结果显示，西北地区整体搜索热度在景区平均水平上表现最佳，各景区搜索年均值超过53万次，东北地区、华北地区、华中地区紧随其后，均超过50万次，华东地区、西南地区也在38万次以上，只有华南地区各景区的搜索年均值不足25万次。移动搜索网络热度方面，年度总值由高到低分别是华东地区、华北地区、华中地区、东北地区、西南地区、华南地区、西北地区，景区搜索年均值由高到低分别是华东地区、华北地区、华中地区、东北地区、西南地区、华南地区、西北地区，这与对应的整体搜索热度排序情况基本一致。此外，各区域红色旅游经典景区移动端口搜索量占整体搜索量比重最高的是华中地区，接近四分之三，来自移动端的华东地区、东北地区、华北地区、西北地区红色旅游经典景区搜索量超过65%，华南地区、西南地区也将近65%，由此可见，不论搜索对象的区域位置、资源数量、景区等级有何差异，来自全国范围的广大网民已经形成相对一致的搜索偏好：移动端口成为大家的普遍选择。

不同等级景区搜索热度方面，AAAAA级景区网络热度总值最高的是华东地区，所属的9个红色旅游经典景区带来超870万次年搜索量，占据全国总搜索量近五分之二，远超其他地区，这一方面归功于该区AAAAA景区数量最多，另一方面也与该地区整体经济领先、对外联系紧密、景区知名度高等因素有关；位居第二的是华中地区，6个景区带来超出全国五分之一年度搜索量，这得益于两位伟人（毛泽东、刘少奇）故里在此，且拥有知名度、影响力很高的红旗渠；剩余5个区域共同构成超出三分之一的搜索量，余者排名由高至低依次是华北地区、西北地区、华南地区、西南地区、东北地区。区内各景区的搜索年均值由高到低为华中地区、华北地区、华东地区、西北地区、华南地区、东北地区、西南地区，可见同级别景区的吸引力仍有较大差异，区域景区数量优势有助于提升搜索总量，但同时景区间的均衡发展也值得关注。AAAA级景区网络热度分布相对均衡，年总值最高

的华东地区获得将近 30% 的搜索量，得益于其拥有最多数量（17 个）的 AAAA 景区，东北地区、华北地区、西南地区、华中地区、华南地区的年度搜索总量均处于 6%～20%，西北地区搜索量最少（不到 3%），这既因为西北地区区域内 AAAA 级景区只有 1 个，也由于西北地区位置较为偏远而导致吸引力下降；区内各景区的搜索年均值由高到低为东北地区、西南地区、西北地区、华北地区、华中地区、华南地区，再次证明景区数量、区域位置并不完全能限制红色旅游经典景区的网络热度平均水平。AAA 级景区网络热度主要集中在东北地区、西南地区、华东地区，拥有累计超过 85% 的年度搜索量，剩余搜索量由华北地区、华南地区获得，景区搜索年均值由高到低为东北地区、西南地区、华南地区、华东地区、华北地区。AA 级红色旅游经典景区仅有 2 个，都位于华北地区，年搜索总值合计超过 20 万次。其他未获得 A 级景区认定的红色旅游经典景区共 23 个，华北地区拥有 9 个，华东地区拥有 6 个，但华北地区搜索年总值超 690 万人次，占比超过 74%，这主要是由于天安门广场、中国人民抗日战争纪念馆贡献了超高的搜索热度；华东地区仅处于约十分之一的水平，占比超过 8%；与此同时，华南地区、西北地区搜索年总值均超 30 万人次，占比均将近 14%，剩余约 3% 的搜索量来自华中地区、西南地区，区内各景区的搜索年均值由高到低为华北地区、西北地区、华南地区、华东地区、西南地区、华中地区。

从性别搜索热度来看，获得最高男性检索量的红色旅游经典景区所在区域是华东地区，累计约 782 万次，随后是华北地区、华中地区，然后是东北地区、西南地区、华南地区的男性年度搜索量达到 130 万次以上，西北地区红色旅游经典景区获得的男性年度搜索量最少，不足 112 万次。女性检索量分布由高到低分别为华北地区、华东地区、华中地区、东北地区、西南地区、华南地区、西北地区，后五位的排名与男性搜索量一致。再来看平均至各景区的搜索年均值，男性检索由高到低为东北地区、华中地区、西北地区、华北地区、西南地区、华东地区、华南地区，女性检索由高到低为西北地区、华北地区、东北地区、华中地区、华东地区、西南地区、华南地区，与男性的排序差异较大。

从年龄搜索热度来看，获得 19 岁及以下人群最高检索量的红色旅游经典景区所在区域是华中地区，年总值高于 165 万次，远超其他地区；华北地区获该年龄群体检索年总值约 158 万次；华中地区约 75 万次；东北地区、西南地区、西北地区均为 30 万～55 万次；华南地区最少，不到 30 万次检索量：这个数值的大小与区内红色旅游景区数量高度相关。基于各年龄段的年总值可计算同一区域不同年龄段人群的检索占比，对比七大区域红色旅游景区网络热度中 19 岁及以下人群年总值的比重发现，西北地区搜索热度中该年龄段人群占比最大，超过 13%，表明这个区域针对学生群体的红色研学旅行产品发展较好，构成优势吸引力，东北地区、华东地区、华北地区该占比在 11% 上下，华南地区、华中地区、西南地区比重相当。该年龄段检索量平均至各景区的年均值由高到低为西北地区、东北地区、华北地区、华中地区、华东地区、西南地区、华南地区，这既与 19 岁及以下人群检索量占比有关，也受到检索年总值的影响。获 20～29 岁人群关注的红色旅游经典景区检索年总值按所在区域由高到低排序为华北地区、华东地区、华中地区、东北地区、西南地区、西北地区、华南地区，对比七大区域该年龄群体检索年总值的比重发现，西南地区超过 28%，西北地区将近 28%，东北地区、华北地区、华东地区、华南地区在 25% 上下，华中地区略超 22%，区内各景区年均值由高到低为西北地区、东北地区、华北地区、华中地区、西南地区、华东地区、华南地区。获30～39岁人群关注的红色旅游经典景区检索年总值按所在区域由高到低排序为华北地区、华东地区、华中地区、东北地区、西南地区、华南地区、西北地区，对比七大区域该年龄群体检索年总值的比重发现，华北地区该年龄段检索量占比超过34%，华南地区、华东地区、东北地区超过30%，华中地区、西南地区在29%上下，西北地区略超28%。这一方面说明30～39岁人群是我国红色旅游主力军，所有区域内该年龄段人群占比都较高，另一方面可知过分依赖该年龄群的华北地区亟需关注红色旅游创新发展，增强对年轻群体的吸引力。区内各景区年均值由高到低为华北地区、东北地区、西北地区、华中地区、华东地区、西南地区、华南地区。获40～49岁人群关注的红色旅游经典景区检索年总值按所在区域由高到低排序为华北地区、华东地区、华中地区、东北地区、西南地区、华南地区、西北地区，对比七大区域该年龄群体检索年总值的比重发现，华中地区、东北地区、西北地区、华东地区、华北地区超过18%，华南地区、西南地区不足18%，整体来看差异不大，该年龄段构成比例较稳定。区内各景区年均值由高到低为华中地区、西北地区、东北地区、华北地区、华东地区、西南地区、华南地区。获50岁及以上人群关注的红色旅游经典景区检索年总值按所在区域由高到低排序为华东地区、华北地区、华中地区、西南地区、东北地区、华南地区、西北地区，对比七大区域该年龄群体检索年总值的比重发现，华中地区、华南地区、西南地区、华东地区、东北地区、西北地区超过12%，华北地区略超11%。区内各景区年均值由高到低为华中地区、西北地区、东北地区、西南地区、华北地区、华东地区、华南地区。

表1-2 分区红色旅游经典景区全年网络热度基本情况

		华北地区	东北地区	华东地区	华中地区	华南地区	西南地区	西北地区
	景区数量（个）	29	9	38	17	13	11	4
整体搜索热度	年总值（次）	14 995 660	4 708 135	14 614 600	8 542 095	2 616 320	4 225 240	2 221 025
	区域间占比	28.88%	9.07%	28.15%	16.45%	5.04%	8.14%	4.28%
	年均值（次）	517 092	533 126	384 595	502 476	201 255	384 113	555 256
移动搜索网络热度	年总值（次）	9 864 125	3 245 580	10 076 555	6 364 505	1 677 175	2 588 580	1 460 365
	区内端口占比	65.78%	68.94%	68.95%	74.51%	64.10%	61.26%	65.75%
	年均值（次）	340 142	360 620	265 173	374 383	129 013	235 325	365 091
不同等级景区搜索热度	AAAAA 景区数（个）	5	1	9	6	1	2	2
	年总值（次）	4 915 090	270 465	8 703 425	6 786 080	477 420	313 900	1 468 030
	区域间占比	21.43%	1.18%	37.95%	29.59%	2.08%	1.37%	6.40%
	年均值（次）	983 018	270 465	967 047	1 131 013	477 420	156 950	734 015
	AAAA 景区数（个）	10	6	17	10	8	5	1
	年总值（次）	2 532 735	2 923 650	4 270 135	1 699 440	1 008 495	2 212 630	398 215
	区域间占比	16.83%	19.43%	28.38%	11.30%	6.70%	14.71%	2.65%
	年均值（次）	253 274	487 275	251 184	169 944	126 062	442 526	398 215
	AAA 景区数（个）	3	2	6	0	1	1	0
	年总值（次）	367 190	1 514 020	892 790	0	208 780	1 430 435	0
	区域间占比	8.32%	34.31%	20.23%	0	4.73%	32.41%	0
	年均值（次）	122 397	757 010	148 798	0	208 780	476 812	0

续表

			华北地区	东北地区	华东地区	华中地区	华南地区	西南地区	西北地区
不同等级景区搜索热度	AA	景区数（个）	2	0	0	0	0	0	0
		年总值（次）	202 940	0	0	0	0	0	0
		区域间占比	100%	0	0	0	0	0	0
		年均值（次）	101 470	0	0	0	0	0	0
	其他	景区数（个）	9	0	6	1	3	3	1
		年总值（次）	6 977 705	0	748 250	56 575	921 625	268 275	354 780
		区域间占比	74.81%	0	8.02%	0.61%	9.88%	2.88%	3.80%
		年均值（次）	775 301	0	124 708	56 575	307 208	89 425	354 780
性别搜索热度	男性	年总值（次）	7 694 258	2 631 710	7 826 471	4 781 866	1 318 598	2 355 831	1 105 826
		区内性别占比	51.31%	55.90%	53.55%	55.98%	50.40%	55.76%	49.79%
		年均值（次）	265 319	292 412	205 960	281 286	101 431	214 166	276 457
	女性	年总值（次）	7 301 402	2 076 425	6 788 129	3 760 229	1 297 722	1 869 409	1 115 199
		区内性别占比	48.69%	44.10%	46.45%	44.02%	49.60%	44.24%	50.21%
		年均值（次）	251 772	230 714	178 635	221 190	99 825	169 946	278 800
年龄搜索热度	19岁及以下	年总值（次）	1 579 626	541 387	1 653 459	757 092	253 669	365 772	302 769
		区内年龄占比	10.53%	11.50%	11.31%	8.86%	9.70%	8.66%	13.63%
		年均值（次）	54 470	60 154	43 512	44 535	19 513	33 252	75 692
	20～29岁	年总值（次）	3 868 401	1 244 808	3 544 712	1 912 735	631 567	1 212 540	604 320
		区内年龄占比	25.80%	26.44%	24.25%	22.39%	24.14%	28.70%	27.21%
		年均值（次）	133 393	138 312	93 282	112 514	48 582	110 231	151 080
	30～39岁	年总值（次）	5 144 361	1 416 051	4 524 375	2 526 846	818 912	1 255 401	624 112
		区内年龄占比	34.31%	30.08%	30.96%	29.58%	31.30%	29.71%	28.10%
		年均值（次）	177 392	157 339	119 062	148 638	62 993	114 127	156 028
	40～49岁	年总值（次）	2 730 724	899 931	2 722 250	1 835 948	463 120	746 794	415 478
		区内年龄占比	18.21%	19.11%	18.63%	21.49%	17.70%	17.67%	18.71%
		年均值（次）	94 163	99 992	71 638	107 997	35 625	67 890	103 870
	50岁及以上	年总值（次）	1 672 217	606 054	2 170 005	1 509 302	449 082	644 859	274 337
		区内年龄占比	11.15%	12.87%	14.85%	17.68%	17.16%	15.26%	12.35%
		年均值（次）	57 663	67 339	57 105	88 782	34 545	58 624	68 584

注：部分数据因四舍五入的原因，存在总计与分项合计不等的情况。

（二）区域红色旅游经典景区"十一"假期网络热度

整体搜索热度方面，红色旅游经典景区数量靠前的华北地区、华东地区均获得超过37万次的检索总量，累计占"十一"假期全国总检索量的55%以上；排第三位的是华中地区，检索期总值20万次以上，占比超15%；剩余区域占比均不足10%；由高到低分别是东北地区、西南地区、华南地区、西北地区。期均值显示，"十一"假期景区平均热度最高的是东北地区，各景区平均搜索量超过14 000次，其次是华北地区，西北地区、华中地区，平均搜索量超 12 000 次，华东地区、西南地区接近 10 000 次，华南地区则平均约为 5000 次。

移动搜索网络热度方面，期总值与整体总值排名基本一致，由高到低分别是华北地区、华东地区、华中地区、东北地区、西南地区、华南地区、西北地区。各区域移动端口搜索量占整体搜索量比重超过 80% 的有华中地区、东北地区、西南地区、西北地区，华东地区、华南地区占比也接近 80%，最低的是华北地区，移动搜索量占整体搜索量的 78.09%。景区搜索期均值由高到低分别是东北地区、华北地区、华中地区、西北地区、华东地区、西南地区、华南地区，东北地区、华北地区和西北地区的红色旅游经典景区在"十一"假期获得平均每个景区超 10 000 次移动搜索。

不同等级景区搜索热度方面，AAAAA 级景区"十一"假期网络热度总值最高的是华东地区，所属的 9 个红色旅游经典景区带来将近 23 万次搜索量，占据"十一"假期总搜索量 39% 以上，远超其他地区；位居第二的是华中地区，6 个景区带来超出全国四分之一的搜索量；剩余 5 个区域共同构成不到三分之一的搜索量，排名依次是华北地区、西北地区、华南地区、西南地区、东北地区；区内各景区的搜索期均值由高到低为华中地区、华东地区、华北地区、西北地区、华南地区、东北地区、西南地区。AAAA 级景区网络热度分布相对均衡，期总值最高的华东地区获得超过 27% 的搜索量，其次是东北地区、华北地区，期总值均超过 6 万次，随后是西南地区、华中地区、华南地区，均获得 7% 以上的搜索量，西北地区搜索量仅占有不到 2%；区域内景区搜索期均值由高到低为东北地区、西南地区、华北地区、华东地区、西北地区、华中地区、华南地区。AAA 级景区网络热度主要集中在东北地区、华东地区，累计将近 60% 期搜索量，剩余搜索量由西南地区、华北地区、华南地区获得；景区搜索期均值由高到低为西南地区、东北地区、华南地区、华东地区、华北地区。AA 级红色旅游经典景区仅有 2 个，都位于华北地区，期搜索总值 15 592 次。其他未获得 A 级景区认定的 23 个红色旅游经典景区中，华北地区拥有 9 个，华东地区拥有 6 个，但华北地区搜索期总值将近 20 万人次，占比超过 70%，华南地区占比约 9%，而华东地区仅处于不到十分之一的水平，占比约 8%，随后是西南地区、西北地区、华中地区；区内各景区的搜索期均值由高到低为华北地区、西北地区、华南地区、西南地区、华东地区。

表1-3　分区红色旅游经典景区"十一"假期网络热度基本情况

		华北地区	东北地区	华东地区	华中地区	华南地区	西南地区	西北地区
景区数量（个）		29	9	38	17	13	11	4
整体搜索热度	期总值（次）	396 952	128 400	379 776	207 104	71 968	89 456	50 040
	区域间占比	29.99%	9.70%	28.69%	15.65%	5.44%	6.76%	3.78%
	期均值（次）	13 688	14 267	9994	12 183	5536	8132	12 510
移动搜索网络热度	期总值（次）	309 968	104 344	303 024	172 656	57 304	72 256	40 240
	区内端口占比	78.09%	81.26%	79.79%	83.37%	79.62%	80.77%	80.42%
	期均值（次）	10 689	11 594	7974	10 156	4408	6569	10 060

续表

			华北地区	东北地区	华东地区	华中地区	华南地区	西南地区	西北地区
不同等级景区搜索热度	AAAAA	景区数量（个）	5	1	9	6	1	2	2
		期总值（次）	114 264	6120	223 008	165 880	13 816	8672	35 192
		区域间占比	20.15%	1.08%	39.33%	29.26%	2.44%	1.53%	6.21%
		期均值（次）	22 853	6120	24 779	27 647	13 816	4336	17 596
	AAAA	景区数量（个）	10	6	17	10	8	5	1
		期总值（次）	67 840	92 480	106 912	39 248	28 992	49 696	6136
		区域间占比	17.34%	23.63%	27.32%	10.03%	7.41%	12.70%	1.57%
		期均值（次）	6784	15 413	6289	3925	3624	9939	6136
	AAA	景区数量（个）	3	2	6	0	1	1	0
		期总值（次）	14 728	29 800	29 584	0	5224	19 776	0
		区域间占比	14.86%	30.07%	29.85%	0	5.27%	19.95%	0
		期均值（次）	4909	14 900	4931	0	5224	19 776	0
	AA	景区数量（个）	2	0	0	0	0	0	0
		期总值（次）	15 592	0	0	0	0	0	0
		区域间占比	100%	0	0	0	0	0	0
		期均值（次）	7796	0	0	0	0	0	0
	其他	景区数量（个）	9	0	6	1	3	3	1
		期总值（次）	184 528	0	20 272	1976	23 936	11 312	8712
		区域间占比	73.59%	0	8.08%	0.79%	9.55%	4.51%	3.47%
		期均值（次）	20 503	0	3379	1976	7979	3771	8712

（三）区域红色旅游经典景区春节假期网络热度

整体搜索热度方面，红色旅游经典景区数量靠前的华东地区、华北地区均获得超过20万次的检索总量，累计占春节假期全国总检索量的50%以上，随后是华中地区，检索期总值均在15万次以上，占比超过20%，剩余区域占比均不足10%，由高到低分别是东北地区、华南地区、西南地区、西北地区；期均值显示，春节假期景区平均热度排名依次为华中地区、西北地区、华北地区、东北地区、华东地区、西南地区、华南地区，期均值均在4000～9500次。

移动搜索网络热度方面，移动期总值与整体总值排名一致，由高到低分别是华东地区、华北地区、华中地区、东北地区、华南地区、西南地区、西北地区。各区域移动端口搜索量占整体搜索量比重超过85%的是华中地区，西北地区、华南地区、华东地区、东北地区、西南地区占比均高于80%，华北地区占比均略低于80%。该区域内景区搜索期均值由高到低分别是华中地区、西北地区、东北地区、华北地区、华东地区、西南地区、华南地区。

不同等级景区搜索热度方面，AAAAA级景区春节假期网络热度总值最高的是华东地区，约占据春节假期总搜索量的五分之二，远超其他地区；位居第二的是华中地区，带来全国超过三分之一的搜索量；随后依次是华北地区、西北地区、华南地区、西南地区、东北地区；区内各景区的搜索期均值由高到低为华中地区、华东地区、华北地区、华南地区、西北地区、东北地区、西南地区。AAAA级景区网络热度分布相对均衡，期总值最高的华东地区获得近三分之一的搜索量，其次是东北地区、华中地区、西南地区，期总值均超过3万次，之后是华北地区、华南地区，都获得近10%以上的搜索量，西北地区搜索量仅占有不到3%，区域内景区搜索期均值由高到低为西北地区、西南地区、东北地区、华东地区、华中地区、华北地区、华南地区。AAA级景区网络热度主要集中在东北地区、西南地区，累计近超60%期搜索量，剩余搜索量由华东地区、华北地区、华南地区获得，景区搜索期均值由高到低为西南地区、东北地区、华南地区、华东地区、华北地区。AA级红色旅游经典景区仅有2个，都位于华北地区，期搜索总值1330次。其他未获得A级景区认定的23个红色旅游经典景区中，华北地区拥有9个，华东地区拥有6个，但华北地区搜索期总值超过10万人次，占比超过75%，华南地区处于较低的水平，占比约11%，随后是华东地区、西北地区、西南地区、华中地区，区内各景区的搜索期均值由高到低为华北地区、西北地区、华南地区、华东地区、西南地区、华中地区。

表1-4 分区红色旅游经典景区春节假期网络热度基本情况

		华北地区	东北地区	华东地区	华中地区	华南地区	西南地区	西北地区
景区数量（个）		29	9	38	17	13	11	4
整体搜索热度	期总值（次）	206 241	61 649	224 035	159 740	54 250	54 215	28 875
	区域间占比	26.14%	7.81%	28.39%	20.25%	6.88%	6.87%	3.66%
	期均值（次）	7112	6850	5896	9396	4173	4929	7219
移动搜索网络热度	期总值（次）	160 972	50 708	187 215	138 285	45 409	44 191	24 248
	区内端口占比	78.05%	82.25%	83.57%	86.57%	83.70%	81.51%	83.98%
	期均值（次）	5551	5634	4927	8134	3493	4017	6062
不同等级景区搜索热度	AAAAA 景区数量（个）	5	1	9	6	1	2	2
	期总值（次）	67 788	3689	145 292	126 945	12 572	5376	16 625
	区域间占比	17.92%	0.98%	38.41%	33.56%	3.32%	1.42%	4.39%
	期均值（次）	13 558	3689	16 144	21 158	12 572	2688	8313
	AAAA 景区数量（个）	10	6	17	10	8	5	1
	期总值（次）	28 721	34 965	58 954	32 032	21 966	30 828	6391
	区域间占比	13.43%	16.35%	27.57%	14.98%	10.27%	14.42%	2.99%
	期均值（次）	2872	5828	3468	3203	2746	6166	6391

续表

			华北地区	东北地区	华东地区	华中地区	华南地区	西南地区	西北地区
不同等级景区搜索热度	AAA	景区数量（个）	3	2	6	0	1	1	0
		期总值（次）	5915	22 995	11 844	0	4774	15 631	0
		区域间占比	9.67%	37.60%	19.37%	0	7.81%	25.56%	0
		期均值（次）	1972	11 498	1974	0	4774	15 631	0
	AA	景区数量（个）	2	0	0	0	0	0	0
		期总值（次）	1330	0	0	0	0	0	0
		区域间占比	100%	0	0	0	0	0	0
		期均值（次）	665	0	0	0	0	0	0
	其他	景区数量（个）	9	0	6	1	3	3	1
		期总值（次）	102 487	0	7945	763	14 938	2380	5859
		区域间占比	76.27%	0	5.91%	0.57%	11.12%	1.77%	4.36%
		期均值（次）	11 387	0	1324	763	4979	793	5859

第二节　红色旅游经典景区网络热度排名

一、红色旅游经典景区全年网络热度排名

（一）全国红色旅游经典景区全年网络热度排名

如表1-5所示，全国全年网络热度排名前二十的红色旅游经典景区依次是井冈山红色旅游系列景区、安阳市林州市红旗渠、岳麓山景区、南京市中山陵、卢沟桥、天安门广场、中国国家博物馆、石家庄市平山县西柏坡红色旅游系列景区（点）、安新县白洋淀景区、凉山州中国西昌卫星发射中心、湘潭市韶山市毛泽东故居和纪念馆、汇川区、桐梓县娄山关景区、大庆市大庆油田历史陈列馆、威海市环翠区刘公岛甲午海战纪念地、侵华日军南京大屠杀遇难同胞纪念馆、涞水县野三坡平西抗日根据地、嘉兴市南湖风景名胜区（中共一大旧址）、中国人民革命军事博物馆、延安宝塔山景区、周恩来故居。各景区全年热度在4015～2 887 515次，平均值为429 116次。121个景区中有35个景区在平均水平以上，其中，年总值超过40万次的景区有36个，少于40万次的有85个，分别占比为29.8%、70.2%，说明热度集中在排名靠前的景区。

表1-5　全国红色旅游经典景区全年网络热度排名

景区名称	景区等级	所属省份	日均值（次）	年总值（次）	排名
井冈山红色旅游系列景区	AAAAA	江西	7911	2 887 515	1
安阳市林州市红旗渠	AAAAA	河南	7292	2 661 580	2
岳麓山景区	AAAAA	湖南	5300	1 934 500	3

续表

景区名称	景区等级	所属省份	日均值（次）	年总值（次）	排名
南京市中山陵	AAAAA	江苏	5280	1 927 200	4
卢沟桥	其他	北京	4950	1 806 750	5
天安门广场	其他	北京	4886	1 783 390	6
中国国家博物馆	其他	北京	4710	1 719 150	7
石家庄市平山县西柏坡红色旅游系列景区（点）	AAAAA	河北	4651	1 697 615	8
安新县白洋淀景区	AAAAA	河北	4407	1 608 555	9
凉山州中国西昌卫星发射中心	AAA	四川	3919	1 430 435	10
湘潭市韶山市毛泽东故居和纪念馆	AAAAA	湖南	3743	1 366 195	11
汇川区、桐梓县娄山关景区	AAAA	贵州	3709	1 353 785	12
大庆市大庆油田历史陈列馆	AAA	黑龙江	3605	1 315 825	13
威海市环翠区刘公岛甲午海战纪念地	AAAAA	山东	3276	1 195 740	14
侵华日军南京大屠杀遇难同胞纪念馆	AAAA	江苏	2721	993 165	15
涞水县野三坡平西抗日根据地	AAAAA	河北	2447	893 155	16
嘉兴市南湖风景名胜区（中共一大旧址）	AAAAA	浙江	2242	818 330	17
中国人民革命军事博物馆	其他	北京	2210	806 650	18
宝塔山景区	AAAAA	陕西	2129	777 085	19
周恩来故居	AAAAA	江苏	2123	774 895	20
周恩来纪念馆	AAAAA	江苏	1969	718 685	21
延安革命纪念馆	AAAAA	陕西	1893	690 945	22
丹东市抗美援朝纪念馆	AAAA	辽宁	1842	672 330	23
宁乡县花明楼刘少奇故居	AAAAA	湖南	1805	658 825	24
鸭绿江断桥景区	AAAA	辽宁	1794	654 810	25
深圳市博物馆	其他	广东	1642	599 330	26
长春市长春电影制片厂	AAAA	吉林	1530	558 450	27
中国人民抗日战争纪念馆	AAAA	北京	1362	497 130	28
雨花台烈士陵园	AAAA	江苏	1324	483 260	29
徐州市淮海战役纪念馆	AAAA	江苏	1318	481 070	30
辽沈战役纪念馆	AAAA	辽宁	1309	477 785	31
中山市孙中山故居和纪念馆	AAAAA	广东	1308	477 420	32
中国航空博物馆	AAAA	北京	1296	473 040	33
青岛市中国人民解放军海军博物馆	AAA	山东	1284	468 660	34
宛平城	其他	北京	1235	450 775	35
"九一八"历史博物馆	AAAA	辽宁	1166	425 590	36
酒泉市玉门油田	AAAA	甘肃	1091	398 215	37
北京奥林匹克公园	AAAAA	北京	1073	391 645	38
上海世博园	其他	上海	1064	388 360	39

续表

景区名称	景区等级	所属省份	日均值（次）	年总值（次）	排名
中共湘区委员会旧址暨毛泽东、杨开慧故居	AAAA	湖南	1062	387 630	40
平津战役纪念馆	AAAA	天津	1018	371 570	41
"西安事变"纪念馆	其他	陕西	972	354 780	42
湘潭市湘潭县彭德怀故居和纪念馆	AAAA	湖南	961	350 765	43
贵阳市息烽集中营革命历史纪念馆	AAAA	贵州	894	326 310	44
圆明园遗址公园	AAAAA	北京	888	324 120	45
黎城县黄崖洞景区	AAAA	山西	866	316 090	46
上饶市上饶集中营革命烈士陵园	AAAA	江西	804	293 460	47
深圳市莲花山公园	AAAA	广东	785	286 525	48
绍兴市鲁迅故居及纪念馆	AAAAA	浙江	781	285 065	49
阿坝州理县桃坪羌寨	AAAA	四川	746	272 290	50
鸡西市侵华日军虎头要塞遗址	AAAAA	黑龙江	741	270 465	51
百色起义纪念园景区	其他	广西	731	266 815	52
滁州市凤阳县小岗村	AAAA	安徽	726	264 990	53
南昌八一起义纪念馆	AAAA	江西	694	253 310	54
文水县刘胡兰纪念馆	其他	山西	679	247 835	55
上海四行仓库抗战纪念馆	AAA	上海	662	241 630	56
龙华烈士陵园	AAAA	上海	655	239 075	57
乐亭县李大钊故居和纪念馆	AAAA	河北	653	238 345	58
上海城市规划展示馆	AAAA	上海	602	219 730	59
兰考县焦裕禄烈士陵园	AAAA	河南	601	219 365	60
邓小平纪念馆	AAAAA	四川	580	211 700	61
广州市黄埔陆军军官学校旧址	AAA	广东	572	208 780	62
周恩来邓颖超纪念馆	AAAA	天津	568	207 320	63
清苑县冉庄地道战遗址	AAA	河北	552	201 480	64
蒙阴县、沂南县沂蒙山孟良崮战役遗址	AAAA	山东	550	200 750	65
南昌市新建县小平小道陈列馆	AAAA	江西	546	199 290	66
大沽口炮台遗址博物馆	AAAA	天津	543	198 195	67
抗美援朝烈士陵园	AAA	辽宁	543	198 195	67
陈云纪念馆	AAAA	上海	531	193 815	69
东莞市鸦片战争博物馆	AAAA	广东	490	178 850	70
陆军讲武堂旧址	AAAA	云南	486	177 390	71
大同煤矿"万人坑"遗址纪念馆	AA	山西	460	167 900	72
胡耀邦故居和陈列馆	AAAA	湖南	444	162 060	73
梅园新村纪念馆	AAAA	江苏	429	156 585	74
武昌区辛亥革命武昌起义纪念馆	AAAA	湖北	429	156 585	74

续表

景区名称	景区等级	所属省份	日均值（次）	年总值（次）	排名
广州起义纪念馆和烈士陵园	AAAA	广东	407	148 555	76
韶关南雄市梅关古道景区	AAAA	广东	391	142 715	77
湘潭市湘乡东山学校旧址	AAAA	湖南	383	139 795	78
梅州市梅县叶剑英元帅纪念馆	AAAA	广东	380	138 700	79
衡阳市南岳忠烈祠	AAAAA	湖南	371	135 415	80
牡丹江市侵华日军东宁要塞遗址	AAAA	黑龙江	369	134 685	81
桑植县贺龙故居和纪念馆	AAAA	湖南	334	121 910	82
济南战役纪念馆	其他	山东	326	118 990	83
黔南州荔波县邓恩铭烈士故居	其他	贵州	314	114 610	84
聊城市孔繁森同志纪念馆	AAAA	山东	304	110 960	85
灵丘县平型关大捷遗址	AAAA	山西	288	105 120	86
汶川县水磨古镇	AAAAA	四川	280	102 200	87
瞿秋白烈士纪念碑	其他	福建	249	90 885	88
徐向前故居	AAA	山西	229	83 585	89
川陕革命根据地红军烈士陵园	AAAA	四川	227	82 855	90
顺义区焦庄户地道战遗址纪念馆	AAA	北京	225	82 125	91
芜湖市王稼祥纪念园	AAAA	安徽	223	81 395	92
镇江市句容市茅山新四军纪念馆	AAAAA	江苏	218	79 570	93
安顺市王若飞故居	其他	贵州	218	79 570	93
上海鲁迅纪念馆	AAA	上海	215	78 475	95
李大钊烈士陵园	其他	北京	214	78 110	96
红岩魂广场及陈列馆	其他	重庆	203	74 095	97
福州市福建省革命历史纪念馆	其他	福建	202	73 730	98
宣城市泾县皖南事变烈士陵园	AAAA	安徽	201	73 365	99
华东地区革命烈士陵园	AAA	山东	181	66 065	100
首义广场	AAAA	湖北	181	66 065	101
易县狼牙山风景区	AAAA	河北	179	65 335	102
惠州市惠阳区叶挺纪念馆	AAAA	广东	169	61 685	103
北京规划展览馆	AAAA	北京	166	60 590	104
飞虎队纪念馆	其他	湖南	155	56 575	105
汨罗市任弼时故居	AAAA	湖南	153	55 845	106
百色市红七军军部旧址	其他	广西	152	55 480	107
江西革命烈士纪念堂	其他	江西	148	54 020	108
新文化运动纪念馆	其他	北京	144	52 560	109
新乡市南太行创业精神红色旅游景区	AAAA	河南	108	39 420	110
沧州市献县马本斋烈士纪念馆	AA	河北	96	35 040	111
夜袭阳明堡机场遗址	其他	山西	89	32 485	112

续表

景区名称	景区等级	所属省份	日均值（次）	年总值（次）	排名
萍乡市、宜春市铜鼓县、九江市修水县秋收起义纪念地系列景点	AAA	江西	82	29 930	113
宜昌市长江三峡水利枢纽工程	AAAAA	湖北	81	29 565	114
汕尾市海丰县彭湃故居	AAAA	广东	80	29 200	115
漳州市毛主席率领红军攻克漳州陈列馆	其他	福建	61	22 265	116
广州市黄花岗七十二烈士墓	AAAA	广东	61	22 265	116
永新三湾改编旧址	AAAA	江西	60	21 900	118
瑞金共和国摇篮景区	AAAAA	江西	45	16 425	119
淮北市濉溪县淮海战役双堆集烈士陵园	AAA	安徽	22	8030	120
盐城市新四军纪念馆	AAAA	江苏	11	4015	121

（二）华北地区红色旅游经典景区全年网络热度排名

华北地区红色旅游经典景区全年网络热度排名如表1-6所示，全年热度排名前十的红色旅游景区依次是卢沟桥、天安门广场、中国国家博物馆、石家庄市平山县西柏坡红色旅游系列景区（点）、安新县白洋淀景区、涞水县野三坡平西抗日根据地、中国人民革命军事博物馆、中国人民抗日战争纪念馆、中国航空博物馆、宛平城。华北地区可检索到的红色旅游经典景区有29个，全年热度分布于32 485～1 806 750次，平均值为517 092次，29个景区中只有7个景区在平均水平以上，其中卢沟桥热度最高，搜索量达到1 806 750次，约为平均值的3.49倍。

表1-6 华北地区红色旅游经典景区全年网络热度排名

景区名称	景区等级	所属省份	日均值（次）	年总值（次）	排名
卢沟桥	其他	北京	4950	1 806 750	1
天安门广场	其他	北京	4886	1 783 390	2
中国国家博物馆	其他	北京	4710	1 719 150	3
石家庄市平山县西柏坡红色旅游系列景区（点）	AAAAA	河北	4651	1 697 615	4
安新县白洋淀景区	AAAAA	河北	4407	1 608 555	5
涞水县野三坡平西抗日根据地	AAAAA	河北	2447	893 155	6
中国人民革命军事博物馆	其他	北京	2210	806 650	7
中国人民抗日战争纪念馆	AAAA	北京	1362	497 130	8
中国航空博物馆	AAAA	北京	1296	473 040	9
宛平城	其他	北京	1235	450 775	10
北京奥林匹克公园	AAAAA	北京	1073	391 645	11
平津战役纪念馆	AAAA	天津	1018	371 570	12
圆明园遗址公园	AAAAA	北京	888	324 120	13
黎城县黄崖洞景区	AAAA	山西	866	316 090	14
文水县刘胡兰纪念馆	其他	山西	679	247 835	15

续表

景区名称	景区等级	所属省份	日均值（次）	年总值（次）	排名
乐亭县李大钊故居和纪念馆	AAAA	河北	653	238 345	16
周恩来邓颖超纪念馆	AAAA	天津	568	207 320	17
清苑县冉庄地道战遗址	AAA	河北	552	201 480	18
大沽口炮台遗址博物馆	AAAA	天津	543	198 195	19
大同煤矿"万人坑"遗址纪念馆	AA	山西	460	167 900	20
灵丘县平型关大捷遗址	AAAA	山西	288	105 120	21
徐向前故居	AAA	山西	229	83 585	22
顺义区焦庄户地道战遗址纪念馆	AAA	北京	225	82 125	23
李大钊烈士陵园	其他	北京	214	78 110	24
易县狼牙山风景区	AAAA	河北	179	65 335	25
北京规划展览馆	AAAA	北京	166	60 590	26
新文化运动纪念馆	其他	北京	144	52 560	27
沧州市献县马本斋烈士纪念馆	AA	河北	96	35 040	28
夜袭阳明堡机场遗址	其他	山西	89	32 485	29

（三）东北地区红色旅游经典景区全年网络热度排名

如表1-7所示，东北地区红色旅游经典景区全年网络热度排名前三依次是大庆市大庆油田历史陈列馆、丹东市抗美援朝纪念馆、鸭绿江断桥景区。各景区热度分布于134 685～1 315 825次，平均值为523 126次。4个景区在平均水平以上，大庆市大庆油田历史陈列馆的热度排名第一，约为平均值的2.52倍。

表1-7 东北地区红色旅游经典景区全年网络热度排名

景区名称	景区等级	所属省份	日均值（次）	年总值（次）	排名
大庆市大庆油田历史陈列馆	AAA	黑龙江	3605	1 315 825	1
丹东市抗美援朝纪念馆	AAAA	辽宁	1842	672 330	2
鸭绿江断桥景区	AAAA	辽宁	1794	654 810	3
长春市长春电影制片厂	AAAA	吉林	1530	558 450	4
辽沈战役纪念馆	AAAA	辽宁	1309	477 785	5
"九一八"历史博物馆	AAAA	辽宁	1166	425 590	6
鸡西市侵华日军虎头要塞遗址	AAAAA	黑龙江	741	270 465	7
抗美援朝烈士陵园	AAA	辽宁	543	198 195	8
牡丹江市侵华日军东宁要塞遗址	AAAA	黑龙江	369	134 685	9

（四）华东地区红色旅游经典景区全年网络热度排名

华东地区红色旅游经典景区全年热度排名如表1-8所示。全年热度排名前十五的红色旅游经典景区依次是井冈山红色旅游系列景区、南京市中山陵、威海市环翠区刘公岛甲午海战纪念地、侵华日军南京大屠杀遇难同胞纪念馆、嘉兴市南湖风景名胜区（中共一大旧址）、周恩来故居、周恩来纪念馆、雨花台烈士陵园、徐州市淮海战役纪念馆、青岛市中国人民解放军海军博物馆、上海世博园、上饶市上饶集中营革命烈士陵园、绍兴市鲁迅故居及纪念馆、滁州市凤阳县小岗村、南昌八一起义纪念馆。华东地区可检索到的红色旅游经典景区是七个区域中数量最多的，共38个，各景区全年热度分布于4015～2 887 515次，包括全国热度最高和最低两个景区，差值高达2 883 500，平均值为384 595次，38个景区中有11个景区在平均水平以上。其中井冈山红色旅游系列景区的热度排名第一，约为平均值的7.51倍，在本书可检索的121个全国红色旅游经典景区中也是热度最高。

表1-8 华东地区红色旅游经典景区全年网络热度排名

景区名称	景区等级	所属省份	日均值（次）	年总值（次）	排名
井冈山红色旅游系列景区	AAAAA	江西	7911	2 887 515	1
南京市中山陵	AAAAA	江苏	5280	1 927 200	2
威海市环翠区刘公岛甲午海战纪念地	AAAAA	山东	3276	1 195 740	3
侵华日军南京大屠杀遇难同胞纪念馆	AAAA	江苏	2721	993 165	4
嘉兴市南湖风景名胜区（中共一大旧址）	AAAAA	浙江	2242	818 330	5
周恩来故居	AAAAA	江苏	2123	774 895	6
周恩来纪念馆	AAAAA	江苏	1969	718 685	7
雨花台烈士陵园	AAAA	江苏	1324	483 260	8
徐州市淮海战役纪念馆	AAAA	江苏	1318	481 070	9
青岛市中国人民解放军海军博物馆	AAA	山东	1284	468 660	10
上海世博园	其他	上海	1064	388 360	11
上饶市上饶集中营革命烈士陵园	AAAA	江西	804	293 460	12
绍兴市鲁迅故居及纪念馆	AAAAA	浙江	781	285 065	13
滁州市凤阳县小岗村	AAAA	安徽	726	264 990	14
南昌八一起义纪念馆	AAAA	江西	694	253 310	15
上海四行仓库抗战纪念馆	AAA	上海	662	241 630	16
龙华烈士陵园	AAAA	上海	655	239 075	17
上海城市规划展示馆	AAAA	上海	602	219 730	18
蒙阴县、沂南县沂蒙山孟良崮战役遗址	AAAA	山东	550	200 750	19
南昌市新建县小平小道陈列馆	AAAA	江西	546	199 290	20
陈云纪念馆	AAAA	上海	531	193 815	21
梅园新村纪念馆	AAAA	江苏	429	156 585	22
济南战役纪念馆	其他	山东	326	118 990	23
聊城市孔繁森同志纪念馆	AAAA	山东	304	110 960	24
瞿秋白烈士纪念碑	其他	福建	249	90 885	25
芜湖市王稼祥纪念园	AAAA	安徽	223	81 395	26
镇江市句容市茅山新四军纪念馆	AAAAA	江苏	218	79 570	27
上海鲁迅纪念馆	AAA	上海	215	78 475	28
福州市福建省革命历史纪念馆	其他	福建	202	73 730	29

续表

景区名称	景区等级	所属省份	日均值（次）	年总值（次）	排名
宣城市泾县皖南事变烈士陵园	AAAA	安徽	201	73 365	30
华东地区革命烈士陵园	AAA	山东	181	66 065	31
江西革命烈士纪念堂	其他	江西	148	54 020	32
萍乡市、宜春市铜鼓县、九江市修水县秋收起义纪念地系列景点	AAA	江西	82	29 930	33
漳州市毛主席率领红军攻克漳州陈列馆	其他	福建	61	22 265	34
永新三湾改编旧址	AAAA	江西	60	21 900	35
瑞金共和国摇篮景区	AAAAA	江西	45	16 425	36
淮北市濉溪县淮海战役双堆集烈士陵园	AAA	安徽	22	8030	37
盐城市新四军纪念馆	AAAA	江苏	11	4015	38

（五）华中地区红色旅游经典景区全年网络热度排名

华中地区红色旅游经典景区全年热度排名如表1-9所示。全年热度排名前五依次是安阳市林州市红旗渠、岳麓山景区、湘潭市韶山市毛泽东故居和纪念馆、宁乡县花明楼刘少奇故居、中共湘区委员会旧址暨毛泽东、杨开慧故居。华中地区可检索到的红色旅游经典景区有17个，全年热度分布于29 565～2 661 580次，平均值为502 476次，其中4个景区在平均水平以上，排名第一的安阳市林州市红旗渠热度约为平均值的5.30倍。

表1-9 华中地区红色旅游经典景区全年网络热度排名

景区名称	景区等级	所属省份	日均值（次）	年总值（次）	排名
安阳市林州市红旗渠	AAAAA	河南	7292	2 661 580	1
岳麓山景区	AAAAA	湖南	5300	1 934 500	2
湘潭市韶山市毛泽东故居和纪念馆	AAAAA	湖南	3743	1 366 195	3
宁乡县花明楼刘少奇故居	AAAAA	湖南	1805	658 825	4
中共湘区委员会旧址暨毛泽东、杨开慧故居	AAAA	湖南	1062	387 630	5
湘潭市湘潭县彭德怀故居和纪念馆	AAAA	湖南	961	350 765	6
兰考县焦裕禄烈士陵园	AAAA	河南	601	219 365	7
胡耀邦故居和陈列馆	AAAA	湖南	444	162 060	8
武昌区辛亥革命武昌起义纪念馆	AAAA	湖北	429	156 585	9
湘潭市湘乡东山学校旧址	AAAA	湖南	383	139 795	10
衡阳市南岳忠烈祠	AAAAA	湖南	371	135 415	11
桑植县贺龙故居和纪念馆	AAAA	湖南	334	121 910	12
首义广场	AAAA	湖北	181	66 065	13
飞虎队纪念馆	其他	湖南	155	56 575	14
汨罗市任弼时故居	AAAA	湖南	153	55 845	15
新乡市南太行创业精神红色旅游景区	AAAA	河南	108	39 420	16
宜昌市长江三峡水利枢纽工程	AAAAA	湖北	81	29 565	17

(六)华南地区红色旅游经典景区全年网络热度排名

华南地区红色旅游经典景区全年热度排名如表1-10所示。全年热度排名前五依次是深圳市博物馆、中山市孙中山故居和纪念馆、深圳市莲花山公园、百色起义纪念园景区、广州市黄埔陆军军官学校旧址。华南地区可检索到的红色旅游经典景区有13个,全年热度分布于22 265～599 330次,平均值为201 255次,其中5个景区在平均水平以上,排名第一的深圳市博物馆热度约为平均值的2.98倍。

表1-10 华南地区红色旅游经典景区全年网络热度排名

景区名称	景区等级	所属省份	日均值(次)	年总值(次)	排名
深圳市博物馆	其他	广东	1642	599 330	1
中山市孙中山故居和纪念馆	AAAAA	广东	1308	477 420	2
深圳市莲花山公园	AAAA	广东	785	286 525	3
百色起义纪念园景区	其他	广西	731	266 815	4
广州市黄埔陆军军官学校旧址	AAA	广东	572	208 780	5
东莞市鸦片战争博物馆	AAAA	广东	490	178 850	6
广州起义纪念馆和烈士陵园	AAAA	广东	407	148 555	7
韶关南雄市梅关古道景区	AAAA	广东	391	142 715	8
梅州市梅县叶剑英元帅纪念馆	AAAA	广东	380	138 700	9
惠州市惠阳区叶挺纪念馆	AAAA	广东	169	61 685	10
百色市红七军军部旧址	其他	广西	152	55 480	11
汕尾市海丰县彭湃故居	AAAA	广东	80	29 200	12
广州市黄花岗七十二烈士墓	AAAA	广东	61	22 265	13

(七)西南地区红色旅游经典景区全年网络热度排名

西南地区红色旅游经典景区全年热度排名如表1-11所示。全年热度排名前三为凉山州中国西昌卫星发射中心、汇川区、桐梓县娄山关景区、贵阳市息烽集中营革命历史纪念馆。西南地区可检索到的全国旅游经典景区有11个,全年热度分布于74 095～1 430 435次,平均值为384 113次,11个景区中有2个景区在平均水平以上,排名第一的凉山州中国西昌卫星发射中心热度约为平均值的3.72倍。

表1-11 西南地区红色旅游经典景区全年网络热度排名

景区名称	景区等级	所属省份	日均值(次)	年总值(次)	排名
凉山州中国西昌卫星发射中心	AAA	四川	3919	1 430 435	1
汇川区、桐梓县娄山关景区	AAAA	贵州	3709	1 353 785	2
贵阳市息烽集中营革命历史纪念馆	AAAA	贵州	894	326 310	3
阿坝州理县桃坪羌寨	AAAA	四川	746	272 290	4
邓小平纪念馆	AAAAA	四川	580	211 700	5
陆军讲武堂旧址	AAAA	云南	486	177 390	6

续表

景区名称	景区等级	所属省份	日均值（次）	年总值（次）	排名
黔南州荔波县邓恩铭烈士故居	其他	贵州	314	114 610	7
汶川县水磨古镇	AAAAA	四川	280	102 200	8
川陕革命根据地红军烈士陵园	AAAA	四川	227	82 855	9
安顺市王若飞故居	其他	贵州	218	79 570	10
红岩魂广场及陈列馆	其他	重庆	203	74 095	11

（八）西北地区红色旅游经典景区全年网络热度排名

西北地区红色旅游经典景区全年热度排名如表1-12所示。全年热度排名前二是宝塔山景区、延安革命纪念馆。西北地区可检索到的红色旅游经典景区有4个，全年热度分布于354 780～777 085次，平均值为555 256次，4个景区中只有2个景区在平均水平以上，排名第一的宝塔山景区热度约为平均值的1.40倍。

表1-12　西北地区红色旅游经典景区全年网络热度排名

景区名称	景区等级	所属省份	日均值（次）	年总值（次）	排名
宝塔山景区	AAAAA	陕西	2129	777 085	1
延安革命纪念馆	AAAAA	陕西	1893	690 945	2
酒泉市玉门油田	AAAA	甘肃	1091	398 215	3
"西安事变"纪念馆	其他	陕西	972	354 780	4

二、红色旅游经典景区"十一"假期网络热度排名

（一）全国红色旅游经典景区"十一"网络热度排名

121个全国红色旅游经典景区"十一"假期的热度排名如表1-13所示。数据显示，各景区热度分布于176～75 744次，差距比较大。其中，热度超过5万次的景区有5个（从高到低排名依次是天安门广场、井冈山红色旅游系列景区、安阳市林州市红旗渠、南京市中山陵、岳麓山景区），少于5万次但超过1万次的有35个，少于1万次但超过1000次的有71个，少于1000次的有10个，分别占比4.13%、28.93%、58.68%、8.26%。

全国红色旅游经典景区2023年全年热度的日均值为1176次，仅有35家超过该均值，而"十一"期间则有42个景区的热度日均值超过1176，高于日常平均水平，充分说明黄金周对于旅游出行的拉动作用。"十一"期间121个景区热度的平均值为1367次，全国有36个景区超过这个数值，这说明"十一"假期热度相对集中于排名前三分之一的景区。

表1-13　全国红色旅游经典景区"十一"假期网络热度排名

景区名称	景区等级	所属省份	日均值（次）	期总值（次）	排名
天安门广场	其他	北京	9468	75 744	1
井冈山红色旅游系列景区	AAAAA	江西	8152	65 216	2
安阳市林州市红旗渠	AAAAA	河南	7312	58 496	3

续表

景区名称	景区等级	所属省份	日均值（次）	期总值（次）	排名
南京市中山陵	AAAAA	江苏	6784	54 272	4
岳麓山景区	AAAAA	湖南	6440	51 520	5
安新县白洋淀景区	AAAAA	河北	5133	41 064	6
卢沟桥	其他	北京	4720	37 760	7
石家庄市平山县西柏坡红色旅游系列景区（点）	AAAAA	河北	4588	36 704	8
湘潭市韶山市毛泽东故居和纪念馆	AAAAA	湖南	4379	35 032	9
中国国家博物馆	其他	北京	4354	34 832	10
威海市环翠区刘公岛甲午海战纪念地	AAAAA	山东	3806	30 448	11
汇川区、桐梓县娄山关景区	AAAA	贵州	3637	29 096	12
大庆市大庆油田历史陈列馆	AAA	黑龙江	3211	25 688	13
鸭绿江断桥景区	AAAA	辽宁	2897	23 176	14
周恩来故居	AAAAA	江苏	2784	22 272	15
丹东市抗美援朝纪念馆	AAAA	辽宁	2779	22 232	16
侵华日军南京大屠杀遇难同胞纪念馆	AAAA	江苏	2683	21 464	17
周恩来纪念馆	AAAAA	江苏	2683	21 464	18
凉山州中国西昌卫星发射中心	AAA	四川	2472	19 776	19
宝塔山景区	AAAAA	陕西	2308	18 464	20
嘉兴市南湖风景名胜区（中共一大旧址）	AAAAA	浙江	2303	18 424	21
宁乡县花明楼刘少奇故居	AAAAA	湖南	2128	17 024	22
辽沈战役纪念馆	AAAA	辽宁	2118	16 944	23
延安革命纪念馆	AAAAA	陕西	2091	16 728	24
涞水县野三坡平西抗日根据地	AAAAA	河北	1986	15 888	25
深圳市博物馆	其他	广东	1960	15 680	26
徐州市淮海战役纪念馆	AAAA	江苏	1873	14 984	27
大同煤矿"万人坑"遗址纪念馆	AA	山西	1845	14 760	28
长春市长春电影制片厂	AAAA	吉林	1806	14 448	29
中国人民革命军事博物馆	其他	北京	1799	14 392	30
中山市孙中山故居和纪念馆	AAAAA	广东	1727	13 816	31
黎城县黄崖洞景区	AAAA	山西	1579	12 632	32
雨花台烈士陵园	AAAA	江苏	1505	12 040	33
湘潭市湘潭县彭德怀故居和纪念馆	AAAA	湖南	1456	11 648	34
青岛市中国人民解放军海军博物馆	AAA	山东	1439	11 512	35

续表

景区名称	景区等级	所属省份	日均值（次）	期总值（次）	排名
"九一八"历史博物馆	AAAA	辽宁	1424	11 392	36
圆明园遗址公园	AAAAA	北京	1352	10 816	37
平津战役纪念馆	AAAA	天津	1293	10 344	38
中国人民抗日战争纪念馆	AAAA	北京	1273	10 184	39
中国航空博物馆	AAAA	北京	1258	10 064	40
北京奥林匹克公园	AAAAA	北京	1224	9792	41
上海世博园	其他	上海	1211	9688	42
宛平城	其他	北京	1154	9232	43
清苑县冉庄地道战遗址	AAA	河北	1154	9232	43
绍兴市鲁迅故居及纪念馆	AAAAA	浙江	1129	9032	45
文水县刘胡兰纪念馆	其他	山西	1101	8808	46
陈云纪念馆	AAAA	上海	1095	8760	47
"西安事变"纪念馆	其他	陕西	1089	8712	48
南昌八一起义纪念馆	AAAA	江西	1037	8296	49
阿坝州理县桃坪羌寨	AAAA	四川	963	7704	50
龙华烈士陵园	AAAA	上海	955	7640	51
黔南州荔波县邓恩铭烈士故居	其他	贵州	881	7048	52
上饶市上饶集中营革命烈士陵园	AAAA	江西	872	6976	53
百色起义纪念园景区	其他	广西	871	6968	54
深圳市莲花山公园	AAAA	广东	869	6952	55
上海四行仓库抗战纪念馆	AAA	上海	864	6912	56
华东地区革命烈士陵园	AAA	山东	823	6584	57
大沽口炮台遗址博物馆	AAAA	天津	799	6392	58
贵阳市息烽集中营革命历史纪念馆	AAAA	贵州	784	6272	59
酒泉市玉门油田	AAAA	甘肃	767	6136	60
鸡西市侵华日军虎头要塞遗址	AAAAA	黑龙江	765	6120	61
乐亭县李大钊故居和纪念馆	AAAA	河北	754	6032	62
邓小平纪念馆	AAAAA	四川	701	5608	63
东莞市鸦片战争博物馆	AAAA	广东	679	5432	64
滁州市凤阳县小岗村	AAAA	安徽	674	5392	65
蒙阴县、沂南县沂蒙山孟良崮战役遗址	AAAA	山东	660	5280	66
广州市黄埔陆军军官学校旧址	AAA	广东	653	5224	67
周恩来邓颖超纪念馆	AAAA	天津	641	5128	68
武昌区辛亥革命武昌起义纪念馆	AAAA	湖北	634	5072	69
梅州市梅县叶剑英元帅纪念馆	AAAA	广东	609	4872	70

续表

景区名称	景区等级	所属省份	日均值（次）	期总值（次）	排名
陆军讲武堂旧址	AAAA	云南	584	4672	71
梅园新村纪念馆	AAAA	江苏	565	4520	72
中共湘区委员会旧址暨毛泽东、杨开慧故居	AAAA	湖南	562	4496	73
牡丹江市侵华日军东宁要塞遗址	AAAA	黑龙江	536	4288	74
抗美援朝烈士陵园	AAA	辽宁	514	4112	75
济南战役纪念馆	其他	山东	503	4024	76
胡耀邦故居和陈列馆	AAAA	湖南	501	4008	77
广州起义纪念馆和烈士陵园	AAAA	广东	467	3736	78
韶关南雄市梅关古道景区	AAAA	广东	449	3592	79
桑植县贺龙故居和纪念馆	AAAA	湖南	446	3568	80
上海城市规划展示馆	AAAA	上海	425	3400	81
易县狼牙山风景区	AAAA	河北	399	3192	82
衡阳市南岳忠烈祠	AAAAA	湖南	399	3192	82
兰考县焦裕禄烈士陵园	AAAA	河南	395	3160	84
安顺市王若飞故居	其他	贵州	392	3136	85
湘潭市湘乡东山学校旧址	AAAA	湖南	390	3120	86
汶川县水磨古镇	AAAAA	四川	383	3064	87
顺义区焦庄户地道战遗址纪念馆	AAA	北京	359	2872	88
聊城市孔繁森同志纪念馆	AAAA	山东	333	2664	89
徐向前故居	AAA	山西	328	2624	90
南昌市新建县小平小道陈列馆	AAAA	江西	325	2600	91
上海鲁迅纪念馆	AAA	上海	324	2592	92
瞿秋白烈士纪念碑	其他	福建	313	2504	93
灵丘县平型关大捷遗址	AAAA	山西	306	2448	94
惠州市惠区叶挺纪念馆	AAAA	广东	264	2112	95
飞虎队纪念馆	其他	湖南	247	1976	96
川陕革命根据地红军烈士陵园	AAAA	四川	244	1952	97
福州市福建省革命历史纪念馆	其他	福建	243	1944	98
新文化运动纪念馆	其他	北京	217	1736	99
李大钊烈士陵园	其他	北京	216	1728	100
广州市黄花岗七十二烈士墓	AAAA	广东	216	1728	100
汨罗市任弼时故居	AAAA	湖南	198	1584	102
宣城市泾县皖南事变烈士陵园	AAAA	安徽	197	1576	103
首义广场	AAAA	湖北	195	1560	104
镇江市句容市茅山新四军纪念馆	AAAAA	江苏	185	1480	105
北京规划展览馆	AAAA	北京	178	1424	106

续表

景区名称	景区等级	所属省份	日均值（次）	期总值（次）	排名
萍乡市、宜春市铜鼓县、九江市修水县秋收起义纪念地系列景点	AAA	江西	175	1400	107
百色市红七军军部旧址	其他	广西	161	1288	108
江西革命烈士纪念堂	其他	江西	152	1216	109
红岩魂广场及陈列馆	其他	重庆	141	1128	110
新乡市南太行创业精神红色旅游景区	AAAA	河南	129	1032	111
漳州市毛主席率领红军攻克漳州陈列馆	其他	福建	112	896	112
沧州市献县马本斋烈士纪念馆	AA	河北	104	832	113
永新三湾改编旧址	AAAA	江西	91	728	114
宜昌市长江三峡水利枢纽工程	AAAAA	湖北	77	616	115
淮北市濉溪县淮海战役双堆集烈士陵园	AAA	安徽	73	584	116
汕尾市海丰县彭湃故居	AAAA	广东	71	568	117
芜湖市王稼祥纪念园	AAAA	安徽	52	416	118
瑞金共和国摇篮景区	AAAAA	江西	50	400	119
夜袭阳明堡机场遗址	其他	山西	37	296	120
盐城市新四军纪念馆	AAAA	江苏	22	176	121

（二）华北地区红色旅游经典景区"十一"网络热度排名

表1-14对华北地区29个景区"十一"期间的热度进行排名。数据显示，各景区热度期总值分布于296～75 744次。本区排名前三的景区（天安门广场、安新县白洋淀景区、卢沟桥）全都进入全国"十一"热度排名的前十。29个景区中，热度超过4万次的有2个（天安门广场、安新县白洋淀景区），少于4万次但超过1万次的有11个（分别是卢沟桥、石家庄市平山县西柏坡红色旅游系列景区〈点〉、中国国家博物馆、涞水县野三坡平西抗日根据地、大同煤矿"万人坑"遗址纪念馆、中国人民革命军事博物馆、黎城县黄崖洞景区、圆明园遗址公园、平津战役纪念馆、中国人民抗日战争纪念馆、中国航空博物馆），少于1万次但超过1000次的有14个（分别是北京奥林匹克公园、宛平城、清苑县冉庄地道战遗址、文水县刘胡兰纪念馆、大沽口炮台遗址博物馆、乐亭县李大钊故居和纪念馆、周恩来邓颖超纪念馆、易县狼牙山风景区、顺义区焦庄户地道战遗址纪念馆、徐向前故居、灵丘县平型关大捷遗址、新文化运动纪念馆、李大钊烈士陵园、北京规划展览馆），少于1000次的有2个（分别是沧州市献县马本斋烈士纪念馆、夜袭阳明堡机场遗址），分别占比7%、38%、48%、7%。区内29个景区热度的全年日均值为1417人次，其中有9个景区超过此均值（分别是天安门广场、安新县白洋淀景区、卢沟桥、石家庄市平山县西柏坡红色旅游系列景区（点）、中国国家博物馆、涞水县野三坡平西抗日根据地、大同煤矿"万人坑"遗址纪念馆、中国人民革命军事博物馆、黎城县黄崖洞景区），而从

全年的数据来看有 7 个景区超过年均值，这说明"十一"假期对华北地区红色旅游经典景区网络热度有一定影响。另外，"十一"期间热度期均值为 13 688 次，其中 8 个景区超过平均值（分别是天安门广场、安新县白洋淀景区、卢沟桥、石家庄市平山县西柏坡红色旅游系列景区〈点〉、中国国家博物馆、涞水县野三坡平西抗日根据地、大同煤矿"万人坑"遗址纪念馆、中国人民革命军事博物馆），这说明区内"十一"假期的热度也是相对集中的。

表 1-14 华北地区红色旅游经典景区"十一"网络热度排名

景区名称	景区等级	所属省份	日均值（次）	期总值（次）	排名
天安门广场	其他	北京	9468	75 744	1
安新县白洋淀景区	AAAAA	河北	5133	41 064	2
卢沟桥	其他	北京	4720	37 760	3
石家庄市平山县西柏坡红色旅游系列景区（点）	AAAAA	河北	4588	36 704	4
中国国家博物馆	其他	北京	4354	34 832	5
涞水县野三坡平西抗日根据地	AAAAA	河北	1986	15 888	6
大同煤矿"万人坑"遗址纪念馆	AA	山西	1845	14 760	7
中国人民革命军事博物馆	其他	北京	1799	14 392	8
黎城县黄崖洞景区	AAAA	山西	1579	12 632	9
圆明园遗址公园	AAAAA	北京	1352	10 816	10
平津战役纪念馆	AAAA	天津	1293	10 344	11
中国人民抗日战争纪念馆	AAAA	北京	1273	10 184	12
中国航空博物馆	AAAA	北京	1258	10 064	13
北京奥林匹克公园	AAAAA	北京	1224	9792	14
宛平城	其他	北京	1154	9232	15
清苑县冉庄地道战遗址	AAA	河北	1154	9232	16
文水县刘胡兰纪念馆	其他	山西	1101	8808	17
大沽口炮台遗址博物馆	AAAA	天津	799	6392	18
乐亭县李大钊故居和纪念馆	AAAA	河北	754	6032	19
周恩来邓颖超纪念馆	AAAA	天津	641	5128	20
易县狼牙山风景区	AAAA	河北	399	3192	21
顺义区焦庄户地道战遗址纪念馆	AAA	北京	359	2872	22
徐向前故居	AAA	山西	328	2624	23
灵丘县平型关大捷遗址	AAAA	山西	306	2448	24
新文化运动纪念馆	其他	北京	217	1736	25
李大钊烈士陵园	其他	北京	216	1728	26
北京规划展览馆	AAAA	北京	178	1424	27
沧州市献县马本斋烈士纪念馆	AA	河北	104	832	28
夜袭阳明堡机场遗址	其他	山西	37	296	29

（三）东北地区红色旅游经典景区"十一"网络热度排名

"十一"期间东北地区红色旅游经典景区热度排名如表 1-15 所示。各景区热度全都少于 3 万次但超过 3000 次，其中区内排名第一的大庆市大庆油田历史陈列馆接近 3 万次。区内 9 个景区热度的全年日均值为 1433 次，在"十一"假期期间，其中有 5 个景区超过这个均值（分别是大庆市大庆油田历史陈列馆、鸭绿江断桥景区、丹东市抗美援朝纪念馆、辽沈战役纪念馆、长春市长春电影制片厂），而从全年的数据来看有 4 个景区超过，这说明"十一"假期对东北地区的红色旅游经典景区热度也有一定影响。"十一"期间 9 个景区热度期均值为 14 267 次，而其中有 5 个景区超过平均值，分别是大庆市大庆油田历史陈列馆、鸭绿江断桥景区、丹东市抗美援朝纪念馆、辽沈战役纪念馆、长春市长春电影制片厂，这说明区内"十一"假期的热度也是相对集中的。

表 1-15 东北地区红色旅游经典景区"十一"网络热度排名

景区名称	景区等级	所属省份	日均值（次）	期总值（次）	排名
大庆市大庆油田历史陈列馆	AAA	黑龙江	3211	25 688	1
鸭绿江断桥景区	AAAA	辽宁	2897	23 176	2
丹东市抗美援朝纪念馆	AAAA	辽宁	2779	22 232	3
辽沈战役纪念馆	AAAA	辽宁	2118	16 944	4
长春市长春电影制片厂	AAAA	吉林	1806	14 448	5
"九一八"历史博物馆	AAAA	辽宁	1424	11 392	6
鸡西市侵华日军虎头要塞遗址	AAAAA	黑龙江	765	6120	7
牡丹江市侵华日军东宁要塞遗址	AAAA	黑龙江	536	4288	8
抗美援朝烈士陵园	AAA	辽宁	514	4112	9

（四）华东地区红色旅游经典景区"十一"网络热度排名

表 1-16 对华东地区 38 个景区"十一"期间的热度进行排名。从表 1-16 中可以看到，各景区热度期总值分布于 176～65 216 万次。本区排名前五（分别是井冈山红色旅游系列景区、南京市中山陵、威海市环翠区刘公岛甲午海战纪念地、周恩来故居、侵华日军南京大屠杀遇难同胞纪念馆）的景区位于全国"十一"热度排名的第二名至第十七名。38 个景区中，热度超过 6 万次的有 1 个（井冈山红色旅游系列景区），少于 6 万次但超过 1 万次的有 9 个，少于 1 万次但超过 1000 次的有 22 个，少于 1000 次的有 6 个，分别占 2.6%、23.7%、57.9%、15.8%。区内 38 个景区热度的全年日均值为 1054 人次，"十一"期间有 13 个景区超过这个均值（分别是井冈山红色旅游系列景区、南京市中山陵、威海市环翠区刘公岛甲午海战纪念地、周恩来故居、侵华日军南京大屠杀遇难同胞纪念馆、周恩来纪念馆、嘉兴市南湖风景名胜区〈中共一大旧址〉、徐州市淮海战役纪念馆、雨花台烈士陵园、青岛市中国人民解放军海军博物馆、上海世博园、绍兴市鲁迅故居及纪念馆、陈云纪念馆），而从全年的数据来看有 11 个景区超过，这说明华东地区的景区整体受"十一"假期的一定影响。另外，"十一"期间 38 个景区热度期总值的平均值为 9994 次，有 10 个景区超过平均值（井冈山红色旅游系列景区、南京市中山陵、威海市环翠区刘公岛甲午海战纪念地、

周恩来故居、侵华日军南京大屠杀遇难同胞纪念馆、周恩来纪念馆、嘉兴市南湖风景名胜区（中共一大旧址）、徐州市淮海战役纪念馆、雨花台烈士陵园、青岛市中国人民解放军海军博物馆），说明区内"十一"假期的热度是相对集中的。

表 1-16 华东地区红色旅游经典景区"十一"网络热度排名

景区名称	景区等级	所属省份	日均值（次）	期总值（次）	排名
井冈山红色旅游系列景区	AAAAA	江西	8152	65 216	1
南京市中山陵	AAAAA	江苏	6784	54 272	2
威海市环翠区刘公岛甲午海战纪念地	AAAAA	山东	3806	30 448	3
周恩来故居	AAAAA	江苏	2784	22 272	4
侵华日军南京大屠杀遇难同胞纪念馆	AAAA	江苏	2683	21 464	5
周恩来纪念馆	AAAAA	江苏	2683	21 464	6
嘉兴市南湖风景名胜区（中共一大旧址）	AAAAA	浙江	2303	18 424	7
徐州市淮海战役纪念馆	AAAA	江苏	1873	14 984	8
雨花台烈士陵园	AAAA	江苏	1505	12 040	9
青岛市中国人民解放军海军博物馆	AAA	山东	1439	11 512	10
上海世博园	其他	上海	1211	9688	11
绍兴市鲁迅故居及纪念馆	AAAAA	浙江	1129	9032	12
陈云纪念馆	AAAA	上海	1095	8760	13
南昌八一起义纪念馆	AAAA	江西	1037	8296	14
龙华烈士陵园	AAAA	上海	955	7640	15
上饶市上饶集中营革命烈士陵园	AAAA	江西	872	6976	16
上海四行仓库抗战纪念馆	AAA	上海	864	6912	17
华东地区革命烈士陵园	AAA	山东	823	6584	18
滁州市凤阳县小岗村	AAAA	安徽	674	5392	19
蒙阴县、沂南县沂蒙山孟良崮战役遗址	AAAA	山东	660	5280	20
梅园新村纪念馆	AAAA	江苏	565	4520	21
济南战役纪念馆	其他	山东	503	4024	22
上海城市规划展示馆	AAAA	上海	425	3400	23
聊城市孔繁森同志纪念馆	AAAA	山东	333	2664	24
南昌市新建县小平小道陈列馆	AAAA	江西	325	2600	25
上海鲁迅纪念馆	AAA	上海	324	2592	26
瞿秋白烈士纪念碑	其他	福建	313	2504	27
福州市福建省革命历史纪念馆	其他	福建	243	1944	28
宣城市泾县皖南事变烈士陵园	AAAA	安徽	197	1576	29
镇江市句容市茅山新四军纪念馆	AAAAA	江苏	185	1480	30

续表

景区名称	景区等级	所属省份	日均值（次）	期总值（次）	排名
萍乡市、宜春市铜鼓县、九江市修水县秋收起义纪念地系列景点	AAA	江西	175	1400	31
江西革命烈士纪念堂	其他	江西	152	1216	32
漳州市毛主席率领红军攻克漳州陈列馆	其他	福建	112	896	33
永新三湾改编旧址	AAAA	江西	91	728	34
淮北市濉溪县淮海战役双堆集烈士陵园	AAA	安徽	73	584	35
芜湖市王稼祥纪念园	AAAA	安徽	52	416	36
瑞金共和国摇篮景区	AAAAA	江西	50	400	37
盐城市新四军纪念馆	AAAA	江苏	22	176	38

（五）华中地区红色旅游经典景区"十一"网络热度排名

表1-17展示了华中地区17个景区"十一"期间的热度排名。从表1-17中可以看到，各景区热度期总值分布于616～58 496次。本区排名前五的景区依热度由高到低依次是安阳市林州市红旗渠、岳麓山景区、湘潭市韶山市毛泽东故居和纪念馆、宁乡县花明楼刘少奇故居、湘潭市湘潭县彭德怀故居和纪念馆。全国"十一"热度排名的17个景区中，热度超过1万次的有5个（分别是安阳市林州市红旗渠、岳麓山景区、湘潭市韶山市毛泽东故居和纪念馆、宁乡县花明楼刘少奇故居、湘潭市湘潭县彭德怀故居和纪念馆），少于1万次但超过1000次的有11个，少于1000次的有1个。区内17个景区热度的全年日均值为1377人次，"十一"期间有5个景区超过这个均值（分别是安阳市林州市红旗渠、岳麓山景区、湘潭市韶山市毛泽东故居和纪念馆、宁乡县花明楼刘少奇故居、湘潭市湘潭县彭德怀故居和纪念馆），而从全年的数据来看仅有4个景区超过，这说明华中地区的景区整体也受到了"十一"假期的影响。另外，"十一"期间17个景区热度期总值的平均值为12 183次，有4个景区超过平均值（即排名前四的安阳市林州市红旗渠、岳麓山景区、湘潭市韶山市毛泽东故居和纪念馆、宁乡县花明楼刘少奇故居），说明区内"十一"假期的热度是相对集中的。

表1-17 华中地区红色旅游经典景区"十一"网络热度排名

景区名称	景区等级	所属省份	日均值（次）	期总值（次）	排名
安阳市林州市红旗渠	AAAAA	河南	7312	58 496	1
岳麓山景区	AAAAA	湖南	6440	51 520	2
湘潭市韶山市毛泽东故居和纪念馆	AAAAA	湖南	4379	35 032	3
宁乡县花明楼刘少奇故居	AAAAA	湖南	2128	17 024	4
湘潭市湘潭县彭德怀故居和纪念馆	AAAA	湖南	1456	11 648	5
武昌区辛亥革命武昌起义纪念馆	AAAA	湖北	634	5072	6
中共湘区委员会旧址暨毛泽东、杨开慧故居	AAAA	湖南	562	4496	7

续表

景区名称	景区等级	所属省份	日均值（次）	期总值（次）	排名
胡耀邦故居和陈列馆	AAAA	湖南	501	4008	8
桑植县贺龙故居和纪念馆	AAAA	湖南	446	3568	9
衡阳市南岳忠烈祠	AAAAA	湖南	399	3192	10
兰考县焦裕禄烈士陵园	AAAA	河南	395	3160	11
湘潭市湘乡东山学校旧址	AAAA	湖南	390	3120	12
飞虎队纪念馆	其他	湖南	247	1976	13
汨罗市任弼时故居	AAAA	湖南	198	1584	14
首义广场	AAAA	湖北	195	1560	15
新乡市南太行创业精神红色旅游景区	AAAA	河南	129	1032	16
宜昌市长江三峡水利枢纽工程	AAAAA	湖北	77	616	17

（六）华南地区红色旅游经典景区"十一"网络热度排名

"十一"期间华南地区红色旅游经典景区热度排名如表1-18所示。各景区热度均少于2万次但都超过500次，其中区内排名第一的深圳市博物馆景区接近2万次。区内13个景区热度的全年日均值为551次，在"十一"假期期间，有7个景区超过这个均值（分别是深圳市博物馆、中山市孙中山故居和纪念馆、百色起义纪念园景区、深圳市莲花山公园、东莞市鸦片战争博物馆、广州市黄埔陆军军官学校旧址、梅州市梅县叶剑英元帅纪念馆），而从全年的数据来看仅有5个景区超过，这说明华南地区红色旅游经典景区热度受"十一"假期影响较大。"十一"期间13个景区热度平均值为5536次，其中有4个景区超过平均值，分别是深圳市博物馆、中山市孙中山故居和纪念馆、百色起义纪念园景区、深圳市莲花山公园，这说明区内"十一"假期的热度也是相对集中的。

表1-18 华南地区红色旅游经典景区"十一"网络热度排名

景区名称	景区等级	所属省份	日均值（次）	期总值（次）	排名
深圳市博物馆	其他	广东	1960	15 680	1
中山市孙中山故居和纪念馆	AAAAA	广东	1727	13 816	2
百色起义纪念园景区	其他	广西	871	6968	3
深圳市莲花山公园	AAAA	广东	869	6952	4
东莞市鸦片战争博物馆	AAAA	广东	679	5432	5
广州市黄埔陆军军官学校旧址	AAA	广东	653	5224	6
梅州市梅县叶剑英元帅纪念馆	AAAA	广东	609	4872	7
广州起义纪念馆和烈士陵园	AAAA	广东	467	3736	8
韶关南雄市梅关古道景区	AAAA	广东	449	3592	9
惠州市惠阳区叶挺纪念馆	AAAA	广东	264	2112	10
广州市黄花岗七十二烈士墓	AAAA	广东	216	1728	11
百色市红七军军部旧址	其他	广西	161	1288	12
汕尾市海丰县彭湃故居	AAAA	广东	71	568	13

(七)西南地区红色旅游经典景区"十一"网络热度排名

"十一"期间西南地区红色旅游经典景区热度排名如表 1-19 所示。各景区热度全都少于 3 万次但都超过 1000 次,其中区内排名第一的汇川区、桐梓县娄山关景区接近 3 万次。区内 11 个景区热度的全年日均值为 1052 次,在"十一"假期期间,其中有 2 个景区超过这个均值(分别是汇川区、桐梓县娄山关景区,凉山州中国西昌卫星发射中心),而从全年的日均值数据来看也是有 2 个景区超过,这说明西南地区的红色旅游经典景区热度受"十一"假期影响较小。"十一"期间 11 个景区热度平均值为 8132 次,而其中有 2 个景区超过平均值,分别是汇川区、桐梓县娄山关景区,凉山州中国西昌卫星发射中心,这说明区内"十一"假期的热度也是相对集中的。

表 1-19 西南地区红色旅游经典景区"十一"网络热度排名

景区名称	景区等级	所属省份	日均值(次)	期总值(次)	排名
汇川区、桐梓县娄山关景区	AAAA	贵州	3637	29 096	1
凉山州中国西昌卫星发射中心	AAA	四川	2472	19 776	2
阿坝州理县桃坪羌寨	AAAA	四川	963	7704	3
黔南州荔波县邓恩铭烈士故居	其他	贵州	881	7048	4
贵阳市息烽集中营革命历史纪念馆	AAAA	贵州	784	6272	5
邓小平纪念馆	AAAAA	四川	701	5608	6
陆军讲武堂旧址	AAAA	云南	584	4672	7
安顺市王若飞故居	其他	贵州	392	3136	8
汶川县水磨古镇	AAAAA	四川	383	3064	9
川陕革命根据地红军烈士陵园	AAAA	四川	244	1952	10
红岩魂广场及陈列馆	其他	重庆	141	1128	11

(八)西北地区红色旅游经典景区"十一"网络热度排名

"十一"期间西北地区红色旅游经典景区热度排名如表 1-20 所示。各景区热度均少于 2 万次但超过 5000 次,其中区内排名第一的宝塔山景区接近 2 万次。区内 4 个景区热度的全年日均值为 1521 次,在"十一"假期期间,有 2 个景区超过这个均值(分别是宝塔山景区、延安革命纪念馆),而从全年的数据来看也是有 2 个景区超过,这说明西北地区的红色旅游经典景区热度受"十一"假期影响较小。"十一"期间 4 个景区热度平均值为 12 510 次,而其中有 2 个景区超过平均值,分别是宝塔山景区、延安革命纪念馆,这说明区内"十一"假期的热度也是相对集中的。

表 1-20 西北地区红色旅游经典景区"十一"网络热度排名

景区名称	景区等级	所属省份	日均值(次)	期总值(次)	排名
宝塔山景区	AAAAA	陕西	2308	18 464	1
延安革命纪念馆	AAAAA	陕西	2091	16 728	2
"西安事变"纪念馆	其他	陕西	1089	8712	3
酒泉市玉门油田	AAAA	甘肃	767	6136	4

三、红色旅游经典景区春节假期网络热度排名

（一）全国红色旅游经典景区春节网络热度排名

如表 1-21 所示，全国全年网络热度排名前二十的红色旅游经典景区依次是井冈山红色旅游系列景区、安阳市林州市红旗渠、岳麓山景区、南京市中山陵、湘潭市韶山市毛泽东故居和纪念馆、中国国家博物馆、天安门广场、石家庄市平山县西柏坡红色旅游系列景区（点）、卢沟桥、安新县白洋淀景区、大庆市大庆油田历史陈列馆、侵华日军南京大屠杀遇难同胞纪念馆、汇川区、桐梓县娄山关景区、凉山州中国西昌卫星发射中心、威海市环翠区刘公岛甲午海战纪念地、周恩来故居、涞水县野三坡平西抗日根据地、周恩来纪念馆、中山市孙中山故居和纪念馆、宁乡县花明楼刘少奇故居。各景区热度分布于 0～48 671 次，121 个景区中，年总值超过 1 万次的景区有 20 个，少于 1 万次大于 1000 次的有 69 个，少于 1000 次的有 32 个，分别占比为 16.53%、57.02%、26.45%，有 31 个景区在平均热度以上，说明春节期间，全国各红色旅游经典区的热度分布比较集中。

表 1-21 全国红色旅游经典景区春节假期网络热度排名

景区名称	景区等级	所属省份	日均值（次）	期总值（次）	排名
井冈山红色旅游系列景区	AAAAA	江西	6953	48 671	1
安阳市林州市红旗渠	AAAAA	河南	6192	43 344	2
岳麓山景区	AAAAA	湖南	5493	38 451	3
南京市中山陵	AAAAA	江苏	5168	36 176	4
湘潭市韶山市毛泽东故居和纪念馆	AAAAA	湖南	4708	32 956	5
中国国家博物馆	其他	北京	4159	29 113	6
天安门广场	其他	北京	3937	27 559	7
石家庄市平山县西柏坡红色旅游系列景区（点）	AAAAA	河北	3864	27 048	8
卢沟桥	其他	北京	3735	26 145	9
安新县白洋淀景区	AAAAA	河北	3057	21 399	10
大庆市大庆油田历史陈列馆	AAA	黑龙江	2919	20 433	11
侵华日军南京大屠杀遇难同胞纪念馆	AAAA	江苏	2868	20 076	12
汇川区、桐梓县娄山关景区	AAAA	贵州	2810	19 670	13
凉山州中国西昌卫星发射中心	AAA	四川	2233	15 631	14
威海市环翠区刘公岛甲午海战纪念地	AAAAA	山东	2205	15 435	15
周恩来故居	AAAAA	江苏	2200	15 400	16
涞水县野三坡平西抗日根据地	AAAAA	河北	1845	12 915	17
周恩来纪念馆	AAAAA	江苏	1835	12 845	18
中山市孙中山故居和纪念馆	AAAAA	广东	1796	12 572	19
宁乡县花明楼刘少奇故居	AAAAA	湖南	1734	12 138	20
宝塔山景区	AAAAA	陕西	1398	9786	21
深圳市博物馆	其他	广东	1386	9702	22

续表

景区名称	景区等级	所属省份	日均值（次）	期总值（次）	排名
中共湘区委员会旧址暨毛泽东、杨开慧故居	AAAA	湖南	1362	9534	23
中国人民革命军事博物馆	其他	北京	1337	9359	24
嘉兴市南湖风景名胜区（中共一大旧址）	AAAAA	浙江	1326	9282	25
鸭绿江断桥景区	AAAA	辽宁	1171	8197	26
长春市长春电影制片厂	AAAA	吉林	1110	7770	27
湘潭市湘潭县彭德怀故居和纪念馆	AAAA	湖南	1090	7630	28
深圳市莲花山公园	AAAA	广东	1068	7476	29
丹东市抗美援朝纪念馆	AAAA	辽宁	1050	7350	30
延安革命纪念馆	AAAAA	陕西	977	6839	31
酒泉市玉门油田	AAAA	甘肃	913	6391	32
青岛市中国人民解放军海军博物馆	AAA	山东	901	6307	33
绍兴市鲁迅故居及纪念馆	AAAAA	浙江	863	6041	34
徐州市淮海战役纪念馆	AAAA	江苏	838	5866	35
"西安事变"纪念馆	其他	陕西	837	5859	36
辽沈战役纪念馆	AAAA	辽宁	835	5845	37
雨花台烈士陵园	AAAA	江苏	806	5642	38
宛平城	其他	北京	749	5243	39
中国航空博物馆	AAAA	北京	725	5075	40
上海世博园	其他	上海	718	5026	41
上饶市上饶集中营革命烈士陵园	AAAA	江西	714	4998	42
广州市黄埔陆军军官学校旧址	AAA	广东	682	4774	43
中国人民抗日战争纪念馆	AAAA	北京	669	4683	44
韶关南雄市梅关古道景区	AAAA	广东	667	4669	45
阿坝州理县桃坪羌寨	AAAA	四川	641	4487	46
百色起义纪念园景区	其他	广西	638	4466	47
平津战役纪念馆	AAAA	天津	620	4340	48
黎城县黄崖洞景区	AAAA	山西	601	4207	49
梅州市梅县叶剑英元帅纪念馆	AAAA	广东	564	3948	50
"九一八"历史博物馆	AAAA	辽宁	558	3906	51
邓小平纪念馆	AAAAA	四川	553	3871	52
圆明园遗址公园	AAAAA	北京	545	3815	53
文水县刘胡兰纪念馆	其他	山西	545	3815	54
鸡西市侵华日军虎头要塞遗址	AAAAA	黑龙江	527	3689	55
滁州市凤阳县小岗村	AAAA	安徽	519	3633	56

续表

景区名称	景区等级	所属省份	日均值（次）	期总值（次）	排名
上海四行仓库抗战纪念馆	AAA	上海	498	3486	57
清苑县冉庄地道战遗址	AAA	河北	495	3465	58
乐亭县李大钊故居和纪念馆	AAAA	河北	479	3353	59
胡耀邦故居和陈列馆	AAAA	湖南	462	3234	60
贵阳市息烽集中营革命历史纪念馆	AAAA	贵州	438	3066	61
南昌八一起义纪念馆	AAAA	江西	433	3031	62
龙华烈士陵园	AAAA	上海	402	2814	63
上海城市规划展示馆	AAAA	上海	381	2667	64
桑植县贺龙故居和纪念馆	AAAA	湖南	375	2625	65
北京奥林匹克公园	AAAAA	北京	373	2611	66
抗美援朝烈士陵园	AAA	辽宁	366	2562	67
陆军讲武堂旧址	AAAA	云南	361	2527	68
大沽口炮台遗址博物馆	AAAA	天津	345	2415	69
湘潭市湘乡东山学校旧址	AAAA	湖南	328	2296	70
陈云纪念馆	AAAA	上海	297	2079	71
东莞市鸦片战争博物馆	AAAA	广东	290	2030	72
蒙阴县、沂南县沂蒙山孟良崮战役遗址	AAAA	山东	289	2023	73
兰考县焦裕禄烈士陵园	AAAA	河南	281	1967	74
牡丹江市侵华日军东宁要塞遗址	AAAA	黑龙江	271	1897	75
周恩来邓颖超纪念馆	AAAA	天津	266	1862	76
武昌区辛亥革命武昌起义纪念馆	AAAA	湖北	238	1666	77
徐向前故居	AAA	山西	234	1638	78
南昌市新建县小平小道陈列馆	AAAA	江西	230	1610	79
梅园新村纪念馆	AAAA	江苏	225	1575	80
汶川县水磨古镇	AAAAA	四川	215	1505	81
惠州市惠阳区叶挺纪念馆	AAAA	广东	203	1421	82
广州起义纪念馆和烈士陵园	AAAA	广东	192	1344	83
灵丘县平型关大捷遗址	AAAA	山西	182	1274	84
新乡市南太行创业精神红色旅游景区	AAAA	河南	179	1253	85
聊城市孔繁森同志纪念馆	AAAA	山东	168	1176	86
济南战役纪念馆	其他	山东	154	1078	87
川陕革命根据地红军烈士陵园	AAAA	四川	154	1078	88
汕尾市海丰县彭湃故居	AAAA	广东	146	1022	89
瞿秋白烈士纪念碑	其他	福建	142	994	90
汨罗市任弼时故居	AAAA	湖南	138	966	91
上海鲁迅纪念馆	AAA	上海	136	952	92

续表

景区名称	景区等级	所属省份	日均值（次）	期总值（次）	排名
大同煤矿"万人坑"遗址纪念馆	AA	山西	133	931	93
易县狼牙山风景区	AAAA	河北	127	889	94
芜湖市王稼祥纪念园	AAAA	安徽	124	868	95
首义广场	AAAA	湖北	123	861	96
红岩魂广场及陈列馆	其他	重庆	121	847	97
瑞金共和国摇篮景区	AAAAA	江西	117	819	98
黔南州荔波县邓恩铭烈士故居	其他	贵州	117	819	99
顺义区焦庄户地道战遗址纪念馆	AAA	北京	116	812	100
百色市红七军军部旧址	其他	广西	110	770	101
飞虎队纪念馆	其他	湖南	109	763	102
安顺市王若飞故居	其他	贵州	102	714	103
新文化运动纪念馆	其他	北京	91	637	104
北京规划展览馆	AAAA	北京	89	623	105
镇江市句容市茅山新四军纪念馆	AAAAA	江苏	89	623	106
宣城市泾县皖南事变烈士陵园	AAAA	安徽	84	588	107
萍乡市、宜春市铜鼓县、九江市修水县秋收起义纪念地系列景点	AAA	江西	84	588	108
福州市福建省革命历史纪念馆	其他	福建	81	567	109
夜袭阳明堡机场遗址	其他	山西	72	504	110
华东地区革命烈士陵园	AAA	山东	65	455	111
沧州市献县马本斋烈士纪念馆	AA	河北	57	399	112
永新三湾改编旧址	AAAA	江西	44	308	113
江西革命烈士纪念堂	其他	江西	32	224	114
李大钊烈士陵园	其他	北京	16	112	115
淮北市濉溪县淮海战役双堆集烈士陵园	AAA	安徽	8	56	116
漳州市毛主席率领红军攻克漳州陈列馆	其他	福建	8	56	117
宜昌市长江三峡水利枢纽工程	AAAAA	湖北	8	56	118
广州市黄花岗七十二烈士墓	AAAA	广东	8	56	119
盐城市新四军纪念馆	AAAA	江苏	0	0	120
衡阳市南岳忠烈祠	AAAAA	湖南	0	0	121

（二）华北地区红色旅游经典景区春节网络热度排名

如表 1-22 所示，华北地区春节期间，各景区热度期分布于 112～29 113 次。热度排名前十分别是中国国家博物馆、天安门广场、石家庄市平山县西柏坡红色旅游系列景区（点）、卢沟桥、安新县白洋淀景区、涞水县野三坡平西抗日根据地、中国人民革命军事博物馆、宛平城、中国航空博物馆、中国人民抗日战争纪念馆。29个景区中，热度超过2万次的有5个（中国国家博物馆、天安门广场、石家庄市平山县西柏坡红色旅游系列景区〈点〉、卢沟桥、安新县白洋淀景区），少于2万次但超过1000次的有17个，少于1000次的有7个，分别占比17.24%、58.62%、24.14%。区内29个景区热度的全年日均值为1417人次，其中有6个景区超过这个均值（分别是中国国家博物馆、天安门广场、石家庄市平山县西柏坡红色旅游系列景区（点）、卢沟桥、安新县白洋淀景区、涞水县野三坡平西抗日根据地），而从全年的数据来看有7个景区超过（分别是中国国家博物馆、天安门广场、石家庄市平山县西柏坡红色旅游系列景区（点）、卢沟桥、安新县白洋淀景区、涞水县野三坡平西抗日根据地、中国人民革命军事博物馆），这说明华北地区的景区受春节假期影响较小。另外，春节期间29个景区热度期总值的平均值为7112次，而其中有7个景区超过平均值，这说明区内春节假期的热度也是相对集中的。

表1-22 华北地区红色旅游经典景区春节网络热度排名

景区名称	景区等级	所属省份	日均值（次）	期总值（次）	排名
中国国家博物馆	其他	北京	4159	29 113	1
天安门广场	其他	北京	3937	27 559	2
石家庄市平山县西柏坡红色旅游系列景区（点）	AAAAA	河北	3864	27 048	3
卢沟桥	其他	北京	3735	26 145	4
安新县白洋淀景区	AAAAA	河北	3057	21 399	5
涞水县野三坡平西抗日根据地	AAAAA	河北	1845	12 915	6
中国人民革命军事博物馆	其他	北京	1337	9359	7
宛平城	其他	北京	749	5243	8
中国航空博物馆	AAAA	北京	725	5075	9
中国人民抗日战争纪念馆	AAAA	北京	669	4683	10
平津战役纪念馆	AAAA	天津	620	4340	11
黎城县黄崖洞景区	AAAA	山西	601	4207	12
圆明园遗址公园	AAAAA	北京	545	3815	13
文水县刘胡兰纪念馆	其他	山西	545	3815	14
清苑县冉庄地道战遗址	AAA	河北	495	3465	15
乐亭县李大钊故居和纪念馆	AAAA	河北	479	3353	16
北京奥林匹克公园	AAAAA	北京	373	2611	17
大沽口炮台遗址博物馆	AAAA	天津	345	2415	18
周恩来邓颖超纪念馆	AAAA	天津	266	1862	19
徐向前故居	AAA	山西	234	1638	20
灵丘县平型关大捷遗址	AAAA	山西	182	1274	21
大同煤矿"万人坑"遗址纪念馆	AA	山西	133	931	22
易县狼牙山风景区	AAAA	河北	127	889	23
顺义区焦庄户地道战遗址纪念馆	AAA	北京	116	812	24

续表

景区名称	景区等级	所属省份	日均值（次）	期总值（次）	排名
新文化运动纪念馆	其他	北京	91	637	25
北京规划展览馆	AAAA	北京	89	623	26
夜袭阳明堡机场遗址	其他	山西	72	504	27
沧州市献县马本斋烈士纪念馆	AA	河北	57	399	28
李大钊烈士陵园	其他	北京	16	112	29

（三）东北地区红色旅游经典景区春节网络热度排名

春节期间东北地区红色旅游经典景区热度排名如表1-23所示。各景区热度各分布于1897～20 433次，其中区内排名第一的大庆市大庆油田历史陈列馆为20 433次。区内9个景区热度的全年日均值为1433次，在春节假期期间，其中只有1个景区（大庆市大庆油田历史陈列馆）超过这个均值，而从全年的数据来看有4个景区超过，这说明东北地区的红色旅游经典景区热度受春节假期影响较大。春节期间9个景区热度平均值为6850次，而其中有4个景区超过平均值，分别是大庆市大庆油田历史陈列馆、鸭绿江断桥景区、长春市长春电影制片厂、丹东市抗美援朝纪念馆，这说明区内春节假期的热度也是相对集中的。

表1-23　东北地区红色旅游经典景区春节网络热度排名

景区名称	景区等级	所属省份	日均值（次）	期总值（次）	排名
大庆市大庆油田历史陈列馆	AAA	黑龙江	2919	20 433	1
鸭绿江断桥景区	AAAA	辽宁	1171	8197	2
长春市长春电影制片厂	AAAA	吉林	1110	7770	3
丹东市抗美援朝纪念馆	AAAA	辽宁	1050	7350	4
辽沈战役纪念馆	AAAA	辽宁	835	5845	5
"九一八"历史博物馆	AAAA	辽宁	558	3906	6
鸡西市侵华日军虎头要塞遗址	AAAAA	黑龙江	527	3689	7
抗美援朝烈士陵园	AAA	辽宁	366	2562	8
牡丹江市侵华日军东宁要塞遗址	AAAA	黑龙江	271	1897	9

（四）华东地区红色旅游经典景区春节网络热度排名

华东地区38个景区春节期间的热度排名如表1-24所示。数据显示，各景区热度期总值分布于0～48 671次。本区38个景区中，热度期总值超过1万次的有6个（井冈山红色旅游系列景区、南京市中山陵、侵华日军南京大屠杀遇难同胞纪念馆、威海市环翠区刘公岛甲午海战纪念地、周恩来故居、周恩来纪念馆），少于1万次但超过1000次的有18个，少于1000次的有14个，分别占15.79%、47.37%、36.84%。区内38个景区热度的全年日均值为1054人次，春节期间有7个景区超过这个均值［分别是井冈山红色旅游系列景区、南京市中山陵、侵华日军南京大屠杀遇难同胞纪念馆、威海市环翠区刘公岛甲午海战纪念地、周恩来故居、周恩来纪念馆、嘉兴市南湖风景名胜区（中共一大旧址）］，而从全年的数据来看有 11 个景区超过，这说明华东地区的景区整体受春节假期影响较大。另外，春节期间 38 个景区热度期总值的平均值为 5896 次，有 9 个景区超过平均值，说明区内春节假期的热度是相对集中的。

表 1-24　华东地区红色旅游经典景区春节网络热度排名

景区名称	景区等级	所属省份	日均值（次）	期总值（次）	排名
井冈山红色旅游系列景区	AAAAA	江西	6953	48 671	1
南京市中山陵	AAAAA	江苏	5168	36 176	2
侵华日军南京大屠杀遇难同胞纪念馆	AAAA	江苏	2868	20 076	3
威海市环翠区刘公岛甲午海战纪念地	AAAAA	山东	2205	15 435	4
周恩来故居	AAAAA	江苏	2200	15 400	5
周恩来纪念馆	AAAAA	江苏	1835	12 845	6
嘉兴市南湖风景名胜区（中共一大旧址）	AAAAA	浙江	1326	9282	7
青岛市中国人民解放军海军博物馆	AAA	山东	901	6307	8
绍兴市鲁迅故居及纪念馆	AAAAA	浙江	863	6041	9
徐州市淮海战役纪念馆	AAAA	江苏	838	5866	10
雨花台烈士陵园	AAAA	江苏	806	5642	11
上海世博园	其他	上海	718	5026	12
上饶市上饶集中营革命烈士陵园	AAAA	江西	714	4998	13
滁州市凤阳县小岗村	AAAA	安徽	519	3633	14
上海四行仓库抗战纪念馆	AAA	上海	498	3486	15
南昌八一起义纪念馆	AAAA	江西	433	3031	16
龙华烈士陵园	AAAA	上海	402	2814	17
上海城市规划展示馆	AAAA	上海	381	2667	18
陈云纪念馆	AAAA	上海	297	2079	19
蒙阴县、沂南县沂蒙山孟良崮战役遗址	AAAA	山东	289	2023	20
南昌市新建县小平小道陈列馆	AAAA	江西	230	1610	21
梅园新村纪念馆	AAAA	江苏	225	1575	22
聊城市孔繁森同志纪念馆	AAAA	山东	168	1176	23
济南战役纪念馆	其他	山东	154	1078	24
瞿秋白烈士纪念碑	其他	福建	142	994	25
上海鲁迅纪念馆	AAA	上海	136	952	26
芜湖市王稼祥纪念园	AAAA	安徽	124	868	27
瑞金共和国摇篮景区	AAAAA	江西	117	819	28
镇江市句容市茅山新四军纪念馆	AAAAA	江苏	89	623	29
宣城市泾县皖南事变烈士陵园	AAAA	安徽	84	588	30
萍乡市、宜春市铜鼓县、九江市修水县秋收起义纪念地系列景点	AAA	江西	84	588	31

续表

景区名称	景区等级	所属省份	日均值（次）	期总值（次）	排名
福州市福建省革命历史纪念馆	其他	福建	81	567	32
华东地区革命烈士陵园	AAA	山东	65	455	33
永新三湾改编旧址	AAAA	江西	44	308	34
江西革命烈士纪念堂	其他	江西	32	224	35
淮北市濉溪县淮海战役双堆集烈士陵园	AAA	安徽	8	56	36
漳州市毛主席率领红军攻克漳州陈列馆	其他	福建	8	56	37
盐城市新四军纪念馆	AAAA	江苏	0	0	38

（五）华中地区红色旅游经典景区春节网络热度排名

表1-25对华中地区17个景区春节期间的热度进行了排名。从表1-25中可以看到，各景区热度期总值在0～43 344次。区内17个景区中，热度期总值超过5000次的有6个（分别是安阳市林州市红旗渠，岳麓山景区，湘潭市韶山市毛泽东故居和纪念馆，宁乡县花明楼刘少奇故居，中共湘区委员会旧址暨毛泽东、杨开慧故居，湘潭市湘潭县彭德怀故居和纪念馆），少于5000次但超过1000次的有6个，少于1000次的有5个，区内17个景区热度的全年日均值为1378人次，春季期间4个景区超过这个均值（分别是安阳市林州市红旗渠、岳麓山景区、湘潭市韶山市毛泽东故居和纪念馆、宁乡县花明楼刘少奇故居），而从全年的数据来看有4个景区超过，这说明华中地区的景区整体受春节假期影响较小。另外，春节期间17个景区热度期总值的平均值为9396次，有5个景区超过平均值（即安阳市林州市红旗渠，岳麓山景区，湘潭市韶山市毛泽东故居和纪念馆，宁乡县花明楼刘少奇故居，中共湘区委员会旧址暨毛泽东、杨开慧故居），说明区内春节假期的热度是相对集中的。

表1-25 华中地区红色旅游经典景区春节网络热度排名

景区名称	景区等级	所属省份	日均值（次）	期总值（次）	排名
安阳市林州市红旗渠	AAAAA	河南	6192	43 344	1
岳麓山景区	AAAAA	湖南	5493	38 451	2
湘潭市韶山市毛泽东故居和纪念馆	AAAAA	湖南	4708	32 956	3
宁乡县花明楼刘少奇故居	AAAAA	湖南	1734	12 138	4
中共湘区委员会旧址暨毛泽东、杨开慧故居	AAAA	湖南	1362	9534	5
湘潭市湘潭县彭德怀故居和纪念馆	AAAA	湖南	1090	7630	6
胡耀邦故居和陈列馆	AAAA	湖南	462	3234	7
桑植县贺龙故居和纪念馆	AAAA	湖南	375	2625	8
湘潭市湘乡东山学校旧址	AAAA	湖南	328	2296	9

续表

景区名称	景区等级	所属省份	日均值（次）	期总值（次）	排名
兰考县焦裕禄烈士陵园	AAAA	河南	281	1967	10
武昌区辛亥革命武昌起义纪念馆	AAAA	湖北	238	1666	11
新乡市南太行创业精神红色旅游景区	AAAA	河南	179	1253	12
汨罗市任弼时故居	AAAA	湖南	138	966	13
首义广场	AAAA	湖北	123	861	14
飞虎队纪念馆	其他	湖南	109	763	15
宜昌市长江三峡水利枢纽工程	AAAAA	湖北	8	56	16
衡阳市南岳忠烈祠	AAAAA	湖南	0	0	17

（六）华南地区红色旅游经典景区春节网络热度排名

春节期间华南地区红色旅游经典景区热度排名如表1-26所示。区内排名第一的中山市孙中山故居和纪念馆接近13 000次，13个景区的全年热度日均值为551次，在春节假期，有7个景区超过这个均值（分别是中山市孙中山故居和纪念馆、深圳市博物馆、深圳市莲花山公园、广州市黄埔陆军军官学校旧址、韶关南雄市梅关古道景区、百色起义纪念园景区、梅州市梅县叶剑英元帅纪念馆），而从全年的数据来看有5个景区超过，这说明华南地区的红色旅游经典景区热度受春节假期影响较大。春节期间13景区热度平均值为4173次，而其中有6个景区超过均值，分别是中山市孙中山故居和纪念馆、深圳市博物馆、深圳市莲花山公园、广州市黄埔陆军军官学校旧址、韶关南雄市梅关古道景区、百色起义纪念园景区，这说明区内春节假期的热度也是相对集中的。

表1-26 华南地区红色旅游经典景区春节网络热度排名

景区名称	景区等级	所属省份	日均值（次）	期总值（次）	排名
中山市孙中山故居和纪念馆	AAAAA	广东	1796	12 572	1
深圳市博物馆	其他	广东	1386	9702	2
深圳市莲花山公园	AAAA	广东	1068	7476	3
广州市黄埔陆军军官学校旧址	AAA	广东	682	4774	4
韶关南雄市梅关古道景区	AAAA	广东	667	4669	5
百色起义纪念园景区	其他	广西	638	4466	6
梅州市梅县叶剑英元帅纪念馆	AAAA	广东	564	3948	7
东莞市鸦片战争博物馆	AAAA	广东	290	2030	8
惠州市惠阳区叶挺纪念馆	AAAA	广东	203	1421	9
广州起义纪念馆和烈士陵园	AAAA	广东	192	1344	10
汕尾市海丰县彭湃故居	AAAA	广东	146	1022	11
百色市红七军军部旧址	其他	广西	110	770	12
广州市黄花岗七十二烈士墓	AAAA	广东	8	56	13

（七）西南地区红色旅游经典景区春节网络热度排名

春节期间西南地区红色旅游经典景区热度排名如表1-27所示。排名第一的汇川区、桐梓县娄山关景区接近2万次。区内11个景区热度的全年日均值为1052次，春节假期期间，有2个景区超过这个均值（分别是汇川区、桐梓县娄山关景区和凉山州中国西昌卫星发射中心），而从全年的数据来看也有2个景区超过（分别是汇川区、桐梓县娄山关景区和凉山州中国西昌卫星发射中心），这说明西南地区的红色旅游经典景区热度受春节假期影响不大。春节期间11个景区热度平均值为4929次，而其中有2个景区超过平均值，分别是汇川区、桐梓县娄山关景区、凉山州中国西昌卫星发射中心，这说明区内春节假期的热度也是相对集中的。

表1-27 西南地区红色旅游经典景区春节网络热度排名

景区名称	景区等级	所属省份	日均值（次）	期总值（次）	排名
汇川区、桐梓县娄山关景区	AAAA	贵州	2810	19 670	1
凉山州中国西昌卫星发射中心	AAA	四川	2233	15 631	2
阿坝州理县桃坪羌寨	AAAA	四川	641	4487	3
邓小平纪念馆	AAAAA	四川	553	3871	4
贵阳市息烽集中营革命历史纪念馆	AAAA	贵州	438	3066	5
陆军讲武堂旧址	AAAA	云南	361	2527	6
汶川县水磨古镇	AAAAA	四川	215	1505	7
川陕革命根据地红军烈士陵园	AAAA	四川	154	1078	8
红岩魂广场及陈列馆	其他	重庆	121	847	9
黔南州荔波县邓恩铭烈士故居	其他	贵州	117	819	10
安顺市王若飞故居	其他	贵州	102	714	11

（八）西北地区红色旅游经典景区春节网络热度排名

春节期间西北地区红色旅游经典景区热度排名如表1-28所示。热度排名第一的是位于陕西省的AAAAA级景区宝塔山景区，其间的日均热度为1398次；其次是位于陕西省的延安革命纪念馆，其间的日均值热度为977次；热度排名第三的是位于甘肃省的AAAA级景区酒泉市玉门油田，其间的日均值热度为913次。4个景区中，热期总值少于1万次但超过6000次的有3个（分别是宝塔山景区、延安革命纪念馆、酒泉市玉门油田），少于6000次的有1个，分别占比75%、25%，区内4个景区热度的全年日均值为1521人次，春节期间没有1个景区超过这个均值，而从全年的数据来看有2个景区超过（分别是宝塔山景区、延安革命纪念馆），这说明华中地区的景区整体受春节假期影响较大。另外，春节期间4个景区热度期总值的平均值为7219次，有1个景区超过平均值（即排名第一的景区宝塔山景区），说明区内春节假期的热度也是相对集中的。

表1-28 西北地区红色旅游经典景区春节网络热度排名

景区名称	景区等级	所属省份	日均值（次）	期总值（次）	排名
宝塔山景区	AAAAA	陕西	1398	9786	1

续表

景区名称	景区等级	所属省份	日均值（次）	期总值（次）	排名
延安革命纪念馆	AAAAA	陕西	977	6839	2
酒泉市玉门油田	AAAA	甘肃	913	6391	3
"西安事变"纪念馆	其他	陕西	837	5859	4

四、不同等级红色旅游经典景区网络热度排名

如表 1-29 所示，全国可检索到的红色旅游景点景区有 121 个，其中 AAAAA 有 26 个，AAAA 有 57 个，AAA 有 13 个，AA 有 2 个，A 的没有，其他景区有 23 个。热度最高的是 AAAAA 级，其次是 AAAA 级。

表 1-29　全国不同等级红色旅游经典景区网络热度排名概况

景区等级	景区数量（个）	搜索均值（次）	排名
AAAAA	26	882 092.69	1
AAAA	57	263 952.63	2
AAA	13	339 478.08	4
AA	2	101 470	5
其他	23	405 530.87	3

AAAAA 景区中热度全国前十的分别是井冈山红色旅游系列景区、安阳市林州市红旗渠、岳麓山景区、南京市中山陵、石家庄市平山县西柏坡红色旅游系列景区（点）、安新县白洋淀景区、湘潭市韶山市毛泽东故居和纪念馆、威海市环翠区刘公岛甲午海战纪念地、涞水县野三坡平西抗日根据地、嘉兴市南湖风景名胜区（中共一大旧址），排名如表 1-30。

表 1-30　全国 AAAAA 红色旅游经典景区网络热度排名

景区名称	景区等级	所属省份	日均值（次）	年总值（次）	排名
井冈山红色旅游系列景区	AAAAA	江西	7911	2 887 515	1
安阳市林州市红旗渠	AAAAA	河南	7292	2 661 580	2
岳麓山景区	AAAAA	湖南	5300	1 934 500	3
南京市中山陵	AAAAA	江苏	5280	1 927 200	4
石家庄市平山县西柏坡红色旅游系列景区（点）	AAAAA	河北	4651	1 697 615	5
安新县白洋淀景区	AAAAA	河北	4407	1 608 555	6
湘潭市韶山市毛泽东故居和纪念馆	AAAAA	湖南	3743	1 366 195	7
威海市环翠区刘公岛甲午海战纪念地	AAAAA	山东	3276	1 195 740	8
涞水县野三坡平西抗日根据地	AAAAA	河北	2447	893 155	9
嘉兴市南湖风景名胜区（中共一大旧址）	AAAAA	浙江	2242	818 330	10

续表

景区名称	景区等级	所属省份	日均值（次）	年总值（次）	排名
宝塔山景区	AAAAA	陕西	2129	777 085	11
周恩来故居	AAAAA	江苏	2123	774 895	12
周恩来纪念馆	AAAAA	江苏	1969	718 685	13
延安革命纪念馆	AAAAA	陕西	1893	690 945	14
宁乡县花明楼刘少奇故居	AAAAA	湖南	1805	658 825	15
中山市孙中山故居和纪念馆	AAAAA	广东	1308	477 420	16
北京奥林匹克公园	AAAAA	北京	1073	391 645	17
圆明园遗址公园	AAAAA	北京	888	324 120	18
绍兴市鲁迅故居及纪念馆	AAAAA	浙江	781	285 065	19
鸡西市侵华日军虎头要塞遗址	AAAAA	黑龙江	741	270 465	20
邓小平纪念馆	AAAAA	四川	580	211 700	21
衡阳市南岳忠烈祠	AAAAA	湖南	371	135 415	22
汶川县水磨古镇	AAAAA	四川	280	102 200	23

AAAA 景区中热度全国前十的分别是汇川区、桐梓县娄山关景区、侵华日军南京大屠杀遇难同胞纪念馆、丹东市抗美援朝纪念馆、鸭绿江断桥景区、长春市长春电影制片厂、中国人民抗日战争纪念馆、雨花台烈士陵园、徐州市淮海战役纪念馆、辽沈战役纪念馆、中国航空博物馆，排名如表1-31。

表1-31 全国 AAAA 红色旅游经典景区网络热度排名

景区名称	景区等级	所属省份	日均值（次）	年总值（次）	排名
汇川区、桐梓县娄山关景区	AAAA	贵州	3709	1 353 785	1
侵华日军南京大屠杀遇难同胞纪念馆	AAAA	江苏	2721	993 165	2
丹东市抗美援朝纪念馆	AAAA	辽宁	1842	672 330	3
鸭绿江断桥景区	AAAA	辽宁	1794	654 810	4
长春市长春电影制片厂	AAAA	吉林	1530	558 450	5
中国人民抗日战争纪念馆	AAAA	北京	1362	497 130	6
雨花台烈士陵园	AAAA	江苏	1324	483 260	7
徐州市淮海战役纪念馆	AAAA	江苏	1318	481 070	8
辽沈战役纪念馆	AAAA	辽宁	1309	477 785	9
中国航空博物馆	AAAA	北京	1296	473 040	10
"九一八"历史博物馆	AAAA	辽宁	1166	425 590	11
酒泉市玉门油田	AAAA	甘肃	1091	398 215	12
中共湘区委员会旧址暨毛泽东、杨开慧故居	AAAA	湖南	1062	387 630	13
平津战役纪念馆	AAAA	天津	1018	371 570	14

续表

景区名称	景区等级	所属省份	日均值（次）	年总值（次）	排名
湘潭市湘潭县彭德怀故居和纪念馆	AAAA	湖南	961	350 765	15
贵阳市息烽集中营革命历史纪念馆	AAAA	贵州	894	326 310	16
黎城县黄崖洞景区	AAAA	山西	866	316 090	17
上饶市上饶集中营革命烈士陵园	AAAA	江西	804	293 460	18
深圳市莲花山公园	AAAA	广东	785	286 525	19
阿坝州理县桃坪羌寨	AAAA	四川	746	272 290	20
滁州市凤阳县小岗村	AAAA	安徽	726	264 990	21
南昌八一起义纪念馆	AAAA	江西	694	253 310	22
龙华烈士陵园	AAAA	上海	655	239 075	23
乐亭县李大钊故居和纪念馆	AAAA	河北	653	238 345	24
上海城市规划展示馆	AAAA	上海	602	219 730	25
兰考县焦裕禄烈士陵园	AAAA	河南	601	219 365	26
周恩来邓颖超纪念馆	AAAA	天津	568	207 320	27
蒙阴县、沂南县沂蒙山孟良崮战役遗址	AAAA	山东	550	200 750	28
南昌市新建县小平小道陈列馆	AAAA	江西	546	199 290	29
大沽口炮台遗址博物馆	AAAA	天津	543	198 195	30
陈云纪念馆	AAAA	上海	531	193 815	31
东莞市鸦片战争博物馆	AAAA	广东	490	178 850	32
陆军讲武堂旧址	AAAA	云南	486	177 390	33
胡耀邦故居和陈列馆	AAAA	湖南	444	162 060	34
梅园新村纪念馆	AAAA	江苏	429	156 585	35
武昌区辛亥革命武昌起义纪念馆	AAAA	湖北	429	156 585	36
广州起义纪念馆和烈士陵园	AAAA	广东	407	148 555	37
韶关南雄市梅关古道景区	AAAA	广东	391	142 715	38
湘潭市湘乡东山学校旧址	AAAA	湖南	383	139 795	39
梅州市梅县叶剑英元帅纪念馆	AAAA	广东	380	138 700	40
牡丹江市侵华日军东宁要塞遗址	AAAA	黑龙江	369	134 685	41
桑植县贺龙故居和纪念馆	AAAA	湖南	334	121 910	42
聊城市孔繁森同志纪念馆	AAAA	山东	304	110 960	43
灵丘县平型关大捷遗址	AAAA	山西	288	105 120	44
川陕革命根据地红军烈士陵园	AAAA	四川	227	82 855	45
芜湖市王稼祥纪念园	AAAA	安徽	223	81 395	46
宣城市泾县皖南事变烈士陵园	AAAA	安徽	201	73 365	47

续表

景区名称	景区等级	所属省份	日均值（次）	年总值（次）	排名
首义广场	AAAA	湖北	181	66 065	48
易县狼牙山风景区	AAAA	河北	179	65 335	49
惠州市惠阳区叶挺纪念馆	AAAA	广东	169	61 685	50
北京规划展览馆	AAAA	北京	166	60 590	51
汨罗市任弼时故居	AAAA	湖南	153	55 845	52
新乡市南太行创业精神红色旅游景区	AAAA	河南	108	39 420	53
汕尾市海丰县彭湃故居	AAAA	广东	80	29 200	54
广州市黄花岗七十二烈士墓	AAAA	广东	61	22 265	55
永新三湾改编旧址	AAAA	江西	60	21 900	56
盐城市新四军纪念馆	AAAA	江苏	11	4015	57

AAA景区中热度全国前十的分别是凉山州中国西昌卫星发射中心、大庆市大庆油田历史陈列馆、青岛市中国人民解放军海军博物馆、上海四行仓库抗战纪念馆、广州市黄埔陆军军官学校旧址、清苑县冉庄地道战遗址、抗美援朝烈士陵园、徐向前故居、顺义区焦庄户地道战遗址纪念馆、上海鲁迅纪念馆，排名如表1-32。

表1-32 全国AAA红色旅游经典景区网络热度排名

景区名称	景区等级	所属省份	日均值（次）	年总值（次）	排名
凉山州中国西昌卫星发射中心	AAA	四川	3919	1 430 435	1
大庆市大庆油田历史陈列馆	AAA	黑龙江	3605	1 315 825	2
青岛市中国人民解放军海军博物馆	AAA	山东	1284	468 660	3
上海四行仓库抗战纪念馆	AAA	上海	662	241 630	4
广州市黄埔陆军军官学校旧址	AAA	广东	572	208 780	5
清苑县冉庄地道战遗址	AAA	河北	552	201 480	6
抗美援朝烈士陵园	AAA	辽宁	543	198 195	7
徐向前故居	AAA	山西	229	83 585	8
顺义区焦庄户地道战遗址纪念馆	AAA	北京	225	82 125	9
上海鲁迅纪念馆	AAA	上海	215	78 475	10
华东地区革命烈士陵园	AAA	山东	181	66 065	11
萍乡市、宜春市铜鼓县、九江市修水县秋收起义纪念地系列景点	AAA	江西	82	29 930	12
淮北市濉溪县淮海战役双堆集烈士陵园	AAA	安徽	22	8030	13

AA景区中热度排名第一的是大同煤矿"万人坑"遗址纪念馆、第二是沧州市献县马本斋烈士纪念馆，排名如表1-33。

表 1-33 全国 AA 红色旅游经典景区网络热度排名

景区名称	景区等级	所属省份	日均值（次）	年总值（次）	排名
大同煤矿"万人坑"遗址纪念馆	AA	山西	460	167 900	1
沧州市献县马本斋烈士纪念馆	AA	河北	96	35 040	2

其他景区中热度排名全国前十的分别是卢沟桥、天安门广场、中国国家博物馆、中国人民革命军事博物馆、深圳市博物馆、宛平城、上海世博园、"西安事变"纪念馆、百色起义纪念园景区、文水县刘胡兰纪念馆，排名如表 1-34。

表 1-34 全国其他红色旅游经典景区网络热度排名

景区名称	景区等级	所属省份	日均值（次）	年总值（次）	排名
卢沟桥	其他	北京	4950	1 806 750	1
天安门广场	其他	北京	4886	1 783 390	2
中国国家博物馆	其他	北京	4710	1 719 150	3
中国人民革命军事博物馆	其他	北京	2210	806 650	4
深圳市博物馆	其他	广东	1642	599 330	5
宛平城	其他	北京	1235	450 775	6
上海世博园	其他	上海	1064	388 360	7
"西安事变"纪念馆	其他	陕西	972	354 780	8
百色起义纪念园景区	其他	广西	731	266 815	9
文水县刘胡兰纪念馆	其他	山西	679	247 835	10
济南战役纪念馆	其他	山东	326	118 990	11
黔南州荔波县邓恩铭烈士故居	其他	贵州	314	114 610	12
瞿秋白烈士纪念碑	其他	福建	249	90 885	13
安顺市王若飞故居	其他	贵州	218	79 570	14
李大钊烈士陵园	其他	北京	214	78 110	15
红岩魂广场及陈列馆	其他	重庆	203	74 095	16
福州市福建省革命历史纪念馆	其他	福建	202	73 730	17
飞虎队纪念馆	其他	湖南	155	56 575	18
百色市红七军军部旧址	其他	广西	152	55 480	19
江西革命烈士纪念堂	其他	江西	148	54 020	20
新文化运动纪念馆	其他	北京	144	52 560	21
夜袭阳明堡机场遗址	其他	山西	89	32 485	22
漳州市毛主席率领红军攻克漳州陈列馆	其他	福建	61	22 265	23

第二章 红色旅游经典景区消费群体特征研究

消费群体特征是旅游产业发展与消费行为分析的重要切入点，本章基于百度指数数据，从人口特征、搜索对象偏好两个方面剖析红色旅游经典景区的消费群体。其中，人口特征包括全国与七大区域搜索主体的不同性别、年龄段搜索分布，及其对应形成的景区搜索排名；搜索对象偏好则是基于搜索量所展示的华北地区、东北地区、华东地区、华中地区、华南地区、西南地区、西北地区区域与各省（自治区、直辖市）消费群体对所有红色旅游经典景区、不同等级红色旅游经典景区的搜索排名。

基于网络热度指标的红色旅游经典景区消费群体特征分析，一方面系统展示了广大公众通过互联网所显现的红色旅游消费需求总量特征，即人口变量、搜索对象两个维度的搜索数值规模与区域分布，另一方面有利于我们掌握消费群体对红色旅游经典景区的偏好，即基于人口变量、行为变量、搜索对象所形成的红色旅游经典景区排名。

第一节　红色旅游经典景区消费群体人口特征

一、红色旅游经典景区消费群体性别特征

（一）全国红色旅游经典景区消费群体性别特征

1. 总体情况

我们统计了所有景区和不同等级景区不同性别的年总值、年龄占比、TGI、年均值四个指标的数值情况，见表2-1。其中TGI指数是由目标群体中具有某一特征的群体所占比例除以总体中具有相同特征的群体所占比例再乘以标准数100所得，该指标可以反映目标群体在全网研究范围内的强势或弱势，表明目标群体在全网相对于整体搜索的偏好。

男性对于所有景区的年搜索总量为27 714 559，性别占比为53.38%，高于全网男性占比51.17%的数值，TGI数值为104.31，略高于100的整体水平，对于所有景区的年平均搜索量为229 046，与女性46.62%的占比、200 070的年均搜索量水平相比略高。因而可以看出男性群体比起女性群体对所有红色旅游经典景区的偏好略高。

对于AAAAA景区男性的年搜索总量为12 590 940，性别占比为54.90%，高于全网男性占比51.17%的数值，TGI数值为107.29，高于100的整体水平，年平均搜索量为484 267，与女性45.10%的占比、397 826的年均搜索量水平相比较高。整体来看，男性群体与女性群体相比，前者对AAAAA红色旅游经典景区的偏好较高。

对于AAAA景区男性的年搜索总量为8 049 012，性别占比为53.50%，高于全网男性占比51.17%的数值，TGI数值为104.55，低于100的整体水平，年平均搜索量为141 211，高于女性46.50%的占比、122 742的年均搜索量水平，相比而言男性群体贴合度稍高。整体来看，男性各指标相对于女性高，因而可以看出男性群体比女性群体对AAAA红色旅游经典景区更为偏好一些。

对于AAA景区男性的年搜索总量为2 519 767，性别占比为57.10%，高于全网男性占比51.17%的数值，TGI数值为111.58，高于100的整体水平，全网男性搜索较偏好AAA景区；年平均搜索量为339 478，高于女性42.90%的占比、145 650的年均搜索量水平，

相比而言男性群体贴合度更高。整体来看，男性群体比女性群体对 AAA 红色旅游经典景区更为偏好。

对于 AA 景区男性的年搜索总量为 131 796，性别占比为 64.94%，高于全网男性占比 51.17% 的数值，TGI 数值为 126.92，高于 100 的整体水平，反映出全网男性搜索中对 AA 景区的偏好较高；其年平均搜索量为 65 898，高于女性 35.06% 的占比、35 572 的年均搜索量水平，相比而言男性群体对 AA 红色旅游景区较女性更为偏好。

对于其他级景区男性的年搜索总量为 4 423 045，性别占比为 47.42%，略低于全网男性占比 51.17% 的数值，TGI 数值为 92.67，略低于 100 的整体水平，年平均搜索量为 192 306，与女性 52.58% 占比、213 225 的年均搜索量的水平相比较低。整体来看，男性群体较女性群体对其他级红色旅游经典景区的偏好低。

从整体来看，对于 AAAAA 景区的男性和女性的年平均搜索量都大于其他等级的景区，可知大家对 AAAAA 红色旅游经典景区最为偏好；其次是 AAA 景区，男女性的年平均搜索值仅次于 AAAAA 景区，说明大家对 AAA 景区较为偏好；男女性年平均搜索值最低的是 AA 景区，说明大家对 AA 景区的偏好较其他级别低；而就男女性对 AAA 景区和其他景区年均搜索值的大小而言，男女性均较为偏好其他景区。

表 2-1　全国红色旅游经典景区消费群体性别特征

类别		指标	男性	女性
所有景区 （121 个）		年总值（次）	27 714 559	24 208 516
		性别占比（%）	53.38	46.62
		TGI	104.31	95.48
		年均值（次）	229 046	200 070
不同等级景区	AAAAA （26 个）	年总值（次）	12 590 940	10 343 470
		性别占比（%）	54.90	45.10
		TGI	107.29	92.36
		年均值（次）	484 267	397 826
	AAAA （57 个）	年总值（次）	8 049 012	6 996 288
		性别占比（%）	53.50	46.50
		TGI	104.55	95.23
		年均值（次）	141 211	122 742
	AAA （13 个）	年总值（次）	2 519 767	1 893 448
		性别占比（%）	57.10	42.90
		TGI	111.58	87.86
		年均值（次）	339 478	145 650
	AA （2 个）	年总值（次）	131 796	71 144
		性别占比（%）	64.94	35.06
		TGI	126.92	71.79
		年均值（次）	65 898	35 572

续表

类别	指标		男性	女性
不同等级景区	其他（23个）	年总值（次）	4 423 045	4 904 165
		性别占比（%）	47.42	52.58
		TGI	92.67	107.68
		年均值（次）	192 306	213 225

2. 消费偏好

表 2-2 列出男性消费偏好排名前二十的景区（夜袭阳明堡机场遗址、衡阳市南岳忠烈祠、鸡西市侵华日军虎头要塞遗址、酒泉市玉门油田、邓小平纪念馆、大同煤矿"万人坑"遗址纪念馆、梅州市梅县叶剑英元帅纪念馆、上饶市上饶集中营革命烈士陵园、桑植县贺龙故居和纪念馆、惠州市惠阳区叶挺纪念馆、湘潭市湘潭县彭德怀故居和纪念馆、牡丹江市侵华日军东宁要塞遗址、漳州市毛主席率领红军攻克漳州陈列馆、宛平城、涞水县野三坡平西抗日根据地、新乡市南太行创业精神红色旅游景区、大庆市大庆油田历史陈列馆、胡耀邦故居和陈列馆、宁乡县花明楼刘少奇故居及汇川区、桐梓县娄山关景区）。排名中，男性消费偏好占比都在 60.88% 以上，最高达 93.33%，高于全网男性占比 51.17% 的数值，并且 TGI 都高于 100 的整体水平，说明该 20 个景区很受男性群体青睐。此外，在这 20 个经典红色旅游景区中，AAAAA 景区 5 个、AAAA 景区 10 个、AAA 景区 1 个、AA 景区 1 个、其他级景区 3 个，说明男性群体更偏好 AAAA 景区，对于 AAA、AA 景区偏好较小。其中 TGI 最高为 182.41 的夜袭阳明堡机场遗址，远大于 100 的整体水平，说明男性对夜袭阳明堡机场遗址偏好最大。

表 2-2　全国红色旅游经典景区男性消费偏好

景区名称	景区等级	所属省份	男性占比（%）	男性 TGI	排名
夜袭阳明堡机场遗址	其他	山西	93.33	182.41	1
衡阳市南岳忠烈祠	AAAAA	湖南	80.90	158.10	2
鸡西市侵华日军虎头要塞遗址	AAAAA	黑龙江	75.49	147.54	3
酒泉市玉门油田	AAAA	甘肃	71.02	138.80	4
邓小平纪念馆	AAAAA	四川	68.37	133.62	5
大同煤矿"万人坑"遗址纪念馆	AA	山西	67.25	131.43	6
梅州市梅县叶剑英元帅纪念馆	AAAA	广东	66.14	129.27	7
上饶市上饶集中营革命烈士陵园	AAAA	江西	65.78	128.56	8
桑植县贺龙故居和纪念馆	AAAA	湖南	65.36	127.73	9
惠州市惠阳区叶挺纪念馆	AAAA	广东	65.00	127.04	10
湘潭市湘潭县彭德怀故居和纪念馆	AAAA	湖南	64.89	126.82	11
牡丹江市侵华日军东宁要塞遗址	AAAA	黑龙江	64.64	126.34	12
漳州市毛主席率领红军攻克漳州陈列馆	其他	福建	64.15	125.38	13
宛平城	其他	北京	62.36	121.88	14

续表

景区名称	景区等级	所属省份	男性占比（%）	男性TGI	排名
涞水县野三坡平西抗日根据地	AAAAA	河北	62.34	121.84	15
新乡市南太行创业精神红色旅游景区	AAAA	河南	61.90	120.99	16
大庆市大庆油田历史陈列馆	AAA	黑龙江	61.81	120.80	17
胡耀邦故居和陈列馆	AAAA	湖南	61.12	119.45	18
宁乡县花明楼刘少奇故居	AAAAA	湖南	60.94	119.10	19
汇川区、桐梓县娄山关景区	AAAA	贵州	60.88	118.99	20

表 2-3 列出女性消费偏好排名前二十的景区（文水县刘胡兰纪念馆，江西革命烈士纪念堂，"九一八"历史博物馆，新文化运动纪念馆，百色起义纪念园景区，福州市福建省革命历史纪念馆，萍乡市、宜春市铜鼓县、九江市修水县秋收起义纪念地系列景点，广州市黄花岗七十二烈士墓，红岩魂广场及陈列馆，安顺市王若飞故居，广州起义纪念馆和烈士陵园，盐城市新四军纪念馆，卢沟桥，乐亭县李大钊故居和纪念馆，陆军讲武堂旧址，绍兴市鲁迅故居及纪念馆，雨花台烈士陵园，瞿秋白烈士纪念碑，李大钊烈士陵园，梅园新村纪念馆）。排名中，女性消费偏好占比都在 55.95% 以上，最高达 65.18%，高于全网女性占比 48.83% 的数值，并且 TGI 都高于 100 的整体水平，说明该 20 个景区很受女性群体青睐。此外，此 20 个经典红色旅游景区中，AAAAA 景区 1 个、AAAA 景区 8 个，AAA 景区 1 个，AA 景区 0 个，其他级景区 10 个，说明女性群体更偏好其他景区，对于 AA 景区、AAAA 以及 AAA 景区偏好较小。其中 TGI 最高为 65.18 的文水县刘胡兰纪念馆，远大于 100 的整体水平，说明女性对文水县刘胡兰纪念馆偏好最大。

表 2-3　全国红色旅游经典景区女性消费偏好

景区名称	景区等级	所属省份	女性占比（%）	女性TGI	排名
文水县刘胡兰纪念馆	其他	山西	65.18	133.47	1
江西革命烈士纪念堂	其他	江西	62.26	127.50	2
"九一八"历史博物馆	AAAA	辽宁	61.96	126.88	3
新文化运动纪念馆	其他	北京	61.59	126.13	4
百色起义纪念园景区	其他	广西	59.72	122.30	5
福州市福建省革命历史纪念馆	其他	福建	59.28	121.40	6
萍乡市、宜春市铜鼓县、九江市修水县秋收起义纪念地系列景点	AAA	江西	58.65	120.11	7
广州市黄花岗七十二烈士墓	AAAA	广东	58.56	119.91	8
红岩魂广场及陈列馆	其他	重庆	58.42	119.62	9
安顺市王若飞故居	其他	贵州	58.40	119.60	10
广州起义纪念馆和烈士陵园	AAAA	广东	58.25	119.29	11
盐城市新四军纪念馆	AAAA	江苏	57.69	118.14	12
卢沟桥	其他	北京	57.61	117.97	13
乐亭县李大钊故居和纪念馆	AAAA	河北	57.55	117.85	14

续表

景区名称	景区等级	所属省份	女性占比（%）	女性TGI	排名
陆军讲武堂旧址	AAAA	云南	57.50	117.75	15
绍兴市鲁迅故居及纪念馆	AAAAA	浙江	57.37	117.48	16
雨花台烈士陵园	AAAA	江苏	57.37	117.48	17
瞿秋白烈士纪念碑	其他	福建	56.89	116.49	18
李大钊烈士陵园	其他	北京	56.41	115.51	19
梅园新村纪念馆	AAAA	江苏	55.95	114.56	20

（二）华北地区红色旅游经典景区消费群体性别特征

1. 总体情况

表2-4显示出了华北地区所有景区和不同等级景区不同性别的年总值、年龄占比、TGI、年均值四个指标的数值情况。男性对于所有景区的年搜索总量为7 694 258，性别占比为51.31%，高于全网男性占比51.17%的数值，TGI数值为100.27，年平均搜索量为265 319，与女性48.69%占比、251 772的年均搜索量的水平所差无几。因而可以看出男性群体与女性群体对所有红色旅游经典景区的偏好基本持平。

对于AAAAA景区男性的年搜索总量为2 763 366，性别占比为56.22%，高于全网男性占比51.17%的数值，TGI数值为109.87，年平均搜索量为552 673，与女性43.78%的占比、430 345的年均搜索量的水平相比较多。整体来看，男性群体与女性群体相比对AAAAA红色旅游经典景区的偏好较高。

对于AAAA景区男性的年搜索总量为1 273 566，性别占比为50.28%，高于全网男性占比51.17%的数值，TGI数值为98.27，年平均搜索量为127 357，且略高于女性49.72%占比、125 917的年均搜索量水平，相比而言男性群体贴合度稍高。整体来看，男性各指标相对于女性都略高，因而可以看出男性群体比女性群体对AAAA红色旅游经典景区较为偏好一些。

男性对于AAA景区的年搜索总量为205 679，性别占比为56.01%，高于全网男性占比51.17%的数值，TGI数值为109.47，年平均搜索量为68 560，与女性43.99%占比、53 837的年均搜索量的水平相比而言，男性群体贴合度稍高。整体来看，男性各指标相对于女性都略高，因而可以看出男性群体比女性群体对AAA红色旅游经典景区较为偏好一些。

对于AA景区男性的年搜索总量为131 796，性别占比为64.94%，远高于全网男性占比51.17%的数值，TGI数值为126.92，远大于100的整体水平，反映出全网男性搜索中对AA景区的偏好较大；其年平均搜索量为65 898，远大于女性35.06%的占比、35 572的年均搜索量水平，相比而言男性群体对AA红色旅游景区较女性更为偏好。

对于其他级景区男性的年搜索总量为3 657 852，性别占比为52.42%，高于全网男性占比51.17%的数值，TGI数值为102.45，年平均搜索量为406 428，与女性47.58%的占比、368 872的年均搜索量的水平相差无几。整体来看，男性群体与女性群体对其他级别红色旅游经典景区的偏好也相对持平。

整体来看，对于 AAAAA 景区的男性和女性的年平均搜索量都大于其他等级的景区，可知大家对 AAAAA 景区最为偏好；其次是其他景区和 AAAA 景区，男女性的年平均搜索值仅次于 AAAAA 景区，说明大家对其他景区和 AAAA 景区较为偏好；男女性年平均搜索值最低的是 AA 级景区，说明大家对 AA 景区的偏好较其他级别低。

表 2-4　华北地区红色旅游经典景区消费群体性别特征

类别	指标	男性	女性
所有景区	年总值（次）	7 694 258	7 301 402
	性别占比（%）	51.31	48.69
	TGI	100.27	99.71
	年均值（次）	265 319	251 772
不同等级景区	AAAAA（5个） 年总值（次）	2 763 366	2 151 724
	性别占比（%）	56.22	43.78
	TGI	109.87	89.65
	年均值（次）	552 673	430 345
	AAAA（10个） 年总值（次）	1 273 566	1 259 169
	性别占比（%）	50.28	49.72
	TGI	98.27	101.81
	年均值（次）	127 357	125 917
	AAA（3个） 年总值（次）	205 679	161 511
	性别占比（%）	56.01	43.99
	TGI	109.47	90.08
	年均值（次）	68 560	53 837
	AA（2个） 年总值（次）	131 796	71 144
	性别占比（%）	64.94	35.06
	TGI	126.92	71.79
	年均值（次）	65 898	35 572
	其他（9个） 年总值（次）	3 657 852	3 319 852
	性别占比（%）	52.42	47.58
	TGI	102.45	97.44
	年均值（次）	406 428	368 872

2. 消费偏好

表 2-5 列出了华北地区男性消费偏好排名前五的景区，由高到低依次是夜袭阳明堡机场遗址、大同煤矿"万人坑"遗址纪念馆、宛平城、涞水县野三坡平西抗日根据地、徐向前故居。排名中，男性消费偏好占比都在 60.60% 以上，最高达 93.33%，远高于全网男性占比 51.17% 的数值，并且 TGI 都远大于 100 的整体水平，说明该 5 个景区比较受男性群体青睐。此外，5 个景区中，AAAAA 景区有 1 个、AAA 景区有 1 个、AA 景区有 1 个，其他景区有 2 个，说明男性群体较为偏好其他景区。其中 TGI 最高为 182.41 的夜袭阳明堡

机场遗址，远大于 100 的整体水平，说明男性对夜袭阳明堡机场遗址偏好最大。

表 2-5　华北地区红色旅游经典景区男性消费偏好

景区名称	景区等级	所属省份	男性占比（%）	男性 TGI	排名
夜袭阳明堡机场遗址	其他	山西	93.33	182.41	1
大同煤矿"万人坑"遗址纪念馆	AA	山西	67.25	131.43	2
宛平城	其他	北京	62.36	121.88	3
涞水县野三坡平西抗日根据地	AAAAA	河北	62.34	121.84	4
徐向前故居	AAA	山西	60.60	118.44	5

表 2-6 列出了华北地区女性消费偏好排名前五的景区，由高到低依次是文水县刘胡兰纪念馆、新文化运动纪念馆、卢沟桥、乐亭县李大钊故居和纪念馆、李大钊烈士陵园。排名中，女性消费偏好占比都在 56.41% 以上，最高达 65.18%，远高于全网女性占比 48.83% 的数值，并且 TGI 都远大于 100 的整体水平，说明该 5 个景区比较受女性群体青睐。此外，5 个景区中，AAAA 景区有 1 个、其他景区有 4 个，说明女性群体较为偏好其他景区。其中 TGI 最高为 133.47 的文水县刘胡兰纪念馆，远大于 100 的整体水平，说明女性对文水县刘胡兰纪念馆偏好最大。

表 2-6　华北地区红色旅游经典景区女性消费偏好

景区名称	景区等级	所属省份	女性占比（%）	女性 TGI	排名
文水县刘胡兰纪念馆	其他	山西	65.18	133.47	1
新文化运动纪念馆	其他	北京	61.59	126.13	2
卢沟桥	其他	北京	57.61	117.97	3
乐亭县李大钊故居和纪念馆	AAAA	河北	57.55	117.85	4
李大钊烈士陵园	其他	北京	56.41	115.51	5

（三）东北地区红色旅游经典景区消费群体性别特征

1. 总体情况

表 2-7 展示了东北地区所有景区和不同等级景区不同性别的年总值、年龄占比、TGI、年均值四个指标的数值情况。由表可知男性对于所有景区的年搜索总量为 2 631 710，性别占比为 55.90%，高于全网男性占比 51.17% 的数值，TGI 数值为 109.24，略高于 100 的整体水平，对于所有景区的年平均搜索量为 292 412，高于女性 44.10% 的占比、230 714 的年均搜索量。因而可以看出男性群体比女性群体对所有红色旅游经典景区较为偏好一些。

对于 AAAAA 景区男性的年搜索总量为 204 174，性别占比为 75.49%，远高于全网男性占比 51.17% 的数值，TGI 数值为 147.53，远高于 100 的整体水平，年平均搜索量为 204 174，且远高于女性 24.51% 的占比、66 291 的年均搜索量水平，相比而言男性群体较女性的贴合度更高。整体来看，男性各指标相对于女性都比较高，因而可以看出男性群体比女性群体对 AAAAA 红色旅游经典景区更偏好一些。

对于 AAAA 景区男性的年搜索总量为 1 511 321，性别占比为 51.69%，高于全网男性占比 51.17% 的数值，TGI 数值为 101.02，年平均搜索量为 251 887，高于女性 48.31% 的占比、235 388 的年均搜索量水平，相比而言男性群体的贴合度稍高。整体来看，男性各指标相对于女性都略高，因而可以看出男性群体比女性群体对 AAAA 红色旅游经典景区较为偏好一些。

对于 AAA 景区的男性年搜索总量为 916 214，性别占比为 60.52%，远高于全网男性占比 51.17% 的数值，TGI 数值为 118.26，远高于 100 的整体水平，年平均搜索量为 458 107，远高于女性 39.48% 的占比、298 903 的年均搜索量。因而可以看出男性群体比女性群体对 AAA 红色旅游经典景区的偏好较大。

从整体来看，对于 AAA 红色旅游景区，男性的年平均搜索量大于其他等级的景区，可知男性对 AAA 红色旅游经典景区最为偏好；其次是 AAAA 景区和 AAAAA 景区；而女性对 AAAAA 景区的年平均搜索值相对于其他级别景区来说最小，说明女性对 AAAAA 景区偏好最小，对 AAA 景区偏好最大。

表 2-7　东北地区红色旅游经典景区消费群体性别特征

类别		指标	男性	女性
所有景区		年总值（次）	2 631 710	2 076 425
		性别占比（%）	55.90	44.10
		TGI	109.24	90.32
		年均值（次）	292 412	230 714
不同等级景区	AAAAA（1个）	年总值（次）	204 174	66 291
		性别占比（%）	75.49	24.51
		TGI	147.53	50.19
		年均值（次）	204 174	66 291
	AAAA（6个）	年总值（次）	1 511 321	1 412 329
		性别占比（%）	51.69	48.31
		TGI	101.02	98.93
		年均值（次）	251 887	235 388
	AAA（2个）	年总值（次）	916 214	597 806
		性别占比（%）	60.52	39.48
		TGI	118.26	80.86
		年均值（次）	458 107	298 903

2. 消费偏好

表 2-8 列出了东北地区男性消费偏好排名前五的景区（鸡西市侵华日军虎头要塞遗址、鸡西市侵华日军虎头要塞遗址、大庆市大庆油田历史陈列馆、长春市长春电影制片厂、鸭绿江断桥景区）。排名中，消费偏好占比都在 56.30% 以上，最高达 75.49%，远高于全网男性占比 51.17% 的数值，并且 TGI 都远大于 100 的整体水平，说明该 5 个景区比较受男性群体青睐。此外，5 个景区中，AAAAA 景区有 1 个、AAAA 景区有 3 个，AAA 景区有 1 个，说明男性群体较为偏好 AAAA 景区。其中 TGI 最高为 147.54 的鸡西市侵华日军虎头要塞遗址，说明男性对鸡西市侵华日军虎头要塞遗址偏好最大。

表 2-8 东北地区红色旅游经典景区男性消费偏好

景区名称	景区等级	所属省份	男性占比（%）	男性 TGI	排名
鸡西市侵华日军虎头要塞遗址	AAAAA	黑龙江	75.49	147.54	1
牡丹江市侵华日军东宁要塞遗址	AAAA	黑龙江	64.64	126.34	2
大庆市大庆油田历史陈列馆	AAA	黑龙江	61.81	120.80	3
长春市长春电影制片厂	AAAA	吉林	57.49	112.37	4
鸭绿江断桥景区	AAAA	辽宁	56.30	110.03	5

表 2-9 列出了东北地区女性消费偏好排名前五的景区（"九一八"历史博物馆、丹东市抗美援朝纪念馆、辽沈战役纪念馆、抗美援朝烈士陵园、鸭绿江断桥景区）。排名中，只有三个景区女性消费偏好占比在 48.83% 的全网整体搜索占比以上，最高占 61.96%，说明女性对"九一八"历史博物馆、丹东市抗美援朝纪念馆和辽沈战役纪念馆的偏好较高。此外，该 5 个经典红色旅游景区中的 4 个均为 AAAA 景区，说明女性群体更为偏好 AAAA 景区。其中 TGI 最高为 126.88 的"九一八"历史博物馆远大于 100 的整体水平，说明女性对"九一八"历史博物馆偏好最大。

表 2-9 东北地区红色旅游经典景区女性消费偏好

景区名称	景区等级	所属省份	女性占比（%）	女性 TGI	排名
"九一八"历史博物馆	AAAA	辽宁	61.96	126.88	1
丹东市抗美援朝纪念馆	AAAA	辽宁	51.21	104.86	2
辽沈战役纪念馆	AAAA	辽宁	51.17	99.92	3
抗美援朝烈士陵园	AAA	辽宁	48.08	98.46	4
鸭绿江断桥景区	AAAA	辽宁	43.70	89.49	5

（四）华东地区红色旅游经典景区消费群体性别特征

1. 总体情况

我们统计了华东地区所有景区和不同等级景区不同性别的年总值、年龄占比、TGI、年均值四个指标的数值情况，见表 2-10。由表可知男性对于所有景区的年搜索总量为 7 826 471，性别占比为 53.55%，高于全网男性占比 51.17% 的数值，TGI 数值为 104.66，略高于 100 的整体水平，对于所有景区的年平均搜索量为 205 960，与女性 46.45% 的占比、178 635 的年均搜索量相比略有偏差。因而可以看出男性群体与女性群体对所有红色旅游经典景区的偏好相对持平。

对于 AAAAA 景区男性的年搜索总量为 4 735 173，性别占比为 54.41%，高于全网男性占比 51.17% 的数值，TGI 数值为 106.32，年平均搜索量为 526 130，且略高于女性 45.59% 的占比、440 917 的年均搜索量水平，相比而言男性群体的贴合度更高。整体来看，男性各指标相对于女性都较高，因而可以看出男性群体比女性群体对 AAAAA 红色旅游经典景区更偏好一些。

对于 AAAA 景区的男性年搜索总量为 2 236 468，性别占比为 52.37%，高于全网男性占比 51.17% 的数值，TGI 数值为 102.35，年平均搜索量为 131 557，与女性 47.63% 的占比、119 627 的年均搜索量相比略有偏差。因而可以看出男性群体与女性群体对 AAAA 红色旅游经典景区的偏好相对持平。

对于 AAA 景区的男性年搜索总量为 405 730，性别占比为 54.55%，高于全网男性占比 51.17% 的数值，TGI 数值为 106.6，年平均搜索量为 67 622，与女性 45.45% 的占比、81 177 的年均搜索量有偏差。因而可以看出男性群体与女性群体对 AAA 红色旅游经典景区的偏好相对稍高。

对于其他级别景区的男性年搜索总量为 367 770，性别占比为 49.15%，高于全网男性占比 51.17% 的数值，TGI 数值为 96.05，年平均搜索量为 61 295，与女性 50.85% 占比、63 413 的年均搜索量相较略有偏差。因而可以看出男性群体与女性群体对其他级别红色旅游经典景区的偏好相对持平。

从整体来看，对于 AAAAA 景区，男女性的年平均搜索量均大于其他等级的景区，而对其他景区的年均搜索量均小于其他等级景区，可知大家对 AAAAA 红色旅游经典景区最为偏好，对其他景区偏好最小；男性偏好其次是 AAAA 景区和 AAA 景区；女性对 AAAA 景区的年均搜索量大于其他级别景区，说明女性对 AAAA 景区偏好仅次于 AAAAA 景区。

表 2-10　华东地区红色旅游经典景区消费群体性别特征

类别		指标	男性	女性
所有景区		年总值（次）	7 826 471	6 788 129
		性别占比（%）	53.55	46.45
		TGI	104.66	95.12
		年均值（次）	205 960	178 635
不同等级景区	AAAAA（9个）	年总值（次）	4 735 173	3 968 252
		性别占比（%）	54.41	45.59
		TGI	106.32	93.37
		年均值（次）	526 130	440 917
	AAAA（17个）	年总值（次）	2 236 468	2 033 667
		性别占比（%）	52.37	47.63
		TGI	102.35	97.53
		年均值（次）	131 557	119 627
	AAA（6个）	年总值（次）	487 060	405 730
		性别占比（%）	54.55	45.45
		TGI	106.61	93.07
		年均值（次）	67 622	81 177
	其他（6个）	年总值（次）	367 770	380 480
		性别占比（%）	49.15	50.85
		TGI	96.05	104.14
		年均值（次）	61295	63413

2. 消费偏好

表 2-11 列出了华东地区男性消费偏好排名前五的景区（上饶市上饶集中营革命烈士陵园、漳州市毛主席率领红军攻克漳州陈列馆、威海市环翠区刘公岛甲午海战纪念地、南昌市新建县小平小道陈列馆、南昌八一起义纪念馆）。排名中，男性消费偏好占比都在 59.41% 以上，最高占 65.78%，高于全网男性占比 51.17% 的数值，并且 TGI 都高于 100 的整体水平，说明该 5 个景区比较受男性群体青睐。此外，5 个景区中，AAAAA 景区有 1 个、AAAA 景区有 3 个，其他景区有 1 个，说明男性群体较为偏好 AAAA 景区。其中 TGI 最高为 128.56 的上饶市上饶集中营革命烈士陵园，远大于 100 的整体水平，说明男性对上饶市上饶集中营革命烈士陵园偏好最大。

表 2-11 华东地区红色旅游经典景区男性消费偏好

景区名称	景区等级	所属省份	男性占比（%）	男性 TGI	排名
上饶市上饶集中营革命烈士陵园	AAAA	江西	65.78	128.56	1
漳州市毛主席率领红军攻克漳州陈列馆	其他	福建	64.15	125.38	2
威海市环翠区刘公岛甲午海战纪念地	AAAAA	山东	60.38	118.01	3
南昌市新建县小平小道陈列馆	AAAA	江西	60.03	117.32	4
南昌八一起义纪念馆	AAAA	江西	59.41	116.12	5

表 2-12 列出了华东地区女性消费偏好排名前五的景区（江西革命烈士纪念堂，福州市福建省革命历史纪念馆，萍乡市、宜春市铜鼓县、九江市修水县秋收起义纪念地系列景点，盐城市新四军纪念馆，绍兴市鲁迅故居及纪念馆）。排名中，女性消费偏好占比最高占 62.26%，远高于全网女性占比 48.83% 的数值，说明江西革命烈士纪念堂的偏好较高。此外，该 5 个经典红色旅游景区其他景区占了 2 个，说明女性群体更为偏好其他景区。其中 TGI 最高为 127.50 的江西革命烈士纪念堂，远大于 100，说明女性对江西革命烈士纪念堂偏好最大。

表 2-12 华东地区红色旅游经典景区女性消费偏好

景区名称	景区等级	所属省份	女性占比（%）	女性 TGI	排名
江西革命烈士纪念堂	其他	江西	62.26	127.50	1
福州市福建省革命历史纪念馆	其他	福建	59.28	121.40	2
萍乡市、宜春市铜鼓县、九江市修水县秋收起义纪念地系列景点	AAA	江西	58.65	120.11	3
盐城市新四军纪念馆	AAAA	江苏	57.69	118.14	4
绍兴市鲁迅故居及纪念馆	AAAAA	浙江	57.37	117.48	5

（五）华中地区红色旅游经典景区消费群体性别特征

1. 总体情况

表 2-13 展示了华中地区所有景区和不同等级景区不同性别的年总值、年龄占比、TGI、年均值四个指标的数值情况。由表可知，男性对于所有景区的年搜索总量为

4 781 866，性别占比为 55.98%，高于全网男性占比 51.17% 的数值，TGI 数值为 109.40，年平均搜索量为 281 286，与女性 44.02% 的占比、221 190 的年均搜索量相比较高。因而可以看出男性群体与女性群体相比对所有红色旅游经典景区的偏好较高。

对于 AAAAA 景区的男性年搜索总量为 3 775 763，性别占比为 55.64%，高于全网男性占比 51.17% 的数值，TGI 数值为 108.74，年平均搜索量为 629 294，与女性 44.36% 的占比、501 720 的年均搜索量相比有偏差。整体来看，男性各指标相对于女性都比较高，因而可以看出男性群体比女性群体对 AAAAA 红色旅游经典景区更偏好一些。

对于 AAAA 景区的男性年搜索总量为 973 940，性别占比为 57.31%，高于全网男性占比 51.17% 的数值，TGI 数值为 112.00，年平均搜索量为 97 394，与女性 42.69% 的占比、72 550 的年均搜索量相比较高。因而可以看出男性群体与女性群体相比对 AAAA 红色旅游经典景区的偏好较大。

男性对于其他级景区的年搜索总量为 32 163，性别占比为 56.85%，高于全网男性占比 51.17% 的数值，TGI 数值为 111.10，年平均搜索量为 32 163，与女性 43.15% 的占比、24 412 的年均搜索量相比有偏差。因而可以看出男性群体与女性群体相比对其他级别红色旅游经典景区偏好较大。

从整体来看，对于 AAAAA 景区，男女性的年平均搜索量均大于其他等级的景区，可知大家对 AAAAA 景区最为偏好；其次是 AAAA 景区，年均搜索量最小的为其他景区，可知大家对于其他景区的偏好较小。

表 2-13 华中地区红色旅游经典景区消费群体性别特征

类别		指标	男性	女性
所有景区		年总值（次）	4 781 866	3 760 229
		性别占比（%）	55.98	44.02
		TGI	109.40	90.15
		年均值（次）	281 286	221 190
不同等级景区	AAAAA（6个）	年总值（次）	3 775 763	3 010 317
		性别占比（%）	55.64	44.36
		TGI	108.74	90.85
		年均值（次）	629 294	501 720
	AAAA（10个）	年总值（次）	973 940	725 500
		性别占比（%）	57.31	42.69
		TGI	112.00	87.43
		年均值（次）	97 394	72 550
	其他（1个）	年总值（次）	32 163	24 412
		性别占比（%）	56.85	43.15
		TGI	111.10	88.37
		年均值（次）	32 163	24 412

2. 消费偏好

表2-14列出了华中地区男性消费偏好排名前五的景区（衡阳市南岳忠烈祠、桑植县贺龙故居和纪念馆、湘潭市湘潭县彭德怀故居和纪念馆、新乡市南太行创业精神红色旅游景区、胡耀邦故居和陈列馆）。排名中，男性性别占比最高占80.90%，远高于全网男性占比51.17%的数值，并且TGI都高于100的整体水平，说明男性对该5个景区的偏好都较高。此外，该5个经典红色旅游景区中，AAAAA景区有1个、AAAA景区有4个，说明男性群体较为偏好AAAA景区。其中TGI最高为158.10的衡阳市南岳忠烈祠，远大于100的整体水平，说明男性对衡阳市南岳忠烈祠偏好最大。

表2-14 华中地区红色旅游经典景区男性消费偏好

景区名称	景区等级	所属省份	男性占比（%）	男性TGI	排名
衡阳市南岳忠烈祠	AAAAA	湖南	80.90	158.10	1
桑植县贺龙故居和纪念馆	AAAA	湖南	65.36	127.73	2
湘潭市湘潭县彭德怀故居和纪念馆	AAAA	湖南	64.89	126.82	3
新乡市南太行创业精神红色旅游景区	AAAA	河南	61.90	120.99	4
胡耀邦故居和陈列馆	AAAA	湖南	61.12	119.45	5

表2-15列出了华中地区女性消费偏好排名前五的景区（宜昌市长江三峡水利枢纽工程，岳麓山景区，兰考县焦裕禄烈士陵园，中共湘区委员会旧址暨毛泽东、杨开慧故居，首义广场）。排名中，女性消费偏好占比最高为55.26%的三峡水利枢纽工程，高于全网女性占比48.83%的数值，说明女性对宜昌市长江三峡水利枢纽工程的偏好较高。此外，5个景区中AAAAA景区有2个，AAAA景区有3个，说明女性群体对于AAAAA景区和AAA景区较为偏好。其中TGI最高为113.17的宜昌市长江三峡水利枢纽工程，远大于100的整体水平，说明女性对宜昌市长江三峡水利枢纽工程偏好最大。

表2-15 华中地区红色旅游经典景区女性消费偏好

景区名称	景区等级	所属省份	女性占比（%）	女性TGI	排名
宜昌市长江三峡水利枢纽工程	AAAAA	湖北	55.26	113.17	1
岳麓山景区	AAAAA	湖南	54.25	111.08	2
兰考县焦裕禄烈士陵园	AAAA	河南	50.78	103.99	3
中共湘区委员会旧址暨毛泽东、杨开慧故居	AAAA	湖南	50.67	103.77	4
首义广场	AAAA	湖北	45.43	93.03	5

（六）华南地区红色旅游经典景区消费群体性别特征

1. 总体情况

表2-16展示了华南地区所有景区和不同等级景区不同性别的年总值、年龄占比、TGI、年均值四个指标的数值情况。由表可知，男性对于所有景区的年搜索总量为

1 318 598，性别占比为 50.40%，高于全网男性占比 51.17% 的数值，TGI 数值为 98.49，略低于 100 的整体水平，对于所有景区的年平均搜索量为 101 431，与女性 49.60% 的占比、99 825 的年均搜索量相比略有偏差。因而可以看出男性群体与女性群体对所有红色旅游经典景区的偏好相对持平。

男性对于 AAAAA 景区的年搜索总量为 246 874，性别占比为 51.71%，高于全网男性占比 51.17% 的数值，TGI 数值为 101.06，年平均搜索量为 246 874，与女性 48.29% 的占比、230 546 的年均搜索量相比略有偏差。因而可以看出男性群体与女性群体对 AAAAA 红色旅游经典景区的偏好相对持平。

对于 AAAA 景区的年搜索总量为 1 008 495，男性性别占比为 51.72%，高于全网男性占比 51.17% 的数值，TGI 数值为 101.07，年平均搜索量为 65 193，高于女性 48.28% 的占比、60 869 的年均搜索量。可知男性群体比女性群体对 AAAA 红色旅游经典景区的偏好较大。

男性对于 AAA 景区的年搜索总量为 123 932，男性性别占比为 59.36%，高于全网男性占比 51.17% 的数值，TGI 数值为 116.01，高于 100 的整体水平，年平均搜索量为 123 932，高于女性 40.64% 的占比、84 848 的年均搜索量。因而可以看出男性群体比女性群体对 AAA 红色旅游经典景区的偏好较大。

对于其他未评定等级景区的年搜索总量为 921 625，男性性别占比为 46.25%，低于全网男性占比 51.17% 的数值，TGI 数值为 90.38，年平均搜索量为 142 083，与女性 53.75% 的占比、165 126 的年均搜索量相比较小。因而可以看出男性群体与女性群体相比对其他级别红色旅游经典景区偏好较低。

从整体来看，对于 AAAAA 景区，男性的年平均搜索量均大于其他等级的景区，而对 AAAA 景区的年均搜索量均小于其他等级景区，可知男性对 AAAAA 红色旅游经典景区最为偏好，对 AAAA 景区偏好最小；女性对其他景区的年均搜索量较少于 AAAAA 景区，说明女性对其他景区偏好仅次于 AAAAA 景区。

表 2-16　华南地区红色旅游经典景区消费群体性别特征

类别		指标	男性	女性
所有景区		年总值（次）	1 318 598	1 297 722
		性别占比（%）	50.40	49.60
		TGI	98.49	101.58
		年均值（次）	101 431	99 825
不同等级景区	AAAAA（1个）	年总值（次）	246 874	230 546
		性别占比（%）	51.71	48.29
		TGI	101.06	98.89
		年均值（次）	246 874	230 546
	AAAA（8个）	年总值（次）	521 545	486 950
		性别占比（%）	51.72	48.28
		TGI	101.07	98.88
		年均值（次）	65 193	60 869

续表

类别		指标	男性	女性
不同等级景区	AAAA（1个）	年总值（次）	123 932	84 848
		性别占比（%）	59.36	40.64
		TGI	116.01	83.23
		年均值（次）	123 932	84 848
	其他（3个）	年总值（次）	426 248	495 377
		性别占比（%）	46.25	53.75
		TGI	90.38	110.08
		年均值（次）	142 083	165 126

2. 消费偏好

表2-17列出了华南地区男性消费偏好排名前五的景区（梅州市梅县叶剑英元帅纪念馆、惠州市惠阳区叶挺纪念馆、广州市黄埔陆军军官学校旧址、汕尾市海丰县彭湃故居）。排名中，男性消费偏好占比都在54.75%以上，最高占66.14%，远高于全网男性占比51.17%的数值，并且TGI都远大于100的整体水平，说明该5个景区比较受男性群体青睐。此外，5个景区中，AAAA景区有4个，说明男性群体较为偏好AAAA景区。其中TGI最高为129.27的梅州市梅县叶剑英元帅纪念馆，远大于100的整体水平，说明男性对梅州市梅县叶剑英元帅纪念馆偏好最大。

表2-17 华南地区红色旅游经典景区男性消费偏好

景区名称	景区等级	所属省份	男性占比（%）	男性TGI	排名
梅州市梅县叶剑英元帅纪念馆	AAAA	广东	66.14	129.27	1
惠州市惠阳区叶挺纪念馆	AAAA	广东	65.00	127.04	2
广州市黄埔陆军军官学校旧址	AAA	广东	59.36	116.02	3
汕尾市海丰县彭湃故居	AAAA	广东	55.77	109.00	4
韶关南雄市梅关古道景区	AAAA	广东	54.75	107.01	5

表2-18列出了华南地区女性消费偏好排名前五的景区（百色起义纪念园景区、广州市黄花岗七十二烈士墓、广州起义纪念馆和烈士陵园、东莞市鸦片战争博物馆、深圳市博物馆）。排名中，女性消费偏好占比均在51.44%以上，最高占59.72%，高于全网女性占比48.83%的数值，说明女性对此五个景区的偏好较高。此外，5个景区中AAAA景区有3个，其他景区有2个，说明女性群体对于AAAA景区较为偏好。其中TGI最高为112.30的百色起义纪念园景区，远大于100的整体水平，说明女性对百色起义纪念园景区偏好最大。

表2-18 华南地区红色旅游经典景区女性消费偏好

景区名称	景区等级	所属省份	女性占比（%）	女性TGI	排名
百色起义纪念园景区	其他	广西	59.72	122.30	1
广州市黄花岗七十二烈士墓	AAAA	广东	58.56	119.91	2
广州起义纪念馆和烈士陵园	AAAA	广东	58.25	119.29	3

续表

景区名称	景区等级	所属省份	女性占比（%）	女性TGI	排名
东莞市鸦片战争博物馆	AAAA	广东	54.16	110.90	4
深圳市博物馆	其他	广东	51.44	105.34	5

（七）西南地区红色旅游经典景区消费群体性别特征

1. 总体情况

表2-19显示出西南地区所有景区和不同等级景区不同性别的年总值、年龄占比、TGI、年均值四个指标的数值情况。由表可知男性对于所有景区的年搜索总量为2 355 831，性别占比为55.76%，高于全网男性占比51.17%的数值，TGI数值为108.96，年平均搜索量为214 166，高于女性44.24%的占比、169 946的年均搜索量。因而可以看出男性群体比女性群体对所有红色旅游经典景区的偏好为大。

对于AAAAA景区的年搜索总量为313 900，男性性别占比为64.28%，远高于全网男性占比51.17%的数值，TGI数值为125.62，远高于100的整体水平，年平均搜索量为100 883，高于女性35.72%的占比、56 067的年均搜索量。因而可以看出男性群体比女性群体对AAAAA红色旅游经典景区的偏好大。

对于AAAA景区的男性年搜索总量为1 249 359，性别占比为56.46%，高于全网男性占比51.17%的数值，TGI数值为110.35，年平均搜索量为249 872，高于女性43.54%的占比、192 654的年均搜索量。因而可以看出男性群体较女性群体对AAAA红色旅游经典景区的偏好相对较高。

对于AAA景区的男性年搜索总量为786 882，性别占比为55.01%，高于全网男性占比51.17%的数值，TGI数值为107.50，高于100的整体水平，年平均搜索量为786 882，高于女性44.99%的占比、643 553的年均搜索量。因而可以看出男性群体比女性群体对AAA红色旅游经典景区的偏好大。

男性对于其他级景区的年搜索总量为117 822，性别占比为43.92%，低于全网男性占比51.17%的数值，TGI数值为85.83，年平均搜索量为39 274，与女性56.08%的占比、50 151的年均搜索量相比较小。因而可以看出男性群体与女性群体对其他级红色旅游经典景区偏好相比较低。

从整体来看，对于AAAA红色旅游景区，男女性的年平均搜索量均大于其他等级的景区，可知大家对AAAA红色旅游经典景区最为偏好，其次是AAA景区；而对于AAAAA以及其他景区来说，男性更为偏好AAAAA景区，女性更为偏好其他景区。

表2-19　西南地区红色旅游经典景区消费群体性别特征

类别	指标	男性	女性
所有景区	年总值（次）	2 355 831	1 869 409
	性别占比（%）	55.76	44.24
	TGI	108.96	90.61
	年均值（次）	214 166	169 946

续表

类别	指标		男性	女性
不同等级景区	AAAAA（2个）	年总值（次）	201 767	112 133
		性别占比（%）	64.28	35.72
		TGI	125.62	73.16
		年均值（次）	100 883	56 067
	AAAA（5个）	年总值（次）	1 249 359	963 271
		性别占比（%）	56.46	43.54
		TGI	110.35	89.16
		年均值（次）	249 872	192 654
	AAA（1个）	年总值（次）	786 882	643 553
		性别占比（%）	55.01	44.99
		TGI	107.50	92.14
		年均值（次）	786 882	643 553
	其他（3个）	年总值（次）	117 822	150 453
		性别占比（%）	43.92	56.08
		TGI	85.83	114.85
		年均值（次）	39 274	50 151

2. 消费偏好

表2-20列出了西南地区男性消费偏好排名前五的景区（邓小平纪念馆，汇川区、桐梓县娄山关景区，贵阳市息烽集中营革命历史纪念馆，汶川县水磨古镇，凉山州中国西昌卫星发射中心）。排名中，男性消费偏好占比都在55.01%以上，最高占68.37%，远高于全网男性占比51.17%的数值，并且TGI都大于100的整体水平，说明该5个景区比较受男性群体青睐。此外，5个景区中，AAAAA景区有2个，AAAA景区有2个、AAA景区有1个，说明男性群体较为偏好AAAAA景区和AAAA景区。其中TGI最高为133.62的邓小平纪念馆，远大于100的整体水平，说明男性对邓小平纪念馆偏好最大。

表2-20 西南地区红色旅游经典景区男性消费偏好

景区名称	景区等级	所属省份	男性占比（%）	男性TGI	排名
邓小平纪念馆	AAAAA	四川	68.37	133.62	1
汇川区、桐梓县娄山关景区	AAAA	贵州	60.88	118.99	2
贵阳市息烽集中营革命历史纪念馆	AAAA	贵州	56.98	111.37	3
汶川县水磨古镇	AAAAA	四川	55.80	109.05	4
凉山州中国西昌卫星发射中心	AAA	四川	55.01	107.51	5

表2-21列出了西南地区女性消费偏好排名前五的景区（红岩魂广场及陈列馆、安顺市王若飞故居、陆军讲武堂旧址、阿坝州理县桃坪羌寨、黔南州荔波县邓恩铭烈士故居）。排名中，女性消费偏好占比都在52.96%以上，高于全网女性占比48.83%的数

据。整体来看，女性对西南地区红色旅游景区偏好度较高；女性搜索性别占比最高为58.42%，说明女性对红岩魂广场及陈列馆的偏好较高。此外，该5个经典红色旅游景区中其他景区有3个，说明女性群体对于其他景区较为偏好。其中TGI最高为119.62的红岩魂广场及陈列馆，远大于100的整体水平，说明女性对红岩魂广场及陈列馆偏好最大。

表2-21　西南地区红色旅游经典景区女性消费偏好

景区名称	景区等级	所属省份	女性占比（%）	女性TGI	排名
红岩魂广场及陈列馆	其他	重庆	58.42	119.62	1
安顺市王若飞故居	其他	贵州	58.40	119.60	2
陆军讲武堂旧址	AAAA	云南	57.50	117.75	3
阿坝州理县桃坪羌寨	AAAA	四川	55.20	113.05	4
黔南州荔波县邓恩铭烈士故居	其他	贵州	52.96	108.46	5

（八）西北地区红色旅游经典景区消费群体性别特征

1. 总体情况

我们统计了西北地区所有景区和不同等级景区不同性别的年总值、年龄占比、TGI、年均值四个指标的数值情况。由表2-22可知，男性对于所有景区的年搜索总量为1 115 199，性别占比为50.21%，略低于全网男性占比51.17%的数值，TGI数值为98.13，略低于100的整体水平，其年平均搜索量为278 800，高于女性49.79%的占比、276 456的年均搜索量。因而可以看出男性群体比女性群体对所有红色旅游经典景区偏好更大。

对于AAAAA景区的男性年搜索总量为663 824，性别占比为45.22%，低于全网男性占比51.17%的数值，TGI数值为88.37，低于100的整体水平，其年平均搜索量为331 912，低于女性54.78%的占比、402 103的年均搜索量。因而可以看出女性群体比男性群体对AAAAA红色旅游经典景区偏好更大。

对于AAAA景区的男性年搜索总量为282 812，男性性别占比为71.02%，高于全网男性占比51.17%的数值，TGI数值为138.79，高于100的整体水平，对于AAAA景区的年平均搜索量为282 812，高于女性28.98%的占比、115 403的年均搜索量。因而可以看出男性群体比女性群体对AAAA红色旅游经典景区的偏好更大。

男性对于其他级景区的年搜索总量为159 190，性别占比为44.87%，低于全网男性占比51.17%的数值，TGI数值为87.69，低于100的整体水平，对于其他级别景区的年平均搜索量为159 190，低于女性55.13%的占比、195 590的年均搜索量。因而可以看出女性群体比男性群体对其他级别红色旅游经典景区的偏好更大。

从整体来看，男性对AAAAA景区的年均搜索量最大，因此偏好度更大，其次是AAAA景区，偏好最小为其他景区；而对于女性群体，AAAAA景区年均搜索量最大，因此对AAAAA景区偏好度最大，其次是其他景区，最小为AAAA景区。

表 2-22 西北地区红色旅游经典景区消费群体性别特征

类别		指标	男性	女性
所有景区		年总值（次）	1 115 199	1 105 826
		性别占比（%）	50.21	49.79
		TGI	98.13	101.96
		年均值（次）	278 800	276 456
不同等级景区	AAAAA（2个）	年总值（次）	663 824	804 206
		性别占比（%）	45.22	54.78
		TGI	88.37	112.19
		年均值（次）	331 912	402 103
	AAAA（1个）	年总值（次）	282 812	115 403
		性别占比（%）	71.02	28.98
		TGI	138.79	60.14
		年均值（次）	282 812	115 403
	其他（1个）	年总值（次）	159 190	195 590
		性别占比（%）	44.87	55.13
		TGI	87.69	112.90
		年均值（次）	159 190	195 590

2. 消费偏好

表 2-23 列出了西北地区男性消费偏好排名前三的景区（酒泉市玉门油田、宝塔山景区、"西安事变"纪念馆）。排名中，男性消费偏好占比在全网整体搜索占比的 51.13% 以上的景区只有 1 个，占 71.02%；TGI 小于 100 的整体水平景区有 2 个，说明男性对西北地区经典红色旅游景区的偏好较小。此外，3 个景区中，均为不同等级，说明男性群体无明显偏好景区。其中 TGI 最高为 138.80 的酒泉市玉门油田，远大于 100 的整体水平，说明男性对酒泉市玉门油田的偏好最大。

表 2-23 西北地区红色旅游经典景区男性消费偏好

景区名称	景区等级	所属省份	男性占比（%）	男性 TGI	排名
酒泉市玉门油田	AAAA	甘肃	71.02	138.80	1
宝塔山景区	AAAAA	陕西	46.24	90.37	2
"西安事变"纪念馆	其他	陕西	44.87	87.69	3

表 2-24 列出了西北地区女性消费偏好排名前三的景区（延安革命纪念馆、"西安事变"纪念馆、宝塔山景区）。排名中，女性消费偏好占比均在 53.76% 以上，所以整体来看，女性对西北地区红色旅游景区偏好度较高；女性搜索性别占比最高的延安革命纪念馆占 55.93%，高于全网女性占比 48.83% 的数值，说明女性对延安革命纪念馆的偏好较高。此外，3 个景区中 AAAAA 景区有 2 个，说明女性群体对于 AAAAA 景区较为偏好。其中 TGI 最高为 114.52 的延安革命纪念馆，远大于 100 的整体水平，说明女性对延安革命纪念馆的偏好最大。

表 2-24　西北地区红色旅游经典景区女性消费偏好

景区名称	景区等级	所属省份	女性占比（%）	女性 TGI	排名
延安革命纪念馆	AAAAA	陕西	55.93	114.52	1
"西安事变"纪念馆	其他	陕西	55.13	112.89	2
宝塔山景区	AAAAA	陕西	53.76	110.09	3

二、红色旅游经典景区消费群体年龄特征

（一）全国红色旅游经典景区消费群体年龄特征

1. 总体情况

表 2-25 展示了所有景区和不同等级景区不同年龄段的年总值、年龄占比、TGI、年均值的数值情况。就整体情况而言，19 岁及以下人员对于所有景区的年搜索总值为 5 453 386，年平均搜索值为 45 069，年龄占比 10.50%，其年龄占比高于 9.42% 的全网 19 岁及以下人员占比，TGI 为 116.26，远高于 100 的整体水平，排名第一，可知相对于其他年龄段，19 岁及以下人员对全国红色旅游经典景区偏好最高；20～29 岁人员的年总值为 13 017 124，年均值为 107 580，年龄占比为 25.07%，年龄占比高于其在全网 23.17% 的占比，TGI 为 108.21，高于 100 整体水平，排第二，说明 20～29 岁人员对红色旅游经典景区的偏好较高；大于 50 岁的人员对于所有景区的年搜索总值为 7 325 040，年均值为 60 538，年龄占比为 14.12%，高于其在全网 13.76% 的占比，TGI 为 102.54，高于 100 的整体水平，排第三，说明大于 50 岁的人员对红色旅游经典景区的偏好较高，低于 19 岁及以下和 20～29 岁人员，高于其他年龄段人员；30～39 岁、40～45 岁人员对于所有景区的年搜索总值分别为 16 309 205、9 813 150，年龄占比分别为 31.41%、18.90%，都略低于其分别为 33.07%、20.58% 的全网占比，TGI 分别为 94.99、91.84，低于 100 的整体水平，说明相比于其他年龄段人员，这两个年龄段相较于全网年龄段群体，对红色旅游经典景区的偏好较低。

对于 AAAAA 级景区，19 岁及以下人员年搜索总值为 2 354 113，年平均搜索量为 90 543，年龄占比 10.26%，高于 9.42% 的全网水平，TGI 为 108.96，高于 100 的整体水平，且排名第二，说明相对于 30～39 岁、40～49 岁、大于 50 岁的人员，19 岁及以下人员对 AAAAA 级景区更为喜爱；20～29 岁人员的年总值为 5 871 075，年均值为 225 811，年龄占比为 25.60%，高于其在全网 23.17% 的占比，TGI 为 110.48，高于 100 的整体水平，排第一，说明 20～29 岁人员对红色旅游经典景区的偏好较高，高于其他年龄段人员；大于 50 岁的人员的年总值和年均值分别为 3 384 329、130 167，年龄占比为 14.76%，高于 13.76% 的全网年龄分布占比，TGI 为 107.24，高于 100 的整体水平，排名第三，说明大于 50 岁的人员对 AAAAA 级景区的偏好低于 19 岁及以下、20～29 岁群体，高于 30～39 岁、40～49 岁群体；30～39 岁、40～49 岁人员的年龄占比分别为 30.43%、18.95%，TGI 分别为 92.02、92.07。

对于 AAAA 级景区，19 岁及以下人员的年总值为 1 653 137，年均值为 29 002，年龄占比为 10.99%，高于 9.42% 的全网该年龄段的分布占比，TGI 为 116.68，高于 100，与

其他年龄段相比，TGI 排名第一，说明相比于其他年龄段，19 岁及以下人员对 AAAA 级景区最为青睐；大于 50 岁的人员的年龄占比 15.81%，高于 13.76% 的全网分布，TGI 为 114.87，高于 100 的整体水平，TGI 排名第二，对 AAAA 级景区的偏好高于其他年龄段，低于 19 岁及以下的人群；20～29 岁、30～39 岁、40～49 岁人群年龄占比分别为 22.88%、30.54%、19.78%，TGI 分别为 98.76、92.34、96.12，相对于另外两个年龄段，偏好较低。

对于 AAA 级景区，20～29 岁人群的搜索年总值为 1 220 217，年均值为 93 863，年龄占比为 27.65%，TGI 为 119.33，排名第一，说明相对于其他年龄段，20～29 岁人群对 AAA 级景区最为青睐；大于 50 岁的人员对于 AAA 级景区的搜索年总值为 516 894，年均值为 39 761，年龄占比为 11.71%，低于 13.76% 的全网分布，TGI 为 85.12，排名最后，说明相对于其他年龄段，大于 50 岁的人群对 AAA 级景区偏好最低；19 岁及以下、30～39 岁、40～49 岁人群年龄占比分别为 9.04%、32.73%、18.87%，TGI 分别为 95.96、98.98、91.67，相对于另外 20～29 岁年龄段，偏好较低。

对于 AA 级景区，19 岁及以下人员搜索年总值为 34 801，年均值 17 400，年龄占比为 17.14%，高于 9.42% 的全网分布，TGI 为 182.03，远高于 100 的整体水平，排名第一，即对 AA 级景区的偏好高于其他年龄段；20～29 岁人群的年总值为 76 148，年均值 38 074，年龄占比为 37.52%，高于 23.17% 的全网分布，TGI 为 161.93，远高于 100，说明该年龄段人群对 AA 级景区的偏好较高，仅次于偏好最高的 19 岁及以下人群；30～39 岁、40～49 岁人群的年龄占比分别为 25.58%、12.67%，低于其分别为 33.07%、20.58% 的全网分布，TGI 分别为 77.35、61.55，低于 100 的整体水平，说明 30～39 岁、40～49 岁年龄段对 AA 级景区的偏好低于 19 岁及以下和 20～29 岁人员，高于其他年龄段。50 岁及以上人员的年龄占比为 7.09%，TGI 为 51.52，TGI 最低。

对于未分级别的其他景区，19 岁及以下人员年总值为 1 012 412，年均值 44 018，年龄占比为 10.85%，高于 9.42% 的全网分布，TGI 为 115.23，高于 100 的整体水平，说明相对于其他年龄段，19 岁及以下人员对其他景区的偏好最高；20～29 岁年龄段年龄占比为 25.82%，高于 23.17% 的全网占比，TGI 为 111.43，高于 100 的整体水平，即 20～29 岁年龄段人群对其他景区的偏好与全网整体比较相对较高；此外 30～39 岁人群年龄占比为 34.74%，TGI 为 105.05，高于 100 的全网整体水平，说明该群体对于 AAA 级红色旅游经典景区也较为偏好；40～49 岁、大于 50 岁的人员对其他景区搜索中年龄占比分别为 17.52%、11.07%，TGI 分别为 85.13、80.42，都低于 100，说明这两个年龄段群体对于未划分等级的其他景区的偏好较低。

19 岁及以下人员对 AAAAA、AAAA、AAA、AA、其他景区的年平均搜索量分别为 90 543、29 002、30 686、17 400、44 018，说明对于不同级别景区，19 岁及以下人员对 AAAAA 景区的偏好最高，其次是其他景区、AAA 景区、AAAA 景区，对 AA 景区的偏好最低；20～29 岁人员对 AAAAA、AAAA、AAA、AA、其他景区的年平均搜索量分别为 225 811、60 379、93 863、38 074、104 700，即对于不同级别景区，20～29 岁人员对 AAAAA 景区的偏好最高，其次是其他景区、AAA 景区、AAAA 景区，对 AA 景区的偏好最低；30～39 岁人员对 AAAAA、AAAA、AAA、AA、其他景区的年平均搜索量分别为 268 444、80 580、111 126、25 956、140 872，即对于不同级别景区，30～39 岁人员对 AAAAA 景区更为喜欢，其次是其他景区、AAA 景区、AAAA 景区，对 AA 景区的偏好最低；40～49 岁人员对 AAAAA、AAAA、AAA、AA、其他景区的年平均搜索量分别为 167 136、52 198、64 043、12 854、71 045，即对于不同级别景区，30～39 岁人员对 AAAAA 景区更为青睐，其次是其他景区、AAA 景区、AAAA 景区，对 AA 景区的偏好最低；50 岁及以上人员对 AAAAA、AAAA、AAA、AA、其他景区的年平均搜索量分别为 130 167、41 708、39 761、7193、44 873，即对于不同级别景区，30～39 岁人员对 AAAAA 景区更为青睐，其次是其他景区、AAAA 景区、AAA 景区，对 AA 景区的偏好最低。可知各年龄段群体对 AAAAA 景区的偏好度都高于其他级别的景区，说明景区级别会影响不同年龄群体对景区的偏好，高级别景区易受大家青睐。

表 2-25　全国红色旅游经典景区消费群体年龄特征

类别		指标	≤19 岁	20～29 岁	30～39 岁	40～49 岁	≥50 岁
所有景区		年总值（次）	5 453 386	13 017 124	16 309 205	9 813 150	7 325 040
		年龄占比（%）	10.50%	25.07%	31.41%	18.90%	14.12%
		TGI	111.51	108.21	94.99	91.84	102.54
		年均值（次）	45 069	107 580	134 787	81 100	60538
不同等级景区	AAAAA（26 个）	年总值（次）	2 354 113	5 871 075	6 979 543	4 345 539	3 384 329
		年龄占比（%）	10.26%	25.60%	30.43%	18.95%	14.76%
		TGI	108.96	110.48	92.02	92.07	107.24
		年均值（次）	90 543	225 811	268 444	167 136	130 167
	AAAA（57 个）	年总值（次）	1 653 137	3 441 580	4 593 054	2 975 313	2 377 341
		年龄占比（%）	10.99%	22.88%	30.54%	19.78%	15.81%
		TGI	116.68	98.76	92.34	96.12	114.87
		年均值（次）	29 002	60 379	80 580	52 198	41 708
	AAA（13 个）	年总值（次）	398 923	1 220 217	1 444 633	832 557	516 894
		年龄占比（%）	9.04%	27.65%	32.73%	18.87%	11.71%
		TGI	95.96	119.33	98.98	91.67	85.12
		年均值（次）	30 686	93 863	111 126	64 043	39 761
	AA（2 个）	年总值（次）	34 801	76 148	51 913	25 709	14 387
		年龄占比（%）	17.14%	37.52%	25.58%	12.67%	7.09%
		TGI	182.03	161.93	77.35	61.55	51.52
		年均值（次）	17 400	38 074	25 956	12 854	7193
	其他（23 个）	年总值（次）	1 012 412	2 408 104	3 240 062	1 634 033	1 032 090
		年龄占比（%）	10.85%	25.82%	34.74%	17.52%	11.07%
		TGI	115.23	111.43	105.05	85.13	80.42
		年均值（次）	44018	104 700	140 872	71 045	44873

2. 消费偏好

表 2-26 列出了 19 岁及以下人员对各景区消费偏好排名前二十的景区，分别是新文化运动纪念馆，瞿秋白烈士纪念碑，福州市福建省革命历史纪念馆，江西革命烈士纪念堂，萍乡市、宜春市铜鼓县、九江市修水县秋收起义纪念地系列景点，沧州市献县马本斋烈士纪念馆，湘潭市湘乡东山学校旧址，芜湖市王稼祥纪念园，广州起义纪念馆和烈士陵园，宜昌市长江三峡水利枢纽工程，大沽口炮台遗址博物馆，"九一八"历史博物馆，延安革命纪念馆，大同煤矿"万人坑"遗址纪念馆，南昌市新建县小平小道陈列馆，雨花台烈士陵园，韶关南雄市梅关古道景区，武昌区辛亥革命武昌起义纪念馆，文水县刘胡兰纪念馆，周恩来邓颖超纪念馆，抗美援朝烈士陵园。其年龄占比高于 9.42% 的全网分布，TGI 都高于 100，即 19 岁及以下人员对这 20 个景区偏好都较高。其中排名第一的景区是新文化运动纪念馆，小于 19 岁的年龄占比 26.09%，远高于 9.42% 的全网分布占比，TGI 为 277.59，远高于 100，说明在这 20 个景区中，19 岁及以下人员对新文化运动纪念馆最为喜欢。就景区等级而言，表中所列的消费偏好前二十个景区中，AAAAA 级景区 2 个，AAAA 级景区有 10 个，AAA 级景区 2 个，AA 级景区 2 个，其他景区 5 个，即对于不同级别景区，19 岁及以下人员对 AAAA 级和其他景区更为青睐。

表 2-26 全国红色旅游经典景区 19 岁及以下客源消费偏好

景区名称	景区等级	所属省份	≤19 岁占比	TGI	排名
新文化运动纪念馆	其他	北京	26.09%	277.59	1
瞿秋白烈士纪念碑	其他	福建	26.05%	277.17	2
福州市福建省革命历史纪念馆	其他	福建	22.83%	242.45	3
江西革命烈士纪念堂	其他	江西	22.64%	240.92	4
萍乡市、宜春市铜鼓县、九江市修水县秋收起义纪念地系列景点	AAA	江西	21.36%	225.09	5
沧州市献县马本斋烈士纪念馆	AA	河北	20.83%	220.54	6
湘潭市湘乡东山学校旧址	AAAA	湖南	19.34%	204.95	7
芜湖市王稼祥纪念园	AAAA	安徽	19.17%	203.10	8
广州起义纪念馆和烈士陵园	AAAA	广东	18.69%	198.75	9
宜昌市长江三峡水利枢纽工程	AAAAA	湖北	18.42%	196.02	10
大沽口炮台遗址博物馆	AAAA	天津	18.19%	193.35	11
"九一八"历史博物馆	AAAA	辽宁	17.63%	186.98	12
延安革命纪念馆	AAAAA	陕西	17.08%	181.14	13
大同煤矿"万人坑"遗址纪念馆	AA	山西	16.38%	174.27	14
南昌市新建县小平小道陈列馆	AAAA	江西	16.29%	173.13	15
雨花台烈士陵园	AAAA	江苏	16.27%	172.81	16
韶关南雄市梅关古道景区	AAAA	广东	16.27%	172.81	16
武昌区辛亥革命武昌起义纪念馆	AAAA	湖北	15.97%	169.43	17
文水县刘胡兰纪念馆	其他	山西	15.50%	164.19	18
周恩来邓颖超纪念馆	AAAA	天津	15.28%	162.64	19

续表

景区名称	景区等级	所属省份	≤19岁占比	TGI	排名
抗美援朝烈士陵园	AAA	辽宁	15.23%	162.04	20

表2-27列出20～29岁年龄段群体对各景区消费偏好排名前二十的景区，分别是瑞金共和国摇篮景区，黔南州荔波县邓恩铭烈士故居，华东地区革命烈士陵园，大同煤矿"万人坑"遗址纪念馆，萍乡市、宜春市铜鼓县、九江市修水县秋收起义纪念地系列景点，永新三湾改编旧址，安顺市王若飞故居，百色市红七军军部旧址，滁州市凤阳县小岗村，中国人民革命军事博物馆，大庆市大庆油田历史陈列馆，陆军讲武堂旧址，宜昌市长江三峡水利枢纽工程，南昌市新建县小平小道陈列馆，嘉兴市南湖风景名胜区（中共一大旧址），江西革命烈士纪念堂，中国国家博物馆，贵阳市息烽集中营革命历史纪念馆，"西安事变"纪念馆，湘潭市湘乡东山学校旧址。所列出的前二十个景区其年龄占比都高于23.17%的全网分布，TGI也都高于100，即20～29岁年龄段人员相较于其他景区，对这20个景区偏好较高。其中排名第一的景区是瑞金共和国摇篮景区，年龄占比47.27%，远高于23.17%的全网分布占比，TGI为204.46，远高于100，说明在这20个景区中，20～29岁年龄段人员对瑞金共和国摇篮景区最为喜欢。就景区等级而言，表中所列的消费偏好前二十个景区中，AAAAA级景区3个，AAAA级景区有6个，AAA级景区3个，AA级景区1个，其他景区7个，即对于不同级别景区，20～29岁人群对其他和AAAA级景区更为青睐。

表2-27 全国红色旅游经典景区20～29岁客源消费偏好

景区名称	景区等级	所属省份	20～29岁占比	TGI	排名
瑞金共和国摇篮景区	AAAAA	江西	47.27%	204.46	1
黔南州荔波县邓恩铭烈士故居	其他	贵州	43.87%	189.76	2
华东地区革命烈士陵园	AAA	山东	41.55%	179.70	3
大同煤矿"万人坑"遗址纪念馆	AA	山西	41.44%	179.23	4
萍乡市、宜春市铜鼓县、九江市修水县秋收起义纪念地系列景点	AAA	江西	40.78%	174.67	5
永新三湾改编旧址	AAAA	江西	37.36%	161.60	6
安顺市王若飞故居	其他	贵州	37.14%	160.19	7
百色市红七军军部旧址	其他	广西	35.87%	155.14	8
滁州市凤阳县小岗村	AAAA	安徽	34.10%	147.35	9
中国人民革命军事博物馆	其他	北京	33.71%	145.56	10
大庆市大庆油田历史陈列馆	AAA	黑龙江	33.68%	145.35	11
陆军讲武堂旧址	AAAA	云南	33.57%	145.12	12
宜昌市长江三峡水利枢纽工程	AAAAA	湖北	33.55%	145.04	13
南昌市新建县小平小道陈列馆	AAAA	江西	33.29%	143.77	14
嘉兴市南湖风景名胜区（中共一大旧址）	AAAAA	浙江	31.80%	137.30	15
江西革命烈士纪念堂	其他	江西	31.32%	135.47	16

续表

景区名称	景区等级	所属省份	20～29岁占比	TGI	排名
中国国家博物馆	其他	北京	31.30%	135.22	17
贵阳市息烽集中营革命历史纪念馆	AAAA	贵州	31.05%	134.28	18
"西安事变"纪念馆	其他	陕西	30.79%	132.90	19
湘潭市湘乡东山学校旧址	AAAA	湖南	30.66%	132.11	20

表2-28列出了30～39岁年龄段群体对各景区消费偏好排名前二十的景区，分别是漳州市毛主席率领红军攻克漳州陈列馆、卢沟桥、中国航空博物馆、聊城市孔繁森同志纪念馆、易县狼牙山风景区、宣城市泾县皖南事变烈士陵园、青岛市中国人民解放军海军博物馆、镇江市句容市茅山新四军纪念馆、中国人民抗日战争纪念馆、兰考县焦裕禄烈士陵园、天安门广场、盐城市新四军纪念馆、东莞市鸦片战争博物馆、深圳市博物馆、淮北市濉溪县淮海战役双堆集烈士陵园、顺义区焦庄户地道战遗址纪念馆、首义广场、涞水县野三坡平西抗日根据地、永新三湾改编旧址、李大钊烈士陵园。所列出的前二十个景区其年龄占比都高于33.07%的全网分布，TGI也都高于100，即30～39岁年龄段人员相较于其他景区，对这20个景区偏好较高。其中排名第一的景区是漳州市毛主席率领红军攻克漳州陈列馆，年龄占比50.94%，远高于33.07%的全网分布占比，TGI为154.41，远高于100，说明在这20个景区中，30～39岁年龄段人员对漳州市毛主席率领红军攻克漳州陈列馆最为喜欢。就景区等级而言，表中所列的消费偏好前二十个景区中，AAAAA级景区2个，AAAA级景区有10个，AAA级景区3个，AA级景区0个，其他景区5个，即对于不同级别景区，30～39岁人群对AAAA级和其他景区更为青睐。

表2-28 全国红色旅游经典景区30～39岁客源消费偏好

景区名称	景区等级	所属省份	30～39岁占比	TGI	排名
漳州市毛主席率领红军攻克漳州陈列馆	其他	福建	50.94%	154.41	1
卢沟桥	其他	北京	44.20%	133.75	2
中国航空博物馆	AAAA	北京	42.70%	129.14	3
聊城市孔繁森同志纪念馆	AAAA	山东	42.12%	127.00	4
易县狼牙山风景区	AAAA	河北	40.70%	123.35	5
宣城市泾县皖南事变烈士陵园	AAAA	安徽	40.28%	122.08	6
青岛市中国人民解放军海军博物馆	AAA	山东	39.57%	119.95	7
镇江市句容市茅山新四军纪念馆	AAAAA	江苏	39.10%	118.52	8
中国人民抗日战争纪念馆	AAAA	北京	38.67%	116.99	9
兰考县焦裕禄烈士陵园	AAAA	河南	38.57%	116.63	10
天安门广场	其他	北京	38.52%	116.58	11
盐城市新四军纪念馆	AAAA	江苏	38.46%	116.48	12
东莞市鸦片战争博物馆	AAAA	广东	38.19%	115.63	13
深圳市博物馆	其他	广东	37.92%	114.87	14
淮北市濉溪县淮海战役双堆集烈士陵园	AAA	安徽	37.89%	114.86	15

续表

景区名称	景区等级	所属省份	30~39岁占比	TGI	排名
顺义区焦庄户地道战遗址纪念馆	AAA	北京	37.14%	112.39	16
首义广场	AAAA	湖北	36.39%	110.00	17
涞水县野三坡平西抗日根据地	AAAAA	河北	35.43%	107.28	18
永新三湾改编旧址	AAAA	江西	35.16%	106.58	19
李大钊烈士陵园	其他	北京	34.86%	105.53	20

表2-29列出了40~49岁年龄段群体对各景区消费偏好排名前二十的景区，分别是盐城市新四军纪念馆、上海四行仓库抗战纪念馆、顺义区焦庄户地道战遗址纪念馆、湘潭市湘潭县彭德怀故居和纪念馆、桑植县贺龙故居和纪念馆、陈云纪念馆、胡耀邦故居和陈列馆、汨罗市任弼时故居、湘潭市韶山市毛泽东故居和纪念馆、梅州市梅县叶剑英元帅纪念馆、北京规划展览馆、宁乡县花明楼刘少奇故居、周恩来故居、乐亭县李大钊故居和纪念馆、惠州市惠阳区叶挺纪念馆、中国航空博物馆、汕尾市海丰县彭湃故居、蒙阴县、沂南县沂蒙山孟良崮战役遗址、李大钊烈士陵园、清苑县冉庄地道战遗址。所列出的前二十个景区其年龄占比都高于20.58%的全网分布，TGI也都高于100，即40~49岁年龄段人员相较于其他景区，对这20个景区偏好较高。其中排名第一的景区是盐城市新四军纪念馆，年龄占比34.62%，高于20.58%的全网分布占比，TGI为168.58，远高于100，说明在这20个景区中，40~49岁年龄段人员对盐城市新四军纪念馆最为喜欢。就景区等级而言，表中所列的消费偏好前二十个景区中，AAAAA级景区3个，AAAA级景区有13个，AAA级景区3个，AA级景区0个，其他景区1个，即对于不同级别景区，40~49岁人群对AAAA级景区更为青睐。

表2-29 全国红色旅游经典景区40~49岁客源消费偏好

景区名称	景区等级	所属省份	40~49岁占比	TGI	排名
盐城市新四军纪念馆	AAAA	江苏	34.62%	168.58	1
上海四行仓库抗战纪念馆	AAA	上海	30.32%	147.50	2
顺义区焦庄户地道战遗址纪念馆	AAA	北京	29.42%	143.05	3
湘潭市湘潭县彭德怀故居和纪念馆	AAAA	湖南	28.11%	136.88	4
桑植县贺龙故居和纪念馆	AAAA	湖南	28.01%	136.08	5
陈云纪念馆	AAAA	上海	27.94%	135.89	6
胡耀邦故居和陈列馆	AAAA	湖南	26.57%	129.41	7
汨罗市任弼时故居	AAAA	湖南	26.02%	126.72	8
湘潭市韶山市毛泽东故居和纪念馆	AAAAA	湖南	25.54%	124.14	9
梅州市梅县叶剑英元帅纪念馆	AAAA	广东	25.52%	124.09	10
北京规划展览馆	AAAA	北京	25.45%	123.96	11
宁乡县花明楼刘少奇故居	AAAAA	湖南	25.17%	122.46	12
周恩来故居	AAAAA	江苏	25.12%	122.27	13
乐亭县李大钊故居和纪念馆	AAAA	河北	25.04%	121.84	14

续表

景区名称	景区等级	所属省份	40～49岁占比	TGI	排名
惠州市惠阳区叶挺纪念馆	AAAA	广东	24.87%	120.53	15
中国航空博物馆	AAAA	北京	24.72%	120.11	16
汕尾市海丰县彭湃故居	AAAA	广东	24.51%	117.81	17
蒙阴县、沂南县沂蒙山孟良崮战役遗址	AAAA	山东	24.21%	117.07	18
李大钊烈士陵园	其他	北京	23.78%	115.67	19
清苑县冉庄地道战遗址	AAA	河北	23.62%	115.03	20

表2-30列出了50岁及以上年龄段群体对各景区消费偏好排名前二十的景区，分别是夜袭阳明堡机场遗址、梅州市梅县叶剑英元帅纪念馆、上饶市上饶集中营革命烈士陵园、宁乡县花明楼刘少奇故居、上海鲁迅纪念馆、徐向前故居、南昌八一起义纪念馆、飞虎队纪念馆、湘潭市湘潭县彭德怀故居和纪念馆、陈云纪念馆、百色起义纪念园景区、周恩来故居、新乡市南太行创业精神红色旅游景区、桑植县贺龙故居和纪念馆、武昌区辛亥革命武昌起义纪念馆、汨罗市任弼时故居、邓小平纪念馆、绍兴市鲁迅故居及纪念馆、胡耀邦故居和陈列馆、中共湘区委员会旧址暨毛泽东、杨开慧故居。所列出的前二十个景区其年龄占比都高于13.76%的全网分布，TGI也都大于100，即50岁及以上年龄段人员相较于其他景区，对这20个景区偏好较高。其中排名第一的景区是夜袭阳明堡机场遗址，年龄占比36.67%，远高于13.76%的全网分布占比，TGI为266.92，远高于100，说明在这20个景区中，50岁及以上年龄段人员对夜袭阳明堡机场遗址最为喜欢。就景区等级而言，表中所列的消费偏好前二十个景区中，AAAAA级景区4个，AAAA级景区有11个，AAA级景区2个，AA级景区0个，其他景区3个，即对于不同级别景区，50岁及以上人群对AAAA级和AAAAA级景区更为青睐。

表2-30 全国红色旅游经典景区50岁及以上客源消费偏好

景区名称	景区等级	所属省份	≥50岁占比	TGI	排名
夜袭阳明堡机场遗址	其他	山西	36.67%	266.92	1
梅州市梅县叶剑英元帅纪念馆	AAAA	广东	36.13%	262.64	2
上饶市上饶集中营革命烈士陵园	AAAA	江西	34.76%	252.44	3
宁乡县花明楼刘少奇故居	AAAAA	湖南	33.05%	240.40	4
上海鲁迅纪念馆	AAA	上海	30.81%	223.20	5
徐向前故居	AAA	山西	30.65%	223.09	6
南昌八一起义纪念馆	AAAA	江西	30.32%	220.70	7
飞虎队纪念馆	其他	湖南	29.95%	218.02	8
湘潭市湘潭县彭德怀故居和纪念馆	AAAA	湖南	28.67%	208.68	9
陈云纪念馆	AAAA	上海	28.60%	208.22	10
百色起义纪念园景区	其他	广西	27.57%	200.41	11
周恩来故居	AAAAA	江苏	26.94%	196.00	12
新乡市南太行创业精神红色旅游景区	AAAA	河南	26.67%	194.13	13

续表

景区名称	景区等级	所属省份	≥50岁占比	TGI	排名
桑植县贺龙故居和纪念馆	AAAA	湖南	25.75%	186.76	14
武昌区辛亥革命武昌起义纪念馆	AAAA	湖北	24.48%	177.66	15
汨罗市任弼时故居	AAAA	湖南	23.98%	174.56	16
邓小平纪念馆	AAAAA	四川	23.72%	172.71	17
绍兴市鲁迅故居及纪念馆	AAAAA	浙江	23.71%	172.46	18
胡耀邦故居和陈列馆	AAAA	湖南	23.64%	172.07	19
中共湘区委员会旧址暨毛泽东、杨开慧故居	AAAA	湖南	23.37%	169.30	20

（二）华北地区红色旅游经典景区消费群体年龄特征

1. 总体情况

表 2-31 展示了华北地区所有景区和不同等级景区不同年龄段的年总值、年龄占比、TGI、年均值四个指标的数值情况。就所有景区的情况而言，19 岁及以下人员对于所有景区的年搜索总值为 1 580 223，年平均搜索值为 54 490，年龄占比 10.53%，虽然低于其他年龄段，但其年龄占比高于 9.42% 的全网 19 岁及以下人员占比，TGI 为 111.84，也高于 100 的整体水平，TGI 排名第一，可知相对于其他年龄段，19 岁及以下人员对华北地区红色旅游经典景区的偏好最高；20～29 岁人员的年总值为 3 869 149，年均值为 133 419，年龄占比为 25.80%，年龄占比高于其在全网 23.17% 的占比，TGI 为 111.34，高于 100 的整体水平，排第二，说明 20～29 岁人员对红色旅游经典景区的偏好较高；30～39 岁人员的年龄占比为 34.31%，TGI 为 103.74，略高于 100 的整体水平，说明 30～39 岁人员对华北地区红色旅游经典景区的偏好一般；40～49 岁、大于 50 岁的人员对于所有景区的年搜索总值分别为 2 731 261、1 672 579，年龄占比分别为 18.21%、11.15%，都略低于其分别为 20.58%、13.76% 的全网占比，TGI 分别为 88.48、81.04，低于 100 的整体水平，说明相比于其他年龄段，这两个年龄段对华北地区红色旅游经典景区的偏好都较低。

对于 AAAAA 级景区，19 岁及以下人员年搜索总值为 478 777，年平均搜索量为 95 755，年龄占比 9.74%，略高于 9.42% 的全网水平，TGI 为 103.40，略高于 100 的整体水平，且排名仅次于 20～29 岁群体，说明相对于 20～29 岁外的其他年龄段，19 岁及以下人员对 AAAAA 级景区更为喜爱；20～29 岁人员的年总值为 1 453 723，年均值为 290 745，年龄占比为 29.58%，高于其在全网 23.17% 的占比，TGI 为 127.65，高于 100 的整体水平，排第一，说明 20～29 岁人员对 AAAAA 级红色旅游经典景区的偏好最高，高于其他年龄段人员；30～39 岁、40～49 岁、大于 50 岁的人员的年龄占比分别为 30.93%、17.39%、12.36%，TGI 分别为 93.54、84.50、89.84，低于 100 的全网整体水平。

对于 AAAA 级景区，19 岁及以下人员的年总值为 286 999，年均值为 28 700，年龄占比为 11.32%，高于 9.42% 的全网该年龄段的分布占比，TGI 为 120.14，高于 100，与其他年龄段相比，TGI 排名第一，说明相比于其他年龄段，19 岁及以下人员对 AAAA 级景区最为青睐；30～39 岁人员的年龄占比为 35.02%，高于 33.07% 的全网分布，TGI 为

105.89，高于 100 的整体水平，TGI 排名第二，对 AAAA 级景区的偏好高于其他年龄段，低于 19 岁及以下人群；此外 40～49 岁人群年龄占比为 21.09%，TGI 为 102.46，略高于 100 的全网整体水平，说明该群体对于 AAAA 级红色旅游经典景区也较为偏好；20～29 岁、大于 50 岁的人群年龄占比分别为 20.83%、11.75%，TGI 分别为 89.88、85.41，相对于另外 3 个年龄段，偏好较低。

对于 AAA 级景区，40～49 岁的人群的搜索年总值为 89 471，年均值为 29 824，年龄占比为 24.37%，TGI 为 118.39，仅低于大于 50 岁的人群，说明其对 AAA 级景区较为青睐；大于 50 岁的人员对于 AAA 级景区的搜索年总值为 74 002，年均值为 24 667，年龄占比为 20.15%，高于 13.76% 的全网分布，TGI 为 146.46，排名第一，说明相对于其他年龄段，大于 50 岁的人群对 AAA 级景区最为青睐；此外 19 岁及以下、20～29 岁、30～39 岁年龄占比分别为 7.27%、15.80%、32.41%，TGI 分别为 77.14、68.22、98.01，相对于另外两个年龄段，偏好较低。

对于 AA 级景区，19 岁及以下人员搜索年总值为 34 801，年均值 17 400，年龄占比为 17.15%，高于 9.42% 的全网分布，TGI 为 182.03，远高于 100 的整体水平，排名第一，即对 AA 即景区的偏好高于其他年龄段；20～29 岁人员的年龄占比为 37.52%，高于 23.17% 的全网分布，TGI 为 161.93，高于 100 的整体水平，TGI 排名第二，对 AAAA 级景区的偏好高于其他年龄段，低于 19 岁及以下人群；30～39 岁、40～49 岁、大于 50 岁的人群年龄占比分别为 25.58%、12.66%、7.09%，TGI 分别为 77.35、61.55、51.52，相对于另外两个年龄段，偏好较低。

对于未分级别的其他景区，19 岁及以下人员年总值为 752 965，年均值 83 663，年龄占比为 10.79%，高于 9.42% 的全网分布，TGI 为 114.56，高于 100 的整体水平，说明相对于其他年龄段，19 岁及以下人员对其他景区的偏好最高；30～39 岁年龄占比为 36.78%，高于 33.07% 的全网占比，TGI 为 111.21，高于 100 的整体水平，即 30～39 岁人群对其他景区的偏好相对较高；此外 20～29 岁人群年龄占比为 25.13%，TGI 为 108.44，高于 100 的全网整体水平，说明该群体对于其他红色旅游经典景区也较为偏好；40～49 岁、大于 50 岁的人员对其他景区搜索中年龄占比分别为 17.58%、9.72%，TGI 分别为 85.42、70.68，都低于 100，说明这两个年龄段群体对于未划分等级的其他景区的偏好较低。

19 岁及以下人员对 AAAAA、AAAA、AAA、AA、其他景区的年平均搜索量分别为 95 755、28 700、8894、17 400、83 663，说明对于不同级别景区，19 岁及以下人员对 AAAAA 级景区的偏好最高，其次是其他景区、AAAA 级景区、AA 级景区，对 AAA 级景区偏好最低；20～29 岁人员对 AAAAA、AAAA、AAA、AA、其他景区的年平均搜索量分别为 290 745、52 814、19 347、38 074、194 789，说明对于不同级别景区，20～29 岁人员对 AAAAA 级景区的偏好最高，其次是其他景区、AAAA 级景区、AA 级景区，对 AAA 级景区偏好最低；30～39 岁人员对 AAAAA、AAAA、AAA、AA、其他景区的年平均搜索量分别为 304 083、88 806、39 672、25 956、285 111，说明对于不同级别景区，30～39 岁人员对 AAAAA 级景区的偏好最高，其次是其他景区、AAAA 级景区、AAA 级景区，对 AA 级景区偏好最低；40～49 岁人员对 AAAAA、AAAA、AAA、AA、其他景区的年平均搜索量分别为 170 945、53 473、29 824、12 854、136 292，说明对于不同级别景区，40～49岁人员对AAAAA级景区的偏好最高，其次是其他景区、AAAA级景区、AAA级景区，对AA级景区偏好最低；50岁及以上人员对AAAAA、AAAA、AAA、AA、其他景区的年平均搜索量分别为121 524、29 804、24 667、7193、75 392，说明对于不同级别景区，50岁及以上人员对AAAAA级景区的偏好最高，其次是其他景区、AAAA级景区、AAA级景区，对AA级景区偏好最低。可知各年龄段群体对华北地区红色旅游经典景区中AAAAA级的偏好度都高于其他级别的景区。

表2-31 华北地区红色旅游经典景区消费群体年龄特征

类别		指标	≤19岁	20～29岁	30～39岁	40～49岁	≥50岁
所有景区		年总值（次）	1 580 223	3 869 149	5 145 402	2 731 261	1 672 579
		年龄占比	10.53%	25.80%	34.31%	18.21%	11.15%
		TGI	111.84	111.34	103.74	88.48	81.04
		年均值（次）	54 490	133 419	177 422	94 181	57 675
不同等级景区	AAAAA（5个）	年总值（次）	478 777	1 453 723	1 520 414	854 727	607 619
		年龄占比	9.74%	29.58%	30.93%	17.39%	12.36%
		TGI	103.40	127.65	93.54	84.50	89.84
		年均值（次）	95 755	290 745	304 083	170 945	121 524
	AAAA（10个）	年总值（次）	286 999	528 136	888 061	534 726	298 039
		年龄占比	11.32%	20.83%	35.02%	21.09%	11.75%
		TGI	120.14	89.88	105.89	102.46	85.41
		年均值（次）	28 700	52 814	88 806	53 473	29 804
	AAA（3个）	年总值（次）	26 682	58 040	119 015	89 471	74 002
		年龄占比	7.27%	15.80%	32.41%	24.37%	20.15%
		TGI	77.14	68.22	98.01	118.39	146.46
		年均值（次）	8894	19 347	39 672	29 824	24 667
	AA（2个）	年总值（次）	34 801	76 148	51 913	25 709	14 387
		年龄占比	17.15%	37.52%	25.58%	12.66%	7.09%
		TGI	182.03	161.93	77.35	61.55	51.52
		年均值（次）	17 400	38 074	25 956	12 854	7193
	其他（9个）	年总值（次）	752 965	1 753 103	2 565 999	1 226 629	678 532
		年龄占比	10.79%	25.13%	36.78%	17.58%	9.72%
		TGI	114.56	108.44	111.21	85.42	70.68
		年均值（次）	83 663	194 789	285 111	136 292	75 392

2. 消费偏好

表2-32列出了19岁及以下人员对各景区消费偏好排名前五的景区，分别是新文化运动纪念馆、沧州市献县马本斋烈士纪念馆、大沽口炮台遗址博物馆、大同煤矿"万人坑"遗址纪念馆、文水县刘胡兰纪念馆。所列出的前五的景区其年龄占比都高于9.42%的全网分布，TGI也都高于100，即19岁及以下人员对这5个景区偏好都较高。其中排名第

一的景区是新文化运动纪念馆,小于19岁的年龄占比26.09%,远高于9.42%的全网分布占比,TGI为277.59,远高于100,说明在华北地区31个红色旅游经典景区中,19岁及以下人员对新文化运动纪念馆最为喜欢。就景区等级而言,表中所列的消费偏好前五的景区中,AAAAA级景区0个,AAAA级景区有2个,AAA级景区0个,AA级景区1个,其他景区2个,即对于不同级别景区,19岁及以下人员对AAAA级景区和其他景区更为青睐。

表2-32 华北地区红色旅游经典景区19岁及以下客源消费偏好

景区名称	景区等级	所属省份	≤19岁占比	TGI	排名
新文化运动纪念馆	其他	北京	26.09%	277.59	1
沧州市献县马本斋烈士纪念馆	AA	河北	20.83%	220.54	2
大沽口炮台遗址博物馆	AAAA	天津	18.19%	193.35	3
大同煤矿"万人坑"遗址纪念馆	AAAA	山西	16.38%	174.27	4
文水县刘胡兰纪念馆	其他	山西	15.50%	164.19	5

表2-33列出了20～29岁人群对各景区消费偏好排名前五的景区,分别是大同煤矿"万人坑"遗址纪念馆、中国人民革命军事博物馆、中国国家博物馆、安新县白洋淀景区、涞水县野三坡平西抗日根据地。所列出的前五个景区其年龄占比都高于23.17%的全网分布,TGI也都高于100,即20～29岁人员对这5个景区的偏好都较高。其中排名第一的景区是大同煤矿"万人坑"遗址纪念馆,年龄占比41.44%,远高于23.17%的全网分布占比,TGI为179.23,高于100,说明在华北地区31个红色旅游经典景区中,20～29岁人员对大同煤矿"万人坑"遗址纪念馆最为喜欢。就景区等级而言,表中所列的消费偏好前五个景区中,AAAAA级景区2个,AAAA级景区有0个,AAA级景区0个,AA级景区1个,其他景区2个,即对于不同级别景区,20～29岁人员对AAAAA级景区和其他景区更为青睐。

表2-33 华北地区红色旅游经典景区20～29岁客源消费偏好

景区名称	景区等级	所属省份	20～29岁占比	TGI	排名
大同煤矿"万人坑"遗址纪念馆	AA	北京	41.44%	179.23	1
中国人民革命军事博物馆	其他	山西	33.71%	145.56	2
中国国家博物馆	其他	山西	31.30%	135.22	3
安新县白洋淀景区	AAAAA	北京	30.64%	132.35	4
涞水县野三坡平西抗日根据地	AAAAA	北京	30.31%	130.94	5

表2-34列出了30～39岁年龄段群体对各景区消费偏好排名前五的景区,分别是卢沟桥、中国航空博物馆、易县狼牙山风景区、中国人民抗日战争纪念馆、天安门广场。所列出的前五个景区其年龄占比都高于33.07%的全网分布,TGI也都高于100,即30～39岁年龄段人员相较于其他景区,对这5个景区的偏好较高。其中排名第一的景区是卢沟桥,年龄占比44.20%,高于全网33.07%的分布占比,TGI为133.75,高于100,说明在这31个景区中,30～39岁年龄段人员对卢沟桥最为喜欢。就景区等级而言,表中所列的消费

偏好前五个景区中，AAAAA 级景区 0 个，AAAA 级景区有 3 个，AAA 级景区 0 个，AA 级景区 0 个，其他景区 2 个，即对于不同级别景区，30～39 岁人群对 AAAA 级景区更为青睐。

表 2-34 华北地区红色旅游经典景区 30～39 岁客源消费偏好

景区名称	景区等级	所属省份	30～39 岁占比	TGI	排名
卢沟桥	其他	北京	44.20%	133.75	1
中国航空博物馆	AAAA	北京	42.70%	129.14	2
易县狼牙山风景区	AAAA	河北	40.70%	123.35	3
中国人民抗日战争纪念馆	AAAA	北京	38.67%	116.99	4
天安门广场	其他	北京	38.52%	116.48	5

表 2-35 列出了 40～49 岁年龄段群体对各景区消费偏好排名前五的景区，分别是顺义区焦庄户地道战遗址纪念馆、北京规划展览馆、乐亭县李大钊故居和纪念馆、中国航空博物馆、李大钊烈士陵园。所列出的前五个景区其年龄占比都高于 20.58% 的全网分布，TGI 也都高于 100，即 40～49 岁年龄段人员相较于其他景区，对这 5 个景区偏好较高。其中排名第一的景区是顺义区焦庄户地道战遗址纪念馆，年龄占比 29.42%，高于 20.58% 的全网分布占比，TGI 为 143.05，高于 100，说明在这 31 个景区中，40～49 岁年龄段人员对顺义区焦庄户地道战遗址纪念馆最为喜欢。就景区等级而言，表中所列的消费偏好前五个景区中，AAAAA 级景区 0 个，AAAA 级景区有 3 个，AAA 级景区 1 个，AA 级景区 0 个，其他景区 1 个，即对于不同级别景区，40～49 岁人群对 AAAA 级景区更为青睐。

表 2-35 华北地区红色旅游经典景区 40～49 岁客源消费偏好

景区名称	景区等级	所属省份	40～49 岁占比	TGI	排名
顺义区焦庄户地道战遗址纪念馆	AAA	北京	29.42%	143.05	1
北京规划展览馆	AAAA	北京	25.45%	123.96	2
乐亭县李大钊故居和纪念馆	AAAA	河北	25.04%	121.84	3
中国航空博物馆	AAAA	北京	24.72%	120.11	4
李大钊烈士陵园	其他	北京	23.78%	115.67	5

表 2-36 列出了 50 岁及以上群体对各景区消费偏好排名前五的景区，分别是夜袭阳明堡机场遗址、徐向前故居、北京规划展览馆、灵丘县平型关大捷遗址、圆明园遗址公园。所列出的前五个景区其年龄占比都高于 13.76% 的全网分布，TGI 也都高于 100，即 50 岁及以上年龄段人员相较于其他景区，对这 5 个景区偏好较高。其中排名第一的景区是夜袭阳明堡机场遗址，年龄占比 36.67%，高于 13.76% 的全网分布占比，TGI 为 266.92，远高于 100，说明在这 31 个景区中，50 岁及以上年龄段人员对夜袭阳明堡机场遗址最为喜欢。就景区等级而言，表中所列的消费偏好前五个景区中，AAAAA 级景区 1 个，AAAA 级景区有 2 个，AAA 级景区 1 个，AA 级景区 0 个，其他景区 1 个，即对于不同级别景区，50 岁及以上人群对 AAAAA 级景区更为青睐。

表 2-36　华北地区红色旅游经典景区 50 岁及以上客源消费偏好

景区名称	景区等级	所属省份	≥50 岁占比	TGI	排名
夜袭阳明堡机场遗址	其他	山西	36.67%	266.92	1
徐向前故居	AAA	山西	30.65%	223.09	2
北京规划展览馆	AAAA	北京	20.45%	148.90	3
灵丘县平型关大捷遗址	AAAA	山西	18.45%	133.96	4
圆明园遗址公园	AAAAA	北京	18.18%	132.36	5

（三）东北地区红色旅游经典景区消费群体年龄特征

1. 总体情况

表 2-37 显示出东北地区所有景区和不同等级景区不同年龄段的年总值、年龄占比、TGI、年均值四个指标的数值情况。就所有景区的情况而言，19 岁及以下人员对于所有景区的年搜索总值为 541 387，年平均搜索值为 60 154，年龄占比 11.50%，其年龄占比高于 9.42% 的全网 19 岁及以下人员占比，TGI 为 122.07，也高于 100 的整体水平，TGI 排名第一，可知相对于其他年龄段，19 岁及以下人员对东北地区红色旅游经典景区的偏好最高；20～29 岁人员的年总值为 1 244 808，年均值为 138 312，年龄占比为 26.44%，年龄占比高于其在全网 23.17% 的占比，TGI 为 114.11，高于 100 的整体水平，排第二，说明 20～29 岁人员对东北地区红色旅游经典景区的偏好较高；30～39 岁、40～49 岁、大于 50 岁的人员对于所有景区的年搜索总值分别为 1 416 051、899 931、606 054，年龄占比分别为 30.08%、19.11%、12.87%，都略低于其分别为 33.07%、20.58%、13.76% 的全网占比，TGI 分别为 90.95、92.88、93.55，略低于 100 的整体水平，说明相比于 19 岁及以下和 20～29 岁人员，这三个年龄段对东北地区红色旅游经典景区的偏好较低。

对于 AAAAA 级景区，40～49 岁人员年搜索总值为 57 798，年平均搜索量为 57 798，年龄占比 21.37%，略高于 20.58% 的全网水平，TGI 为 104.08，略高于 100 的整体水平，说明 40～49 岁人员对 AAAAA 级景区偏好较高；大于 50 岁的人员的年搜索总值为 42 950，年均值为 42 950，年龄占比为 15.88%，高于其在全网 13.76% 的占比，TGI 为 115.62，高于 100 的整体水平，排第二，说明大于 50 岁的人员对 AAAAA 级红色旅游经典景区的偏好较高，高于其他年龄段人员，低于 20～29 岁年龄段人员；20～29 岁人群年搜索总值为 79 544，年均值为 79 544，年龄占比为 29.41%，TGI 为 127.21，排名第一，说明相较于其他年龄段，20～29 岁人员对 AAAAA 级景区最为喜爱。19 岁及以下、30～39 岁人员的年龄占比分别为 7.45%、25.88%，TGI 分别为 79.28、78.45，低于 100 的全网整体水平。

对于 AAAA 级景区，19 岁及以下人员的年总值为 343 943，年均值为 57 324，年龄占比为 11.76%，高于 9.42% 的全网该年龄段的分布占比，TGI 为 124.89，高于 100，与其他年龄段相比，TGI 排名第一，说明相比于其他年龄段，19 岁及以下人员对 AAAA 级景区最为青睐；大于 50 岁的人员的年龄占比为 14.82%，高于 13.76% 的全网分布，TGI 为 107.71，高于 100 的整体水平，TGI 排名第二，对 AAAA 级景区的偏好高于其他年龄段；20～29 岁、30～39 岁、40～49 岁人群年龄占比分别为 23.44%、30.24%、19.74%，TGI 分别为 101.16、91.43、95.92，相对于另外两个年龄段，偏好较低。

对于AAA级景区，20～29岁人群的搜索年总值为480 014，年均值为240 007，年龄占比为31.70%，TGI为136.82，排名第一，说明相对于其他年龄段，20～29岁人群对AAA级景区最为青睐；19岁及以下人员对于AAA级景区的搜索年总值为177 294，年均值为88 647，年龄占比为11.71%，高于9.42%的全网分布，TGI为124.30，仅低于20～29岁人群，说明其对AAA级景区较为青睐；此外30～39岁、40～49岁、大于50岁年龄段占比分别为30.52%、17.50%、8.57%，TGI分别为92.27、85.04、62.30，相对于另外两个年龄段，偏好较低。

19岁及以下人员对AAAAA、AAAA、AAA级景区的年平均搜索量分别为20 150、57 324、88 647，说明对于不同级别景区，19岁及以下人员对AAA级景区的偏好最高，其次是AAAA级景区、AAAAA级景区；20～29岁人员对AAAAA、AAAA、AAA级景区的年平均搜索量分别为79 544、114 208、240 007，即对于不同级别景区，20～29岁人员对AAA级景区的偏好最高，其次是AAAA级景区、AAAAA级景区；30～39岁人员对AAAAA、AAAA、AAA级景区的年平均搜索量分别为69 996、147 338、231 013，即对于不同级别景区，30～39岁人员对AAA级景区更为喜欢，其次是AAAA级景区、AAAAA级景区；40～49岁人员对AAAAA、AAAA、AAA级景区的年平均搜索量分别为57 798、96 187、132 504，即对于不同级别景区，40～49岁人员对AAA级景区更为青睐，其次是AAAA级景区、AAAAA级景区；50岁及以上人员对AAAAA、AAAA、AAA级景区的年平均搜索量分别为42 949、72 216、64 905，即对于不同级别景区，50岁及以上人员对AAAA级景区更为青睐，其次是AAA级景区、AAAAA级景区。可知除大于50岁的年龄段外，其他年龄段群体对东北地区红色旅游经典景区中AAAA级景区的偏好度都高于其他级别。

表2-37 东北地区红色旅游经典景区消费群体年龄特征

类别		指标	≤19岁	20～29岁	30～39岁	40～49岁	≥50岁
所有景区		年总值（次）	541 387	1 244 808	1 416 051	899 931	606 054
		年龄占比	11.50%	26.44%	30.08%	19.11%	12.87%
		TGI	122.07	114.11	90.95	92.88	93.55
		年均值（次）	60 154	138 312	157 339	99 992	67 339
不同等级景区	AAAAA（1个）	年总值（次）	20 150	79 544	69 996	57 798	42 950
		年龄占比	7.45%	29.41%	25.88%	21.37%	15.88%
		TGI	79.28	127.21	78.45	104.08	115.62
		年均值（次）	20 150	79 544	69 996	57 798	42 950
	AAAA（6个）	年总值（次）	343 943	685 250	884 029	577 124	433 295
		年龄占比	11.76%	23.44%	30.24%	19.74%	14.82%
		TGI	124.89	101.16	91.43	95.92	107.71
		年均值（次）	57 324	114 208	147 338	96 187	72 216
	AAA（2个）	年总值（次）	177 294	480 014	462 025	265 008	129 809
		年龄占比	11.71%	31.70%	30.52%	17.50%	8.57%
		TGI	124.30	136.82	92.27	85.04	62.30
		年均值（次）	88 647	240 007	231 013	132 504	64 905

2. 消费偏好

表 2-38 列出了 19 岁及以下人员对东北地区各景区消费偏好排名前五的景区，分别是"九一八"历史博物馆、抗美援朝烈士陵园、牡丹江市侵华日军东宁要塞遗址、丹东市抗美援朝纪念馆、大庆市大庆油田历史陈列馆。所列出的前五个景区其年龄占比都高于 9.42% 的全网分布，TGI 也都高于 100，即 19 岁及以下人员对这 5 个景区的偏好都较高。其中排名第一的景区是"九一八"历史博物馆，小于 19 岁的年龄占比 17.63%，远高于 9.42% 的全网分布占比，TGI 为 186.98，远高于 100，说明在东北地区 9 个红色旅游经典景区中，19 岁及以下人员对"九一八"历史博物馆最为喜欢。就景区等级而言，表中所列的消费偏好前五个景区中，AAAAA 级景区 0 个，AAAA 级景区有 3 个，AAA 级景区 2 个，AA 级景区 0 个，其他景区 0 个，即对于不同级别景区，19 岁及以下人员对 AAAA 级景区更为青睐。

表 2-38　东北地区红色旅游经典景区 19 岁及以下客源消费偏好

景区名称	景区等级	所属省份	≤ 19 岁占比	TGI	排名
"九一八"历史博物馆	AAAA	辽宁	17.63%	186.98	1
抗美援朝烈士陵园	AAA	辽宁	15.23%	162.04	2
牡丹江市侵华日军东宁要塞遗址	AAAA	黑龙江	12.50%	133.01	3
丹东市抗美援朝纪念馆	AAAA	辽宁	11.53%	122.47	4
大庆市大庆油田历史陈列馆	AAA	黑龙江	11.18%	118.68	5

表 2-39 列出了 20 ~ 29 岁人员对东北地区各景区消费偏好排名前五的景区，分别是大庆市大庆油田历史陈列馆、鸡西市侵华日军虎头要塞遗址、丹东市抗美援朝纪念馆、长春市长春电影制片厂、"九一八"历史博物馆。所列出的前五个景区其年龄占比都高于 23.17% 的全网分布，TGI 也都高于 100，即 20 ~ 29 岁人员对这 5 个景区偏好都较高。其中排名第一的景区是大庆市大庆油田历史陈列馆，20 ~ 29 岁人员的年龄占比 33.68%，高于 23.17% 的全网分布占比，TGI 为 145.35，高于 100，说明在东北地区 9 个红色旅游经典景区中，20 ~ 29 岁人员对大庆市大庆油田历史陈列馆最为喜欢。就景区等级而言，表中所列的消费偏好前五个景区中，AAAAA 级景区 1 个，AAAA 级景区有 3 个，AAA 级景区 1 个，AA 级景区 0 个，其他景区 0 个，即对于不同级别景区，20 ~ 29 岁人员对 AAAA 级景区更为青睐。

表 2-39　东北地区红色旅游经典景区 20 ~ 29 岁客源消费偏好

景区名称	景区等级	所属省份	20 ~ 29 岁占比	TGI	排名
大庆市大庆油田历史陈列馆	AAA	黑龙江	33.68%	145.35	1
鸡西市侵华日军虎头要塞遗址	AAAAA	黑龙江	29.41%	127.21	2
丹东市抗美援朝纪念馆	AAAA	辽宁	24.68%	106.58	3
长春市长春电影制片厂	AAAA	吉林	24.34%	105.19	4
"九一八"历史博物馆	AAAA	辽宁	24.28%	104.69	5

表 2-40 列出了 30 ~ 39 岁人员对东北地区各景区消费偏好排名前五的景区，分别是抗美援朝烈士陵园、丹东市抗美援朝纪念馆、牡丹江市侵华日军东宁要塞遗址、鸭绿江断

桥景区、大庆市大庆油田历史陈列馆。所列出的前两个景区其年龄占比高于33.07%的全网分布，TGI也大于100，即30～39岁人员对这2个景区偏好较高。其中排名第一的景区是抗美援朝烈士陵园，30～39岁人员的年龄占比34.41%，高于33.07%的全网分布占比，TGI为104.30，高于100，说明在东北地区9个红色旅游经典景区中，30～39岁人员对抗美援朝烈士陵园最为喜欢。其他景区TGI低于100，说明该年龄段人群对其他景区的偏好较低。就景区等级而言，表中所列的消费偏好前五个景区中，AAAAA级景区0个，AAAA级景区有3个，AAA级景区2个，AA级景区0个，其他景区0个，即对于不同级别景区，30～39岁人员对AAAA级景区更为青睐。

表2-40　东北地区红色旅游经典景区30～39岁客源消费偏好

景区名称	景区等级	所属省份	30～39岁占比	TGI	排名
抗美援朝烈士陵园	AAA	辽宁	34.41%	104.30	1
丹东市抗美援朝纪念馆	AAAA	辽宁	33.79%	102.25	2
牡丹江市侵华日军东宁要塞遗址	AAAA	黑龙江	32.86%	99.59	3
鸭绿江断桥景区	AAAA	辽宁	31.99%	96.79	4
大庆市大庆油田历史陈列馆	AAA	黑龙江	29.93%	90.52	5

表2-41列出了40～49岁人员对东北地区各景区消费偏好排名前五的景区，分别是辽沈战役纪念馆、"九一八"历史博物馆、鸡西市侵华日军虎头要塞遗址、抗美援朝烈士陵园、鸭绿江断桥景区。所列出的前四个景区其年龄占比高于20.58%的全网分布，TGI略高于100，即40～49岁人员对这4个景区偏好较高。其中排名第一的景区是辽沈战役纪念馆，40～49岁人员的年龄占比21.54%，TGI为104.87，高于100，说明在东北地区9个红色旅游经典景区中，40～49岁人员对辽沈战役纪念馆最为喜欢。其他景区TGI略低于100，说明该年龄段人群对其他景区的偏好较低。就景区等级而言，表中所列的消费偏好前五个景区中，AAAAA级景区1个，AAAA级景区有3个，AAA级景区1个，AA级景区0个，其他景区0个，即对于不同级别景区，40～49岁人员对AAAA级景区更为青睐。

表2-41　东北地区红色旅游经典景区40～49岁客源消费偏好

景区名称	景区等级	所属省份	40～49岁占比	TGI	排名
辽沈战役纪念馆	AAAA	辽宁	21.54%	104.87	1
"九一八"历史博物馆	AAAA	辽宁	21.52%	104.48	2
鸡西市侵华日军虎头要塞遗址	AAAAA	黑龙江	21.37%	104.08	3
抗美援朝烈士陵园	AAA	辽宁	20.98%	102.19	4
鸭绿江断桥景区	AAAA	辽宁	19.95%	97.00	5

表2-42列出了50岁及以上人员对东北地区各景区消费偏好排名前五的景区，分别是长春市长春电影制片厂、辽沈战役纪念馆、鸡西市侵华日军虎头要塞遗址、鸭绿江断桥景区、丹东市抗美援朝纪念馆。所列出的前四个景区其年龄占比都高于13.76%的全网分布，TGI也都高于100，即50岁及以上人员对这5个景区的偏好都较高。其中排名第一的景区是长春市长春电影制片厂，50岁及以上的年龄占比20.22%，高于13.76%的全网分

布占比，TGI 为 147.06，高于 100，说明在东北地区 9 个红色旅游经典景区中，50 岁及以上人员对长春市长春电影制片厂景区最为喜欢。就景区等级而言，表中所列的消费偏好前五个景区中，AAAAA 级景区 1 个，AAAA 级景区有 4 个，AAA 级景区 0 个，AA 级景区 0 个，其他景区 0 个，即对于不同级别景区，50 岁及以上人员对 AAAA 级景区更为青睐。

表 2-42　东北地区红色旅游经典景区 50 岁及以上客源消费偏好

景区名称	景区等级	所属省份	≥50 岁占比	TGI	排名
长春市长春电影制片厂	AAAA	吉林	20.22%	147.06	1
辽沈战役纪念馆	AAAA	辽宁	18.27%	132.92	2
鸡西市侵华日军虎头要塞遗址	AAAAA	黑龙江	15.88%	115.62	3
鸭绿江断桥景区	AAAA	辽宁	15.66%	113.84	4
丹东市抗美援朝纪念馆	AAAA	辽宁	12.06%	87.63	5

（四）华东地区红色旅游经典景区消费群体年龄特征

1. 总体情况

表 2-43 展示了华东地区所有景区和不同等级景区不同年龄段的年总值、年龄占比、TGI、年均值四个指标的数值情况。就所有景区的情况而言，19 岁及以下人员对于所有景区的年搜索总值为 1 652 648，年平均搜索值为 43 491，年龄占比 11.31%，其年龄占比高于 9.42% 的全网 19 岁及以下人员占比，TGI 为 120.10，也高于 100 的整体水平，TGI 排名第一，可知相对于其他年龄段，19 岁及以下人员对华东地区红色旅游经典景区的偏好最高；20～29 岁、大于 50 岁的人员的年总值分别为 3 542 222、2 169 094，年均值分别为 93 216、57 081，年龄占比分别为 24.25%、14.85%，TGI 分别为 104.66、107.92，略高于 100 的整体水平，说明 20～29 岁、大于 50 岁的人员对红色旅游经典景区的偏好较高；30～39 岁、40～49 岁人员对于所有景区的年搜索总值分别为 4 522 709、2 720 826，年龄占比分别为 30.96%、18.63%，都低于其分别为 33.07%、20.58% 的全网占比，TGI 分别为 93.62、90.51，低于 100 的整体水平，说明相比于其他年龄段人员，这两个年龄段对华东地区红色旅游经典景区的偏好都较低。

对于 AAAAA 级景区，19 岁及以下人员年搜索总值为 933 794，年平均搜索量为 103 755，年龄占比 10.73%，高于 9.42% 的全网水平，TGI 为 113.89，高于 100 的整体水平，且排名第一，说明相对于其他年龄段，19 岁及以下人员对 AAAAA 级景区更为喜爱；20～29 岁、大于 50 岁的人员的年总值分别为 2 177 482、1 288 283，年均值分别为 241 942、143 143，年龄占比分别为 25.01%、14.80%，都高于其分别为 23.17%、13.76% 的全网占比，TGI 分别为 107.98、107.57，高于 100 的整体水平，说明 20～29 岁、大于 50 岁的人员对红色旅游经典景区的偏好较高；30～39 岁、40～49 岁人员对于所有景区的年搜索总值分别为 2 702 073、1 602 053，年龄占比分别为 31.05%、18.41%，都低于其分别为 33.07%、20.58% 的全网占比，TGI 分别为 93.88、89.17，低于 100 的整体水平，说明相比于其他年龄段人员，这两个年龄段对华东地区红色旅游经典景区的偏好都较低。

对于 AAAA 级景区，19 岁及以下人员的年总值为 532 135，年均值为 31 302，年龄占比为 12.48%，高于 9.42% 的全网该年龄段的分布占比，TGI 为 132.52，高于 100 的整体水平，与其他年龄段相比，TGI 排名第一，说明相比于其他年龄段，19 岁及以下人员对 AAAA 级景区最为青睐；大于 50 岁的人员的年龄占比为 15.21%，高于 13.76% 的全网分布，TGI 为 110.51，高于 100 的整体水平，对 AAAA 级景区的偏好较高；20～29 岁人员年龄占比为 23.57%，TGI 为 101.73，略高于 100 的整体水平，说明 20～29 岁人员对 AAAA 级红色旅游经典景区的偏好与全网整体大致持平；30～39 岁、40～49 岁人群年龄占比分别为 30.39%、18.35%，TGI 分别为 91.89、89.17，其对华东地区 AAAA 级景区的偏好较低。

对于 AAA 级景区，40～49 岁年龄段人群的搜索年总值为 195 797，年均值为 32 633，年龄占比为 21.93%，TGI 为 106.56，排名第一，说明其对 AAA 级景区最为青睐；大于 50 岁的人员对于 AAA 级景区的搜索年总值为 128 340，年均值为 21 390，年龄占比为 14.38%，高于 13.76% 的全网分布，TGI 为 104.47，排名第二，说明相对于其他年龄段，20～29 岁人群对 AAA 级景区较为青睐，仅次于 40～49 岁年龄段人群；30～39 岁年龄段年龄占比为 33.94%，TGI 为 102.63，略高于 100 的整体水平，即 30～39 岁年龄段人群对 AAA 级景区的偏好一般；19 岁及以下、20～29 岁年龄占比分别为 9.32%、20.43%，TGI 分别为 98.93、88.19，相对于另外三个年龄段，偏好较低。

对于未分级别的其他景区，19 岁及以下人员年总值为 103 522，年均值 17 254，年龄占比为 13.84%，高于 9.42% 的全网分布，TGI 为 146.87，高于 100 的整体水平，说明相对于其他年龄段，19 岁及以下人员对其他景区的偏好最高；20～29 岁人员对于 AAA 级景区的搜索年总值为 177 493，年均值为 29 582，年龄占比为 23.72%，略高于 23.17% 的全网分布，TGI 为 102.38，排名第二，说明相对于其他年龄段，20～29 岁人群对 AAA 级景区偏好仅次于 19 岁及以下人员；大于 50 岁人员年龄占比为 13.94%，TGI 为 101.29，略高于 100 的整体水平，说明大于 50 岁人员对其他红色旅游经典景区的偏好与全网整体大致持平；30～39 岁、40～49 岁对其他景区搜索中年龄占比分别为 29.70%、18.80%，TGI 分别为 89.82、91.37，都低于 100，说明这两个年龄段群体对于未划分等级的其他景区的偏好较低。

19 岁及以下人员对 AAAAA、AAAA、AAA、其他景区的年平均搜索量分别为 103 755、31 302、13 866、17 254，说明对于不同级别景区，19 岁及以下人员对 AAAAA 级景区的偏好最高，其次是 AAAA 级景区、其他景区、AAA 级景区；20～29 岁人员对 AAAAA、AAAA、AAA、其他景区的年平均搜索量分别为 241 942、59 107、30 406、29 582，说明对于不同级别景区，20～29 岁人员对 AAAAA 级景区的偏好最高，其次是 AAAA 级景区、AAA 级景区、其他景区；30～39 岁人员对 AAAAA、AAAA、AAA、其他景区的年平均搜索量分别为 300 230、76 198、50 503、37 042，说明对于不同级别景区，30～39 岁人员对 AAAAA 级景区的偏好最高，其次是 AAAA 级景区、AAA 级景区、其他景区；40～49 岁人员对 AAAAA、AAAA、AAA、其他景区的年平均搜索量分别为 178 006、46 015、32 633、23 451，说明对于不同级别景区，40～49 岁人员对 AAAAA 级景区的偏好最高，其次是 AAAA 级景区、AAA 级景区、其他景区；50 岁及以上人员对 AAAAA、AAAA、AAA、其他景区的年平均搜索量分别为 143 143、38 129、21 390、17 382，说明对于不同级别景区，50 岁及以上人员对 AAAAA 级景区的偏好最高，其次是 AAAA 级景区、AAA 级景区、其他景区。可知各年龄段群体对华东地区红色旅游经典景区中 AAAAA 级景区的偏好度都高于其他级别的景区。

表 2-43 华东地区红色旅游经典景区消费群体年龄特征

类别		指标	≤19 岁	20～29 岁	30～39 岁	40～49 岁	≥50 岁
所有景区		年总值（次）	1 652 648	3 542 222	4 522 709	2 720 826	2 169 094
		年龄占比	11.31%	24.25%	30.96%	18.63%	14.85%
		TGI	120.10	104.66	93.62	90.51	107.92
		年均值（次）	43 491	93 216	119 019	71 601	57 081
不同等级景区	AAAAA（9 个）	年总值（次）	933 794	2 177 482	2 702 073	1 602 053	1 288 283
		年龄占比	10.73%	25.01%	31.05%	18.41%	14.80%
		TGI	113.89	107.98	93.88	89.44	107.57
		年均值（次）	103 755	241 942	300 230	178 006	143 143
	AAAA（17 个）	年总值（次）	532 135	1 004 812	1 295 366	782 268	648 180
		年龄占比	12.48%	23.57%	30.39%	18.35%	15.21%
		TGI	132.52	101.73	91.89	89.17	110.51
		年均值（次）	31 302	59 107	76 198	46 015	38 129
	AAA（6 个）	年总值（次）	83 198	182 435	303 020	195 797	128 340
		年龄占比	9.32%	20.43%	33.94%	21.93%	14.38%
		TGI	98.93	88.19	102.63	106.56	104.47
		年均值（次）	13 866	30 406	50 503	32 633	21 390
	其他（6 个）	年总值（次）	103 522	177 493	222 250	140 708	104 291
		年龄占比	13.84%	23.72%	29.70%	18.80%	13.94%
		TGI	146.87	102.38	89.82	91.37	101.29
		年均值（次）	17 254	29 582	37 042	23 451	17 382

2. 消费偏好

表 2-44 列出了 19 岁及以下人员对华东地区各景区消费偏好排名前五的景区，分别是瞿秋白烈士纪念碑，福州市福建省革命历史纪念馆，江西革命烈士纪念堂，萍乡市、宜春市铜鼓县、九江市修水县秋收起义纪念地系列景点，芜湖市王稼祥纪念园。所列出的前五个景区其年龄占比都高于 9.42% 的全网分布，TGI 也都远大于 100，即 19 岁及以下人员对这 5 个景区偏好都较高。其中排名第一的景区是瞿秋白烈士纪念碑，小于 19 岁的年龄占比 26.05%，远高于 9.42% 的全网分布占比，TGI 为 277.17，远高于 100，说明在华东地区 38 个红色旅游经典景区中，19 岁及以下人员对瞿秋白烈士纪念碑最为喜欢。就景区等级而言，表中所列的消费偏好前五个景区中，AAAAA 级景区 0 个，AAAA 级景区有 1 个，AAA 级景区 1 个，AA 级景区 0 个，其他景区 3 个，即对于不同级别景区，19 岁及以下人员对其他景区更为青睐。

表 2-44 华东地区红色旅游经典景区 19 岁及以下客源消费偏好

景区名称	景区等级	所属省份	≤19 岁占比	TGI	排名
瞿秋白烈士纪念碑	其他	福建	26.05%	277.17	1
福州市福建省革命历史纪念馆	其他	福建	22.83%	242.45	2
江西革命烈士纪念堂	其他	江西	22.64%	240.92	3
萍乡市、宜春市铜鼓县、九江市修水县秋收起义纪念地系列景点	AAA	江西	21.36%	225.09	4
芜湖市王稼祥纪念园	AAAA	安徽	19.17%	203.10	5

表 2-45 列出了 20～29 岁人员对华东地区各景区消费偏好排名前五的景区，分别是瑞金共和国摇篮景区，华东地区革命烈士陵园，萍乡市、宜春市铜鼓县、九江市修水县秋收起义纪念地系列景点，永新三湾改编旧址，滁州市凤阳县小岗村。所列出的前五个景区其年龄占比都高于 23.17% 的全网分布，TGI 也都高于 100，即 20～29 岁人员对这 5 个景区偏好都较高。其中排名第一的景区是瑞金共和国摇篮景区，20～29 岁人员的年龄占比 47.27%，高于 23.17% 的全网分布占比，TGI 为 204.46，高于 100，说明在华东地区 38 个红色旅游经典景区中，20～29 岁人员对瑞金共和国摇篮景区最为喜欢。就景区等级而言，表中所列的消费偏好前五个景区中，AAAAA 级景区 1 个，AAAA 级景区有 2 个，AAA 级景区 2 个，AA 级景区 0 个，其他景区 0 个，即对于不同级别景区，20～29 岁人员对 AAAA 级和 AAA 级景区更为青睐。

表 2-45 华东地区红色旅游经典景区 20～29 岁客源消费偏好

景区名称	景区等级	所属省份	20～29 岁占比	TGI	排名
瑞金共和国摇篮景区	AAAAA	江西	47.27%	204.46	1
华东地区革命烈士陵园	AAA	山东	41.55%	179.70	2
萍乡市、宜春市铜鼓县、九江市修水县秋收起义纪念地系列景点	AAA	江西	40.78%	174.67	3
永新三湾改编旧址	AAAA	江西	37.36%	161.60	4
滁州市凤阳县小岗村	AAAA	安徽	34.10%	147.35	5

表 2-46 列出了 30～39 岁人员对华东地区各景区消费偏好排名前五的景区，分别是漳州市毛主席率领红军攻克漳州陈列馆、聊城市孔繁森同志纪念馆、宣城市泾县皖南事变烈士陵园、青岛市中国人民解放军海军博物馆、镇江市句容市茅山新四军纪念馆。所列出的前五个景区其年龄占比都高于 33.07% 的全网分布，TGI 也都高于 100，即 30～39 岁人员对这 5 个景区偏好都较高。其中排名第一的景区是漳州市毛主席率领红军攻克漳州陈列馆，30～39 岁人员的年龄占比 50.94%，高于 33.07% 的全网分布占比，TGI 为 154.41，高于 100，说明在华东地区 38 个红色旅游经典景区中，30～39 岁人员对漳州市毛主席率领红军攻克漳州陈列馆最为喜欢。就景区等级而言，表中所列的消费偏好前五个景区中，AAAAA 级景区 1 个，AAAA 级景区有 2 个，AAA 级景区 1 个，AA 级景区 0 个，其他景区 1 个，即对于不同级别景区，30～39 岁人员对 AAAA 级景区更为青睐。

表 2-46　华东地区红色旅游经典景区 30～39 岁客源消费偏好

景区名称	景区等级	所属省份	30～39 岁占比	TGI	排名
漳州市毛主席率领红军攻克漳州陈列馆	其他	福建	50.94%	154.41	1
聊城市孔繁森同志纪念馆	AAAA	山东	42.12%	127.00	2
宣城市泾县皖南事变烈士陵园	AAAA	安徽	40.28%	122.08	3
青岛市中国人民解放军海军博物馆	AAA	山东	39.57%	119.95	4
镇江市句容市茅山新四军纪念馆	AAAAA	江苏	39.10%	118.52	5

表 2-47 列出了 40～49 岁人员对华东地区各景区消费偏好排名前五的景区，分别是盐城市新四军纪念馆、上海四行仓库抗战纪念馆、陈云纪念馆、周恩来故居、蒙阴县、沂南县沂蒙山孟良崮战役遗址。所列出的前五个景区其年龄占比都高于 20.58% 的全网分布，TGI 也都高于 100，即 40～49 岁人员对这 5 个景区偏好都较高。其中排名第一的景区是盐城市新四军纪念馆，40～49 岁人员的年龄占比 34.62%，高于 20.58% 的全网分布占比，TGI 为 168.58，高于 100，说明在华东地区 38 个红色旅游经典景区中，40～49 岁人员对盐城市新四军纪念馆最为喜欢。就景区等级而言，表中所列的消费偏好前五个景区中，AAAAA 级景区 1 个，AAAA 级景区有 3 个，AAA 级景区 1 个，AA 级景区 0 个，其他景区 0 个，即对于不同级别景区，40～49 岁人员对 AAAA 级景区更为青睐。

表 2-47　华东地区红色旅游经典景区 40～49 岁客源消费偏好

景区名称	景区等级	所属省份	40～49 岁占比	TGI	排名
盐城市新四军纪念馆	AAAA	江苏	34.62%	168.58	1
上海四行仓库抗战纪念馆	AAA	上海	30.32%	147.50	2
陈云纪念馆	AAAA	上海	27.94%	136.08	3
周恩来故居	AAAAA	江苏	25.12%	122.27	4
蒙阴县、沂南县沂蒙山孟良崮战役遗址	AAAA	山东	24.21%	117.81	5

表 2-48 列出了 50 岁及以上人员对华东地区各景区消费偏好排名前五的景区，分别是上饶市上饶集中营革命烈士陵园、上海鲁迅纪念馆、南昌八一起义纪念馆、陈云纪念馆、周恩来故居。所列出的前五个景区其年龄占比都高于 13.76% 的全网分布，TGI 也都高于 100，即 50 岁及以上人员对这 5 个景区偏好都较高。其中排名第一的景区是上饶市上饶集中营革命烈士陵园，50 岁及以上人员的年龄占比 34.76%，高于 13.76% 的全网分布占比，TGI 为 252.44，远高于 100，说明在华东地区 38 个红色旅游经典景区中，50 岁及以上人员对上饶市上饶集中营革命烈士陵园最为喜欢。就景区等级而言，表中所列的消费偏好前五个景区中，AAAAA 级景区 1 个，AAAA 级景区有 3 个，AAA 级景区 1 个，AA 级景区 0 个，其他景区 0 个，即对于不同级别景区，50 岁及以上人员对 AAAA 级景区更为青睐。

表 2-48　华东地区红色旅游经典景区 50 岁及以上客源消费偏好

景区名称	景区等级	所属省份	≥50 岁占比	TGI	排名
上饶市上饶集中营革命烈士陵园	AAAA	江西	34.76%	252.44	1

续表

景区名称	景区等级	所属省份	≥50岁占比	TGI	排名
上海鲁迅纪念馆	AAA	上海	30.81%	223.20	2
南昌八一起义纪念馆	AAAA	江西	30.32%	220.70	3
陈云纪念馆	AAAA	上海	28.60%	208.22	4
周恩来故居	AAAAA	江苏	26.94%	196.00	5

（五）华中地区红色旅游经典景区消费群体年龄特征

1. 总体情况

表 2-49 显示出华中地区所有景区和不同等级景区不同年龄段的年总值、年龄占比、TGI、年均值四个指标的数值情况。就所有景区的情况而言，40～49 岁人员对于所有景区的年搜索总值为 1 835 740，年平均搜索值为 107 985，年龄占比 21.50%，其年龄占比高于 20.58% 的全网 40～49 岁人员占比，TGI 为 104.44，也高于 100 的整体水平，TGI 排名第二，可知 40～49 岁人员对华中地区红色旅游经典景区的偏好较高；大于 50 岁的人员的年总值为 1 509 034，年均值为 88 767，年龄占比为 17.67%，年龄占比高于其在全网 13.76% 的占比，TGI 为 128.40，高于 100 的整体水平，排第一，说明相较于其他年龄段，大于 50 岁的人员对华中地区红色旅游经典景区的偏好最高；19 岁及以下、20～29 岁、30～39 岁人员对于所有景区的年搜索总值分别为 756 917、1 912 518、2 526 619，年龄占比分别为 8.86%、22.39%、29.58%，都低于其分别为 9.42%、23.17%、33.07% 的全网占比，TGI 分别为 94.08、96.65、89.46，低于 100 的整体水平，说明相比于 40～49 岁和大于 50 岁的人员，这三个年龄段对华中地区红色旅游经典景区的偏好较低。

对于 AAAAA 级景区，40～49 岁人员年搜索总值为 1 434 884，年平均搜索量为 239 147，年龄占比 21.15%，略高于 20.58% 的全网水平，TGI 为 102.75，略高于 100 的整体水平，说明 40～49 岁人员对 AAAAA 级景区偏好较高；大于 50 岁的人员的年搜索总值为 1 124 615，年均值为 187 436，年龄占比为 16.57%，高于其在全网 13.76% 的占比，TGI 为 120.44，高于 100 的整体水平，排名第一，说明大于 50 岁的人员对 AAAAA 级红色旅游经典景区的偏好最高，高于其他年龄段人员；20～29 岁年龄段人群年搜索总值为 1 580 617，年均值为 263 436，年龄占比为 23.29%，TGI 为 100.53，说明 20～29 岁年龄段人群对其他景区的偏好与全网整体大致持平。19 岁及以下、30～39 岁人员的年龄占比分别为 9.00%、29.99%，TGI 分别为 95.52、90.69，低于 100 的全网整体水平。

对于 AAAA 级景区，40～49 岁人员的年总值为 391 380，年均值为 39 138，年龄占比为 23.04%，高于 20.58% 的全网该年龄段的分布占比，TGI 为 111.98，高于 100，说明 40～49 岁人员对 AAAA 级景区较为青睐；大于 50 岁的人员的年龄占比为 21.64%，高于 13.76% 的全网分布，TGI 为 157.25，高于 100 的整体水平，TGI 排名第一，对 AAAA 级景区的偏好最高；19 岁及以下、20～29 岁、30～39 岁人群年龄占比分别为 8.23%、18.93%、28.16%，TGI 分别为 87.32、81.72、85.15，相对于另外几个年龄段，偏好较低。

对于未分级别的其他景区，大于 50 岁的人员年总值为 16 944，年均值 16 944，年龄占比为 29.95%，高于 13.76% 的全网分布，TGI 为 218.02，高于 100 的整体水平，说明相对于其他年龄段，大于 50 岁的人员对其他景区的偏好最高；19 岁及以下年龄段年龄占比为 11.68%，TGI 为 124.23，高于 100 的整体水平，即 19 岁及以下年龄段人群对其他景区的偏好较高；20～29 岁、30～39 岁、40～49 岁人员对其他景区搜索中年龄占比分别为 18.27%、23.35%、16.75%，TGI 分别为 79.04、70.77、81.58，都低于 100，说明这三个年龄段群体对于未划分等级的其他景区的偏好较低。

19 岁及以下人员对 AAAAA、AAAA、其他景区的年平均搜索量分别为 101 767、13 971、6608，说明对于不同级别景区，19 岁及以下人员对 AAAAA 级景区的偏好最高，其次是 AAAA 级景区、其他景区；20～29 岁人员对 AAAAA、AAAA、其他景区的年平均搜索量分别为 263 436、32 156、10 336，说明对于不同级别景区，20～29 岁人员对 AAAAA 级景区的偏好最高，其次是 AAAA 级景区、其他景区；30～39 岁人员对 AAAAA、AAAA、其他景区的年平均搜索量分别为 339 196、47 823、13 210，说明对于不同级别景区，30～39 岁人员对 AAAAA 级景区的偏好最高，其次是 AAAA 级景区、其他景区；40～49 岁人员对 AAAAA、AAAA、其他景区的年平均搜索量分别为 239 147、39 138、9476，说明对于不同级别景区，40～49 岁人员对 AAAAA 级景区的偏好最高，其次是 AAAA 级景区、其他景区；50 岁及以上人员对 AAAAA、AAAA、其他景区的年平均搜索量分别为 187 436、36 748、16 944，说明对于不同级别景区，50 岁及以上人员对 AAAAA 级景区的偏好最高，其次是 AAAA 级景区、其他景区。可知各年龄段群体对华中地区红色旅游经典景区中 AAAAA 级景区的偏好度都高于其他级别的景区。

表 2-49　华中地区红色旅游经典景区消费群体年龄特征

类别		指标	≤19 岁	20～29 岁	30～39 岁	40～49 岁	≥50 岁
所有景区		年总值（次）	756 917	1 912 518	2 526 619	1 835 740	1 509 034
		年龄占比	8.86%	22.39%	29.58%	21.50%	17.67%
		TGI	94.08	96.65	89.46	104.44	128.40
		年均值（次）	44 525	112 501	148 625	107 985	88767
不同等级景区	AAAAA（6 个）	年总值（次）	610 603	1 580 617	2 035 178	1 434 884	1 124 615
		年龄占比	9.00%	23.29%	29.99%	21.15%	16.57%
		TGI	95.52	100.53	90.69	102.75	120.44
		年均值（次）	101 767	263 436	339 196	239 147	187 436
	AAAA（10 个）	年总值（次）	139 706	321 565	478 233	391 380	367 475
		年龄占比	8.23%	18.93%	28.16%	23.04%	21.64%
		TGI	87.32	81.72	85.15	111.98	157.25
		年均值（次）	13 971	32 156	47 823	39 138	36 748
	其他（1 个）	年总值（次）	6608	10 336	13 210	9476	16 944
		年龄占比	11.68%	18.27%	23.35%	16.75%	29.95%
		TGI	124.23	79.04	70.77	81.58	218.02
		年均值（次）	6608	10 336	13 210	9476	16 944

2. 消费偏好

表 2-50 列出了 19 岁及以下人员对华中地区各景区消费偏好排名前五的景区，分别是湘潭市湘乡东山学校旧址、宜昌市长江三峡水利枢纽工程、武昌区辛亥革命武昌起义纪念

馆、飞虎队纪念馆、安阳市林州市红旗渠。所列出的前五个景区其年龄占比都高于9.42%的全网分布，TGI 也都高于100，即19岁及以下人员对这5个景区的偏好都较高。其中排名第一的景区是湘潭市湘乡东山学校旧址，小于19岁的年龄占比19.34%，远高于9.42%的全网分布占比，TGI 为204.95，远高于100，说明在华中地区17个红色旅游经典景区中，19岁及以下人员对湘潭市湘乡东山学校旧址最为喜欢。就景区等级而言，表中所列的消费偏好前五个景区中，AAAAA 级景区2个，AAAA 级景区有2个，AAA 级景区0个，AA 级景区0个，其他景区1个，即对于不同级别景区，19岁及以下人员对 AAAAA 级和 AAAA 级景区更为青睐。

表 2-50　华中地区红色旅游经典景区19岁及以下客源消费偏好

景区名称	景区等级	所属省份	≤19岁占比	TGI	排名
湘潭市湘乡东山学校旧址	AAAA	湖南	19.34%	204.95	1
宜昌市长江三峡水利枢纽工程	AAAAA	湖北	18.42%	196.02	2
武昌区辛亥革命武昌起义纪念馆	AAAA	湖北	15.97%	169.43	3
飞虎队纪念馆	其他	湖南	11.68%	124.23	4
安阳市林州市红旗渠	AAAAA	河南	10.85%	115.24	5

表 2-51 列出了 20～29 岁人员对华中地区各景区消费偏好排名前五的景区，分别是宜昌市长江三峡水利枢纽工程、湘潭市湘乡东山学校旧址、衡阳市南岳忠烈祠、岳麓山景区、兰考县焦裕禄烈士陵园。所列出的前五个景区其年龄占比都高于23.17%的全网分布，TGI 也都高于100，即 20～29 岁人员对这5个景区偏好都较高。其中排名第一的景区是宜昌市长江三峡水利枢纽工程，20～29 岁的年龄占比33.55%，远高于23.17%的全网分布占比，TGI 为145.12，高于100，说明在华中地区17个红色旅游经典景区中，20～29 岁人员对宜昌市长江三峡水利枢纽工程最为喜欢。就景区等级而言，表中所列的消费偏好前五个景区中，AAAAA 级景区3个，AAAA 级景区有2个，AAA 级景区0个，AA 级景区0个，其他景区0个，即对于不同级别景区，20～29 岁人员对 AAAAA 级景区更为青睐。

表 2-51　华中地区红色旅游经典景区 20～29 岁客源消费偏好

景区名称	景区等级	所属省份	20～29岁占比	TGI	排名
宜昌市长江三峡水利枢纽工程	AAAAA	湖北	33.55%	145.12	1
湘潭市湘乡东山学校旧址	AAAA	湖南	30.66%	132.11	2
衡阳市南岳忠烈祠	AAAAA	湖南	28.53%	122.65	3
岳麓山景区	AAAAA	湖南	26.43%	114.18	4
兰考县焦裕禄烈士陵园	AAAA	河南	26.01%	112.24	5

表 2-52 列出了 30～39 岁人员对华中地区各景区消费偏好排名前五的景区，分别是兰考县焦裕禄烈士陵园、首义广场、安阳市林州市红旗渠、岳麓山景区、湘潭市韶山市毛泽东故居和纪念馆。所列出的前两个景区其年龄占比略高于33.07%的全网分布，TGI 都高于100，即 30～39 岁人员对前两个景区偏好较高。其中排名第一的景区是兰考县焦裕禄烈士陵园，30～39 岁的年龄占比38.57%，TGI 为116.63，高于100，说明在华中地

区17个红色旅游经典景区中，30～39岁人员对兰考县焦裕禄烈士陵园最为喜欢。就景区等级而言，表中所列的消费偏好前五个景区中，AAAAA级景区3个，AAAA级景区有2个，AAA级景区0个，AA级景区0个，其他景区0个，即对于不同级别景区，30～39岁人员对AAAAA级景区更为青睐。

表2-52　华中地区红色旅游经典景区30～39岁客源消费偏好

景区名称	景区等级	所属省份	30～39岁占比	TGI	排名
兰考县焦裕禄烈士陵园	AAAA	河南	38.57%	116.63	1
首义广场	AAAA	湖北	36.39%	110.00	2
安阳市林州市红旗渠	AAAAA	河南	31.33%	94.80	3
岳麓山景区	AAAAA	湖南	30.24%	91.54	4
湘潭市韶山市毛泽东故居和纪念馆	AAAAA	湖南	30.10%	91.04	5

表2-53列出了40～49岁人员对华中地区各景区消费偏好排名前五的景区，分别是湘潭市湘潭县彭德怀故居和纪念馆、桑植县贺龙故居和纪念馆、胡耀邦故居和陈列馆、汨罗市任弼时故居、湘潭市韶山市毛泽东故居和纪念馆。所列出的前五个景区其年龄占比都高于20.58%的全网分布，TGI也都高于100，即40～49岁人员对这5个景区偏好都较高。其中排名第一的景区是湘潭市湘潭县彭德怀故居和纪念馆，40～49岁的年龄占比28.11%，高于20.58%的全网分布占比，TGI为136.88，高于100，说明在华中地区17个红色旅游经典景区中，40～49岁人员对湘潭市湘潭县彭德怀故居和纪念馆最为喜欢。就景区等级而言，表中所列的消费偏好前五个景区中，AAAAA级景区1个，AAAA级景区有4个，AAA级景区0个，AA级景区0个，其他景区0个，即对于不同级别景区，40～49岁人员对AAAA级景区更为青睐。

表2-53　华中地区红色旅游经典景区40～49岁客源消费偏好

景区名称	景区等级	所属省份	40～49岁占比	TGI	排名
湘潭市湘潭县彭德怀故居和纪念馆	AAAA	湖南	28.11%	136.88	1
桑植县贺龙故居和纪念馆	AAAA	湖南	28.01%	135.89	2
胡耀邦故居和陈列馆	AAAA	湖南	26.57%	129.41	3
汨罗市任弼时故居	AAAA	湖南	26.02%	126.72	4
湘潭市韶山市毛泽东故居和纪念馆	AAAAA	湖南	25.54%	124.09	5

表2-54列出了50岁及以上人员对华中地区各景区消费偏好排名前五的景区，分别是宁乡县花明楼刘少奇故居、飞虎队纪念馆、湘潭市湘潭县彭德怀故居和纪念馆、新乡市南太行创业精神红色旅游景区、桑植县贺龙故居和纪念馆。所列出的前五个景区其年龄占比都远高于13.76%的全网分布，TGI也都远高于100，即50岁及以上人员对这5个景区偏好都较高。其中排名第一的景区是宁乡县花明楼刘少奇故居，50岁及以上的年龄占比33.05%，远高于13.76%的全网分布占比，TGI为240.40，远高于100，说明在华中地区17个红色旅游经典景区中，50岁及以上人员对宁乡县花明楼刘少奇故居最为喜欢。就景区等级而言，表中所列的消费偏好前五个景区中，AAAAA级景区1个，AAAA级景区有3个，AAA级景区0个，AA级景区0个，其他景区1个，即对于不同级别景区，50岁及

以上人员对 AAAA 级景区更为青睐。

表 2-54　华中地区红色旅游经典景区 50 岁及以上客源消费偏好

景区名称	景区等级	所属省份	≥50 岁占比	TGI	排名
宁乡县花明楼刘少奇故居	AAAAA	湖南	33.05%	240.40	1
飞虎队纪念馆	其他	湖南	29.95%	218.02	2
湘潭市湘潭县彭德怀故居和纪念馆	AAAA	湖南	28.67%	208.68	3
新乡市南太行创业精神红色旅游景区	AAAA	河南	26.67%	194.13	4
桑植县贺龙故居和纪念馆	AAAA	湖南	25.75%	186.76	5

（六）华南地区红色旅游经典景区消费群体年龄特征

1. 总体情况

表 2-55 列出了华南地区所有景区和不同等级景区不同年龄段的年总值、年龄占比、TGI、年均值四个指标的数值情况。就所有景区的情况而言，大于 50 岁的人员对于所有景区的年搜索总值为 449 082，年平均搜索值 34 545，年龄占比 17.16%，其年龄占比高于 13.76% 的全网大于 50 岁的人员占比，TGI 为 124.74，也高于 100 的整体水平，TGI 排名第一，可知相对于其他年龄段，大于 50 岁的人员对华南地区红色旅游经典景区的偏好最高；20～29 岁人员的年总值为 631 567，年均值为 48 582，年龄占比为 24.14%，高于其在全网 9.42% 的占比，TGI 为 104.18，高于 100 的整体水平，排第二，说明 20～29 岁人员对华南地区红色旅游经典景区的偏好较高；19 岁及以下人员年龄占比 9.70%，TGI 为 102.92，说明该年龄段人员对华东地区红色旅游经典景区的偏好与全网整体大致持平；30～39 岁、40～49 岁人员对于所有景区的年搜索总值分别为 818 912、463 120，年龄占比分别为 31.30%、17.70%，都低于其分别为 33.07%、20.58% 的全网占比，TGI 分别为 94.65、86.01，低于 100 的整体水平，说明相比于其他年龄段人员，这两个年龄段对华南地区红色旅游经典景区的偏好都较低。

对于 AAAAA 级景区，大于 50 岁的人员年搜索总值为 90 662，年均搜索量为 90 662，年龄占比 18.99%，高于 13.76% 的全网水平，TGI 为 137.97，高于 100 的整体水平，且排名第一，说明相对于其他年龄段，大于 50 岁的人员对 AAAAA 级景区更为喜爱；20～29 岁人员的年总值为 112 432，年均值为 112 432，年龄占比为 23.55%，略高于其在全网 23.17% 的占比，TGI 为 101.69，略高于 100 的整体水平，说明 20～29 岁人员对 AAAAA 级红色旅游经典景区的偏好与全网整体大致持平；19 岁及以下、30～39 岁、40～49 岁人员的年龄占比分别为 11.39%、29.93%、16.14%，TGI 分别为 121.01、90.55、78.46。

对于 AAAA 级景区，大于 50 岁的人员的年总值为 183 245，年均值为 22 906，年龄占比 18.17%，高于 13.76% 的全网该年龄段的分布占比，TGI 为 132.04，高于 100，与其他年龄段相比，TGI 排名第一，说明相比于其他年龄段，大于 50 岁的人员对 AAAA 级景区最为青睐；19 岁及以下人员的年龄占比为 9.88%，略高于 9.42% 的全网分布，TGI 为 110.85，高于 100 的整体水平，TGI 排名第二，对 AAAA 级景区的偏好高于其他年龄段，低于大于 50 岁的人群；20～29 岁、30～39 岁、40～49 岁人群年龄占比分别为 19.94%、31.78%、20.23%，TGI 分别为 86.06、96.11、98.28，相对于另外两个年龄段，偏好较低。

对于 AAA 级景区，20～29 岁人群的搜索年总值为 62 300，年均值为 62 300，年龄占比为 29.84%，TGI 为 128.38，高于 100，TGI 排名第一，说明相对于其他年龄段群体，其对 AAA 级景区最为青睐；大于 50 岁的人员对于 AAA 级景区的搜索年总值为 30 398，年均值为 30 398，年龄占比为 14.56%，高于 13.76% 的全网分布，TGI 为 105.47，排名第二，说明相对于其他年龄段，大于 50 岁的人群对 AAA 级景区较为青睐；此外 19 岁及以下人群年龄占比为 9.95%，TGI 为 105.28，高于 100 的全网整体水平，说明该群体对于 AAA 级红色旅游经典景区也较为偏好；30～39 岁、40～49 岁年龄占比分别为 30.55%、15.10%，TGI 分别为 92.11、73.14，相对于另外三个年龄段，偏好较低。

对于未分级别的其他景区，20～29 岁人员年总值为 255 727，年均值 85 242，年龄占比为 27.75%，高于 23.17% 的全网分布，TGI 为 119.76，高于 100 的整体水平，说明相对于其他年龄段，20～29 岁人员对其他景区的偏好较高；大于 50 岁的年龄段年龄占比为 15.71%，高于 13.76% 的全网占比，TGI 为 114.17，高于 100 的整体水平，即大于 50 岁的年龄段人群对其他景区的偏好较高，仅次于 20～29 岁人员；19 岁及以下、30～39 岁年龄占比分别为 8.56%、31.65%，TGI 为 90.85、95.70，低于 100 的整体水平；40～49 岁人员对其他景区搜索中年龄占比为 16.33%，TGI 分别为 79.37，低于 100，说明其对于未划分等级的其他景区偏好最低。

19 岁及以下人员对 AAAAA、AAAA、AAA、其他景区的年平均搜索量分别为 54 378、12 456、20 774、26 290，说明对于不同级别景区，19 岁及以下人员对 AAAAA 级景区的偏好最高，其次是其他景区、AAA 级景区、AAAA 级景区；20～29 岁人员对 AAAAA、AAAA、AAA、其他景区的年平均搜索量分别为 112 432、25 138、62 300、85 242，说明对于不同级别景区，20～29 岁人员对 AAAAA 级景区的偏好最高，其次是其他景区、AAA 级景区、AAAA 级景区；30～39 岁人员对 AAAAA、AAAA、AAA、其他景区的年平均搜索量分别为 142 892、40 070、63 782、97 227，说明对于不同级别景区，30～39 岁人员对 AAAAA 级景区的偏好最高，其次是其他景区、AAA 级景区、AAAA 级景区；40～49 岁人员对 AAAAA、AAAA、AAA、其他景区的年平均搜索量分别为 77 056、25 500、31 526、50 179，说明对于不同级别景区，40～49 岁人员对 AAAAA 级景区的偏好最高，其次是其他景区、AAA 级景区、AAAA 级景区；50 岁及以上人员对 AAAAA、AAAA、AAA、其他景区的年平均搜索量分别为 90 662、22 906、30 398、48 259，说明对于不同级别景区，50 岁及以上人员对 AAAAA 级景区的偏好最高，其次是其他景区、AAA 级景区、AAAA 级景区。可知各年龄段群体对华南地区红色旅游经典景区中 AAAAA 级景区的偏好度都高于其他级别的景区。

表 2-55 华南地区红色旅游经典景区消费群体年龄特征

类别	指标	≤19 岁	20～29 岁	30～39 岁	40～49 岁	≥50 岁
所有景区	年总值（次）	253 669	631 567	818 912	463 120	449 082
	年龄占比	9.70%	24.14%	31.30%	17.70%	17.16%
	TGI	102.92	104.18	94.65	86.01	124.74
	年均值（次）	19 513	48 582	62 993	35 625	34 545

续表

类别		指标	≤19岁	20~29岁	30~39岁	40~49岁	≥50岁
不同等级景区	AAAAA（1个）	年总值（次）	54 378	112 432	142 892	77 056	90 662
		年龄占比	11.39%	23.55%	29.93%	16.14%	18.99%
		TGI	121.01	101.69	90.55	78.46	137.97
		年均值（次）	54378	112 432	142 892	77 056	90 662
	AAAA（8个）	年总值（次）	99 647	201 107	320 558	204 001	183 245
		年龄占比	9.88%	19.94%	31.78%	20.23%	18.17%
		TGI	110.85	86.06	96.11	98.28	132.04
		年均值（次）	12 456	25 138	40 070	25 500	22 906
	AAA（1个）	年总值（次）	20 774	62 300	63 782	31 526	30 398
		年龄占比	9.95%	29.84%	30.55%	15.10%	14.56%
		TGI	105.28	128.38	92.11	73.14	105.47
		年均值（次）	20 774	62 300	63 782	31 526	30 398
	其他（3个）	年总值（次）	78 870	255 727	291 680	150 537	144 777
		年龄占比	8.56%	27.75%	31.65%	16.33%	15.71%
		TGI	90.85	119.76	95.70	79.37	114.17
		年均值（次）	26 290	85 242	97 227	50 179	48 259

2. 消费偏好

表2-56列出了19岁及以下人员对华南地区各景区消费偏好排名前五的景区，分别是广州起义纪念馆和烈士陵园、韶关南雄市梅关古道景区、百色起义纪念园景区、汕尾市海丰县彭湃故居、东莞市鸦片战争博物馆。所列出的前五个景区其年龄占比都高于9.42%的全网分布，TGI也都高于100，即19岁及以下人员对这5个景区的偏好都较高。其中排名第一的景区是广州起义纪念馆和烈士陵园，小于19岁的年龄占比18.69%，远高于9.42%的全网分布占比，TGI为198.75，远高于100，说明在华南地区13个红色旅游经典景区中，19岁及以下人员对广州起义纪念馆和烈士陵园最为喜欢。就景区等级而言，表中所列的消费偏好前五个景区中，AAAAA级景区0个，AAAA级景区有4个，AAA级景区0个，AA级景区0个，其他景区1个，即对于不同级别景区，19岁及以下人员对AAAA级景区更为青睐。

表2-56 华南地区红色旅游经典景区19岁及以下客源消费偏好

景区名称	景区等级	所属省份	≤19岁占比	TGI	排名
广州起义纪念馆和烈士陵园	AAAA	广东	18.69%	198.75	1
韶关南雄市梅关古道景区	AAAA	广东	16.27%	173.13	2
百色起义纪念园景区	其他	广西	13.62%	144.72	3
汕尾市海丰县彭湃故居	AAAA	广东	12.75%	133.84	4
东莞市鸦片战争博物馆	AAAA	广东	12.59%	133.01	5

表2-57列出了20～29岁人员对华南地区各景区消费偏好排名前五的景区，分别是

百色市红七军军部旧址、广州市黄埔陆军军官学校旧址、深圳市博物馆、百色起义纪念园景区、汕尾市海丰县彭湃故居。所列出的前五个景区中其年龄占比都高于23.17%的全网分布，TGI也都高于100，即20~29岁人员对前三个景区的偏好都较高。其中排名第一的景区是百色市红七军军部旧址，20~29岁的年龄占比35.87%，高于23.17%的全网分布占比，TGI为155.14，高于100，说明在华南地区13个红色旅游经典景区中，20~29岁人员对百色市红七军军部旧址最为喜欢。就景区等级而言，表中所列的消费偏好前五个景区中，AAAAA级景区0个，AAAA级景区有1个，AAA级景区1个，AA级景区0个，其他景区3个，即对于不同级别景区，20~29岁人员对其他景区更为青睐。

表2-57 华南地区红色旅游经典景区20~29岁客源消费偏好

景区名称	景区等级	所属省份	20~29岁占比	TGI	排名
百色市红七军军部旧址	其他	广西	35.87%	155.14	1
广州市黄埔陆军军官学校旧址	AAA	广东	29.84%	128.38	2
深圳市博物馆	其他	广东	27.72%	119.80	3
百色起义纪念园景区	其他	广西	26.12%	112.82	4
汕尾市海丰县彭湃故居	AAAA	广东	25.49%	108.13	5

表2-58列出了30~39岁人员对华南地区各景区消费偏好排名前五的景区，分别是东莞市鸦片战争博物馆、深圳市博物馆、深圳市莲花山公园、广州市黄花岗七十二烈士墓、惠州市惠阳区叶挺纪念馆。所列出的前三个景区中其年龄占比都高于33.07%的全网分布，TGI也都高于100，即30~39岁人员对前三个景区的偏好都较高。其中排名第一的景区是东莞市鸦片战争博物馆，30~39岁的年龄占比38.19%，高于33.07%的全网分布占比，TGI为115.63，高于100，说明在华南地区13个红色旅游经典景区中，30~39岁人员对东莞市鸦片战争博物馆最为喜欢。就景区等级而言，表中所列的消费偏好前五个景区中，AAAAA级景区0个，AAAA级景区有4个，AAA级景区0个，AA级景区0个，其他景区1个，即对于不同级别景区，30~39岁人员对AAAA级景区更为青睐。

表2-58 华南地区红色旅游经典景区30~39岁客源消费偏好

景区名称	景区等级	所属省份	30~39岁占比	TGI	排名
东莞市鸦片战争博物馆	AAAA	广东	38.19%	115.63	1
深圳市博物馆	其他	广东	37.92%	114.87	2
深圳市莲花山公园	AAAA	广东	33.85%	102.53	3
广州市黄花岗七十二烈士墓	AAAA	广东	32.73%	98.30	4
惠州市惠阳区叶挺纪念馆	AAAA	广东	31.91%	96.23	5

表2-59列出了40~49岁人员对华南地区各景区消费偏好排名前五的景区，分别是梅州市梅县叶剑英元帅纪念馆、惠州市惠阳区叶挺纪念馆、汕尾市海丰县彭湃故居、广州市黄花岗七十二烈士墓、韶关南雄市梅关古道景区。所列出的前五个景区其年龄占比都高于20.58%的全网分布，TGI也都高于100，即40~49岁人员对这5个景区的偏好都较高。其中排名第一的景区是梅州市梅县叶剑英元帅纪念馆，40~49岁的年龄占比25.52%，高于20.58%的全网分布占比，TGI为124.14，高于100，说明在华南地区13个红色旅游经

典景区中，40～49岁人员对梅州市梅县叶剑英元帅纪念馆最为喜欢。就景区等级而言，表中所列的消费偏好前五个景区中，AAAAA级景区0个，AAAA级景区有5个，AAA级景区0个，AA级景区0个，其他景区0个，即对于不同级别景区，40～49岁人员对AAAA级景区更为青睐。

表2-59　华南地区红色旅游经典景区40～49岁客源消费偏好

景区名称	景区等级	所属省份	40～49岁占比	TGI	排名
梅州市梅县叶剑英元帅纪念馆	AAAA	广东	25.52%	124.14	1
惠州市惠阳区叶挺纪念馆	AAAA	广东	24.87%	120.53	2
汕尾市海丰县彭湃故居	AAAA	广东	24.51%	117.07	3
广州市黄花岗七十二烈士墓	AAAA	广东	21.82%	105.30	4
韶关南雄市梅关古道景区	AAAA	广东	20.67%	100.64	5

表2-60列出了50岁及以上人员对华南地区各景区消费偏好排名前五的景区，分别是梅州市梅县叶剑英元帅纪念馆、百色起义纪念园景区、惠州市惠阳区叶挺纪念馆、深圳市莲花山公园、中山市孙中山故居和纪念馆。所列出的前五个景区其年龄占比都高于13.76%的全网分布，TGI也都高于100，即50岁及以上人员对这5个景区的偏好都较高。其中排名第一的景区是梅州市梅县叶剑英元帅纪念馆，50岁及以上的年龄占比36.13%，远高于13.76%的全网分布占比，TGI为262.64，远高于100，说明在华南地区13个红色旅游经典景区中，50岁及以上人员对梅州市梅县叶剑英元帅纪念馆最为喜欢。就景区等级而言，表中所列的消费偏好前五个景区中，AAAAA级景区1个，AAAA级景区有3个，AAA级景区0个，AA级景区0个，其他景区1个，即对于不同级别景区，50岁及以上人员对AAAA景区更为青睐。

表2-60　华南地区红色旅游经典景区50岁及以上客源消费偏好

景区名称	景区等级	所属省份	≥50岁占比	TGI	排名
梅州市梅县叶剑英元帅纪念馆	AAAA	广东	36.13%	262.64	1
百色起义纪念园景区	其他	广西	27.57%	200.41	2
惠州市惠阳区叶挺纪念馆	AAAA	广东	22.86%	165.61	3
深圳市莲花山公园	AAAA	广东	20.85%	151.69	4
中山市孙中山故居和纪念馆	AAAAA	广东	18.99%	137.97	5

（七）西南地区红色旅游经典景区消费群体年龄特征

1. 总体情况

表2-61展示了西南地区所有景区和不同等级景区不同年龄段的年总值、年龄占比、TGI、年均值四个指标的数值情况。就所有景区的情况而言，大于50岁的人员对于所有景区的年搜索总值为644 859，年平均搜索值58 624，年龄占比15.26%，其年龄占比高于13.76%的全网大于50岁的人员占比，TGI为110.91，也高于100的整体水平，可知相对于其他年龄段，大于50岁的人员对华南地区红色旅游经典景区的偏好较高；20～29岁人员的年总值为1 212 541，年均值为110 231，年龄占比为28.70%，高于其在全网23.17%

的占比，TGI 为 123.85，高于 100 的整体水平，排第一，说明 20～29 岁人员对华南地区红色旅游经典景区的偏好最高；19 岁及以下、30～39 岁、40～49 岁人员对于所有景区的年搜索总值分别为 365 772、1 255 401、746 794，年龄占比分别为 8.66%、29.71%、17.67%，TGI 分别为 91.90、89.84、85.88，TGI 都低于 100 的整体水平，说明相比于大于 50 岁的和 20～29 岁人员群体，这三个年龄段对西南地区红色旅游经典景区的偏好都较低。

对于 AAAAA 级景区，19 岁及以下人员年搜索总值为 26341，年均搜索量为 13 171，年龄占比 8.39%，低于 9.42% 的全网水平，TGI 为 89.09，低于 100 的整体水平，说明相对于其他年龄段，19 岁及以下人员对 AAAAA 级景区的偏好较低；大于 50 岁的人员的年总值为 73 691，年均值为 36 845，年龄占比为 23.48%，高于其在全网 13.76% 的占比，TGI 为 170.62，高于 100 的整体水平，说明大于 50 岁的人员对 AAAAA 级红色旅游经典景区的偏好最高；20～29 岁、30～39 岁、40～49 岁人员的年龄占比分别为 21.74%、27.75%、18.64%，TGI 分别为 34 122、43 550、29 251，这几个年龄段群体的偏好较低。

对于 AAAA 级景区，20～29 岁人员的年总值为 604 661，年均值为 120 932，年龄占比为 27.32%，高于 23.17% 的全网该年龄段的分布占比，TGI 为 117.93，高于 100，说明相比于其他年龄段，20～29 岁人员对 AAAA 级景区较为青睐；大于 50 岁的人员的年龄占比为 16.98%，高于 13.76% 的全网分布，TGI 为 123.42，高于 100 的整体水平，TGI 排名第一，说明该群体对 AAAA 级景区的偏好最高；19 岁及以下、30～39 岁、40～49 岁人群年龄占比分别为 10.21%、27.63%、17.86%，TGI 分别为 108.39、83.54、86.76，相对于另外两个年龄段，偏好较低。

对于 AAA 级景区，19 岁及以下人群的搜索年总值为 90 976，年均值为 90 976，年龄占比为 6.36%，TGI 为 67.6，说明相对于其他年龄段群体，其对 AAA 级景区的偏好最低；20～29 岁人员对于 AAA 级景区的搜索年总值为 437 427，年均值为 437 427，年龄占比为 30.58%，高于 23.17% 的全网分布，TGI 为 132.05，说明相对于其他年龄段，20～29 岁人群对 AAA 级景区最为青睐；此外 30～39 岁群年龄占比为 34.73%，TGI 为 105.10，略高于 100 的全网整体水平，说明该群体对 AAA 级红色旅游经典景区也较为偏好；40～49 岁、大于 50 岁的年龄占比分别为 17.53%、10.79%，TGI 分别为 85.26、78.44，相对于 20～29 岁以及 30～39 岁人群，偏好较低。

对于未分级别的其他景区，20～29 岁人员年总值为 102 208，年均值 34 069，年龄占比为 38.10%，高于 23.17% 的全网分布，TGI 为 164.44，高于 100 的整体水平，说明相对于其他年龄段，20～29 岁人员对其他景区最为青睐；大于 50 岁的年龄段年龄占比为 15.28%，高于 13.76% 的全网占比，TGI 为 110.07，高于 100 的整体水平，即大于 50 岁的人群对其他景区的偏好较高；30～39 岁的年龄占比为 22.42%，TGI 为 67.79，低于 100 的整体水平，说明其对西南地区红色旅游经典景区的偏好最低；19 岁及以下、40～49 岁人员对其他景区搜索中年龄占比分别为 8.39%、15.81%，TGI 分别为 89.10、76.79，远低于 100，说明这两个群体对未划分等级的其他景区的偏好较低。

19 岁及以下人员对 AAAAA、AAAA、AAA、其他景区的年平均搜索量分别为 13 171、45 188、90 976、7506，说明对于不同级别景区，19 岁及以下人员对 AAA 级景区的偏好最高，其次是 AAAA 级景区、AAAAA 级景区、其他景区；20～29 岁人员对 AAAAA、AAAA、AAA、其他景区的年平均搜索量分别为 34 122、120 932、437 427、34 069，说明对于不同级别景区，20～29 岁人员对 AAA 级景区的偏好最高，其次是 AAAA 级景区、AAAAA 级景区、其他景区；30～39 岁人员对 AAAAA、AAAA、AAA、其他景区的年平均搜索量分别为 43 550、122 274、496 790、20 048，说明对于不同级别景区，30～39 岁人员对 AAA 级景区的偏好最高，其次是 AAAA 级景区、AAAAA 级景区、其他景区；40～49 岁人员对 AAAAA、AAAA、AAA、其他景区的年平均搜索量分别为 29 251、79 028、250 755、14 132，说明对于不同级别景区，40～49 岁人员对 AAA 级景区的偏好最高，其次是 AAAA 级景区、AAAAA 级景区、其他景区；50 岁及以上人员对 AAAAA、AAAA、AAA、其他景区的年平均搜索量分别为 36 845、75 165、154 344、13 666，说明对于不同级别景区，50 岁及以上人员对 AAA 级景区的偏好最高，其次是 AAAA 级景区、AAAAA 级景区、其他景区。可知各年龄段群体对西南地区红色旅游经典景区中 AAAA 级景区的偏好度都高于其他级别的景区。

表 2-61 西南地区红色旅游经典景区消费群体年龄特征

类别	指标	≤19 岁	20～29 岁	30～39 岁	40～49 岁	≥50 岁
所有景区	年总值（次）	365 772	1 212 541	1 255 401	746 794	644 859
	年龄占比	8.66%	28.70%	29.71%	17.67%	15.26%
	TGI	91.90	123.85	89.84	85.88	110.91
	年均值（次）	33 252	110 231	114 127	67 890	58 624
不同等级景区	年总值（次）	26 341	68 244	87 100	58 503	73 691
AAAAA（2 个）	年龄占比	8.39%	21.74%	27.75%	18.64%	23.48%
	TGI	89.09	93.84	83.91	90.57	170.62
	年均值（次）	13 171	34 122	43 550	29 251	36 845
AAAA（5 个）	年总值（次）	225 939	604 661	611 368	395 139	375 827
	年龄占比	10.21%	27.32%	27.63%	17.86%	16.98%
	TGI	108.39	117.93	83.54	86.76	123.42
	年均值（次）	45 188	120 932	122 274	79 028	75 165
AAA（1 个）	年总值（次）	90 976	437 427	496 790	250 755	154 344
	年龄占比	6.36%	30.58%	34.73%	17.53%	10.79%
	TGI	67.6	132.05	105.10	85.26	78.44
	年均值（次）	90 976	437 427	496 790	250 755	154 344
其他（3 个）	年总值（次）	22 517	102 208	60 144	42 396	40 998
	年龄占比	8.39%	38.10%	22.42%	15.81%	15.28%
	TGI	89.10	164.44	67.79	76.79	110.07
	年均值（次）	7506	34 069	20 048	14 132	13 666

2. 消费偏好

表 2-62 列出了 19 岁及以下人员对西南地区各景区消费偏好排名前五的景区，分别是安顺市王若飞故居、贵阳市息烽集中营革命历史纪念馆、陆军讲武堂旧址、红岩魂广场及

陈列馆，汇川区、桐梓县娄山关景区。所列出的前五个景区其年龄占比都高于9.42%的全网分布，TGI也都高于100，即19岁及以下人员对这5个景区偏好都较高。其中排名第一的景区是安顺市王若飞故居，19岁及以下的年龄占比13.14%，高于9.42%的全网分布占比，TGI为139.45，高于100，说明在西南地区11个红色旅游经典景区中，19岁及以下人员对安顺市王若飞故居最为喜欢。就景区等级而言，表中所列的消费偏好前五个景区中，AAAAA级景区0个，AAAA级景区有3个，AAA级景区0个，AA级景区0个，其他景区2个，即对于不同级别景区，19岁及以下人员对AAAA级景区更为青睐。

表2-62　西南地区红色旅游经典景区19岁及以下客源消费偏好

景区名称	景区等级	所属省份	≤19岁占比	TGI	排名
安顺市王若飞故居	其他	贵州	13.14%	139.45	1
贵阳市息烽集中营革命历史纪念馆	AAAA	贵州	11.85%	126.04	2
陆军讲武堂旧址	AAAA	云南	11.79%	125.38	3
红岩魂广场及陈列馆	其他	重庆	11.39%	121.16	4
汇川区、桐梓县娄山关景区	AAAA	贵州	10.45%	110.93	5

表2-63列出20～29岁人员对西南地区各景区消费偏好排名前五的景区，分别是黔南州荔波县邓恩铭烈士故居、安顺市王若飞故居、陆军讲武堂旧址、贵阳市息烽集中营革命历史纪念馆、凉山州中国西昌卫星发射中心。所列出的前五个景区其年龄占比都高于23.17%的全网分布，TGI也都高于100，即20～29岁人员对这5个景区的偏好都较高。其中排名第一的景区是黔南州荔波县邓恩铭烈士故居，20～29岁的年龄占比43.87%，远高于23.17%的全网分布占比，TGI为189.76，远高于100，说明在西南地区11个红色旅游经典景区中，20～29岁人员对黔南州荔波县邓恩铭烈士故居景区最为喜欢。就景区等级而言，表中所列的消费偏好前五个景区中，AAAAA级景区0个，AAAA级景区有2个，AAA级景区1个，AA级景区0个，其他景区2个，即对于不同级别景区，20～29岁人员对AAAA级和其他景区更为青睐。

表2-63　西南地区红色旅游经典景区20～29岁客源消费偏好

景区名称	景区等级	所属省份	20～29岁占比	TGI	排名
黔南州荔波县邓恩铭烈士故居	其他	贵州	43.87%	189.76	1
安顺市王若飞故居	其他	贵州	37.14%	160.19	2
陆军讲武堂旧址	AAAA	云南	33.57%	145.04	3
贵阳市息烽集中营革命历史纪念馆	AAAA	贵州	31.05%	134.28	4
凉山州中国西昌卫星发射中心	AAA	四川	30.58%	132.05	5

表2-64列出了30～39岁人员对西南地区各景区消费偏好排名前五的景区，分别是凉山州中国西昌卫星发射中心、川陕革命根据地红军烈士陵园、红岩魂广场及陈列馆、汶川县水磨古镇、阿坝州理县桃坪羌寨。所列出的前两个景区其年龄占比都略高于33.07%的全网分布，TGI也都略高于100，即30～39岁人员对这两个景区的偏好较高。相对而言，其中排名第一的景区是凉山州中国西昌卫星发射中心，30～39岁的年龄占比34.73%，略高于33.07%的全网分布占比，TGI为105.10，略高于100，说明在西南地

区 11 个红色旅游经典景区中，30～39 岁人员对凉山州中国西昌卫星发射中心较为喜欢。就景区等级而言，表中所列的消费偏好前五个景区中，AAAAA 级景区 1 个，AAAA 级景区有 2 个，AAA 级景区 1 个，AA 级景区 0 个，其他景区 1 个，即对于不同级别景区，30～39 岁人员对 AAAA 级景区较为青睐。

表 2-64　西南地区红色旅游经典景区 30～39 岁客源消费偏好

景区名称	景区等级	所属省份	30～39 岁占比	TGI	排名
凉山州中国西昌卫星发射中心	AAA	四川	34.73%	105.10	1
川陕革命根据地红军烈士陵园	AAAA	四川	34.57%	104.80	2
红岩魂广场及陈列馆	其他	重庆	32.18%	97.53	3
汶川县水磨古镇	AAAAA	四川	30.27%	91.50	4
阿坝州理县桃坪羌寨	AAAA	四川	29.59%	89.69	5

表 2-65 列出了 40～49 岁人员对西南地区各景区消费偏好排名前五的景区，分别是红岩魂广场及陈列馆、阿坝州理县桃坪羌寨、汶川县水磨古镇、川陕革命根据地红军烈士陵园、邓小平纪念馆。所列出的后四个景区中其年龄占比都低于 20.58% 的全网分布，TGI 也都低于 100，即 40～49 岁人员对后四个景区偏好较低。其中排名第一的景区是红岩魂广场及陈列馆，40～49 岁的年龄占比 20.79%，略高于 20.58% 的全网分布占比，TGI 为 101.26，略高于 100，说明在西南地区 11 个红色旅游经典景区中，40～49 岁人员对红岩魂广场及陈列馆最为喜欢。就景区等级而言，表中所列的消费偏好前五个景区中，AAAAA 级景区 2 个，AAAA 级景区有 2 个，AAA 级景区 0 个，AA 级景区 0 个，其他景区 1 个，即对于不同级别景区，40～49 岁人员对 AAAAA 级和 AAAA 级景区更为青睐。

表 2-65　西南地区红色旅游经典景区 40～49 岁客源消费偏好

景区名称	景区等级	所属省份	40～49 岁占比	TGI	排名
红岩魂广场及陈列馆	其他	重庆	20.79%	101.26	1
阿坝州理县桃坪羌寨	AAAA	四川	20.47%	99.68	2
汶川县水磨古镇	AAAAA	四川	19.73%	95.85	3
川陕革命根据地红军烈士陵园	AAAA	四川	19.68%	95.82	4
邓小平纪念馆	AAAAA	四川	18.11%	88.21	5

表 2-66 列出了 50 岁及以上人员对西南地区各景区消费偏好排名前五的景区，分别是邓小平纪念馆，黔南州荔波县邓恩铭烈士故居，汶川县水磨古镇，汇川区、桐梓县娄山关景区，阿坝州理县桃坪羌寨。所列出的前五个景区其年龄占比都高于 13.76% 的全网分布，TGI 也都高于 100，即 50 岁及以上人员对这 5 个景区的偏好都较高。其中排名第一的景区是邓小平纪念馆，50 岁及以上的年龄占比 23.72%，高于 13.76% 的全网分布占比，TGI 为 172.71，远高于 100，说明在西南地区 11 个红色旅游经典景区中，50 岁及以上人员对邓小平纪念馆景区最为喜欢。就景区等级而言，表中所列的消费偏好前五个景区中，AAAAA 级景区 2 个，AAAA 级景区有 2 个，AAA 级景区 0 个，AA 级景区 0 个，其他景区 1 个，即对于不同级别景区，50 岁及以上人员对 AAAAA 级和 AAAA 级景区更为青睐。

表 2-66　西南地区红色旅游经典景区 50 岁及以上客源消费偏好

景区名称	景区等级	所属省份	≥50 岁占比	TGI	排名
邓小平纪念馆	AAAAA	四川	23.72%	172.71	1
黔南州荔波县邓恩铭烈士故居	其他	贵州	23.32%	169.76	2
汶川县水磨古镇	AAAAA	四川	22.97%	166.79	3
汇川区、桐梓县娄山关景区	AAAA	贵州	18.81%	136.61	4
阿坝州理县桃坪羌寨	AAAA	四川	18.71%	136.23	5

（八）西北地区红色旅游经典景区消费群体年龄特征

1. 总体情况

我们统计了西北地区所有景区和不同等级景区不同年龄段的年总值、年龄占比、TGI、年均值四个指标的数值情况，见表 2-67。就所有景区的情况而言，19 岁及以下人员对于所有景区的年搜索总值为 302 769，年平均搜索值 75 692，年龄占比 13.63%，其年龄占比高于 9.42% 的 19 岁及以下人员占比，TGI 为 144.71，也高于 100 的整体水平，可知相对于其他年龄段，19 岁及以下人员对西北地区红色旅游经典景区的偏好较高；30～39 岁人员的年总值为 624 112，年均值为 156 028，年龄占比为 28.10%，TGI 为 84.97，低于 100 的整体水平，说明 30～39 岁人员对西北地区红色旅游经典景区的偏好较低；20～29 岁年龄段年龄占比为 27.21%，TGI 为 117.43，说明该年龄段群体对西北地区红色旅游经典景区的偏好较高；40～49 岁、大于 50 岁的人员对于所有景区的年搜索总值分别为 415 478、274 337，年龄占比分别为 18.71%、12.35%，TGI 分别为 90.90、89.77，TGI 低于 100 的整体水平，说明这两个年龄段对西北地区红色旅游经典景区的偏好都较低。

对于 AAAAA 级景区，20～29 岁人员年搜索总值为 399 034，年均搜索量为 199 517，年龄占比 27.18%，高于 23.17% 的全网水平，TGI 为 117.31，高于 100 的整体水平，说明相对于其他年龄段，20～29 岁人员对 AAAAA 级景区较为喜欢；大于 50 岁的人员的年总值为 156 510，年均值为 78 255，年龄占比为 10.66%，低于其在全网 13.76% 的占比，TGI 为 77.48，远低于 100 的整体水平，表明大于 50 岁的人员对 AAAAA 级红色旅游经典景区的偏好最低；19 岁及以下群体年龄占比为 15.67%，TGI 为 166.37，高于 100 的整体水平，排名第一，说明该年龄段群体对 AAAAA 级景区最为青睐；30～39 岁、40～49 岁人员的年龄占比分别为 28.74%、17.75%，TGI 分别为 86.90、86.23，说明这两个年龄段群体对 AAAAA 级景区的偏好较低。

对于 AAAA 级景区，19 岁及以下和 30～39 岁人员的年总值分别为 24 769、96 049，年均值分别为 24 769、96 049，年龄占比分别为 6.22%、28.99%，TGI 为 66.03、87.67，低于 100，说明相比于其他年龄段，19 岁及以下和 30～39 岁人员对 AAAA 级景区的偏好较低；大于 50 岁的人员的年龄占比为 17.90%，高于 13.76% 的全网分布，TGI 为 130.01，高于 100 的整体水平，TGI 排名第一，表明其对 AAAA 级景区的偏好最高；20～29 岁、40～49 岁人群年龄占比分别为 24.12%、22.77%，TGI 分别为 104.11、110.65，其对 AAAA 级景区的偏好一般。

对于未分级别的其他景区，19 岁及以下人员年总值为 47 931，年均值 47 931，年龄占比为13.51%，高于9.42%的全网分布，TGI为143.41，高于100的整体水平，说明相对于其他年龄段，19岁及以下人员对其他景区最为青睐；30～39岁年龄段年龄占比为24.46%，低于33.07%的全网占比，TGI为73.97，低于100的整体水平，即30～39岁年龄段人群对其他景区的偏好最低；20～29岁年龄占比为30.79%，TGI为132.90，高于100的整体水平，说明其对西北地区红色旅游经典景区的偏好较高；40～49岁、大于50岁的人员对其他景区搜索中年龄占比分别为18.12%、13.12%，TGI分别为88.05、95.29，低于100，说明其对于未划分等级的其他景区的偏好较低。

19岁及以下人员对AAAAA、AAAA、其他景区的年平均搜索量分别为115 035、24 769、47 931，说明对于不同级别景区，19岁及以下人员对AAAAA级景区的偏好最高，其次是其他景区、AAAA级景区；20～29岁人员对AAAAA、AAAA、其他景区的年平均搜索量分别为199 517、96 049、109 237，说明对于不同级别景区，20～29岁人员对AAAAA级景区的偏好最高，其次是其他景区、AAAA级景区；30～39岁人员对AAAAA、AAAA、其他景区的年平均搜索量分别为210 945、115 443、86 779，说明对于不同级别景区，30～39岁人员对AAAAA级景区的偏好最高，其次是AAAA级景区、其他景区；40～49岁人员对AAAAA、AAAA、其他景区的年平均搜索量分别为130 259、90 674、64 286，说明对于不同级别景区，40～49岁人员对AAAAA级景区的偏好最高，其次是AAAA级景区、其他景区；50岁及以上人员对AAAAA、AAAA、其他景区的年平均搜索量分别为78 255、71 280、46 547，说明对于不同级别景区，50岁及以上人员对AAAAA级景区的偏好最高，其次是AAAA级景区、其他景区。可知各年龄段群体对西北地区红色旅游经典景区中AAAAA级景区的偏好度都高于其他级别的景区。

表2-67 西北地区红色旅游经典景区消费群体年龄特征

类别		指标	≤19岁	20～29岁	30～39岁	40～49岁	≥50岁
所有景区		年总值（次）	302 769	604 320	624 112	415 478	274 337
		年龄占比	13.63%	27.21%	28.10%	18.71%	12.35%
		TGI	144.71	117.43	84.97	90.90	89.77
		年均值（次）	75 692	151 080	156 028	103 870	68 584
不同等级景区	AAAAA（2个）	年总值（次）	230 069	399 034	421 890	260 518	156 510
		年龄占比	15.67%	27.18%	28.74%	17.75%	10.66%
		TGI	166.37	117.31	86.90	86.23	77.48
		年均值（次）	115 035	199 517	210 945	130 259	78 255
	AAAA（1个）	年总值（次）	24 769	96 049	115 443	90 674	71 280
		年龄占比	6.22%	24.12%	28.99%	22.77%	17.90%
		TGI	66.03	104.11	87.67	110.65	130.01
		年均值（次）	24 769	96 049	115 443	90 674	71 280
	其他（1个）	年总值（次）	47 931	109 237	86 779	64 286	46 547
		年龄占比	13.51%	30.79%	24.46%	18.12%	13.12%
		TGI	143.41	132.90	73.97	88.05	95.29
		年均值（次）	47 931	109 237	86 779	64 286	46 547

2. 消费偏好

表 2-68 列出了 19 岁及以下人员对西北地区各景区消费偏好排名前三的景区,分别是延安革命纪念馆、宝塔山景区、"西安事变"纪念馆。所列出的前三个景区其年龄占比都高于 9.42% 的全网分布,TGI 也都高于 100,即 19 岁及以下人员对这 3 个景区偏好都较高。其中排名第一的景区是延安革命纪念馆,19 岁及以下的年龄占比 17.08%,高于 9.42% 的全网分布占比,TGI 为 181.14,高于 100,说明在西北地区 4 个红色旅游经典景区中,19 岁及以下人员对延安革命纪念馆景区最为喜欢。就景区等级而言,表中所列的消费偏好前三个景区中,AAAAA 级景区 2 个,AAAA 级景区有 0 个,AAA 级景区 0 个,AA 级景区 0 个,其他景区 1 个,即该年龄段人员对 AAAAA 级景区最为青睐。

表 2-68 西北地区红色旅游经典景区 19 岁及以下客源消费偏好

景区名称	景区等级	所属省份	≤19 岁占比	TGI	排名
延安革命纪念馆	AAAAA	陕西	17.08%	181.14	1
宝塔山景区	AAAAA	陕西	14.42%	153.15	2
"西安事变"纪念馆	其他	陕西	13.51%	143.41	3

表 2-69 列出了 20～29 岁人员对西北地区各景区消费偏好排名前三的景区,分别是"西安事变"纪念馆、延安革命纪念馆、宝塔山景区。所列出的前三个景区其年龄占比都高于 23.17% 的全网分布,TGI 也都高于 100,即 20～29 岁人员对这 3 个景区偏好都较高。其中排名第一的景区是"西安事变"纪念馆,20～29 岁的年龄占比 30.79%,高于 23.17% 的全网分布占比,TGI 为 132.90,高于 100,说明在西北地区 4 个红色旅游经典景区中,20～29 岁人员对"西安事变"纪念馆景区最为喜欢。就景区等级而言,表中所列的消费偏好前三个景区中,AAAAA 级景区 2 个,AAAA 级景区有 0 个,AAA 级景区 0 个,AA 级景区 0 个,其他景区 1 个,即该年龄段人员对 AAAAA 级景区最为青睐。

表 2-69 西北地区红色旅游经典景区 20～29 岁客源消费偏好

景区名称	景区等级	所属省份	20～29 岁占比	TGI	排名
"西安事变"纪念馆	其他	陕西	30.79%	132.90	1
延安革命纪念馆	AAAAA	陕西	30.22%	130.29	2
宝塔山景区	AAAAA	陕西	24.48%	105.73	3

表 2-70 列出了 30～39 岁人员对西北地区各景区消费偏好排名前三的景区,分别是宝塔山景区、酒泉市玉门油田、延安革命纪念馆。所列出的前三个景区其年龄占比都低于 33.07% 的全网分布,TGI 也都低于 100,即 30～39 岁人员对这 3 个景区的偏好都较低。其中排名第一的景区是宝塔山景区,30～39 岁的年龄占比 30.64%,低于 33.07% 的全网分布占比,TGI 为 92.74,低于 100,说明在西北地区 4 个红色旅游经典景区中,30～39 岁人员对宝塔山景区最为喜欢。就景区等级而言,表中所列的消费偏好前三个景区中,AAAAA 级景区 2 个,AAAA 级景区有 1 个,AAA 级景区 0 个,AA 级景区 0 个,其他景区 0 个,说明其对 AAAAA 级景区更为偏好。

表2-70 西北地区红色旅游经典景区30~39岁客源消费偏好

景区名称	景区等级	所属省份	30~39岁占比	TGI	排名
宝塔山景区	AAAAA	陕西	30.64%	92.74	1
酒泉市玉门油田	AAAA	甘肃	28.99%	87.67	2
延安革命纪念馆	AAAAA	陕西	26.60%	80.37	3

表2-71列出了40~49岁人员对西北地区各景区消费偏好排名前三的景区，分别是酒泉市玉门油田、宝塔山景区、"西安事变"纪念馆。所列出的后两个景区其年龄占比都低于20.58%的全网分布，TGI也都低于100，即40~49岁人员对这两个景区偏好都较低。其中排名第一的景区是酒泉市玉门油田，40~49岁的年龄占比22.77%，高于20.58%的全网分布占比，TGI为110.65，高于100，说明在西北地区4个红色旅游经典景区中，40~49岁人员对酒泉市玉门油田景区最为喜欢。就景区等级而言，表中所列的消费偏好前三个景区中，AAAAA级景区1个，AAAA级景区有1个，AAA级景区0个，AA级景区0个，其他景区1个，说明对不同等级景区无明显偏好。

表2-71 西北地区红色旅游经典景区40~49岁客源消费偏好

景区名称	景区等级	所属省份	40~49岁占比	TGI	排名
酒泉市玉门油田	AAAA	甘肃	22.77%	110.65	1
宝塔山景区	AAAAA	陕西	20.01%	97.31	2
"西安事变"纪念馆	其他	陕西	18.12%	88.05	3

表2-72列出了50岁及以上人员对西北地区各景区消费偏好排名前三的景区，分别是酒泉市玉门油田、"西安事变"纪念馆、延安革命纪念馆。所列出景区中，后两个景区其年龄占比都低于13.76%的全网分布，TGI也都低于100，即相对而言，50岁及以上人员对后两个景区偏好较低。其中排名第一的景区是酒泉市玉门油田，50岁及以上的年龄占比17.90%，高于13.76%的全网分布占比，TGI为130.01，高于100，说明在西北地区4个红色旅游经典景区中，50岁及以上人员对酒泉市玉门油田景区最为喜欢。就景区等级而言，表中所列的消费偏好前三个景区中，AAAAA级景区1个，AAAA级景区有1个，AAA级景区0个，AA级景区0个，其他景区1个，说明对不同等级景区无明显偏好。

表2-72 西北地区红色旅游经典景区50岁及以上客源消费偏好

景区名称	景区等级	所属省份	≥50岁占比	TGI	排名
酒泉市玉门油田	AAAA	甘肃	17.90%	130.01	1
"西安事变"纪念馆	其他	陕西	13.12%	95.29	2
延安革命纪念馆	AAAAA	陕西	10.91%	79.16	3

第二节 红色旅游经典景区消费群体搜索对象偏好

一、红色旅游经典景区华北地区消费群体搜索对象偏好

(一)区域消费群体红色旅游经典景区搜索偏好

1. 所有景区搜索偏好

如表 2-73 所示,华北地区消费群体对所有红色旅游经典景区搜索偏好排名前十八依次是安新县白洋淀景区,安阳市林州市红旗渠,中国国家博物馆,石家庄市平山县西柏坡红色旅游系列景区(点),天安门广场、井冈山红色旅游系列景区,卢沟桥,涞水县野三坡平西抗日根据地,南京市中山陵、岳麓山景区、凉山州中国西昌卫星发射中心,威海市环翠区刘公岛甲午海战纪念地,大庆市大庆油田历史陈列馆,汇川区、桐梓县娄山关景区,中国人民革命军事博物馆,平津战役纪念馆,中国航空博物馆,湘潭市韶山市毛泽东故居和纪念馆。其中,有 9 个 AAAAA 级景区,2 个 AAAA 级景区,2 个 AAA 级景区,5 个其他景区;最受欢迎的是白洋淀;此外,华北地区景点有 9 个,在前十八名中占比为 50%。

表2-73 华北地区消费群体对所有红色旅游经典景区的搜索偏好

景区名称	景区等级	所属省份	日均值(次)	年总值(次)	排名
安新县白洋淀景区	AAAAA	河北	1365	498 225	1
安阳市林州市红旗渠	AAAAA	河南	1352	493 480	2
中国国家博物馆	其他	北京	1320	481 800	3
石家庄市平山县西柏坡红色旅游系列景区(点)	AAAAA	河北	1299	474 135	4
天安门广场	其他	北京	1292	471 580	5
井冈山红色旅游系列景区	AAAAA	江西	1219	444 935	6
卢沟桥	其他	北京	1140	416 100	7
涞水县野三坡平西抗日根据地	AAAAA	河北	1071	390 915	8
南京市中山陵	AAAAA	江苏	744	271 560	9
岳麓山景区	AAAAA	湖南	685	250 025	10
凉山州中国西昌卫星发射中心	AAA	四川	648	236 520	11
威海市环翠区刘公岛甲午海战纪念地	AAAAA	山东	624	227 760	12
大庆市大庆油田历史陈列馆	AAA	黑龙江	599	218 635	13
汇川区、桐梓县娄山关景区	AAAA	贵州	591	215 715	14
中国人民革命军事博物馆	其他	北京	564	205 860	15
平津战役纪念馆	AAAA	天津	517	188 705	16
中国航空博物馆	其他	北京	503	183 595	17
湘潭市韶山市毛泽东故居和纪念馆	AAAAA	湖南	490	178 850	18

2. 分等级景区搜索偏好

如表 2-74 所示,华北地区消费群体对 AAAAA 级红色旅游经典景区搜索偏好排名前五的依次是安新县白洋淀景区、安阳市林州市红旗渠、石家庄市平山县西柏坡红色旅游系列景区(点)、井冈山红色旅游系列景区、涞水县野三坡平西抗日根据地。

表 2-74 华北地区消费群体对 AAAAA 级红色旅游经典景区的搜索偏好

景区名称	所属省份	日均值（次）	年总值（次）	排名
安新县白洋淀景区	河北	1365	498 225	1
安阳市林州市红旗渠	河南	1352	493 480	2
石家庄市平山县西柏坡红色旅游系列景区（点）	河北	1299	474 135	3
井冈山红色旅游系列景区	江西	1219	444 935	4
涞水县野三坡平西抗日根据地	河北	1071	390 915	5

如表 2-75 所示，华北地区消费群体对 AAAA 级红色旅游经典景区搜索偏好排名前十的依次是汇川区、桐梓县娄山关景区，平津战役纪念馆，中国人民抗日战争纪念馆，侵华日军南京大屠杀遇难同胞纪念馆，黎城县黄崖洞景区，乐亭县李大钊故居和纪念馆，丹东市抗美援朝纪念馆，鸭绿江断桥景区，辽沈战役纪念馆，周恩来邓颖超纪念馆。

表 2-75 华北地区消费群体对 AAAA 级红色旅游经典景区的搜索偏好

景区名称	所属省份	日均值（次）	年总值（次）	排名
汇川区、桐梓县娄山关景区	贵州	591	215 715	1
平津战役纪念馆	天津	517	188 705	2
中国人民抗日战争纪念馆	北京	462	168 630	3
侵华日军南京大屠杀遇难同胞纪念馆	江苏	427	155 855	4
黎城县黄崖洞景区	山西	398	145 270	5
乐亭县李大钊故居和纪念馆	河北	393	143 445	6
丹东市抗美援朝纪念馆	辽宁	363	132 495	7
鸭绿江断桥景区	辽宁	357	130 305	8
辽沈战役纪念馆	辽宁	321	117 165	9
周恩来邓颖超纪念馆	天津	316	115 340	10

如表 2-76 所示，华北地区消费群体对 AAA 级红色旅游经典景区搜索偏好排名前二的依次是凉山州中国西昌卫星发射中心、大庆市大庆油田历史陈列馆。

表 2-76 华北地区消费群体对 AAA 级红色旅游经典景区的搜索偏好

景区名称	所属省份	日均值（次）	年总值（次）	排名
凉山州中国西昌卫星发射中心	四川	648	236 520	1
大庆市大庆油田历史陈列馆	黑龙江	599	218 635	2

如表 2-77 所示，华北地区消费群体对 AA 级红色旅游经典景区搜索偏好排名前二的依次是大同煤矿"万人坑"遗址纪念馆、沧州市献县马本斋烈士纪念馆。

表 2-77 华北地区消费群体对 AA 级红色旅游经典景区的搜索偏好

景区名称	所属省份	日均值（次）	年总值（次）	排名
大同煤矿"万人坑"遗址纪念馆	山西	152	55 480	1
沧州市献县马本斋烈士纪念馆	河北	85	31 025	2

如表 2-78 所示，华北地区消费群体对其他红色旅游经典景区搜索偏好排名前四的依

次是中国国家博物馆、天安门广场、卢沟桥、中国人民革命军事博物馆。

表 2-78　华北地区消费群体对其他红色旅游经典景区的搜索偏好

景区名称	所属省份	日均值（次）	年总值（次）	排名
中国国家博物馆	北京	1320	481 800	1
天安门广场	北京	1292	471 580	2
卢沟桥	北京	1140	416 100	3
中国人民革命军事博物馆	北京	564	205 860	4

（二）省域消费群体红色旅游经典景区搜索偏好

1. 北京市

北京消费群体对所有红色旅游经典景区搜索偏好排名前十八如表2-79所示。其中，有8个AAAAA景区，3个AAAA景区，1个AAA景区，6个其他景区；最受欢迎的是中国国家博物馆。

表 2-79　北京消费群体对所有红色旅游经典景区的搜索偏好

景区名称	景区等级	所属省份	日均值（次）	年总值（次）	排名
中国国家博物馆	其他	北京	655	23 580	1
天安门广场	其他	北京	611	223 015	2
卢沟桥	其他	北京	500	182 500	3
安阳市林州市红旗渠	AAAAA	河南	390	142 350	4
井冈山红色旅游系列景区	AAAAA	江西	389	141 985	5
安新县白洋淀景区	AAAAA	河北	355	129 575	6
凉山州中国西昌卫星发射中心	AAA	四川	300	109 500	7
石家庄市平山县西柏坡红色旅游系列景区（点）	AAAAA	河北	300	109 500	8
涞水县野三坡平西抗日根据地	AAAAA	河北	283	103 295	9
中国航空博物馆	其他	北京	260	94 900	10
南京市中山陵	AAAAA	江苏	239	87 235	11
中国人民抗日战争纪念馆	AAAA	北京	237	86 505	12
中国人民革命军事博物馆	其他	北京	230	83 950	13
岳麓山景区	AAAAA	湖南	225	82 125	14
威海市环翠区刘公岛甲午海战纪念地	AAAAA	山东	189	68 985	15
汇川区、桐梓县娄山关景区	AAAA	贵州	186	67 890	16
宛平城	其他	北京	184	67 160	17
乐亭县李大钊故居和纪念馆	AAAA	河北	182	66 430	18

2. 天津市

天津消费群体对所有红色旅游经典景区搜索偏好排名前十八如表2-80所示。其中，有9个AAAAA景区，4个AAAA景区，1个AAA级景区，4个其他景区；最受欢迎的是平津战役纪念馆。

表 2-80　天津消费群体对所有红色旅游经典景区的搜索偏好

景区名称	景区等级	所属省份	日均值（次）	年总值（次）	排名
平津战役纪念馆	AAAA	天津	257	93 805	1
安新县白洋淀景区	AAAAA	河北	202	73 730	2
中国国家博物馆	其他	北京	175	63 875	3
井冈山红色旅游系列景区	AAAAA	江西	175	63 875	4
安阳市林州市红旗渠	AAAAA	河南	175	63 875	5
涞水县野三坡平西抗日根据地	AAAAA	河北	172	62 780	6
石家庄市平山县西柏坡红色旅游系列景区（点）	AAAAA	河北	159	58 035	7
天安门广场	其他	北京	152	55 480	8
卢沟桥	其他	北京	145	52 925	9
周恩来邓颖超纪念馆	AAAA	天津	135	49 275	10
大沽口炮台遗址博物馆	AAAA	天津	135	49 275	11
南京市中山陵	AAAAA	江苏	125	45 625	12
岳麓山景区	AAAAA	湖南	115	41 975	13
大庆市大庆油田历史陈列馆	AAA	黑龙江	112	40 880	14
威海市环翠区刘公岛甲午海战纪念地	AAAAA	山东	108	39 420	15
汇川区、桐梓县娄山关景区	AAAA	贵州	95	34 675	16
中国人民革命军事博物馆	其他	北京	90	32 850	17
周恩来纪念馆	AAAAA	江苏	82	29 930	18

3. 河北省

河北消费群体对所有红色旅游经典景区搜索偏好排名前十八如表 2-81 所示。其中，有 8 个 AAAAA 景区，2 个 AAAA 景区，3 个 AAA 景区，5 个其他景区；最受欢迎的是安新县白洋淀景区。

表 2-81　河北消费群体对所有红色旅游经典景区的搜索偏好

景区名称	景区等级	所属省份	日均值（次）	年总值（次）	排名
安新县白洋淀景区	AAAAA	河北	536	195 640	1
石家庄市平山县西柏坡红色旅游系列景区（点）	AAAAA	河北	530	193 450	2
涞水县野三坡平西抗日根据地	AAAAA	河北	406	148 190	3
安阳市林州市红旗渠	AAAAA	河南	352	128 480	4
井冈山红色旅游系列景区	AAAAA	江西	282	102 930	5
天安门广场	其他	北京	271	98 915	6
中国国家博物馆	其他	北京	237	86 505	7
卢沟桥	其他	北京	234	85 410	8
南京市中山陵	AAAAA	江苏	165	60 225	9
威海市环翠区刘公岛甲午海战纪念地	AAAAA	山东	147	53 655	10
岳麓山景区	AAAAA	湖南	147	53 655	11
清苑县冉庄地道战遗址	AAA	河北	140	51 100	12

续表

景区名称	景区等级	所属省份	日均值（次）	年总值（次）	排名
大庆市大庆油田历史陈列馆	AAA	黑龙江	135	49 275	13
李大钊故居	AAAA	河北	128	46 720	14
中国人民革命军事博物馆	其他	北京	125	45 625	15
汇川区、桐梓县娄山关景区	AAAA	贵州	125	45 625	16
中国航空博物馆	其他	北京	113	41 245	17
凉山州中国西昌卫星发射中心	AAA	四川	112	40 880	18

4. 山西省

山西消费群体对所有红色旅游经典景区搜索偏好排名前十八如表 2-82 所示。其中，有 8 个 AAAAA 景区，3 个 AAAA 景区，3 个 AAA 景区，4 个其他景区；最受欢迎的是安阳市林州市红旗渠。

表 2-82　山西消费群体对所有红色旅游经典景区的搜索偏好

景区名称	景区等级	所属省份	日均值（次）	年总值（次）	排名
安阳市林州市红旗渠	AAAAA	河南	271	98 915	1
井冈山红色旅游系列景区	AAAAA	江西	209	76 285	2
石家庄市平山县西柏坡红色旅游系列景区（点）	AAAAA	河北	194	70 810	3
黎城县黄崖洞景区	AAAA	山西	183	66 795	4
文水县刘胡兰纪念馆	其他	山西	162	59 130	5
安新县白洋淀景区	AAAAA	河北	162	59 130	6
卢沟桥	其他	北京	148	54 020	7
天安门广场	其他	北京	143	52 195	8
中国国家博物馆	其他	北京	133	48 545	9
南京市中山陵	AAAAA	江苏	123	44 895	10
岳麓山景区	AAAAA	湖南	113	41 245	11
凉山州中国西昌卫星发射中心	AAA	四川	110	40 150	12
威海市环翠区刘公岛甲午海战纪念地	AAAAA	山东	107	39 055	13
平型关大捷纪念馆	AAAA	山西	107	39 055	14
汇川区、桐梓县娄山关景区	AAAA	贵州	103	37 595	15
涞水县野三坡平西抗日根据地	AAAAA	河北	103	37 595	16
大庆市大庆油田历史陈列馆	AAA	黑龙江	94	34 310	17
徐向前故居	AAA	山西	92	33 580	18

5. 内蒙古自治区

内蒙古消费群体对所有红色旅游经典景区搜索偏好排名前十八如表 2-83 所示。其中，有 11 个 AAAAA 景区，2 个 AAAA 景区，2 个 AAA 景区，3 个其他景区；最受欢迎的是井冈山红色旅游系列景区。

表 2-83　内蒙古消费群体对所有红色旅游经典景区的搜索偏好

景区名称	景区等级	所属省份	日均值（次）	年总值（次）	排名
井冈山红色旅游系列景区	AAAAA	江西	164	59 860	1
安阳市林州市红旗渠	AAAAA	河南	164	59 860	2
中国国家博物馆	其他	北京	120	43 800	3
石家庄市平山县西柏坡红色旅游系列景区（点）	AAAAA	河北	116	42 340	4
天安门广场	其他	北京	115	41 975	5
卢沟桥	其他	北京	113	41 245	6
安新县白洋淀景区	AAAAA	河北	110	40 150	7
涞水县野三坡平西抗日根据地	AAAAA	河北	107	39 055	8
南京市中山陵	AAAAA	江苏	92	33 580	9
岳麓山景区	AAAAA	湖南	85	31 025	10
汇川区、桐梓县娄山关景区	AAAA	贵州	82	29 930	11
大庆市大庆油田历史陈列馆	AAA	黑龙江	79	28 835	12
威海市环翠区刘公岛甲午海战纪念地	AAAAA	山东	73	26 645	13
宝塔山景区	AAAAA	陕西	69	25 185	14
湘潭市韶山市毛泽东故居和纪念馆	AAAAA	湖南	67	24 455	15
辽沈战役纪念馆	AAAA	辽宁	67	24 455	16
延安革命纪念馆	AAAAA	陕西	66	24 090	17
凉山州中国西昌卫星发射中心	AAA	四川	60	21 900	18

二、红色旅游经典景区东北地区消费群体搜索对象偏好

（一）区域消费群体红色旅游经典景区搜索偏好

1. 所有景区搜索偏好

如表 2-84 所示，东北地区消费群体对所有红色旅游经典景区搜索偏好排名前十八依次是井冈山红色旅游系列景区，安阳市林州市红旗渠，辽沈战役纪念馆，大庆市大庆油田历史陈列馆，丹东市抗美援朝纪念馆，鸭绿江断桥景区，中国国家博物馆，卢沟桥、"九一八"历史博物馆，天安门广场，长春市长春电影制片厂，石家庄市平山县西柏坡红色旅游系列景区（点），南京市中山陵，安新县白洋淀景区，岳麓山景区，威海市环翠区刘公岛甲午海战纪念地，汇川区、桐梓县娄山关景区，湘潭市韶山市毛泽东故居和纪念馆。其中，有 8 个 AAAAA 景区，6 个 AAAA 景区，1 个 AAA 景区，3 个其他景区；最受欢迎的是井冈山红色旅游系列景区；此外，东北地区景点有 6 个，在前十八名中占比为 33.33%。

表 2-84　东北地区消费群体对所有红色旅游经典景区的搜索偏好

景区名称	景区等级	所属省份	日均值（次）	年总值（次）	排名
井冈山红色旅游系列景区	AAAAA	江西	537	196 005	1
安阳市林州市红旗渠	AAAAA	河南	494	180 310	2

续表

景区名称	景区等级	所属省份	日均值（次）	年总值（次）	排名
辽沈战役纪念馆	AAAA	辽宁	489	178 485	3
大庆市大庆油田历史陈列馆	AAA	黑龙江	471	171 915	4
丹东市抗美援朝纪念馆	AAAA	辽宁	449	163 885	5
鸭绿江断桥景区	AAAA	辽宁	406	148 190	6
中国国家博物馆	其他	北京	401	146 365	7
卢沟桥	其他	北京	396	144 540	8
"九一八"历史博物馆	AAAA	辽宁	395	144 175	9
天安门广场	其他	北京	381	139 065	10
长春市长春电影制片厂	AAAA	吉林	368	134 320	11
石家庄市平山县西柏坡红色旅游系列景区（点）	AAAAA	河北	359	131 035	12
南京市中山陵	AAAAA	江苏	354	129 210	13
安新县白洋淀景区	AAAAA	河北	351	128 115	14
岳麓山景区	AAAAA	湖南	312	113 880	15
威海市环翠区刘公岛甲午海战纪念地	AAAAA	山东	282	102 930	16
汇川区、桐梓县娄山关景区	AAAA	贵州	262	95 630	17
湘潭市韶山市毛泽东故居和纪念馆	AAAAA	湖南	220	80 300	18

2. 分等级景区搜索偏好

由表2-85可知，东北地区消费群体对AAAAA级红色旅游经典景区搜索偏好排名前五的是井冈山红色旅游系列景区、安阳市林州市红旗渠、石家庄市平山县西柏坡红色旅游系列景区（点）、南京市中山陵、安新县白洋淀景区。

表2-85 东北地区消费群体对AAAAA级红色旅游经典景区的搜索偏好

景区名称	所属省份	日均值（次）	年总值（次）	排名
井冈山红色旅游系列景区	江西	537	196 005	1
安阳市林州市红旗渠	河南	494	180 310	2
石家庄市平山县西柏坡红色旅游系列景区（点）	河北	359	131 035	3
南京市中山陵	江苏	354	129 210	4
安新县白洋淀景区	河北	351	128 115	5

由表2-86可知，东北地区消费群体对AAAA级红色旅游经典景区搜索偏好排名前十的是辽沈战役纪念馆、丹东市抗美援朝纪念馆、鸭绿江断桥景区、"九一八"历史博物馆、长春市长春电影制片厂、侵华日军南京大屠杀遇难同胞纪念馆、牡丹江市侵华日军东宁要塞遗址、中国人民抗日战争纪念馆、酒泉市玉门油田、平津战役纪念馆。

表2-86 东北地区消费群体对AAAA级红色旅游经典景区的搜索偏好

景区名称	所属省份	日均值（次）	年总值（次）	排名
辽沈战役纪念馆	辽宁	489	178 485	1
丹东市抗美援朝纪念馆	辽宁	449	163 885	2

续表

景区名称	所属省份	日均值（次）	年总值（次）	排名
鸭绿江断桥景区	辽宁	406	148 190	3
"九一八"历史博物馆	辽宁	395	144 175	4
长春市长春电影制片厂	吉林	368	134 320	5
侵华日军南京大屠杀遇难同胞纪念馆	江苏	186	67 890	6
牡丹江市侵华日军东宁要塞遗址	黑龙江	177	64 605	7
中国人民抗日战争纪念馆	北京	122	44 530	8
酒泉市玉门油田	甘肃	101	36 865	9
平津战役纪念馆	天津	96	35 040	10

由表2-87可知，东北地区消费群体对AAA级红色旅游经典景区搜索偏好排名前二的是大庆市大庆油田历史陈列馆、凉山州中国西昌卫星发射中心。

表2-87　东北地区消费群体对AAA级红色旅游经典景区的搜索偏好

景区名称	所属省份	日均值（次）	年总值（次）	排名
大庆市大庆油田历史陈列馆	黑龙江	471	171 915	1
凉山州中国西昌卫星发射中心	四川	207	75 555	2

由表2-88可知，东北地区消费群体对AA级红色旅游经典景区搜索偏好排名前二的是大同煤矿"万人坑"遗址纪念馆、沧州市献县马本斋烈士纪念馆。

表2-88　东北地区消费群体对AA级红色旅游经典景区的搜索偏好

景区名称	所属省份	日均值（次）	年总值（次）	排名
大同煤矿"万人坑"遗址纪念馆	山西	16	5840	1
沧州市献县马本斋烈士纪念馆	河北	1	365	2

由表2-89可知，东北地区消费群体对其他红色旅游经典景区搜索偏好排名前四的是中国国家博物馆、卢沟桥、天安门广场、中国人民革命军事博物馆。

表2-89　东北地区消费群体对其他红色旅游经典景区的搜索偏好

景区名称	所属省份	日均值（次）	年总值（次）	排名
中国国家博物馆	北京	401	146 365	1
卢沟桥	北京	396	144 540	2
天安门广场	北京	381	139 065	3
中国人民革命军事博物馆	北京	211	77 015	4

（二）省域消费群体红色旅游经典景区搜索偏好

1. 黑龙江省

黑龙江消费群体对所有红色旅游经典景区搜索偏好排名前十八如表2-90所示。其中，有9个AAAAA景区，5个AAAA景区，1个AAA景区，3个其他景区；最受欢迎的是大庆市大庆油田历史陈列馆。

表 2-90　黑龙江消费群体对所有红色旅游经典景区的搜索偏好

景区名称	景区等级	所属省份	日均值（次）	年总值（次）	排名
大庆市大庆油田历史陈列馆	AAA	黑龙江	223	81 395	1
井冈山红色旅游系列景区	AAAAA	江西	163	59 495	2
安阳市林州市红旗渠	AAAAA	河南	147	53 655	3
虎头要塞	AAAAA	黑龙江	121	44 165	4
卢沟桥	其他	北京	119	43 435	5
中国国家博物馆	其他	北京	117	42 705	6
天安门广场	其他	北京	114	41 610	7
安新县白洋淀景区	AAAAA	河北	106	38 690	8
石家庄市平山县西柏坡红色旅游系列景区（点）	AAAAA	河北	106	38 690	9
南京市中山陵	AAAAA	江苏	105	38 325	10
牡丹江市侵华日军东宁要塞遗址	AAAA	黑龙江	96	35 040	11
岳麓山景区	AAAAA	湖南	91	33 215	12
威海市环翠区刘公岛甲午海战纪念地	AAAA	山东	88	32 120	13
汇川区、桐梓县娄山关景区	AAAA	贵州	81	29 565	14
长春市长春电影制片厂	AAAA	吉林	81	29 565	15
鸭绿江断桥景区	AAAA	辽宁	71	25 915	16
湘潭市韶山市毛泽东故居和纪念馆	AAAAA	湖南	67	24 455	17
丹东市抗美援朝纪念馆	AAAA	辽宁	66	24 090	18

2. 吉林省

吉林消费群体对所有红色旅游经典景区搜索偏好排名前十八如表 2-91 所示。其中，有 8 个 AAAAA 景区，6 个 AAAA 景区，1 个 AAA 景区，3 个其他景区；最受欢迎的是长春市长春电影制片厂。

表 2-91　吉林消费群体对所有红色旅游经典景区的搜索偏好

景区名称	景区等级	所属省份	日均值（次）	年总值（次）	排名
长春市长春电影制片厂	AAAA	吉林	190	69 350	1
井冈山红色旅游系列景区	AAAAA	江西	160	58 400	2
安阳市林州市红旗渠	AAAAA	河南	149	54 385	3
大庆市大庆油田历史陈列馆	AAA	黑龙江	118	43 070	4
中国国家博物馆	其他	北京	117	42 705	5
卢沟桥	其他	北京	113	41 245	6
天安门广场	其他	北京	110	40 120	7
石家庄市平山县西柏坡红色旅游系列景区（点）	AAAAA	河北	106	38 690	8
南京市中山陵	AAAAA	江苏	104	37 960	9
安新县白洋淀景区	AAAAA	河北	99	36 135	10
岳麓山景区	AAAAA	湖南	92	33 580	11
鸭绿江断桥景区	AAAA	辽宁	86	31 390	12

续表

景区名称	景区等级	所属省份	日均值（次）	年总值（次）	排名
丹东市抗美援朝纪念馆	AAAA	辽宁	82	29 930	13
汇川区、桐梓县娄山关景区	AAAA	贵州	78	28 470	14
威海市环翠区刘公岛甲午海战纪念地	AAAAA	山东	76	27 740	15
"九一八"历史博物馆	AAAA	辽宁	69	25 185	16
湘潭市韶山市毛泽东故居和纪念馆	AAAAA	湖南	64	23 360	17
辽沈战役纪念馆	AAAA	辽宁	62	22 630	18

3. 辽宁省

辽宁消费群体对所有红色旅游经典景区搜索偏好排名前十八如表2-92所示。其中，有7个AAAAA景区，5个AAAA景区，2个AAA景区，4个其他景区；最受欢迎的是辽沈战役纪念馆。

表2-92 辽宁消费群体对所有红色旅游经典景区的搜索偏好

景区名称	景区等级	所属省份	日均值（次）	年总值（次）	排名
辽沈战役纪念馆	AAAA	辽宁	375	136 875	1
丹东市抗美援朝纪念馆	AAAA	辽宁	301	109 865	2
"九一八"历史博物馆	AAAA	辽宁	270	98 550	3
鸭绿江断桥景区	AAAA	辽宁	249	90 885	4
井冈山红色旅游系列景区	AAAAA	江西	214	78 110	5
安阳市林州市红旗渠	AAAAA	河南	198	72 270	6
中国国家博物馆	其他	北京	167	60 955	7
卢沟桥	其他	北京	164	59 860	8
天安门广场	其他	北京	157	57 305	9
石家庄市平山县西柏坡红色旅游系列景区（点）	AAAAA	河北	147	53 655	10
安新县白洋淀景区	AAAAA	河北	146	53 290	11
南京市中山陵	AAAAA	江苏	145	52 925	12
大庆市大庆油田历史陈列馆	AAA	黑龙江	130	47 450	13
岳麓山景区	AAAAA	湖南	129	47 085	14
丹东市抗美援朝纪念馆	AAA	辽宁	127	46 355	15
威海市环翠区刘公岛甲午海战纪念地	AAAAA	山东	118	43 070	16
汇川区、桐梓县娄山关景区	AAAA	贵州	103	37 595	17
中国人民革命军事博物馆	其他	北京	99	36 135	18

三、红色旅游经典景区华东地区消费群体搜索对象偏好

（一）区域消费群体红色旅游经典景区搜索偏好

1. 所有景区搜索偏好

如表2-93所示，华东地区消费群体对所有红色旅游经典景区搜索偏好排名前十八依

次是井冈山红色旅游系列景区，南京市中山陵，安阳市林州市红旗渠，岳麓山景区，卢沟桥，威海市环翠区刘公岛甲午海战纪念地，威海市环翠区刘公岛甲午海战纪念地，天安门广场，中国国家博物馆，石家庄市平山县西柏坡红色旅游系列景区（点），侵华日军南京大屠杀遇难同胞纪念馆，安新县白洋淀景区，湘潭市韶山市毛泽东故居和纪念馆，大庆市大庆油田历史陈列馆，汇川区、桐梓县娄山关景区，嘉兴市南湖风景名胜区（中共一大旧址），周恩来故居，周恩来纪念馆。其中，有 11 个 AAAAA 景区，2 个 AAAA 景区，2 个 AAA 景区，3 个其他景区；最受欢迎的是井冈山；此外，其中华东地区景点有 6 个，在前 18 名中占比为 33.33%。

表 2-93　华东地区消费群体对所有红色旅游经典景区的搜索偏好

景区名称	景区等级	所属省份	日均值（次）	年总值（次）	排名
井冈山红色旅游系列景区	AAAAA	江西	2642	964 330	1
南京市中山陵	AAAAA	江苏	2332	851 180	2
安阳市林州市红旗渠	AAAAA	河南	1904	694 960	3
岳麓山景区	AAAAA	湖南	1361	496 765	4
卢沟桥	其他	北京	1341	489 465	5
威海市环翠区刘公岛甲午海战纪念地	AAAAA	山东	1328	484 720	6
凉山州中国西昌卫星发射中心	AAA	四川	1241	452 965	7
天安门广场	其他	北京	1217	444 205	8
中国国家博物馆	其他	北京	1199	437 635	9
石家庄市平山县西柏坡红色旅游系列景区（点）	AAAAA	河北	1159	423 035	10
侵华日军南京大屠杀遇难同胞纪念馆	AAAA	江苏	1128	411 720	11
安新县白洋淀景区	AAAAA	河北	1092	398 580	12
湘潭市韶山市毛泽东故居和纪念馆	AAAAA	湖南	984	359 160	13
大庆市大庆油田历史陈列馆	AAA	黑龙江	954	348 210	14
汇川区、桐梓县娄山关景区	AAAA	贵州	933	340 545	15
嘉兴市南湖风景名胜区（中共一大旧址）	AAAAA	浙江	922	336 530	16
周恩来故居	AAAAA	江苏	894	326 310	17
周恩来纪念馆	AAAAA	江苏	866	316 090	18

2. 分等级景区搜索偏好

由下表 2-94 可知，华东地区消费群体对 AAAAA 级红色旅游经典景区搜索偏好排名前五的依次是井冈山红色旅游系列景区、南京市中山陵、安阳市林州市红旗渠、岳麓山景区、威海市环翠区刘公岛甲午海战纪念地。

表 2-94　华东地区消费群体对 AAAAA 级红色旅游经典景区的搜索偏好

景区名称	所属省份	日均值（次）	年总值（次）	排名
井冈山红色旅游系列景区	江西	2642	964 330	1
南京市中山陵	江苏	2332	851 180	2
安阳市林州市红旗渠	河南	1904	694 960	3

续表

景区名称	所属省份	日均值（次）	年总值（次）	排名
岳麓山景区	湖南	1361	496 765	4
威海市环翠区刘公岛甲午海战纪念地	山东	1328	484 720	5

由下表 2-95 可知，华东地区消费群体对 AAAA 级红色旅游经典景区搜索偏好排名前十的依次是侵华日军南京大屠杀遇难同胞纪念馆，汇川区、桐梓县娄山关景区，雨花台烈士陵园，徐州市淮海战役纪念馆，上饶市上饶集中营革命烈士陵园，丹东市抗美援朝纪念馆，鸭绿江断桥景区，龙华烈士陵园，长春市长春电影制片厂，滁州市凤阳县小岗村。

表 2-95 华东地区消费群体对 AAAA 级红色旅游经典景区的搜索偏好

景区名称	所属省份	日均值（次）	年总值（次）	排名
侵华日军南京大屠杀遇难同胞纪念馆	江苏	1128	411 720	1
汇川区、桐梓县娄山关景区	贵州	933	340 545	2
雨花台烈士陵园	江苏	705	257 325	3
徐州市淮海战役纪念馆	江苏	640	233 600	4
上饶市上饶集中营革命烈士陵园	江西	496	181 040	5
丹东市抗美援朝纪念馆	辽宁	484	176 660	6
鸭绿江断桥景区	辽宁	468	168 480	7
龙华烈士陵园	上海	419	152 935	8
长春市长春电影制片厂	吉林	411	150 015	9
滁州市凤阳县小岗村	安徽	398	145 270	10

由下表 2-96 可知，华东地区消费群体的 AAA 级红色旅游经典景区搜索偏好排名前二的依次是凉山州中国西昌卫星发射中心、大庆市大庆油田历史陈列馆。

表 2-96 华东地区消费群体的 AAA 级红色旅游经典景区搜索偏好

景区名称	所属省份	日均值（次）	年总值（次）	排名
凉山州中国西昌卫星发射中心	四川	1241	452 965	1
大庆市大庆油田历史陈列馆	黑龙江	954	348 210	2

由下表 2-97 可知，华东地区消费群体的 AA 级红色旅游经典景区搜索偏好排名前二的依次是大同煤矿"万人坑"遗址纪念馆、沧州市献县马本斋烈士纪念馆。

表 2-97 华东地区消费群体的 AA 级红色旅游经典景区搜索偏好

景区名称	所属省份	日均值（次）	年总值（次）	排名
大同煤矿"万人坑"遗址纪念馆	山西	129	47 085	1
沧州市献县马本斋烈士纪念馆	河北	8	2920	2

由下表 2-98 可知，华东地区消费群体对其他红色旅游经典景区搜索偏好排名前四的依次是卢沟桥、天安门广场、中国国家博物馆、中国人民革命军事博物馆。

表 2-98 华东地区消费群体对其他红色旅游经典景区搜索偏好

景区名称	所属省份	日均值（次）	年总值（次）	排名
卢沟桥	北京	1341	489 465	1
天安门广场	北京	1217	444 205	2
中国国家博物馆	北京	1199	437 635	3
中国人民革命军事博物馆	北京	624	227 760	4

（二）省域消费群体红色旅游经典景区搜索偏好

1. 上海市

上海消费群体对所有红色旅游经典景区搜索偏好排名前十八如表 2-99 所示。其中，有 8 个 AAAAA 景区，4 个 AAAA 景区，2 个 AAA 景区，4 个其他景区；最受欢迎的是井冈山红色旅游系列景区。

表 2-99 上海消费群体对所有红色旅游经典景区搜索偏好

景区名称	景区等级	所属省份	日均值（次）	年总值（次）	排名
井冈山红色旅游系列景区	AAAAA	江西	283	103 295	1
南京市中山陵	AAAAA	江苏	241	87 965	2
龙华烈士陵园	AAAA	上海	231	84 315	3
安阳市林州市红旗渠	AAAAA	河南	224	81 760	4
岳麓山景区	AAAAA	湖南	199	72 635	5
凉山州中国西昌卫星发射中心	AAA	四川	199	72 635	6
上海四行仓库抗战纪念馆	AAA	上海	190	69 350	7
卢沟桥	其他	北京	185	67 525	8
上海城市规划展示馆	AAAA	上海	178	64 970	9
中国国家博物馆	其他	北京	174	63 510	10
上海世博园	其他	上海	172	62 780	11
嘉兴市南湖风景名胜区（中共一大旧址）	AAAAA	浙江	164	59 860	12
天安门广场	其他	北京	159	58 035	13
石家庄市平山县西柏坡红色旅游系列景区（点）	AAAAA	河北	158	57 670	14
汇川区、桐梓县娄山关景区	AAAA	贵州	151	55 115	15
陈云纪念馆	AAAA	上海	151	55 115	16
安新县白洋淀景区	AAAAA	河北	150	54 750	17
湘潭市韶山市毛泽东故居和纪念馆	AAAAA	湖南	139	49 640	18

2. 江苏省

江苏消费群体对所有红色旅游经典景区搜索偏好排名前十八如表 2-100 所示。其中，有 9 个 AAAAA 景区，4 个 AAAA 景区，2 个 AAA 景区，3 个其他景区；最受欢迎的是南京市中山陵。

表 2-100　江苏消费群体对所有红色旅游经典景区搜索偏好

景区名称	景区等级	所属省份	日均值（次）	年总值（次）	排名
南京市中山陵	AAAAA	江苏	997	363 905	1
井冈山红色旅游系列景区	AAAAA	江西	364	132 860	2
安阳市林州市红旗渠	AAAAA	河南	360	131 400	3
侵华日军南京大屠杀遇难同胞纪念馆	AAAA	江苏	350	127 750	4
周恩来纪念馆	AAAAA	江苏	325	118 625	5
雨花台烈士陵园	AAAA	江苏	304	110 960	6
周恩来故居	AAAAA	江苏	255	93 075	7
凉山州中国西昌卫星发射中心	AAA	四川	243	88 695	8
卢沟桥	其他	北京	236	86 140	9
淮海战役纪念馆	AAAA	江苏	231	84 315	10
岳麓山景区	AAAAA	湖南	230	83 950	11
天安门广场	其他	北京	222	81 030	12
中国国家博物馆	其他	北京	214	78 110	13
梅园新村纪念馆	AAAA	江苏	193	70 445	14
石家庄市平山县西柏坡红色旅游系列景区（点）	AAAAA	河北	192	70 080	15
安新县白洋淀景区	AAAAA	河北	190	69 350	16
威海市环翠区刘公岛甲午海战纪念地	AAAAA	山东	166	60 590	17
大庆市大庆油田历史陈列馆	AAA	黑龙江	163	59 495	18

3. 浙江省

浙江消费群体对所有红色旅游经典景区搜索偏好排名前十八如表 2-101 所示。其中，有 11 个 AAAAA 景区，2 个 AAAA 景区，2 个 AAA 景区，3 个其他景区；最受欢迎的是井冈山红色旅游系列景区。

表 2-101　浙江消费群体对所有红色旅游经典景区搜索偏好

景区名称	景区等级	所属省份	日均值（次）	年总值（次）	排名
井冈山红色旅游系列景区	AAAAA	江西	357	130 305	1
安阳市林州市红旗渠	AAAAA	河南	279	101 835	2
南京市中山陵	AAAAA	江苏	278	101 470	3
嘉兴市南湖风景名胜区（中共一大旧址）	AAAAA	浙江	263	95 995	4
岳麓山景区	AAAAA	湖南	225	82 125	5
卢沟桥	其他	北京	218	79 570	6
中国国家博物馆	其他	北京	202	73 730	7
天安门广场	其他	北京	185	67 525	8
绍兴市鲁迅故居及纪念馆	AAAAA	浙江	180	65 700	9
安新县白洋淀景区	AAAAA	河北	175	63 875	10
周恩来故居	AAAAA	江苏	171	62 415	11
石家庄市平山县西柏坡红色旅游系列景区（点）	AAAAA	河北	168	61 320	12

续表

景区名称	景区等级	所属省份	日均值（次）	年总值（次）	排名
凉山州中国西昌卫星发射中心	AAA	四川	166	60 590	13
湘潭市韶山市毛泽东故居和纪念馆	AAAAA	湖南	163	59 495	14
侵华日军南京大屠杀遇难同胞纪念馆	AAAA	江苏	157	57 305	15
大庆市大庆油田历史陈列馆	AAA	黑龙江	151	55 115	16
汇川区、桐梓县娄山关景区	AAAA	贵州	146	53 290	17
周恩来纪念馆	AAAAA	江苏	127	46 355	18

4. 安徽省

安徽消费群体对所有红色旅游经典景区搜索偏好排名前十八如表2-102所示。其中，有8个AAAAA景区，5个AAAA景区，2个AAA景区，3个其他景区；最受欢迎的是南京市中山陵。

表2-102　安徽消费群体对所有红色旅游经典景区搜索偏好

景区名称	景区等级	所属省份	日均值（次）	年总值（次）	排名
南京市中山陵	AAAAA	江苏	297	108 405	1
井冈山红色旅游系列景区	AAAAA	江西	237	86 505	2
安阳市林州市红旗渠	AAAAA	河南	236	86 140	3
侵华日军南京大屠杀遇难同胞纪念馆	AAAA	江苏	174	63 510	4
卢沟桥	其他	北京	165	60 225	5
岳麓山景区	AAAAA	湖南	160	58 400	6
天安门广场	其他	北京	157	57 305	7
凉山州中国西昌卫星发射中心	AAA	四川	157	57 305	8
中国国家博物馆	其他	北京	138	50 370	9
石家庄市平山县西柏坡红色旅游系列景区（点）	AAAAA	河北	138	50 370	10
安新县白洋淀景区	AAAAA	河北	126	45 990	11
滁州市凤阳县小岗村	AAAA	安徽	124	45 260	12
淮海战役纪念馆	AAAA	江苏	120	43 800	13
大庆市大庆油田历史陈列馆	AAA	黑龙江	118	43 070	14
湘潭市韶山市毛泽东故居和纪念馆	AAAAA	湖南	117	42 705	15
汇川区、桐梓县娄山关景区	AAAA	贵州	110	40 150	16
威海市环翠区刘公岛甲午海战纪念地	AAAAA	山东	109	39 785	17
雨花台烈士陵园	AAAA	江苏	98	35 770	18

5. 江西省

江西消费群体对所有红色旅游经典景区搜索偏好排名前十八如表2-103所示。其中，有7个AAAAA景区，5个AAAA景区，2个AAA景区，4个其他景区；最受欢迎的是井冈山红色旅游系列景区。

表2-103　江西消费群体对所有红色旅游经典景区搜索偏好

景区名称	景区等级	所属省份	日均值（次）	年总值（次）	排名
井冈山红色旅游系列景区	AAAAA	江西	787	287 255	1
岳麓山景区	AAAAA	湖南	213	77 745	2
安阳市林州市红旗渠	AAAAA	河南	189	68 985	3
上饶市上饶集中营革命烈士陵园	AAAA	江西	159	58 035	4
南昌市新建县小平小道陈列馆	AAAA	江西	155	56 575	5
湘潭市韶山市毛泽东故居和纪念馆	AAAAA	湖南	141	51 465	6
卢沟桥	其他	北京	136	49 640	7
南京市中山陵	AAAAA	江苏	134	48 910	8
石家庄市平山县西柏坡红色旅游系列景区（点）	AAAAA	河北	131	47 815	9
中国国家博物馆	其他	北京	126	45 990	10
天安门广场	其他	北京	121	44 165	11
凉山州中国西昌卫星发射中心	AAA	四川	120	43 800	12
汇川区、桐梓县娄山关景区	AAAA	贵州	105	38 325	13
安新县白洋淀景区	AAAAA	河北	104	37 960	14
江西革命烈士纪念堂	其他	江西	101	36 865	15
南昌八一起义纪念馆	AAAA	江西	99	36 135	16
大庆市大庆油田历史陈列馆	AAA	黑龙江	99	36 135	17
侵华日军南京大屠杀遇难同胞纪念馆	AAAA	江苏	85	31 025	18

6. 山东省

山东消费群体对所有红色旅游经典景区搜索偏好排名前十八如表2-104所示。其中，有9个AAAAA景区，2个AAAA景区，3个AAA景区，4个其他景区；最受欢迎的是威海市环翠区刘公岛甲午海战纪念地。

表2-104　山东消费群体对所有红色旅游经典景区搜索偏好

景区名称	景区等级	所属省份	日均值（次）	年总值（次）	排名
威海市环翠区刘公岛甲午海战纪念地	AAAAA	山东	664	242 360	1
安阳市林州市红旗渠	AAAAA	河南	433	158 045	2
井冈山红色旅游系列景区	AAAAA	江西	359	131 035	3
青岛市中国人民解放军海军博物馆	AAA	山东	278	101 470	4
石家庄市平山县西柏坡红色旅游系列景区（点）	AAAAA	河北	248	90 520	5
南京市中山陵	AAAAA	江苏	242	88 330	6
卢沟桥	其他	北京	240	87 600	7
天安门广场	其他	北京	232	84 680	8
安新县白洋淀景区	AAAAA	河北	231	84 315	9
凉山州中国西昌卫星发射中心	AAA	四川	230	83 950	10
中国国家博物馆	其他	北京	208	75 920	11

续表

景区名称	景区等级	所属省份	日均值（次）	年总值（次）	排名
蒙阴县、沂南县沂蒙山孟良崮战役遗址	AAAA	山东	184	67 160	12
济南战役纪念馆	其他	山东	180	65 700	13
大庆市大庆油田历史陈列馆	AAA	黑龙江	177	64 605	14
岳麓山景区	AAAAA	湖南	177	64 605	15
汇川区、桐梓县娄山关景区	AAAA	贵州	165	60 225	16
涞水县野三坡平西抗日根据地	AAAAA	河北	159	58 035	17
湘潭市韶山市毛泽东故居和纪念馆	AAAAA	湖南	152	55 480	18

7. 福建省

福建消费群体对所有红色旅游经典景区搜索偏好排名前十八如表2-105所示。其中，有10个AAAAA景区，2个AAAA景区，2个AAA景区，4个其他景区；最受欢迎的是井冈山红色旅游系列景区。

表2-105 福建消费群体对所有红色旅游经典景区搜索偏好

景区名称	景区等级	所属省份	日均值（次）	年总值（次）	排名
井冈山红色旅游系列景区	AAAAA	江西	255	93 075	1
安阳市林州市红旗渠	AAAAA	河南	183	66 795	2
卢沟桥	其他	北京	161	58 765	3
岳麓山景区	AAAAA	湖南	157	57 305	4
南京市中山陵	AAAAA	江苏	143	52 195	5
天安门广场	其他	北京	141	51 465	6
中国国家博物馆	其他	北京	137	50 005	7
福州市福建省革命历史纪念馆	其他	福建	130	47 450	8
凉山州中国西昌卫星发射中心	AAA	四川	126	45 990	9
石家庄市平山县西柏坡红色旅游系列景区（点）	AAAAA	河北	124	45 260	10
安新县白洋淀景区	AAAAA	河北	116	42 340	11
湘潭市韶山市毛泽东故居和纪念馆	AAAAA	湖南	110	40 150	12
大庆市大庆油田历史陈列馆	AAA	黑龙江	108	39 420	13
汇川区、桐梓县娄山关景区	AAAA	贵州	104	37 960	14
侵华日军南京大屠杀遇难同胞纪念馆	AAAA	江苏	90	32 850	15
威海市环翠区刘公岛甲午海战纪念地	AAAAA	山东	76	27 740	16
嘉兴市南湖风景名胜区（中共一大旧址）	AAAAA	浙江	75	27 375	17
周恩来故居	AAAAA	江苏	61	22 265	18

8. 台湾省

台湾消费群体对所有红色旅游经典景区搜索偏好排名前四如表2-106所示。其中，有2个AAAAA景区，0个AAAA景区，0个AAA景区，2个其他景区；最受欢迎的是南京市中山陵。

表 2-106　台湾消费群体对所有红色旅游经典景区搜索偏好

景区名称	景区等级	所属省份	日均值（次）	年总值（次）	排名
南京市中山陵	AAAAA	江苏	11	4015	1
中国国家博物馆	其他	北京	7	2555	2
井冈山红色旅游系列景区	AAAAA	江西	6	2190	3
卢沟桥	其他	北京	5	1825	4

四、红色旅游经典景区华中地区消费群体搜索对象偏好

（一）区域消费群体红色旅游经典景区搜索偏好

1. 所有景区搜索偏好

如表 2-107 所示，华中地区消费群体对所有红色旅游经典景区搜索偏好排名前十八依次是安阳市林州市红旗渠，岳麓山景区，井冈山红色旅游系列景区，湘潭市韶山市毛泽东故居和纪念馆，卢沟桥，天安门广场，石家庄市平山县西柏坡红色旅游系列景区（点），南京市中山陵，中国国家博物馆，宁乡县花明楼刘少奇故居，安新县白洋淀景区，汇川区、桐梓县娄山关景区，凉山州中国西昌卫星发射中心，大庆市大庆油田历史陈列馆，湘潭市湘潭县彭德怀故居和纪念馆，威海市环翠区刘公岛甲午海战纪念地，侵华日军南京大屠杀遇难同胞纪念馆，中共湘区委员会旧址暨毛泽东、杨开慧故居。其中，有 9 个 AAAAA 景区，4 个 AAAA 景区，3 个其他景区；最受欢迎的是安阳市林州市红旗渠；此外华中地区景点有 6 个，在前十八名中占比为 33.33%。

表 2-107　华中地区消费群体对所有红色旅游经典景区搜索偏好

景区名称	景区等级	所属省份	日均值（次）	年总值（次）	排名
安阳市林州市红旗渠	AAAAA	河南	1465	534 725	1
岳麓山景区	AAAAA	湖南	1388	506 620	2
井冈山红色旅游系列景区	AAAAA	江西	910	332 150	3
湘潭市韶山市毛泽东故居和纪念馆	AAAAA	湖南	820	299 300	4
卢沟桥	其他	北京	533	194 545	5
天安门广场	其他	北京	507	185 055	6
石家庄市平山县西柏坡红色旅游系列景区（点）	AAAAA	河北	496	171 040	7
南京市中山陵	AAAAA	江苏	494	180 310	8
中国国家博物馆	其他	北京	478	174 470	9
宁乡县花明楼刘少奇故居	AAAAA	湖南	461	168 265	10
安新县白洋淀景区	AAAAA	河北	457	166 805	11
汇川区、桐梓县娄山关景区	AAAA	贵州	410	149 650	12
凉山州中国西昌卫星发射中心	AAA	四川	389	141 985	13
大庆市大庆油田历史陈列馆	AAA	黑龙江	387	141 255	14
湘潭市湘潭县彭德怀故居和纪念馆	AAAA	湖南	317	115 705	15
威海市环翠区刘公岛甲午海战纪念地	AAAAA	山东	313	114 245	16

续表

景区名称	景区等级	所属省份	日均值（次）	年总值（次）	排名
侵华日军南京大屠杀遇难同胞纪念馆	AAAA	江苏	308	112 420	17
中共湘区委员会旧址暨毛泽东、杨开慧故居	AAAA	湖南	291	106 215	18

2. 分等级景区搜索偏好

由下表 2-108 可知，华中地区消费群体对 AAAAA 红色旅游经典景区搜索偏好排名前五的是安阳市林州市红旗渠、岳麓山景区、井冈山红色旅游系列景区、湘潭市韶山市毛泽东故居和纪念馆、石家庄市平山县西柏坡红色旅游系列景区（点）。

表 2-108　华中地区消费群体对 AAAAA 红色旅游经典景区搜索偏好

景区名称	所属省份	日均值（次）	年总值（次）	排名
安阳市林州市红旗渠	河南	1465	534 725	1
岳麓山景区	湖南	1388	506 620	2
井冈山红色旅游系列景区	江西	910	332 150	2
湘潭市韶山市毛泽东故居和纪念馆	湖南	820	299 300	4
石家庄市平山县西柏坡红色旅游系列景区（点）	河北	496	171 040	5

由下表 2-109 可知，华中地区消费群体对 AAAA 红色旅游经典景区搜索偏好排名前十的依次是汇川区、桐梓县娄山关景区，湘潭市湘潭县彭德怀故居和纪念馆，侵华日军南京大屠杀遇难同胞纪念馆，中共湘区委员会旧址暨毛泽东、杨开慧故居，胡耀邦故居和陈列馆，丹东市抗美援朝纪念馆，鸭绿江断桥景区，兰考县焦裕禄烈士陵园，武昌区辛亥革命武昌起义纪念馆，徐州市淮海战役纪念馆。

表 2-109　华中地区消费群体对 AAAA 红色旅游经典景区搜索偏好

景区名称	所属省份	日均值（次）	年总值（次）	排名
汇川区、桐梓县娄山关景区	贵州	410	149 650	1
湘潭市湘潭县彭德怀故居和纪念馆	湖南	317	115 705	2
侵华日军南京大屠杀遇难同胞纪念馆	江苏	308	112 420	3
中共湘区委员会旧址暨毛泽东、杨开慧故居	湖南	291	106 215	4
胡耀邦故居和陈列馆	湖南	187	68 255	5
丹东市抗美援朝纪念馆	辽宁	176	64 240	6
鸭绿江断桥景区	辽宁	173	63 145	7
兰考县焦裕禄烈士陵园	河南	168	61 320	8
武昌区辛亥革命武昌起义纪念馆	湖北	166	60 590	9
徐州市淮海战役纪念馆	江苏	149	54 385	10

由下表 2-110 可知，华中地区消费群体对 AAA 红色旅游经典景区搜索偏好排名前三的是凉山州中国西昌卫星发射中心、大庆市大庆油田历史陈列馆、青岛市中国人民解放军海军博物馆。

表 2-110　华中地区消费群体对 AAA 红色旅游经典景区搜索偏好

景区名称	所属省份	日均值（次）	年总值（次）	排名
凉山州中国西昌卫星发射中心	四川	389	141 985	1
大庆市大庆油田历史陈列馆	黑龙江	387	141 255	2
青岛市中国人民解放军海军博物馆	山东	121	44 165	3

由下表 2-111 可知，华中地区消费群体对 AA 红色旅游经典景区搜索偏好排名前二的是大同煤矿"万人坑"遗址纪念馆、沧州市献县马本斋烈士纪念馆。

表 2-111　华中地区消费群体对 AA 红色旅游经典景区搜索偏好

景区名称	所属省份	日均值（次）	年总值（次）	排名
大同煤矿"万人坑"遗址纪念馆	山西	47	17 155	1
沧州市献县马本斋烈士纪念馆	河北	1	365	2

由下表 2-112 可知，华中地区消费群体对其他红色旅游经典景区搜索偏好排名前五的是卢沟桥、天安门广场、中国国家博物馆、中国人民革命军事博物馆、深圳博物馆。

表 2-112　华中地区消费群体对其他红色旅游经典景区搜索偏好

景区名称	所属省份	日均值（次）	年总值（次）	排名
卢沟桥	北京	533	194 545	1
天安门广场	北京	507	185 055	2
中国国家博物馆	北京	478	174 470	3
中国人民革命军事博物馆	北京	250	91 250	4
深圳博物馆	广东	174	63 510	5

（二）省域消费群体红色旅游经典景区搜索偏好

1. 河南省

河南消费群体对所有红色旅游经典景区搜索偏好排名前十八如表 2-113 所示。其中，有 9 个 AAAAA 景区，3 个 AAAA 景区，2 个 AAA 景区，4 个其他景区；最受欢迎的是安阳市林州市红旗渠。

表 2-113　河南消费群体对所有红色旅游经典景区搜索偏好

景区名称	景区等级	所属省份	日均值（次）	年总值（次）	排名
安阳市林州市红旗渠	AAAAA	河南	1012	369 380	1
井冈山红色旅游系列景区	AAAAA	江西	294	107 310	2
石家庄市平山县西柏坡红色旅游系列景区（点）	AAAAA	河北	204	74 460	3
天安门广场	其他	北京	203	74 095	4
卢沟桥	其他	北京	200	73 000	5
南京市中山陵	AAAAA	江苏	193	70 445	6
岳麓山景区	AAAAA	湖南	190	69 350	7
安新县白洋淀景区	AAAAA	河北	190	69 350	8

续表

景区名称	景区等级	所属省份	日均值（次）	年总值（次）	排名
中国国家博物馆	其他	北京	167	60 955	9
湘潭市韶山市毛泽东故居和纪念馆	AAAAA	湖南	150	54 750	10
汇川区、桐梓县娄山关景区	AAAA	贵州	145	52 925	11
沧州市献县马本斋烈士纪念馆	AAAA	河南	144	52 560	12
大庆市大庆油田历史陈列馆	AAA	黑龙江	142	51 830	13
威海市环翠区刘公岛甲午海战纪念地	AAAAA	山东	132	48 180	14
凉山州中国西昌卫星发射中心	AAA	四川	120	43 800	15
侵华日军南京大屠杀遇难同胞纪念馆	AAAA	江苏	117	42 705	16
延安革命纪念馆	AAAAA	陕西	100	36 500	17
中国人民革命军事博物馆	其他	北京	96	35 040	18

2. 湖北省

湖北消费群体对所有红色旅游经典景区搜索偏好排名前十八如表2-114所示。其中，有9个AAAAA景区，4个AAAA景区，2个AAA景区，3个其他景区；最受欢迎的是井冈山红色旅游系列景区。

表2-114 湖北消费群体对所有红色旅游经典景区搜索偏好

景区名称	景区等级	所属省份	日均值（次）	年总值（次）	排名
井冈山红色旅游系列景区	AAAAA	江西	270	98 550	1
岳麓山景区	AAAAA	湖南	242	88 330	2
安阳市林州市红旗渠	AAAAA	河南	234	85 410	3
湘潭市韶山市毛泽东故居和纪念馆	AAAAA	湖南	182	66 430	4
卢沟桥	其他	北京	174	63 510	5
南京市中山陵	AAAAA	江苏	164	59 860	6
天安门广场	其他	北京	154	56 210	7
石家庄市平山县西柏坡红色旅游系列景区（点）	AAAAA	河北	150	54 750	8
中国国家博物馆	其他	北京	145	52 925	9
凉山州中国西昌卫星发射中心	AAA	四川	143	52 195	10
安新县白洋淀景区	AAAAA	河北	142	51 830	11
汇川区、桐梓县娄山关景区	AAAA	贵州	130	47 450	12
大庆市大庆油田历史陈列馆	AAA	黑龙江	129	47 085	13
武昌区辛亥革命武昌起义纪念馆	AAAA	湖北	120	43 800	14
侵华日军南京大屠杀遇难同胞纪念馆	AAAA	江苏	105	38 325	15
威海市环翠区刘公岛甲午海战纪念地	AAAAA	山东	103	37 595	16
首义广场	AAAA	湖北	100	36 500	17
宁乡县花明楼刘少奇故居	AAAAA	湖南	91	33 215	18

3. 湖南省

湖南消费群体对所有红色旅游经典景区搜索偏好排名前十八如表 2-115 所示。其中，有 8 个 AAAAA 景区，5 个 AAAA 景区，2 个 AAA 景区，3 个其他景区；最受欢迎的是岳麓山景区。

表 2-115　湖南消费群体对所有红色旅游经典景区搜索偏好

景区名称	景区等级	所属省份	日均值（次）	年总值（次）	排名
岳麓山景区	AAAAA	湖南	956	348 940	1
湘潭市韶山市毛泽东故居和纪念馆	AAAAA	湖南	488	178 120	2
井冈山红色旅游系列景区	AAAAA	江西	346	126 290	3
宁乡县花明楼刘少奇故居	AAAAA	湖南	277	10 105	4
安阳市林州市红旗渠	AAAAA	河南	219	79 935	5
湘潭市湘潭县彭德怀故居和纪念馆	AAAA	湖南	213	77 745	6
中共湘区委员会旧址暨毛泽东、杨开慧故居	AAAA	湖南	187	68 255	7
中国国家博物馆	其他	北京	166	60 590	8
卢沟桥	其他	北京	159	58 035	9
胡耀邦故居和陈列馆	AAAA	湖南	156	56 940	10
天安门广场	其他	北京	150	54 750	11
石家庄市平山县西柏坡红色旅游系列景区（点）	AAAAA	河北	142	51 830	12
南京市中山陵	AAAAA	江苏	137	50 005	13
汇川区、桐梓县娄山关景区	AAAA	贵州	135	49 275	14
凉山州中国西昌卫星发射中心	AAA	四川	126	45 990	15
安新县白洋淀景区	AAAAA	河北	125	45 625	16
湘潭市湘乡东山学校旧址	AAAA	湖南	118	43 070	17
大庆市大庆油田历史陈列馆	AAA	黑龙江	116	42 340	18

五、红色旅游经典景区华南地区消费群体搜索对象偏好

（一）区域消费群体红色旅游经典景区搜索偏好

1. 所有景区搜索偏好

如表 2-116 所示，华南地区消费群体对所有红色旅游经典景区搜索偏好排名前十八依次是井冈山红色旅游系列景区，深圳市博物馆，岳麓山景区，安阳市林州市红旗渠，湘潭市韶山市毛泽东故居和纪念馆，卢沟桥，天安门广场，南京市中山陵，凉山州中国西昌卫星发射中心，中国国家博物馆，石家庄市平山县西柏坡红色旅游系列景区（点），安新县白洋淀景区，大庆市大庆油田历史陈列馆，汇川区、桐梓县娄山关景区，中山市孙中山故居和纪念馆，深圳市莲花山公园，百色起义纪念园景区，广州起义纪念馆和烈士陵园。其中，有 8 个 AAAAA 景区，3 个 AAAA 景区，2 个 AAA 景区，5 个其他景区；最受欢迎的是井冈山红色旅游系列景区；此外，华南地区的景点有 5 个，在前十八名中占比 27.78%。

表 2-116　华南地区消费群体对所有红色旅游经典景区搜索偏好

景区名称	景区等级	所属省份	日均值（次）	年总值（次）	排名
井冈山红色旅游系列景区	AAAAA	江西	1042	380 330	1
深圳市博物馆	其他	广东	693	252 945	2
岳麓山景区	AAAAA	湖南	670	244 550	3
安阳市林州市红旗渠	AAAAA	河南	647	236 155	4
湘潭市韶山市毛泽东故居和纪念馆	AAAAA	湖南	506	184 690	5
卢沟桥	其他	北京	502	183 230	6
天安门广场	其他	北京	469	171 185	7
南京市中山陵	AAAAA	江苏	468	170 820	8
凉山州中国西昌卫星发射中心	AAA	四川	447	163 155	9
中国国家博物馆	其他	北京	427	155 855	10
石家庄市平山县西柏坡红色旅游系列景区（点）	AAAAA	河北	403	147 095	11
安新县白洋淀景区	AAAAA	河北	362	132 130	12
大庆市大庆油田历史陈列馆	AAA	黑龙江	359	31 035	13
汇川区、桐梓县娄山关景区	AAAA	贵州	347	126 655	14
中山市孙中山故居和纪念馆	AAAAA	广东	328	119 720	15
深圳市莲花山公园	AAAA	广东	304	110 960	16
百色起义纪念园景区	其他	广西	303	110 595	17
广州起义纪念馆和烈士陵园	AAAA	广东	232	84 680	18

2. 分等级景区搜索偏好

由下表 2-117 可知，华南地区消费群体对 AAAAA 红色旅游经典景区搜索偏好排名前五的依次是井冈山红色旅游系列景区、岳麓山景区、安阳市林州市红旗渠、湘潭市韶山市毛泽东故居和纪念馆、南京市中山陵。

表 2-117　华南地区消费群体对 AAAAA 红色旅游经典景区搜索偏好

景区名称	所属省份	日均值（次）	年总值（次）	排名
井冈山红色旅游系列景区	江西	1042	380 330	1
岳麓山景区	湖南	670	244 550	2
安阳市林州市红旗渠	河南	647	236 155	3
湘潭市韶山市毛泽东故居和纪念馆	湖南	506	184 690	4
南京市中山陵	江苏	468	170 820	5

由下表 2-118 可知，华南地区消费群体对 AAAA 红色旅游经典景区搜索偏好排名前十依次是汇川区、桐梓县娄山关景区，深圳市莲花山公园，广州起义纪念馆和烈士陵园，侵华日军南京大屠杀遇难同胞纪念馆，梅州市梅县叶剑英元帅纪念馆，东莞市鸦片战争博物馆，韶关南雄市梅关古道景区，鸭绿江断桥景区，湘潭市湘潭县彭德怀故居和纪念馆，丹东市抗美援朝纪念馆，长春市长春电影制片厂。

表 2-118　华南地区消费群体对 AAAA 红色旅游经典景区搜索偏好

景区名称	所属省份	日均值（次）	年总值（次）	排名
汇川区、桐梓县娄山关景区	贵州	347	126 655	1
深圳市莲花山公园	广东	304	110 960	2
广州起义纪念馆和烈士陵园	广东	232	84 680	3
侵华日军南京大屠杀遇难同胞纪念馆	江苏	222	81 030	4
梅州市梅县叶剑英元帅纪念馆	广东	179	65 335	5
东莞市鸦片战争博物馆	广东	172	62 780	6
韶关南雄市梅关古道景区	广东	154	56 210	7
鸭绿江断桥景区	辽宁	151	55 115	7
湘潭市湘潭县彭德怀故居和纪念馆	湖南	140	51 100	8
丹东市抗美援朝纪念馆	辽宁	134	48 910	9
长春市长春电影制片厂	吉林	134	48 910	10

由下表 2-119 可知，华南地区消费群体对 AAA 红色旅游经典景区搜索偏好排名前二的依次是凉山州中国西昌卫星发射中心、大庆市大庆油田历史陈列馆。

表 2-119　华南地区消费群体对 AAA 红色旅游经典景区搜索偏好

景区名称	所属省份	日均值（次）	年总值（次）	排名
凉山州中国西昌卫星发射中心	四川	447	163 155	1
大庆市大庆油田历史陈列馆	黑龙江	359	31 035	2

由下表 2-120 可知，华南地区消费群体 AA 红色旅游经典景区搜索偏好排名前二的依次是大同煤矿"万人坑"遗址纪念馆、沧州市献县马本斋烈士纪念馆。

表 2-120　华南地区消费群体对 AA 红色旅游经典景区搜索偏好

景区名称	所属省份	日均值（次）	年总值（次）	排名
大同煤矿"万人坑"遗址纪念馆	山西	50	18 250	1
沧州市献县马本斋烈士纪念馆	河北	1	365	2

由下表 2-121 可知，华南地区消费群体对其他红色旅游经典景区搜索偏好排名前四的依次是深圳市博物馆、卢沟桥、天安门广场、中国国家博物馆。

表 2-121　华南地区消费群体对其他红色旅游经典景区搜索偏好

景区名称	所属省份	日均值（次）	年总值（次）	排名
深圳市博物馆	广东	693	252 945	1
卢沟桥	北京	502	183 230	2
天安门广场	北京	469	171 185	3
中国国家博物馆	北京	427	155 855	4

（二）省域消费群体红色旅游经典景区搜索偏好

1. 广东省

广东消费群体对所有红色旅游经典景区搜索偏好排名前十八如表 2-122 所示。其中，有8个AAAAA景区，4个AAAA景区，2个AAA景区，4个其他景区；最受欢迎的是井冈山红色旅游系列景区。

表2-122 广东消费群体对所有红色旅游经典景区搜索偏好

景区名称	景区等级	所属省份	日均值（次）	年总值（次）	排名
井冈山红色旅游系列景区	AAAAA	江西	647	236 155	1
深圳市博物馆	其他	广东	572	208 780	2
岳麓山景区	AAAAA	湖南	387	141 255	3
安阳市林州市红旗渠	AAAAA	河南	350	127 750	4
湘潭市韶山市毛泽东故居和纪念馆	AAAAA	湖南	285	104 025	5
卢沟桥	其他	北京	280	102 200	6
孙中山故居	AAAAA	广东	262	95 630	7
凉山州中国西昌卫星发射中心	AAA	四川	262	95 630	8
深圳市莲花山公园	AAAA	广东	250	91 250	9
天安门广场	其他	北京	247	90 155	10
南京市中山陵	AAAAA	江苏	246	89 790	11
广州起义纪念馆和烈士陵园	AAAA	广东	219	79 935	12
中国国家博物馆	其他	北京	213	77 745	13
石家庄市平山县西柏坡红色旅游系列景区（点）	AAAAA	河北	207	75 555	14
安新县白洋淀景区	AAAAA	河北	189	68 985	15
大庆市大庆油田历史陈列馆	AAA	黑龙江	186	67 890	16
汇川区、桐梓县娄山关景区	AAAA	贵州	180	65 700	17
东莞市鸦片战争博物馆	AAAA	广东	161	58 765	18

2. 广西壮族自治区

广西消费群体对所有红色旅游经典景区搜索偏好排名前十八如表2-123所示。其中，有9个AAAAA景区，2个AAAA景区，2个AAA景区，5个其他景区；最受欢迎的是百色起义纪念园景区。

表2-123 广西消费群体对所有红色旅游经典景区搜索偏好

景区名称	景区等级	所属省份	日均值（次）	年总值（次）	排名
百色起义纪念园景区	其他	广西	212	77 380	1
井冈山红色旅游系列景区	AAAAA	江西	202	73 730	2
安阳市林州市红旗渠	AAAAA	河南	170	62 050	3
岳麓山景区	AAAAA	湖南	147	53 655	4
湘潭市韶山市毛泽东故居和纪念馆	AAAAA	湖南	147	53 655	5
天安门广场	其他	北京	126	45 990	6
卢沟桥	其他	北京	121	44 165	7
中国国家博物馆	其他	北京	115	41 975	8
南京市中山陵	AAAAA	江苏	113	41 245	9
石家庄市平山县西柏坡红色旅游系列景区（点）	AAAAA	河北	111	40 515	10

续表

景区名称	景区等级	所属省份	日均值（次）	年总值（次）	排名
凉山州中国西昌卫星发射中心	AAA	四川	108	39 420	11
汇川区、桐梓县娄山关景区	AAAA	贵州	106	38 690	12
大庆市大庆油田历史陈列馆	AAA	黑龙江	97	35 405	13
安新县白洋淀景区	AAAAA	河北	97	35 405	14
百色市红七军军部旧址	其他	广西	91	33 215	15
宁乡县花明楼刘少奇故居	AAAAA	湖南	69	25 185	16
侵华日军南京大屠杀遇难同胞纪念馆	AAAA	江苏	63	22 995	17
周恩来故居	AAAAA	江苏	55	20 075	18

3. 海南省

海南消费群体对所有红色旅游经典景区搜索偏好排名前十八如表 2-124 所示。其中，有 10 个 AAAAA 景区，2 个 AAAA 景区，2 个 AAA 景区，4 个其他景区；最受欢迎的是井冈山红色旅游系列景区。

表 2-124　海南消费群体对所有红色旅游经典景区搜索偏好

景区名称	景区等级	所属省份	日均值（次）	年总值（次）	排名
井冈山红色旅游系列景区	AAAAA	江西	126	45 990	1
安阳市林州市红旗渠	AAAAA	河南	100	36 500	2
岳麓山景区	AAAAA	湖南	88	32 120	3
卢沟桥	其他	北京	77	28 105	4
南京市中山陵	AAAAA	江苏	75	27 375	5
天安门广场	其他	北京	74	27 010	6
凉山州中国西昌卫星发射中心	AAA	四川	72	26 280	7
石家庄市平山县西柏坡红色旅游系列景区（点）	AAAAA	河北	71	25 915	8
中国国家博物馆	其他	北京	68	24 820	9
大庆市大庆油田历史陈列馆	AAA	黑龙江	66	24 090	10
湘潭市韶山市毛泽东故居和纪念馆	AAAAA	湖南	64	23 360	11
安新县白洋淀景区	AAAAA	河北	57	20 805	12
汇川区、桐梓县娄山关景区	AAAA	贵州	55	20 075	13
威海市环翠区刘公岛甲午海战纪念地	AAAAA	山东	29	10 585	14
侵华日军南京大屠杀遇难同胞纪念馆	AAAA	江苏	19	6935	15
中国人民革命军事博物馆	其他	北京	18	6570	16
宁乡县花明楼刘少奇故居	AAAAA	湖南	17	6205	17
周恩来故居	AAAAA	江苏	16	5840	18

4. 香港特别行政区

香港消费群体对所有红色旅游经典景区搜索偏好排名前五如表 2-125 所示。其中，有 3 个 AAAAA 景区，0 个 AAAA 景区，0 个 AAA 景区，2 个其他景区；最受欢迎的是深圳市博物馆。

表 2-125　香港消费群体对所有红色旅游经典景区搜索偏好

景区名称	景区等级	所属省份	日均值（次）	年总值（次）	排名
深圳市博物馆	其他	广东	57	20 805	1
井冈山红色旅游系列景区	AAAAA	江西	56	20 440	2
岳麓山景区	AAAAA	湖南	35	12 775	3
南京市中山陵	AAAAA	江苏	28	10 220	4
中国国家博物馆	其他	北京	26	9490	5

5. 澳门特别行政区

澳门消费群体对所有红色旅游经典景区搜索偏好排名前四如表 2-126 所示。其中，有 3 个 AAAAA 景区，0 个 AAAA 景区，0 个 AAA 景区，1 个其他景区；最受欢迎的是岳麓山景区。

表 2-126　澳门消费群体对所有红色旅游经典景区搜索偏好

景区名称	景区等级	所属省份	日均值（次）	年总值（次）	排名
岳麓山景区	AAAAA	湖南	13	4745	1
井冈山红色旅游系列景区	AAAAA	江西	11	4015	2
南京市中山陵	AAAAA	江苏	6	2190	3
中国国家博物馆	其他	北京	5	1825	4

六、红色旅游经典景区西南地区消费群体搜索对象偏好

（一）区域消费群体红色旅游经典景区搜索偏好

1. 所有景区搜索偏好

如表 2-127 所示，西南地区消费群体对所有红色旅游经典景区搜索偏好排名前十八依次是井冈山红色旅游系列景区，汇川区、桐梓县娄山关景区，安阳市林州市红旗渠，凉山州中国西昌卫星发射中心，卢沟桥，天安门广场，岳麓山景区，石家庄市平山县西柏坡红色旅游系列景区（点），中国国家博物馆，南京市中山陵，湘潭市韶山市毛泽东故居和纪念馆，大庆市大庆油田历史陈列馆，安新县白洋淀景区，贵阳市息烽集中营革命历史纪念馆，阿坝州理县桃坪羌寨，威海市环翠区刘公岛甲午海战纪念地，侵华日军南京大屠杀遇难同胞纪念馆，嘉兴市南湖风景名胜区（中共一大旧址）。其中，有 9 个 AAAAA 景区，4 个 AAAA 景区，2 个 AAA 景区，3 个其他景区；最受欢迎的是井冈山红色旅游系列景区；此外，西南地区的景点有 4 个，在前十八名中占比 22.22%。

表 2-127　西南地区消费群体对所有红色旅游经典景区搜索偏好

景区名称	景区等级	所属省份	日均值（次）	年总值（次）	排名
井冈山红色旅游系列景区	AAAAA	江西	855	312 075	1
汇川区、桐梓县娄山关景区	AAAA	贵州	812	296 380	2

续表

景区名称	景区等级	所属省份	日均值（次）	年总值（次）	排名
安阳市林州市红旗渠	AAAAA	河南	758	276 670	3
凉山州中国西昌卫星发射中心	AAA	四川	634	231 410	4
卢沟桥	其他	北京	581	212 065	5
天安门广场	其他	北京	549	200 385	6
岳麓山景区	AAAAA	湖南	489	178 485	7
石家庄市平山县西柏坡红色旅游系列景区（点）	AAAAA	河北	487	177 755	8
中国国家博物馆	其他	北京	486	177 390	9
南京市中山陵	AAAAA	江苏	474	173 010	10
湘潭市韶山市毛泽东故居和纪念馆	AAAAA	湖南	447	163 155	11
大庆市大庆油田历史陈列馆	AAA	黑龙江	421	153 665	12
安新县白洋淀景区	AAAAA	河北	421	153 665	13
贵阳市息烽集中营革命历史纪念馆	AAAA	贵州	329	120 085	14
阿坝州理县桃坪羌寨	AAAA	四川	326	118 990	15
威海市环翠区刘公岛甲午海战纪念地	AAAA	山东	265	96 725	16
侵华日军南京大屠杀遇难同胞纪念馆	AAAA	江苏	256	93 440	17
嘉兴市南湖风景名胜区（中共一大旧址）	AAAAA	浙江	240	87 600	18

2. 分等级景区搜索偏好

由下表 2-128 可知，西南地区消费群体对 AAAAA 红色旅游经典景区搜索偏好排名前五的是井冈山红色旅游系列景区、安阳市林州市红旗渠、岳麓山景区、石家庄市平山县西柏坡红色旅游系列景区（点）、南京市中山陵。

表 2-128　西南地区消费群体对 AAAAA 红色旅游经典景区搜索偏好

景区名称	所属省份	日均值（次）	年总值（次）	排名
井冈山红色旅游系列景区	江西	855	312 075	1
安阳市林州市红旗渠	河南	758	276 670	2
岳麓山景区	湖南	489	178 485	3
石家庄市平山县西柏坡红色旅游系列景区（点）	河北	487	177 755	4
南京市中山陵	江苏	474	173 010	5

由下表 2-129 可知，西南地区消费群体对 AAAA 红色旅游经典景区搜索偏好排名前十的是汇川区、桐梓县娄山关景区，贵阳市息烽集中营革命历史纪念馆，阿坝州理县桃坪羌寨，侵华日军南京大屠杀遇难同胞纪念馆，陆军讲武堂旧址，丹东市抗美援朝纪念馆，鸭绿江断桥景区，湘潭市湘潭县彭德怀故居和纪念馆，川陕革命根据地红军烈士陵园，中国人民抗日战争纪念馆。

表 2-129　西南地区消费群体对 AAAA 红色旅游经典景区搜索偏好

景区名称	所属省份	日均值（次）	年总值（次）	排名
汇川区、桐梓县娄山关景区	贵州	812	296 380	1

续表

景区名称	所属省份	日均值（次）	年总值（次）	排名
贵阳市息烽集中营革命历史纪念馆	贵州	329	120 085	2
阿坝州理县桃坪羌寨	四川	326	118 990	3
侵华日军南京大屠杀遇难同胞纪念馆	江苏	256	93 440	4
陆军讲武堂旧址	云南	230	83 950	5
丹东市抗美援朝纪念馆	辽宁	151	55 115	6
鸭绿江断桥景区	辽宁	144	52 560	7
湘潭市湘潭县彭德怀故居和纪念馆	湖南	123	44 895	8
川陕革命根据地红军烈士陵园	四川	118	43 070	9
中国人民抗日战争纪念馆	北京	108	39 420	10

由下表 2-130 可知，西南地区消费群体对 AAA 红色旅游经典景区搜索偏好排名前二的是凉山州中国西昌卫星发射中心、大庆市大庆油田历史陈列馆。

表 2-130　西南地区消费群体对 AAA 红色旅游经典景区搜索偏好

景区名称	所属省份	日均值（次）	年总值（次）	排名
凉山州中国西昌卫星发射中心	四川	634	231 410	1
大庆市大庆油田历史陈列馆	黑龙江	421	153 665	2

由下表 2-131 可知，西南地区消费群体对 AA 红色旅游经典景区搜索偏好排名第一的是大同煤矿"万人坑"遗址纪念馆。

表 2-131　西南地区消费群体对 AA 红色旅游经典景区搜索偏好

景区名称	所属省份	日均值（次）	年总值（次）	排名
大同煤矿"万人坑"遗址纪念馆	山西	39	14 235	1

由下表 2-132 可知，西南地区消费群体对其他红色旅游经典景区搜索偏好排名前四的是卢沟桥、天安门广场、中国国家博物馆、中国人民革命军事博物馆。

表 2-132　西南地区消费群体对其他红色旅游经典景区搜索偏好

景区名称	所属省份	日均值（次）	年总值（次）	排名
卢沟桥	北京	581	212 065	1
天安门广场	北京	549	200 385	2
中国国家博物馆	北京	486	177 390	3
中国人民革命军事博物馆	北京	209	76 285	4

（二）省域消费群体红色旅游经典景区搜索偏好

1. 重庆市

重庆消费群体对所有红色旅游经典景区搜索偏好排名前十八如表 2-133 所示。其中，有 9 个 AAAAA 景区，3 个 AAAA 景区，2 个 AAA 景区，4 个其他景区；最受欢迎的是井冈山红色旅游系列景区。

表2-133　重庆消费群体对所有红色旅游经典景区搜索偏好

景区名称	景区等级	所属省份	日均值（次）	年总值（次）	排名
井冈山红色旅游系列景区	AAAAA	江西	186	67 890	1
汇川区、桐梓县娄山关景区	AAAA	贵州	180	65 700	2
安阳市林州市红旗渠	AAAAA	河南	164	59 860	3
凉山州中国西昌卫星发射中心	AAA	四川	135	49 275	4
卢沟桥	其他	北京	131	47 815	5
中国国家博物馆	其他	北京	125	45 625	6
天安门广场	其他	北京	124	45 260	7
岳麓山景区	AAAAA	湖南	124	45 260	8
南京市中山陵	AAAAA	江苏	118	43 070	9
石家庄市平山县西柏坡红色旅游系列景区（点）	AAAAA	河北	113	41 245	10
湘潭市韶山市毛泽东故居和纪念馆	AAAAA	湖南	110	40 150	11
红岩魂广场及陈列馆	其他	重庆	109	39 785	12
安新县白洋淀景区	AAAAA	河北	106	38 690	13
大庆市大庆油田历史陈列馆	AAA	黑龙江	102	37 230	14
阿坝州理县桃坪羌寨	AAAA	四川	81	29 565	15
威海市环翠区刘公岛甲午海战纪念地	AAAAA	山东	72	26 280	16
侵华日军南京大屠杀遇难同胞纪念馆	AAAA	江苏	64	23 360	17
周恩来故居	AAAAA	江苏	59	21 535	18

2. 四川省

四川消费群体对所有红色旅游经典景区搜索偏好排名前十八如表2-134所示。其中，有9个AAAAA景区，4个AAAA景区，2个AAA景区，3个其他景区；最受欢迎的是凉山州中国西昌卫星发射中心。

表2-134　四川消费群体对所有红色旅游经典景区搜索偏好

景区名称	景区等级	所属省份	日均值（次）	年总值（次）	排名
凉山州中国西昌卫星发射中心	AAA	四川	262	95 630	1
井冈山红色旅游系列景区	AAAAA	江西	255	93 075	2
安阳市林州市红旗渠	AAAAA	河南	232	84 680	3
阿坝州理县桃坪羌寨	AAAA	四川	221	80 665	4
卢沟桥	其他	北京	192	70 080	5
汇川区、桐梓县娄山关景区	AAAA	贵州	172	62 780	6
天安门广场	其他	北京	167	60 955	7
汶川县水磨古镇	AAAAA	四川	155	56 575	8
南京市中山陵	AAAAA	江苏	154	56 210	9
中国国家博物馆	其他	北京	152	55 480	10
岳麓山景区	AAAAA	湖南	152	55 480	11

续表

景区名称	景区等级	所属省份	日均值（次）	年总值（次）	排名
石家庄市平山县西柏坡红色旅游系列景区（点）	AAAAA	河北	146	53 290	12
大庆市大庆油田历史陈列馆	AAA	黑龙江	145	52 925	13
安新县白洋淀景区	AAAAA	河北	143	52 195	14
湘潭市韶山市毛泽东故居和纪念馆	AAAAA	湖南	142	51 830	15
威海市环翠区刘公岛甲午海战纪念地	AAAAA	山东	110	40 150	16
川陕革命根据地红军烈士陵园	AAAA	四川	104	37 960	17
侵华日军南京大屠杀遇难同胞纪念馆	AAAA	江苏	97	35 405	18

3. 贵州省

贵州消费群体对所有红色旅游经典景区搜索偏好排名前十八如表 2-135 所示。其中，有 9 个 AAAAA 景区，2 个 AAAA 景区，2 个 AAA 景区，5 个其他景区；最受欢迎的是汇川区、桐梓县娄山关景区。

表 2-135　贵州消费群体对所有红色旅游经典景区搜索偏好

景区名称	景区等级	所属省份	日均值（次）	年总值（次）	排名
汇川区、桐梓县娄山关景区	AAAA	贵州	339	123 735	1
贵阳市息烽集中营革命历史纪念馆	AAAA	贵州	192	70 080	2
井冈山红色旅游系列景区	AAAAA	江西	169	61 685	3
安阳市林州市红旗渠	AAAAA	河南	142	51 830	4
卢沟桥	其他	北京	109	39 785	5
岳麓山景区	AAAAA	湖南	103	37 595	6
安顺市王若飞故居	其他	贵州	103	37 595	7
天安门广场	其他	北京	102	37 230	8
湘潭市韶山市毛泽东故居和纪念馆	AAAAA	湖南	98	35 770	9
石家庄市平山县西柏坡红色旅游系列景区（点）	AAAAA	河北	98	35 770	10
中国国家博物馆	其他	北京	91	33 215	11
南京市中山陵	AAAAA	江苏	90	32 850	12
黔南州荔波县邓恩铭烈士故居	其他	贵州	87	31 755	13
大庆市大庆油田历史陈列馆	AAA	黑龙江	78	28 470	14
安新县白洋淀景区	AAAAA	河北	77	27 105	15
凉山州中国西昌卫星发射中心	AAA	四川	67	24 455	16
宁乡县花明楼刘少奇故居	AAAAA	湖南	54	19 710	17
周恩来故居	AAAAA	江苏	46	16 790	18

4. 云南省

云南消费群体对所有红色旅游经典景区搜索偏好排名前十八如表 2-136 所示。其中，有 9 个 AAAAA 景区，3 个 AAAA 景区，2 个 AAA 景区，4 个其他景区；最受欢迎的是井冈山红色旅游系列景区。

表 2-136　云南消费群体对所有红色旅游经典景区搜索偏好

景区名称	景区等级	所属省份	日均值（次）	年总值（次）	排名
井冈山红色旅游系列景区	AAAAA	江西	181	66 065	1
陆军讲武堂旧址	AAAA	云南	170	62 050	2
安阳市林州市红旗渠	AAAAA	河南	163	59 495	3
凉山州中国西昌卫星发射中心	AAA	四川	145	52 925	4
卢沟桥	其他	北京	124	45 260	5
天安门广场	其他	北京	123	44 895	6
中国国家博物馆	其他	北京	110	40 150	7
汇川区、桐梓县娄山关景区	AAAA	贵州	103	37 595	8
石家庄市平山县西柏坡红色旅游系列景区（点）	AAAAA	河北	103	37 595	9
南京市中山陵	AAAAA	江苏	101	36 865	10
岳麓山景区	AAAAA	湖南	95	34 675	11
湘潭市韶山市毛泽东故居和纪念馆	AAAAA	湖南	89	32 485	12
安新县白洋淀景区	AAAAA	河北	85	31 025	13
大庆市大庆油田历史陈列馆	AAA	黑龙江	83	30 295	14
侵华日军南京大屠杀遇难同胞纪念馆	AAAA	江苏	49	17 885	15
嘉兴市南湖风景名胜区（中共一大旧址）	AAAAA	浙江	48	17 520	16
威海市环翠区刘公岛甲午海战纪念地	AAAAA	山东	47	17 155	17
百色起义纪念园景区	其他	广西	47	17 155	18

5. 西藏自治区

西藏消费群体对所有红色旅游经典景区搜索偏好排名前十八如表 2-137 所示。其中，有 10 个 AAAAA 景区，3 个 AAAA 景区，2 个 AAA 景区，3 个其他景区；最受欢迎的是井冈山红色旅游系列景区。

表 2-137　西藏消费群体对所有红色旅游经典景区搜索偏好

景区名称	景区等级	所属省份	日均值（次）	年总值（次）	排名
井冈山红色旅游系列景区	AAAAA	江西	64	23 360	1
安阳市林州市红旗渠	AAAAA	河南	57	20 805	2
天安门广场	其他	北京	33	12 045	3
石家庄市平山县西柏坡红色旅游系列景区（点）	AAAAA	河北	27	9855	4
卢沟桥	其他	北京	25	9125	5
凉山州中国西昌卫星发射中心	AAA	四川	25	9125	6
汇川区、桐梓县娄山关景区	AAAA	贵州	18	6570	7
岳麓山景区	AAAAA	湖南	15	5475	8
大庆市大庆油田历史陈列馆	AAA	黑龙江	13	4745	9
南京市中山陵	AAAAA	江苏	11	4015	10
安新县白洋淀景区	AAAAA	河北	10	3650	11

续表

景区名称	景区等级	所属省份	日均值（次）	年总值（次）	排名
中国国家博物馆	其他	北京	8	2920	12
湘潭市韶山市毛泽东故居和纪念馆	AAAAA	湖南	8	2920	13
聊城市孔繁森同志纪念馆	AAAA	山东	5	1825	14
威海市环翠区刘公岛甲午海战纪念地	AAAAA	山东	4	1460	15
延安革命纪念馆	AAAAA	陕西	4	1460	16
侵华日军南京大屠杀遇难同胞纪念馆	AAAA	江苏	2	730	17
嘉兴市南湖风景名胜区（中共一大旧址）	AAAAA	浙江	2	730	18

七、红色旅游经典景区西北地区消费群体搜索对象偏好

（一）区域消费群体红色旅游经典景区搜索偏好

1. 所有景区搜索偏好

如表 2-138 所示，西北地区消费群体对所有红色旅游经典景区搜索偏好排名前十八依次是井冈山红色旅游系列景区，安阳市林州市红旗渠，天安门广场，卢沟桥，石家庄市平山县西柏坡红色旅游系列景区（点），大庆市大庆油田历史陈列馆，南京市中山陵，中国国家博物馆，岳麓山景区，延安革命纪念馆，宝塔山景区，安新县白洋淀景区，汇川区、桐梓县娄山关景区，凉山州中国西昌卫星发射中心，湘潭市韶山市毛泽东故居和纪念馆，"西安事变"纪念馆，威海市环翠区刘公岛甲午海战纪念地，酒泉市玉门油田。其中，有 10 个 AAAAA 景区，2 个 AAAA 景区，2 个 AAA 景区，4 个其他景区；最受欢迎的是井冈山红色旅游系列景区；此外，其中西北地区景点有 3 个，在前十八名中占比 16.67%。

表 2-138　西北地区消费群体对所有红色旅游经典景区搜索偏好

景区名称	景区等级	所属省份	日均值（次）	年总值（次）	排名
井冈山红色旅游系列景区	AAAAA	江西	700	255 500	1
安阳市林州市红旗渠	AAAAA	河南	668	243 820	2
天安门广场	其他	北京	467	170 455	3
卢沟桥	其他	北京	452	164 980	4
石家庄市平山县西柏坡红色旅游系列景区（点）	AAAAA	河北	446	162 790	5
大庆市大庆油田历史陈列馆	AAA	黑龙江	412	150 380	6
南京市中山陵	AAAAA	江苏	403	147 095	7
中国国家博物馆	其他	北京	392	143 080	8
岳麓山景区	AAAAA	湖南	391	142 715	9
延安革命纪念馆	AAAAA	陕西	388	141 620	10
宝塔山景区	AAAAA	陕西	379	138 335	11
安新县白洋淀景区	AAAAA	河北	356	129 940	12
汇川区、桐梓县娄山关景区	AAAA	贵州	354	129 210	13
凉山州中国西昌卫星发射中心	AAA	四川	350	127 750	14

续表

景区名称	景区等级	所属省份	日均值（次）	年总值（次）	排名
湘潭市韶山市毛泽东故居和纪念馆	AAAAA	湖南	276	100 740	15
"西安事变"纪念馆	其他	江西	264	96 360	16
威海市环翠区刘公岛甲午海战纪念地	AAAAA	山东	255	93 075	17
酒泉市玉门油田	AAAA	甘肃	253	92 345	18

2. 分等级景区搜索偏好

由下表 2-139 可知，西北地区消费群体对 AAAAA 红色旅游经典景区搜索偏好排名前五的是井冈山红色旅游系列景区、安阳市林州市红旗渠、石家庄市平山县西柏坡红色旅游系列景区（点）、南京市中山陵、岳麓山景区。

表 2-139　西北地区消费群体对 AAAAA 红色旅游经典景区搜索偏好

景区名称	所属省份	日均值（次）	年总值（次）	排名
井冈山红色旅游系列景区	江西	700	255 500	1
安阳市林州市红旗渠	河南	668	243 820	2
石家庄市平山县西柏坡红色旅游系列景区（点）	河北	446	162 790	3
南京市中山陵	江苏	403	147 095	4
岳麓山景区	湖南	391	142 715	5

由下表 2-140 可知，西北地区消费群体对 AAAA 红色旅游经典景区搜索偏好排名前十的是汇川区、桐梓县娄山关景区，酒泉市玉门油田，侵华日军南京大屠杀遇难同胞纪念馆，鸭绿江断桥景区，中国人民抗日战争纪念馆，丹东市抗美援朝纪念馆，长春市长春电影制片厂，雨花台烈士陵园，"九一八"历史博物馆，中共湘区委员会旧址暨毛泽东、杨开慧故居。

表 2-140　西北地区消费群体对 AAAA 红色旅游经典景区搜索偏好

景区名称	所属省份	日均值（次）	年总值（次）	排名
汇川区、桐梓县娄山关景区	贵州	354	129 210	1
酒泉市玉门油田	甘肃	253	92 345	2
侵华日军南京大屠杀遇难同胞纪念馆	江苏	192	70 080	3
鸭绿江断桥景区	辽宁	95	34 675	4
中国人民抗日战争纪念馆	北京	86	31 390	5
丹东市抗美援朝纪念馆	辽宁	85	31 025	6
长春市长春电影制片厂	吉林	66	24 090	7
雨花台烈士陵园	江苏	64	23 360	8
"九一八"历史博物馆	辽宁	53	19 345	9
中共湘区委员会旧址暨毛泽东、杨开慧故居	湖南	53	19 345	10

由下表 2-141 可知，西北地区消费群体对 AAA 红色旅游经典景区搜索偏好排名前二的是大庆市大庆油田历史陈列馆、凉山州中国西昌卫星发射中心。

表 2-141　西北地区消费群体对 AAA 红色旅游经典景区搜索偏好

景区名称	所属省份	日均值（次）	年总值（次）	排名
大庆市大庆油田历史陈列馆	黑龙江	412	150 380	1
凉山州中国西昌卫星发射中心	四川	350	127 750	2

由下表 2-142 可知，西北地区消费群体对 AA 红色旅游经典景区搜索偏好排名第一的是大同煤矿"万人坑"遗址纪念馆。

表 2-142　西北地区消费群体对 AA 红色旅游经典景区搜索偏好

景区名称	所属省份	日均值（次）	年总值（次）	排名
大同煤矿"万人坑"遗址纪念馆	山西	27	9855	1

由下表 2-143 可知，西北地区消费群体其他红色旅游经典景区搜索偏好排名前四的是天安门广场、卢沟桥、中国国家博物馆、"西安事变"纪念馆。

表 2-143　西北地区消费群体对其他红色旅游经典景区搜索偏好

景区名称	所属省份	日均值（次）	年总值（次）	排名
天安门广场	北京	467	170 455	1
卢沟桥	北京	452	164 980	2
中国国家博物馆	北京	392	143 080	3
"西安事变"纪念馆	江西	264	96 360	4

（二）省域消费群体红色旅游经典景区搜索偏好

1. 陕西省

陕西消费群体对所有红色旅游经典景区搜索偏好排名前十八如表 2-144 所示。其中，有 10 个 AAAAA 景区，2 个 AAAA 景区，2 个 AAA 景区，4 个其他景区；最受欢迎的是延安革命纪念馆。

表 2-144　陕西消费群体对所有红色旅游经典景区搜索偏好

景区名称	景区等级	所属省份	日均值（次）	年总值（次）	排名
延安革命纪念馆	AAAAA	陕西	258	94 170	1
宝塔山景区	AAAAA	陕西	255	93 075	2
安阳市林州市红旗渠	AAAAA	河南	238	86 870	3
井冈山红色旅游系列景区	AAAAA	江西	234	85 410	4
"西安事变"纪念馆	其他	江西	232	84 680	5
石家庄市平山县西柏坡红色旅游系列景区（点）	AAAAA	河北	160	58 400	6
卢沟桥	其他	北京	157	57 305	7
天安门广场	其他	北京	156	56 940	8
南京市中山陵	AAAAA	江苏	144	52 560	9
中国国家博物馆	其他	北京	140	51 100	10
岳麓山景区	AAAAA	湖南	132	48 180	11

续表

景区名称	景区等级	所属省份	日均值（次）	年总值（次）	排名
凉山州中国西昌卫星发射中心	AAA	四川	132	48 180	12
大庆市大庆油田历史陈列馆	AAA	黑龙江	131	47 815	13
安新县白洋淀景区	AAAAA	河北	130	47 450	14
汇川区、桐梓县娄山关景区	AAAA	贵州	117	42 705	15
威海市环翠区刘公岛甲午海战纪念地	AAAAA	山东	112	40 880	16
湘潭市韶山市毛泽东故居和纪念馆	AAAAA	湖南	102	37 230	17
侵华日军南京大屠杀遇难同胞纪念馆	AAAA	江苏	90	32 850	18

2. 甘肃省

甘肃消费群体对所有红色旅游经典景区搜索偏好排名前十八如表2-145所示。其中，有10个AAAAA景区，3个AAAA景区，2个AAA景区，3个其他景区；最受欢迎的是井冈山红色旅游系列景区。

表2-145　甘肃消费群体对所有红色旅游经典景区搜索偏好

景区名称	景区等级	所属省份	日均值（次）	年总值（次）	排名
井冈山红色旅游系列景区	AAAAA	江西	144	52 560	1
安阳市林州市红旗渠	AAAAA	河南	132	48 180	2
酒泉市玉门油田	AAAA	甘肃	115	41 975	3
大庆市大庆油田历史陈列馆	AAA	黑龙江	104	37 960	4
天安门广场	其他	北京	101	36 865	5
卢沟桥	其他	北京	97	35 405	6
凉山州中国西昌卫星发射中心	AAA	四川	94	34 310	7
岳麓山景区	AAAAA	湖南	93	33 945	8
中国国家博物馆	其他	北京	92	33 580	9
石家庄市平山县西柏坡红色旅游系列景区（点）	AAAAA	河北	92	33 580	10
南京市中山陵	AAAAA	江苏	88	32 120	11
汇川区、桐梓县娄山关景区	AAAA	贵州	82	29 930	12
安新县白洋淀景区	AAAAA	河北	77	28 105	13
湘潭市韶山市毛泽东故居和纪念馆	AAAAA	湖南	61	22 265	14
延安革命纪念馆	AAAAA	陕西	58	21 170	15
威海市环翠区刘公岛甲午海战纪念地	AAAAA	山东	53	19 345	16
宝塔山景区	AAAAA	陕西	50	18 250	17
侵华日军南京大屠杀遇难同胞纪念馆	AAAA	江苏	42	15 330	18

3. 青海省

青海消费群体对所有红色旅游经典景区搜索偏好排名前十八如表2—146所示。其中，有10个AAAAA景区，3个AAAA景区，2个AAA景区，3个其他景区；最受欢迎的是井冈山红色旅游系列景区。

表 2-146 青海消费群体对所有红色旅游经典景区搜索偏好

景区名称	景区等级	所属省份	日均值（次）	年总值（次）	排名
井冈山红色旅游系列景区	AAAAA	江西	81	29 565	1
安阳市林州市红旗渠	AAAAA	河南	76	27 740	2
天安门广场	其他	北京	50	18 250	3
卢沟桥	其他	北京	43	15 695	4
石家庄市平山县西柏坡红色旅游系列景区（点）	AAAAA	河北	42	15 330	5
岳麓山景区	AAAAA	湖南	41	14 965	6
南京市中山陵	AAAAA	江苏	40	14 600	7
大庆市大庆油田历史陈列馆	AAA	黑龙江	38	13 870	8
凉山州中国西昌卫星发射中心	AAA	四川	38	13 870	9
汇川区、桐梓县娄山关景区	AAAA	贵州	35	12 775	10
安新县白洋淀景区	AAAAA	河北	29	10 585	11
中国国家博物馆	其他	北京	27	9855	12
湘潭市韶山市毛泽东故居和纪念馆	AAAAA	湖南	23	8395	13
威海市环翠区刘公岛甲午海战纪念地	AAAAA	山东	16	5840	14
宝塔山景区	AAAAA	陕西	13	4745	15
侵华日军南京大屠杀遇难同胞纪念馆	AAAA	江苏	9	3285	16
酒泉市玉门油田	AAAA	甘肃	9	3285	17
延安革命纪念馆	AAAAA	陕西	8	2920	18

4. 宁夏回族自治区

宁夏消费群体对所有红色旅游经典景区搜索偏好排名前十八如表 2-147 所示。其中，有 10 个 AAAAA 景区，3 个 AAAA 景区，2 个 AAA 景区，3 个其他景区；最受欢迎的是井冈山红色旅游系列景区。

表 2-147 宁夏消费群体对所有红色旅游经典景区搜索偏好

景区名称	景区等级	所属省份	日均值（次）	年总值（次）	排名
井冈山红色旅游系列景区	AAAAA	江西	99	36 135	1
安阳市林州市红旗渠	AAAAA	河南	92	33 580	2
卢沟桥	其他	北京	65	23 725	3
天安门广场	其他	北京	62	22 630	4
石家庄市平山县西柏坡红色旅游系列景区（点）	AAAAA	河北	59	21 535	5
南京市中山陵	AAAAA	江苏	52	18 980	6
中国国家博物馆	其他	北京	50	18 250	7
岳麓山景区	AAAAA	湖南	49	17 885	8
汇川区、桐梓县娄山关景区	AAAA	贵州	46	16 790	9
安新县白洋淀景区	AAAAA	河北	46	16 790	10
大庆市大庆油田历史陈列馆	AAA	黑龙江	42	15 330	11

续表

景区名称	景区等级	所属省份	日均值（次）	年总值（次）	排名
凉山州中国西昌卫星发射中心	AAA	四川	37	13 505	12
延安革命纪念馆	AAAAA	陕西	36	13 140	13
宝塔山景区	AAAAA	陕西	33	12 045	14
威海市环翠区刘公岛甲午海战纪念地	AAAAA	山东	25	9125	15
湘潭市韶山市毛泽东故居和纪念馆	AAAAA	湖南	25	9125	16
侵华日军南京大屠杀遇难同胞纪念馆	AAAA	江苏	18	6570	17
酒泉市玉门油田	AAAA	甘肃	10	3650	18

5. 新疆维吾尔自治区

新疆消费群体对所有红色旅游经典景区搜索偏好排名前十八如表2-148所示。其中，有10个AAAAA景区，3个AAAA景区，2个AAA景区，3个其他景区；最受欢迎的是井冈山红色旅游系列景区。

表2-148　新疆消费群体对所有红色旅游经典景区搜索偏好

景区名称	景区等级	所属省份	日均值（次）	年总值（次）	排名
井冈山红色旅游系列景区	AAAAA	江西	142	51 830	1
安阳市林州市红旗渠	AAAAA	河南	130	47 450	2
天安门广场	其他	北京	98	35 770	3
大庆市大庆油田历史陈列馆	AAA	黑龙江	97	35 405	4
石家庄市平山县西柏坡红色旅游系列景区（点）	AAAAA	河北	93	33 945	5
卢沟桥	其他	北京	90	32 850	6
中国国家博物馆	其他	北京	83	30 295	7
南京市中山陵	AAAAA	江苏	79	28 835	8
岳麓山景区	AAAAA	湖南	76	27 740	9
汇川区、桐梓县娄山关景区	AAAA	贵州	74	27 010	10
安新县白洋淀景区	AAAAA	河北	74	27 010	11
湘潭市韶山市毛泽东故居和纪念馆	AAAAA	湖南	65	23 725	12
威海市环翠区刘公岛甲午海战纪念地	AAAAA	山东	49	17 885	13
凉山州中国西昌卫星发射中心	AAA	四川	49	17 885	14
酒泉市玉门油田	AAAA	甘肃	46	16 790	15
周恩来纪念馆	AAAAA	江苏	43	15 695	16
侵华日军南京大屠杀遇难同胞纪念馆	AAAA	江苏	33	12 045	17
嘉兴市南湖风景名胜区（中共一大旧址）	AAAAA	浙江	32	11 680	18

第三章 红色旅游经典景区消费需求空间分布研究

消费需求空间分布是关于目标消费群体地理分布的规律分析，对于具有异地性特征的旅游活动而言十分重要。本章分别从全国、七大区域、省域、景区四个维度对红色旅游经典景区消费需求空间分布展开剖析。首先，基于百度指数搜索数据计算全国红色旅游经典景区总消费需求规模，并对34个客源省（自治区、直辖市）的搜索年总值进行排序；其次，分别计算华北地区、东北地区、华东地区、华中地区、华南地区、西南地区、西北地区红色旅游经典景区获得的全国消费需求规模，并对每个区域的34个客源省（自治区、直辖市）搜索年总值进行排序；再次，分别计算收录红色旅游经典景区关键词的27个省（自治区、直辖市）所获得的全国消费需求规模，并对每个省级目的地的34个客源省（自治区、直辖市）搜索年总值进行排序；最后，分别计算每一个红色旅游经典景区的全国消费需求规模，并对每个景区的34个省（自治区、直辖市）搜索年总值进行排序。

基于搜索年总值的红色旅游经典景区消费需求空间分布分析，较详细地展示了我国34个省（自治区、直辖市）在面向全国、七大区域、省级地域、单体景区不同范畴所表现的对红色旅游经典景区消费需求规模与偏好，为各级区域了解其红色旅游消费需求空间结构提供有价值的证据，有利于明确市场定位与开拓计划。

第一节 全国消费需求空间分布

全国红色旅游经典景区总消费需求总量为51 923 075人次，平均需求量为1 527 149人次，16个省份超过了平均水平，占全国的74.99%。排名前五的省份依次是北京市、广东省、江苏省、山东省、河北省，搜索年总值累计占全国总量的32.92%。排名最后的五个省份为青海省、香港特别行政区、西藏自治区、台湾省、澳门特别行政区，仅占了全国的1.11%。具体见表3-1。

表3-1 全国红色旅游经典景区消费需求空间分布

省级行政区域	消费需求总量（人次）	占比	排名
北京市	4 243 125	8.17%	1
广东省	3 671 535	7.07%	2
江苏省	3 477 720	6.70%	3
山东省	3 069 650	5.91%	4
河北省	2 632 745	5.07%	5
上海市	2 397 685	4.62%	6
浙江省	2 384 545	4.59%	7
湖南省	2 368 850	4.56%	8
河南省	2 343 665	4.51%	9
四川省	1 998 010	3.85%	10
辽宁省	1 941 070	3.74%	11
安徽省	1 778 645	3.43%	12

续表

省级行政区域	消费需求总量（人次）	占比	排名
湖北省	1 743 240	3.36%	13
江西省	1 701 265	3.28%	14
陕西省	1 649 800	3.18%	15
山西省	1 533 730	2.95%	16
天津市	1 511 100	2.91%	17
福建省	1 357 800	2.62%	18
重庆市	1 199 390	2.31%	19
广西壮族自治区	1 194 280	2.30%	20
黑龙江省	1 096 825	2.11%	21
吉林省	982 215	1.89%	22
贵州省	978 930	1.89%	23
云南省	956 300	1.84%	24
内蒙古自治区	921 625	1.77%	25
甘肃省	742 775	1.43%	26
新疆维吾尔自治区	637 655	1.23%	27
海南省	483 990	0.93%	28
宁夏回族自治区	347 845	0.67%	29
青海省	253 310	0.49%	30
香港特别行政区	154 030	0.30%	31
西藏自治区	125 195	0.24%	32
台湾省	23 360	0.04%	33
澳门特别行政区	21 170	0.04%	34
全国合计	51 923 075	100%	

第二节　区域消费需求空间分布

一、华北地区红色旅游经典景区消费需求空间分布

华北地区在全国的消费需求总量为 14 995 660 人次，平均需求量为 441 049 人次。有 13 个省份对华北地区的红色旅游经典景区的消费需求超过平均值，占 34 个省级行政区域的 67.72%。排名前五的为北京市、河北省、山东省、广东省、天津市，占全国消费需求的 37.32%，其中北京市、河北省和天津市均来自华北地区，山东省来自华东地区，另外一个省份来自华南地区。北京市以 1 929 390 人次在华北地区红色旅游经典景区的省级消费需求市场中排名第一。西藏自治区对华北地区的消费需求仅有 39 055，占全国的 0.26%，澳门特别行政区消费需求仅为 4745，具体如下表 3-2 所示。

表 3-2　华北地区红色旅游经典景区消费需求空间分布

省级行政区域	消费需求总量（人次）	占比	排名
北京	1 929 390	12.87%	1
河北	1 347 215	8.98%	2
山东	798 985	5.33%	3
广东	760 295	5.07%	4
天津	760 295	5.07%	4
江苏	702 260	4.68%	6
山西	677 440	4.52%	7
河南	620 500	4.14%	8
浙江	577 430	3.85%	9
上海	529 980	3.53%	10
辽宁	519 760	3.47%	11
四川	486 545	3.24%	12
湖北	444 570	2.96%	13
陕西	439 460	2.93%	14
安徽	424 495	2.83%	15
湖南	417 560	2.78%	16
福建	356 970	2.38%	17
内蒙古	337 625	2.25%	18
江西	318 645	2.12%	19
重庆	318 280	2.12%	20
黑龙江	317 550	2.12%	21
广西	285 795	1.91%	22
吉林	283 240	1.89%	23
云南	259 150	1.73%	24
贵州	217 540	1.45%	25
甘肃	214 620	1.43%	26
新疆	206 225	1.38%	27
海南	151 110	1.01%	28
宁夏	117 165	0.78%	29
青海	79 935	0.53%	30
香港	43 070	0.29%	31
西藏	39 055	0.26%	32
台湾	8760	0.06%	33
澳门	4745	0.03%	34
全国合计	14 995 660	100%	

二、东北地区红色旅游经典景区消费需求空间分布

东北地区在全国的消费需求总量为 4 708 135 人次,平均需求量为 138 475 人次。其中 12 个省份对东北地区红色旅游经典景区的消费需求超过平均值,占比 66.88%。排名前五的为辽宁省、北京市、黑龙江省、吉林省、广东省,东北地区三省全部上榜,其余两个省份分别来自华北地区和华南地区。辽宁省以 596 045 人次在东北地区红色旅游经典景区的省级消费需求市场中排名第一。澳门特别行政区消费需求仅为 365,排名 34,仅占 0.01%,具体如表 3-3 所示。

表 3-3 东北地区红色旅游经典景区消费需求空间分布

省级行政区域	消费需求总量(人次)	占比	排名
辽宁	596 045	12.66%	1
北京	348 210	7.40%	2
黑龙江	283 970	6.03%	3
吉林	256 230	5.44%	4
广东	253 675	5.39%	5
山东	247 470	5.26%	6
江苏	236 155	5.02%	7
河北	227 760	4.84%	8
浙江	188 705	4.01%	9
上海	180 310	3.83%	10
河南	174 470	3.71%	11
四川	155 855	3.31%	12
湖北	135 050	2.87%	13
陕西	131 400	2.79%	14
安徽	127 385	2.71%	15
天津	121 180	2.57%	16
内蒙古	120 085	2.55%	17
湖南	116 435	2.47%	18
山西	108 770	2.31%	19
福建	101 105	2.15%	20
江西	90 520	1.92%	21
广西	87 600	1.86%	22
重庆	83 950	1.78%	23
云南	67 160	1.43%	24
甘肃	64 970	1.38%	25
新疆	57 305	1.22%	26
贵州	54 020	1.15%	27
海南	39 055	0.83%	28

续表

省级行政区域	消费需求总量（人次）	占比	排名
宁夏	22 265	0.47%	29
青海	18 250	0.39%	30
西藏	5840	0.12%	31
香港	5475	0.12%	32
台湾	1095	0.02%	33
澳门	365	0.01%	34
全国合计	4 708 135	100%	

三、华东地区红色旅游经典景区消费需求空间分布

华东地区在全国的消费需求总量为 14 614 600 人次，平均客源为 429 841 人次。其中 14 个省份对华东地区红色旅游经典景区的检索量超过平均需求量，占比 74.68%。排名前五的为江苏省、山东省、上海市、浙江省、北京市。除了北京市，其余均为华东地区，地域特征明显。排名前五的消费需求占全国需求总量的 38.96%，其中江苏省以 1 682 650 人次在华东地区红色旅游经典景区的省级消费需求市场中排名第一，占比为 11.51%。澳门特别行政区消费需求仅为 6570，排名 34 名，仅占 0.04%，具体如表 3-4 所示。

表 3-4 华东地区红色旅游经典景区消费需求空间分布

省级行政区域	消费需求总量（人次）	占比	排名
江苏	1 682 650	11.51%	1
山东	1 193 185	8.16%	2
上海	1 019 445	6.98%	3
浙江	907 755	6.21%	4
北京	890 600	6.09%	5
广东	841 690	5.76%	6
江西	757 375	5.18%	7
安徽	744 965	5.10%	8
河南	565 385	3.87%	9
河北	503 335	3.44%	10
四川	465 010	3.18%	11
福建	456 250	3.12%	12
湖北	451 140	3.09%	13
湖南	435 810	2.98%	14
辽宁	412 085	2.82%	15
陕西	375 950	2.57%	16
天津	328 500	2.25%	17
山西	318 280	2.18%	18

续表

省级行政区域	消费需求总量（人次）	占比	排名
重庆	273 020	1.87%	19
广西	255 500	1.75%	20
黑龙江	238 345	1.63%	21
吉林	219 000	1.50%	22
云南	216 810	1.48%	23
内蒙古	196 005	1.34%	24
贵州	183 595	1.26%	25
甘肃	169 725	1.16%	26
新疆	166 440	1.14%	27
海南	112 420	0.77%	28
宁夏	82 125	0.56%	29
青海	61 685	0.42%	30
香港	43 435	0.30%	31
西藏	32 850	0.22%	32
台湾	7665	0.05%	33
澳门	6570	0.04%	34
全国合计	14 614 600	100%	

四、华中地区红色旅游经典景区消费需求空间分布

华中地区在全国的消费需求总量为 8 542 095 人次，在全国的平均客源为 251 238 人次。13 个省份对华中地区红色旅游经典景区的检索量超过平均需求量，占比 68.29%。排名前五的为湖南省、河南省、广东省、北京市、湖北省，其中湖南省、湖北省和河南省均来自华中地区，其余两个省市来自华北地区和华南地区，地域特征明显。排名前五的消费需求占全国需求总量的 37.97%，其中湖南省以 1 091 715 人次在华中地区红色旅游经典景区的省级消费需求市场中排名第一，占比为 12.78%，远高于其他省份。台湾省消费需求仅为 2920，占 0.03%，具体如表 3-5 所示。

表 3-5 华中地区红色旅游经典景区消费需求空间分布

省级行政区域	消费需求总量（人次）	占比	排名
湖南	1 091 715	12.78%	1
河南	662 475	7.76%	2
广东	600 790	7.03%	3
北京	458 440	5.37%	4
湖北	430 335	5.04%	5
山东	415 735	4.87%	6
江苏	400 770	4.69%	7

续表

省级行政区域	消费需求总量（人次）	占比	排名
浙江	347 480	4.07%	8
江西	305 870	3.58%	9
河北	294 190	3.44%	10
四川	285 430	3.34%	11
上海	281 415	3.29%	12
安徽	258 420	3.03%	13
广西	239 075	2.80%	14
陕西	228 490	2.67%	15
山西	218 270	2.56%	16
福建	216 445	2.53%	17
重庆	201 845	2.36%	18
辽宁	198 925	2.33%	19
云南	171 915	2.01%	20
贵州	170 090	1.99%	21
天津	153 665	1.80%	22
内蒙古	133 225	1.56%	23
黑龙江	130 670	1.53%	24
吉林	126 290	1.48%	25
甘肃	121 910	1.43%	26
新疆	110 960	1.30%	27
海南	106 580	1.25%	28
宁夏	63 145	0.74%	29
青海	53 655	0.63%	30
西藏	29 565	0.35%	31
香港	25 185	0.29%	32
澳门	6205	0.07%	33
台湾	2920	0.03%	34
全国合计	8 542 095	100%	

五、华南地区红色旅游经典景区消费需求空间分布

华南地区在全国的消费需求总量为 2 616 320 人次，在全国的平均客源为 76 951 人次。12 个省份对华南地区红色旅游经典景区的检索量超过平均需求量，占 34 个客源市场的 78.77%。排名前五的为广东省、广西壮族自治区、北京市、江苏省、上海市，其中广东省和广西壮族自治区均来自华南地区，北京市来自华北地区，另外两个省份均来自华东地区。排名前五的消费需求占全国需求总量的 54.38%，其中广东省以 817 235 人次在华南地区红色旅游经典景区的省级消费需求市场中排名第一，占比为 31.24%，远高于其他省份。青

海省消费需求仅为730，占全国客源的0.03%，具体如表3-6所示。

表3-6 华南地区红色旅游经典景区消费需求空间分布

省级行政区域	消费需求总量（人次）	占比	排名
广东	817 235	31.24%	1
广西	182 500	6.98%	2
北京	179 215	6.85%	3
江苏	123 370	4.72%	4
上海	120 450	4.60%	5
湖南	108 405	4.14%	6
浙江	98 550	3.77%	7
四川	93 075	3.56%	8
江西	91 615	3.50%	9
山东	90 155	3.45%	10
湖北	78 110	2.99%	11
福建	78 110	2.99%	11
河南	75 920	2.90%	13
河北	54 750	2.09%	14
安徽	45 625	1.74%	15
辽宁	45 625	1.74%	15
陕西	44 530	1.70%	17
重庆	41 975	1.60%	18
云南	39 420	1.51%	19
山西	31 755	1.21%	20
贵州	31 025	1.19%	21
香港	31 025	1.19%	21
天津	25 550	0.98%	23
黑龙江	20 805	0.80%	24
海南	16 790	0.64%	25
吉林	14 965	0.57%	26
内蒙古	12 045	0.46%	27
甘肃	10 585	0.40%	28
新疆	6570	0.25%	29
澳门	2920	0.11%	30
宁夏	1460	0.06%	31
台湾	1460	0.06%	31
青海	730	0.03%	33
西藏	0	0.00%	34
全国合计	2 616 320	100%	

六、西南地区红色旅游经典景区消费需求空间分布

西南地区在全国的消费需求总量为 4 225 240 人次，平均需求量为 124 272 人次。有 14 个省份对西南地区的红色旅游经典景区的检索量超过平均需求量，占比 70.37%。排名前五的为四川省、贵州省、北京市、广东省、重庆市，消费需求占全国需求总量的 35.37%，其中四川省、贵州省、重庆市均来自西南地区，广东省来自华南地区，北京市来自华北地区，四川省以 407 340 人次在西南地区红色旅游经典景区的省级消费需求市场中排名第一。具体如表 3-7 所示。

表 3-7 西南地区红色旅游经典景区消费需求空间分布

省级行政区域	消费需求总量（人次）	占比	排名
四川	407 340	9.64%	1
贵州	298 935	7.07%	2
北京	285 065	6.75%	3
广东	271 560	6.43%	4
重庆	231 775	5.49%	5
江苏	215 715	5.11%	6
山东	207 685	4.92%	7
上海	176 660	4.18%	8
云南	173 010	4.09%	9
浙江	168 630	3.99%	10
河南	136 875	3.24%	11
湖南	135 780	3.21%	12
湖北	132 860	3.14%	13
陕西	131 400	3.11%	14
河北	119 720	2.83%	15
安徽	118 990	2.82%	16
广西	108 405	2.57%	17
福建	105 120	2.49%	18
山西	99 645	2.36%	19
江西	98 185	2.32%	20
辽宁	93 440	2.21%	21
天津	73 730	1.74%	22
甘肃	72 635	1.72%	23
内蒙古	64 605	1.53%	24
黑龙江	60 225	1.43%	25
吉林	56 210	1.33%	26
新疆	50 370	1.19%	27
海南	49 640	1.17%	28
宁夏	31 390	0.74%	29

续表

省级行政区域	消费需求总量（人次）	占比	排名
青海	27 375	0.65%	30
西藏	15 695	0.37%	31
香港	4745	0.11%	32
台湾	1460	0.03%	33
澳门	365	0.01%	34
全国合计	4 225 240	100%	

七、西北地区红色旅游经典景区消费需求空间分布

西北地区在全国的消费需求总量为 2 221 025 人次，平均需求量为 65 324 人次。有 14 个省份对西北地区的红色旅游经典景区的检索量超过平均需求量，占比 72.42%。排名前五的为陕西省、北京市、广东省、江苏省、山东省，消费需求占全国需求总量的 36.48%，其中陕西省来自西北地区、北京市来自华北地区、广东省来自华南地区、江苏省和山东省来自华东地区。陕西省以 298 570 人次在西北地区红色旅游经典景区的省级消费需求市场中排名第一。香港特别行政区对西北地区消费需求仅有 1095，占全国的 0.05%，具体如表 3-8 所示。

表 3-8 西北地区红色旅游经典景区消费需求空间分布

省级行政区域	消费需求总量（人次）	占比	排名
陕西	298 570	13.44%	1
北京	152 205	6.85%	2
广东	126 290	5.69%	3
江苏	116 800	5.26%	4
山东	116 435	5.24%	5
河南	108 040	4.86%	6
四川	104 755	4.72%	7
浙江	95 995	4.32%	8
上海	89 425	4.03%	9
甘肃	88 330	3.98%	10
河北	85 775	3.86%	11
山西	79 570	3.58%	12
辽宁	75 190	3.39%	13
湖北	71 175	3.20%	14
湖南	63 145	2.84%	15
安徽	58 765	2.65%	16
内蒙古	58 035	2.61%	17
重庆	48 545	2.19%	18

续表

省级行政区域	消费需求总量（人次）	占比	排名
天津	48 180	2.17%	19
黑龙江	45 260	2.04%	20
福建	43 800	1.97%	21
新疆	39 785	1.79%	22
江西	39 055	1.76%	23
广西	35 405	1.59%	24
宁夏	30 295	1.36%	25
云南	28 835	1.30%	26
吉林	26 280	1.18%	27
贵州	23 725	1.07%	28
青海	11 680	0.53%	29
海南	8395	0.38%	30
西藏	2190	0.10%	31
香港	1095	0.05%	32
澳门	0	0.00%	33
台湾	0	0.00%	33
全国合计	2 221 025	100%	

第三节 省域消费需求空间分布

一、京、津、冀红色旅游经典景区消费需求空间分布

在全国范围内，北京市的红色旅游经典景区消费需求最大的省级行政区域是北京市自身，需求量为 1 267 280 人次。经计算，其全国省级行政区域的平均消费需求为 250 766 人次，北京市、河北省、广东省、山东省、江苏省、浙江省、河南省、上海市、辽宁省、天津市、四川省、湖北省、湖南省、安徽省、陕西省共 15 个省级行政区域高于平均水平，其中北京市的消费需求达到平均水平的 5 倍以上。

在全国范围内，天津市的红色旅游经典景区消费需求最大的省级行政区域是天津市自身，需求量为 192 355 人次。经计算，其全国省级行政区域的平均消费需求为 22 855 人次，天津市、北京市、河北省、山东省、江苏省、广东省、辽宁省、河南省共 8 个省级行政区域高于平均水平，其中天津市的消费需求达到平均水平的 8 倍以上。

在全国范围内，河北省的红色旅游经典景区消费需求最大的省级行政区域是河北省本省域，需求量为 687 295 人次。经计算，其全国省级行政区域的平均消费需求为 139 398 人次，河北省、北京市、山东省、天津市、广东省、江苏省、河南省、山西省、浙江省、上海市、辽宁省、湖北省共 12 个省级行政区域高于平均水平，其中河北省的消费需求达到平均水平的 4 倍以上，接近 5 倍。

表 3-9 京、津、冀红色旅游经典景区消费需求空间分布

省级行政区域	北京市 消费需求（人次）	北京市 占比	天津市 消费需求（人次）	天津市 占比	河北省 消费需求（人次）	河北省 占比
安徽	258 420	3.03%	13 870	1.78%	132 130	2.79%
澳门	4015	0.05%	0	0.00%	730	0.02%
北京	1 267 280	14.86%	109 135	14.04%	458 805	9.68%
重庆	194 910	2.29%	5840	0.75%	96 360	2.03%
福建	228 490	2.68%	10 220	1.32%	106 945	2.26%
广东	468 660	5.50%	39 055	5.03%	198 195	4.18%
广西	181 405	2.13%	6205	0.80%	89 425	1.89%
甘肃	131 765	1.55%	6570	0.85%	70 080	1.48%
贵州	136 510	1.60%	2920	0.38%	72 270	1.52%
河北	502 970	5.90%	78 475	10.10%	687 295	14.50%
黑龙江	199 290	2.34%	10 950	1.41%	99 280	2.09%
河南	346 385	4.06%	23 725	3.05%	195 640	4.13%
湖南	260 975	3.06%	16 425	2.11%	121 545	2.56%
湖北	268 640	3.15%	14 600	1.88%	139 430	2.94%
海南	95 265	1.12%	1460	0.19%	52 560	1.11%
吉林	177 390	2.08%	7300	0.94%	93 805	1.98%
江苏	415 370	4.87%	42 705	5.50%	197 100	4.16%
江西	196 735	2.31%	7665	0.99%	101 470	2.14%
辽宁	307 695	3.61%	35 040	4.51%	157 315	3.32%
内蒙古	183 960	2.16%	7665	0.99%	127 020	2.68%
宁夏	73 365	0.86%	0	0.00%	41 975	0.89%
青海	49 640	0.58%	0	0.00%	29 200	0.62%
上海	324 850	3.81%	20 440	2.63%	158 045	3.33%
四川	299 665	3.51%	17 885	2.30%	138 700	2.93%
山东	430 700	5.05%	47 450	6.11%	265 355	5.60%
山西	247 105	2.90%	16 425	2.11%	183 960	3.88%
陕西	256 230	3.01%	13 870	1.78%	135 780	2.86%
天津	303 680	3.56%	192 355	24.75%	241 265	5.09%
台湾	6205	0.07%	0	0.00%	2555	0.05%
西藏	25 185	0.30%	0	0.00%	13 870	0.29%
香港	29 930	0.35%	0	0.00%	13 140	0.28%
新疆	127 750	1.50%	4015	0.52%	70 445	1.49%
云南	167 170	1.96%	3650	0.47%	81 395	1.72%
浙江	358 430	4.20%	21 170	2.72%	166 440	3.51%
合计	8 526 035	100%	777 085	100%	4 739 525	100%

二、晋、黑、吉红色旅游经典景区消费需求空间分布

在全国范围内，山西省的红色旅游经典景区消费需求最大的省级行政区域是山西省本省域，需求量为 229 950 人次。经计算，其全国省级行政区域的平均消费需求为 28 030 人次，山西省、北京市、河北省、山东省、河南省、广东省、江苏省、陕西省、浙江省、四川省共 10 个省级行政区域高于平均水平，其中山西省的消费需求达到平均水平的 8 倍以上。

在全国范围内，黑龙江省的红色旅游经典景区消费需求最大的省级行政区域是黑龙江本省，需求量为 160 600 人次。经计算，其全国省级行政区域的平均消费需求为 50 617 人次，黑龙江省、北京市、山东省、广东省、江苏省、辽宁省、浙江省、吉林省、河北省、河南省、上海市、四川省、湖北省、陕西省、安徽省共 15 个省级行政区域高于平均水平，其中黑龙江省的消费需求达到平均水平的 3 倍以上。

在全国范围内，吉林省的红色旅游经典景区消费需求最大的省级行政区域是吉林本省，需求量为 69 350 人次。经计算，其全国省级行政区域的平均消费需求为 16 425 人次，吉林省、北京市、辽宁省、广东省、山东省、黑龙江省、江苏省、河北省、浙江省、上海市、河南省、四川省共 12 个省级行政区域高于平均水平，其中吉林省消费需求达到平均水平的 4 倍以上。

表 3-10 晋、黑、吉红色旅游经典景区消费需求空间分布

省级行政区域	山西省		黑龙江省		吉林省	
	消费需求（人次）	占比	消费需求（人次）	占比	消费需求（人次）	占比
安徽	20 075	2.11%	51 100	2.97%	15 695	2.81%
澳门	0	0.00%	365	0.02%	0	0.00%
北京	94 170	9.88%	102 565	5.96%	42 705	7.65%
重庆	21 170	2.22%	41 245	2.40%	6570	1.18%
福建	11 315	1.19%	45 260	2.63%	11 680	2.09%
广东	54 385	5.71%	93 440	5.43%	33 945	6.08%
广西	8760	0.92%	39 785	2.31%	9490	1.70%
甘肃	6205	0.65%	39 785	2.31%	4015	0.72%
贵州	5840	0.61%	29 565	1.72%	4015	0.72%
河北	78 475	8.23%	66 795	3.88%	29 200	5.23%
黑龙江	8030	0.84%	160 600	9.33%	29 565	5.29%
河南	54 750	5.74%	64 605	3.75%	22 995	4.12%
湖南	18 615	1.95%	49 640	2.88%	12 775	2.29%
湖北	21 900	2.30%	56 575	3.29%	15 330	2.75%
海南	1825	0.19%	25 185	1.46%	4745	0.85%
吉林	4745	0.50%	70 080	4.07%	69 350	12.42%
江苏	47 085	4.94%	82 855	4.81%	29 565	5.29%
江西	12 775	1.34%	40 880	2.38%	9490	1.70%

续表

省级行政区域	山西省		黑龙江省		吉林省	
	消费需求（人次）	占比	消费需求（人次）	占比	消费需求（人次）	占比
辽宁	19 710	2.07%	78 110	4.54%	35 405	6.34%
内蒙古	18 980	1.99%	35 040	2.04%	11 315	2.03%
宁夏	1825	0.19%	15 695	0.91%	365	0.07%
青海	1095	0.11%	13 870	0.81%	365	0.07%
上海	26 645	2.80%	64 605	3.75%	24 820	4.44%
四川	30 295	3.18%	62 050	3.61%	18 980	3.40%
山东	55 480	5.82%	94 170	5.47%	30 660	5.49%
山西	229 950	24.13%	41 245	2.40%	12 775	2.29%
陕西	33 580	3.52%	55 480	3.22%	15 695	2.81%
天津	22 995	2.41%	48 180	2.80%	15 695	2.81%
台湾	0	0.00%	730	0.04%	365	0.07%
西藏	0	0.00%	4745	0.28%	0	0.00%
香港	0	0.00%	3285	0.19%	730	0.13%
新疆	4015	0.42%	36 865	2.14%	3650	0.65%
云南	6935	0.73%	33 215	1.93%	8395	1.50%
浙江	31 390	3.29%	73 365	4.26%	28 105	5.03%
合计	953 015	100%	1 720 975	100%	558 450	100%

三、辽、沪、苏红色旅游经典景区消费需求空间分布

在全国范围内，辽宁省的红色旅游经典景区消费需求最大的省级行政区域是辽宁本省，需求量为 482 530 人次。经计算，其全国省级行政区域的平均消费需求为 71 433 人次，辽宁省、北京市、河北省、广东省、江苏省、山东省、吉林省、黑龙江省、上海市、浙江省、河南省、四川省、内蒙古自治区共 13 个省级行政区域高于平均水平，其中辽宁省消费需求达到平均水平的 6 倍以上。

在全国范围内，上海市的红色旅游经典景区消费需求最大的省级行政区域是上海本市，需求量为 373 030 人次。经计算，其全国省级行政区域的平均消费需求为 40 032 人次，上海市、江苏省、浙江省、北京市、广东省、山东省、四川省、安徽省、河南省 9 个省级行政区域高于平均水平，其中上海市消费需求达到平均水平的 9 倍以上。

在全国范围内，江苏省的红色旅游经典景区消费需求最大的省级行政区域是江苏本省，需求量为 1 021 270 人次。经计算，其全国省级行政区域的平均消费需求为 165 248 人次，江苏省、安徽省、浙江省、山东省、北京市、上海市、广东省、河南省、河北省、四川省、湖北省、辽宁省共 12 个省级行政区域高于平均水平，其中江苏省的消费需求达到平均水平的 6 倍以上。

表 3-11 辽、沪、苏红色旅游经典景区消费需求空间分布

省级行政区域	辽宁省		上海市		江苏省	
	消费需求（人次）	占比	消费需求（人次）	占比	消费需求（人次）	占比
安徽	60 590	2.49%	46 355	3.41%	340 545	6.06%
澳门	0	0.00%	0	0.00%	2555	0.05%
北京	202 940	8.36%	105 850	7.78%	308 425	5.49%
重庆	36 135	1.49%	19 345	1.42%	114 610	2.04%
福建	44 165	1.82%	25 915	1.90%	141 255	2.51%
广东	126 290	5.20%	91 250	6.70%	266 815	4.75%
广西	38 325	1.58%	12 775	0.94%	108 040	1.92%
甘肃	21 170	0.87%	3650	0.27%	72 635	1.29%
贵州	20 440	0.84%	6205	0.46%	77 745	1.38%
河北	131 765	5.43%	31 390	2.31%	193 085	3.44%
黑龙江	93 805	3.86%	11 680	0.86%	92 345	1.64%
河南	86 870	3.58%	42 340	3.11%	232 870	4.14%
湖南	54 020	2.22%	29 200	2.15%	160 600	2.86%
湖北	63 145	2.60%	29 200	2.15%	176 660	3.14%
海南	9125	0.38%	1825	0.13%	45 260	0.81%
吉林	116 800	4.81%	14 235	1.05%	86 505	1.54%
江苏	123 735	5.09%	141 620	10.40%	1 021 270	18.18%
江西	40 150	1.65%	31 390	2.31%	136 145	2.42%
辽宁	482 530	19.87%	37 960	2.79%	173 740	3.09%
内蒙古	73 730	3.04%	7665	0.56%	76 285	1.36%
宁夏	6205	0.26%	1825	0.13%	30 295	0.54%
青海	4015	0.17%	365	0.03%	22 995	0.41%
上海	90 885	3.74%	373 030	27.41%	289 445	5.15%
四川	74 825	3.08%	49 640	3.65%	179 945	3.20%
山东	122 640	5.05%	63 875	4.69%	317 915	5.66%
山西	54 750	2.25%	16 790	1.23%	128 115	2.28%
陕西	60 225	2.48%	23 725	1.74%	154 395	2.75%
天津	57 305	2.36%	14 600	1.07%	151 475	2.70%
台湾	0	0.00%	365	0.03%	4745	0.08%
西藏	1095	0.05%	0	0.00%	5475	0.10%
香港	1460	0.06%	2920	0.21%	14 965	0.27%
新疆	16 790	0.69%	3650	0.27%	70 810	1.26%
云南	25 550	1.05%	10 950	0.80%	88 330	1.57%
浙江	87 235	3.59%	109 500	8.05%	332 150	5.91%
合计	2 428 710	100%	1 361 085	100%	5 618 445	100%

四、浙、皖、赣红色旅游经典景区消费需求空间分布

在全国范围内，浙江省的红色旅游经典景区消费需求最大的省级行政区域是浙江本省，需求量为 161 695 人次。经计算，其全国省级行政区域的平均消费需求为 32 453 人次，浙江省、上海市、江苏省、北京市、广东省、山东省、安徽省、河南省、四川省、湖北省、福建省、河北省、湖南省、江西省共 14 个省级行政区域高于平均水平，其中浙江省的消费需求达到平均水平的 4 倍以上，接近 5 倍。

在全国范围内，安徽省的红色旅游经典景区消费需求最大的省级行政区域是安徽本省，需求量为 116 070 人次。经计算，其全国省级行政区域的平均消费需求为 12 582 人次，安徽省、江苏省、浙江省、广东省、北京市、上海市、山东省、河南省共 8 个省级行政区域高于平均水平，其中安徽省的消费需求达到平均水平的 9 倍以上。

在全国范围内，江西省的红色旅游经典景区消费需求最大的省级行政区域是江西本省，需求量为 512 095 人次。经计算，其全国省级行政区域的平均消费需求为 110 466 人次，江西省、广东省、北京市、浙江省、江苏省、山东省、湖南省、上海市、湖北省、河南省、福建省、河北省、安徽省、四川省共 14 个省级行政区域高于平均水平，其中江西省的消费需求达到平均水平的 4 倍以上。

表 3-12　浙、皖、赣红色旅游经典景区消费需求空间分布

省级行政区域	浙江省		安徽省		江西省	
	消费需求（人次）	占比	消费需求（人次）	占比	消费需求（人次）	占比
安徽	50 735	4.60%	116 070	27.13%	120 450	3.21%
澳门	0	0.00%	0	0.00%	4015	0.11%
北京	66 795	6.05%	24 820	5.80%	199 655	5.32%
重庆	23 360	2.12%	3650	0.85%	77 015	2.05%
福建	37 230	3.37%	8395	1.96%	130 305	3.47%
广东	61 320	5.56%	28 105	6.57%	304 410	8.10%
广西	22 265	2.02%	4745	1.11%	83 950	2.24%
甘肃	12 775	1.16%	1095	0.26%	55 480	1.48%
贵州	14 600	1.32%	2555	0.60%	68 985	1.84%
河北	35 040	3.18%	12 410	2.90%	128 115	3.41%
黑龙江	18 250	1.65%	3285	0.77%	66 430	1.77%
河南	44 165	4.00%	18 615	4.35%	133 955	3.57%
湖南	33 215	3.01%	9490	2.22%	160 600	4.28%
湖北	37 595	3.41%	12 410	2.90%	136 145	3.62%
海南	5475	0.50%	365	0.09%	47 815	1.27%
吉林	15 330	1.39%	2190	0.51%	63 510	1.69%
江苏	85 775	7.77%	52 925	12.37%	185 785	4.95%
江西	32 850	2.98%	10 585	2.47%	512 095	13.63%

续表

省级行政区域	浙江省 消费需求（人次）	浙江省 占比	安徽省 消费需求（人次）	安徽省 占比	江西省 消费需求（人次）	江西省 占比
辽宁	29 930	2.71%	6935	1.62%	94 170	2.51%
内蒙古	12 775	1.16%	2190	0.51%	63 145	1.68%
宁夏	3285	0.30%	0	0.00%	36 500	0.97%
青海	1825	0.17%	0	0.00%	29 930	0.80%
上海	96 725	8.77%	23 725	5.55%	142 715	3.80%
四川	40 515	3.67%	11 315	2.65%	117 530	3.13%
山东	52 925	4.80%	21 535	5.03%	167 535	4.46%
山西	22 265	2.02%	4380	1.02%	86 505	2.30%
陕西	29 565	2.68%	6935	1.62%	99 280	2.64%
天津	21 170	1.92%	3285	0.77%	77 380	2.06%
台湾	0	0.00%	0	0.00%	2190	0.06%
西藏	730	0.07%	0	0.00%	23 360	0.62%
香港	2190	0.20%	0	0.00%	20 440	0.54%
新疆	12 045	1.09%	730	0.17%	55 115	1.47%
云南	18 980	1.72%	4015	0.94%	71 175	1.90%
浙江	161 695	14.65%	31 025	7.25%	190 165	5.06%
合计	1 103 395	100%	427 780	100%	3 755 850	100%

五、鲁、闽、豫红色旅游经典景区消费需求空间分布

在全国范围内，山东省的红色旅游经典景区消费需求最大的省级行政区域是山东省自身，需求量为567 210人次。经计算，其全国省级行政区域的平均消费需求为63 564人次，山东省、北京市、江苏省、河北省、河南省、上海市、广东省、浙江省、安徽省、辽宁省共10个省级行政区域高于平均水平，其中山东省的消费需求达到平均水平的8倍以上，接近9倍。

在全国范围内，福建省的红色旅游经典景区消费需求最大的省级行政区域是福建省自身，需求量为77 015人次。经计算，其全国省级行政区域的平均消费需求为5496人次，福建省、江苏省、北京市、广东省、上海市共5个省级行政区域高于平均水平，其中福建省的消费需求达到平均水平的14倍以上。

在全国范围内，河南省的红色旅游经典景区消费需求最大的省级行政区域是河南省自身，需求量为437 270人次。经计算，其全国省级行政区域的平均消费需求为85 893人次，河南省、山东省、北京市、江苏省、河北省、广东省、浙江省、山西省、安徽省、陕西省、湖北省、四川省、上海市共13个省级行政区域高于平均水平，其中河南省的消费需求达到平均水平的5倍以上。

表 3-13　鲁、闽、豫红色旅游经典景区消费需求空间分布

省级行政区域	山东省		福建省		河南省	
	消费需求（人次）	占比	消费需求（人次）	占比	消费需求（人次）	占比
安徽	68 620	3.18%	2190	1.17%	92 710	3.17%
澳门	0	0.00%	0	0.00%	730	0.02%
北京	168 995	7.82%	16 060	8.59%	167 900	5.75%
重庆	35 040	1.62%	0	0.00%	60 955	2.09%
福建	36 135	1.67%	77 015	41.21%	68 620	2.35%
广东	81 395	3.77%	8395	4.49%	137 970	4.72%
广西	23 360	1.08%	365	0.20%	63 145	2.16%
甘肃	23 725	1.10%	365	0.20%	48 910	1.67%
贵州	13 505	0.62%	0	0.00%	52 560	1.80%
河北	102 200	4.73%	1095	0.59%	139 795	4.79%
黑龙江	46 355	2.14%	0	0.00%	55 845	1.91%
河南	91 615	4.24%	1825	0.98%	437 270	14.97%
湖南	41 245	1.91%	1460	0.78%	83 220	2.85%
湖北	56 940	2.63%	2190	1.17%	91 980	3.15%
海南	11 680	0.54%	0	0.00%	36 865	1.26%
吉林	36 865	1.71%	365	0.20%	55 480	1.90%
江苏	143 445	6.64%	51 830	27.73%	149 650	5.12%
江西	29 930	1.38%	4380	2.34%	70 810	2.42%
辽宁	68 620	3.18%	730	0.39%	77 745	2.66%
内蒙古	33 945	1.57%	0	0.00%	60 955	2.09%
宁夏	10 220	0.47%	0	0.00%	33 945	1.16%
青海	6570	0.30%	0	0.00%	27 740	0.95%
上海	87 235	4.04%	6570	3.52%	88 330	3.02%
四川	63 510	2.94%	2555	1.37%	88 330	3.02%
山东	567 210	26.25%	2190	1.17%	213 890	7.32%
山西	59 495	2.75%	730	0.39%	105 485	3.61%
陕西	60 955	2.82%	1095	0.59%	91 980	3.15%
天津	59 495	2.75%	1095	0.59%	67 890	2.32%
台湾	365	0.02%	0	0.00%	1460	0.05%
西藏	3285	0.15%	0	0.00%	20 805	0.71%
香港	2920	0.14%	0	0.00%	9125	0.31%
新疆	24 090	1.11%	0	0.00%	48 910	1.67%
云南	23 360	1.08%	0	0.00%	60 225	2.06%
浙江	78 840	3.65%	4380	2.34%	109 135	3.74%
合计	2 161 165	100%	186 880	100%	2 920 365	100%

六、鄂、湘、粤红色旅游经典景区消费需求空间分布

在全国范围内,湖北省的红色旅游经典景区消费需求最大的省级行政区域是湖北本省,需求量为 83 585 人次。经计算,其全国省级行政区域的平均消费需求为 7418 人次,湖北省、广东省、北京市、江苏省、河南省、湖南省、上海市、浙江省、安徽省、山东省共 10 个省级行政区域高于平均水平,其中湖北省的消费需求达到平均水平的 11 倍以上。

在全国范围内,湖南省的红色旅游经典景区消费需求最大的省级行政区域是湖南本省,为 996 815 人次。经计算,其全国省级行政区域的平均消费需求为 157 927 人次,湖南省、广东省、北京市、湖北省、江苏省、江西省、浙江省、河南省、山东省、四川省、上海市、广西壮族自治区共 12 个省级行政区域高于平均水平,其中湖南省的消费需求达到平均水平的 6 倍以上。

在全国范围内,广东省的红色旅游经典景区消费需求最大的省级行政区域是广东本省,需求量为 777 085 人次。经计算,其全国省级行政区域的平均消费需求为 67 471 人次,广东省、北京市、上海市、江苏省、湖南省、浙江省、江西省、山东省、四川省、福建省、湖北省、广西壮族自治区、河南省共 13 个省级行政区域高于平均水平,其中广东省的消费需求则达到平均水平的 11 倍以上。

表 3-14 鄂、湘、粤红色旅游经典景区消费需求空间分布

省级行政区域	湖北省		湖南省		广东省	
	消费需求(人次)	占比	消费需求(人次)	占比	消费需求(人次)	占比
安徽	8760	3.47%	156 950	2.92%	43 800	1.91%
澳门	0	0.00%	5475	0.10%	2920	0.13%
北京	17 520	6.95%	273 020	5.08%	150 745	6.57%
重庆	3285	1.30%	137 605	2.56%	37 595	1.64%
福建	4015	1.59%	143 810	2.68%	75 555	3.29%
广东	20 805	8.25%	442 015	8.23%	777 085	33.87%
广西	3285	1.30%	172 645	3.22%	71 905	3.13%
甘肃	1095	0.43%	71 905	1.34%	9490	0.41%
贵州	730	0.29%	116 800	2.18%	17 885	0.78%
河北	6205	2.46%	148 190	2.76%	48 910	2.13%
黑龙江	1825	0.72%	73 000	1.36%	17 885	0.78%
河南	13 140	5.21%	212 065	3.95%	69 715	3.04%
湖南	11 680	4.63%	996 815	18.56%	100 010	4.36%
湖北	83 585	33.14%	254 770	4.74%	72 635	3.17%
海南	365	0.14%	69 350	1.29%	14 600	0.64%
吉林	730	0.29%	70 080	1.31%	13 505	0.59%
江苏	14 965	5.93%	236 155	4.40%	113 515	4.95%

续表

省级行政区域	湖北省		湖南省		广东省	
	消费需求（人次）	占比	消费需求（人次）	占比	消费需求（人次）	占比
江西	7300	2.89%	227 760	4.24%	86 870	3.79%
辽宁	4745	1.88%	116 435	2.17%	39 055	1.70%
内蒙古	0	0.00%	72 270	1.35%	10 220	0.45%
宁夏	0	0.00%	29 200	0.54%	1460	0.06%
青海	0	0.00%	25 915	0.48%	730	0.03%
上海	11 315	4.49%	181 770	3.39%	114 245	4.98%
四川	6205	2.46%	190 895	3.56%	80 300	3.50%
山东	8395	3.33%	193 450	3.60%	81 760	3.56%
山西	2920	1.16%	109 865	2.05%	27 740	1.21%
陕西	4015	1.59%	132 495	2.47%	40 515	1.77%
天津	2555	1.01%	83 220	1.55%	22 630	0.99%
台湾	0	0.00%	1460	0.03%	1460	0.06%
西藏	0	0.00%	8760	0.16%	0	0.00%
香港	0	0.00%	16 060	0.30%	31 025	1.35%
新疆	365	0.14%	61 685	1.15%	6205	0.27%
云南	1825	0.72%	109 865	2.05%	21 170	0.92%
浙江	10 585	4.20%	227 760	4.24%	90 885	3.96%
合计	252 215	100%	5 369 515	100%	2 294 025	100%

七、桂、渝、川红色旅游经典景区消费需求空间分布

在全国范围内，广西壮族自治区的红色旅游经典景区消费需求最大的省级行政区域是广西壮族自治区本区，需求量为110 595人次。经计算，其全国省级行政区域的平均消费需求为9479人次，广西壮族自治区、广东省、北京市、云南省、贵州省、四川省、江苏省共7个省级行政区域高于平均水平，其中广西壮族自治区的消费需求则达到平均水平的11倍以上。

在全国范围内，重庆市的红色旅游经典景区消费需求最大的省级行政区域是重庆市本市，为39 785人次。经计算，其全国省级行政区域的平均消费需求为2179人次，重庆市、四川省、北京市、广东省共4个省级行政区域高于平均水平，其中重庆的消费需求则达到平均水平的18倍以上。

在全国范围内，四川省的红色旅游经典景区消费需求最大的省级行政区域是四川本省，需求量为293 460人次。经计算，其全国省级行政区域的平均消费需求为61 749人次，四川省、广东省、北京市、江苏省、山东省、上海市、重庆市、浙江省、陕西省、湖北省、安徽省、河南省、湖南省共13个省级行政区域高于平均水平，其中四川省的消费需求则达到平均水平的4倍以上。

表 3-15 桂、渝、川红色旅游经典景区消费需求空间分布

省级行政区域	广西壮族自治区		重庆市		四川省	
	消费需求(人次)	占比	消费需求(人次)	占比	消费需求(人次)	占比
安徽	1825	0.57%	730	0.99%	67 160	3.20%
澳门	0	0.00%	0	0.00%	0	0.00%
北京	28 470	8.83%	5110	6.90%	149 650	7.13%
重庆	4380	1.36%	39 785	53.69%	98 550	4.69%
福建	2555	0.79%	365	0.49%	56 940	2.71%
广东	40 150	12.46%	2920	3.94%	150 745	7.18%
广西	110 595	34.31%	365	0.49%	49 640	2.36%
甘肃	1095	0.34%	0	0.00%	39 055	1.86%
贵州	13 140	4.08%	730	0.99%	31 025	1.48%
河北	5840	1.81%	1095	1.48%	57 670	2.75%
黑龙江	2920	0.91%	0	0.00%	25 915	1.23%
河南	6205	1.93%	1460	1.97%	64 970	3.09%
湖南	8395	2.60%	730	0.99%	62 780	2.99%
湖北	5475	1.70%	1095	1.48%	67 890	3.23%
海南	2190	0.68%	0	0.00%	28 105	1.34%
吉林	1460	0.45%	0	0.00%	23 360	1.11%
江苏	9855	3.06%	1460	1.97%	125 925	6.00%
江西	4745	1.47%	0	0.00%	52 195	2.49%
辽宁	6570	2.04%	730	0.99%	44 165	2.10%
内蒙古	1825	0.57%	365	0.49%	24 820	1.18%
宁夏	0	0.00%	0	0.00%	13 870	0.66%
青海	0	0.00%	0	0.00%	14 235	0.68%
上海	6205	1.93%	1095	1.48%	101 105	4.82%
四川	12 775	3.96%	9855	13.30%	293 460	13.98%
山东	8395	2.60%	1460	1.97%	110 595	5.27%
山西	4015	1.25%	730	0.99%	54 385	2.59%
陕西	4015	1.25%	1095	1.48%	74 825	3.56%
天津	2920	0.91%	365	0.49%	33 945	1.62%
台湾	0	0.00%	0	0.00%	1460	0.07%
西藏	0	0.00%	0	0.00%	9125	0.43%
香港	0	0.00%	0	0.00%	2555	0.12%
新疆	365	0.11%	730	0.99%	20 075	0.96%
云南	18 250	5.66%	365	0.49%	60 955	2.90%
浙江	7665	2.38%	1460	1.97%	88 330	4.21%
合计	322 295	100%	74 095	100%	2 099 480	100%

八、贵、滇、陕、甘红色旅游经典景区消费需求空间分布

在全国范围内,贵州省的红色旅游经典景区消费需求最大的省级行政区域是贵州本省,需求量为 263 165 人次。经计算,其全国省级行政区域的平均消费需求为 55 126 人次,贵州省、北京市、广东省、四川省、山东省、重庆市、江苏省、浙江省、湖南省、上海市、河南省、湖北省、河北省共 13 个省级行政区域高于平均水平,其中贵州省的消费需求则达到平均水平的 4 倍以上。

在全国范围内,云南省的红色旅游经典景区消费需求最大的省级行政区域是云南本省,为 62 050 人次。经计算,其全国省级行政区域的平均消费需求为 5217 人次,云南省、北京市、广东省、四川省、江苏省、上海市、浙江省、重庆市、山东省共 9 个省级行政区域高于平均水平,其中云南省的消费需求则达到平均水平的 11 倍以上。

在全国范围内,陕西省的红色旅游经典景区消费需求最大的省级行政区域是陕西本省,需求量为 271 925 人次。经计算,其全国省级行政区域的平均消费需求为 53 612 人次,陕西省、北京市、广东省、江苏省、山东省、河南省、四川省、浙江省、山西省、上海市、河北省、辽宁省、湖北省、湖南省、内蒙古自治区共 15 个省级行政区域高于平均水平,其中陕西省的消费需求达到平均水平的 5 倍以上。

在全国范围内,甘肃省的红色旅游经典景区消费需求最大的省级行政区域是甘肃本省,需求量为 41 975 人次。经计算,其全国省级行政区域的平均消费需求为 11 712 人次,甘肃省、北京市、陕西省、山东省、广东省、四川省、江苏省、黑龙江省、河南省、浙江省、上海市、新疆维吾尔自治区、河北省、辽宁省、湖北省共 15 个省级行政区域高于平均水平,其中甘肃省的消费需求达到平均水平的 3 倍以上。

表 3-16 贵、滇、陕、甘红色旅游经典景区消费需求空间分布

省级行政区域	贵州省		云南省		陕西省		甘肃省	
	消费需求(人次)	占比	消费需求(人次)	占比	消费需求(人次)	占比	消费需求(人次)	占比
安徽	49 275	2.63%	1825	1.03%	51 830	2.84%	6935	1.74%
澳门	365	0.02%	0	0.00%	0	0.00%	0	0.00%
北京	115 705	6.17%	14600	8.23%	116 070	6.37%	36 135	9.07%
重庆	87 965	4.69%	5475	3.09%	40 880	2.24%	7665	1.92%
福建	44 165	2.36%	3650	2.06%	39 055	2.14%	4745	1.19%
广东	103 295	5.51%	14600	8.23%	101 835	5.59%	24 455	6.14%
广西	54 750	2.92%	3650	2.06%	31 755	1.74%	3650	0.92%
甘肃	33 215	1.77%	365	0.21%	46 355	2.54%	41975	10.54%
贵州	263 165	14.04%	4015	2.26%	22 630	1.24%	1095	0.27%
河北	58 035	3.10%	2920	1.65%	70 080	3.84%	15 695	3.94%
黑龙江	33 580	1.79%	730	0.41%	27 010	1.48%	18 250	4.58%
河南	66 795	3.56%	3650	2.06%	89 790	4.93%	18 250	4.58%
湖南	67 525	3.60%	4745	2.67%	55 845	3.06%	7300	1.83%

续表

省级行政区域	贵州省		云南省		陕西省		甘肃省	
	消费需求（人次）	占比	消费需求（人次）	占比	消费需求（人次）	占比	消费需求（人次）	占比
湖北	60 955	3.25%	2920	1.65%	58 765	3.22%	12 410	3.12%
海南	21 170	1.13%	365	0.21%	7665	0.42%	730	0.18%
吉林	32 485	1.73%	365	0.21%	21 900	1.20%	4380	1.10%
江苏	79 935	4.26%	8395	4.73%	95 995	5.27%	20 805	5.22%
江西	45 260	2.41%	730	0.41%	35 405	1.94%	3650	0.92%
辽宁	44 165	2.36%	4380	2.47%	60 955	3.34%	14 235	3.57%
内蒙古	38 690	2.06%	730	0.41%	53 655	2.94%	4380	1.10%
宁夏	17 520	0.93%	0	0.00%	26 645	1.46%	3650	0.92%
青海	13 140	0.70%	0	0.00%	8395	0.46%	3285	0.82%
上海	67 160	3.58%	7300	4.12%	72 635	3.98%	16 790	4.22%
四川	91 615	4.89%	12410	7.00%	81 395	4.47%	23 360	5.87%
山东	90 155	4.81%	5475	3.09%	90 520	4.97%	25 915	6.51%
山西	43 070	2.30%	1460	0.82%	74 825	4.10%	4745	1.19%
陕西	53 290	2.84%	2190	1.23%	271 925	14.92%	26 645	6.69%
天津	37 595	2.01%	1825	1.03%	39 055	2.14%	9125	2.29%
台湾	0	0.00%	0	0.00%	0	0.00%	0	0.00%
西藏	6570	0.35%	0	0.00%	2190	0.12%	0	0.00%
香港	2190	0.12%	0	0.00%	730	0.04%	365	0.09%
新疆	29 200	1.56%	365	0.21%	22 995	1.26%	16 790	4.22%
云南	49 640	2.65%	62 050	34.98%	26 280	1.44%	2555	0.64%
浙江	72 635	3.88%	6205	3.50%	77 745	4.27%	18 250	4.58%
合计	1 874 275	100%	177 390	100%	1 822 810	100%	398 215	100%

第四节 景区消费需求空间分布

一、北京市各景区红色旅游经典景区消费需求空间分布

（一）天安门广场

天安门广场的消费需求总量为 1 783 390 人次，平均需求量为 52 453 人次，其中有 15 个省份高于全国平均水平，19 个省份低于全国平均水平。消费需求排名第一的是北京市，其需求量为 223 015，占比 12.51%。前五大消费需求市场分别为北京、河北、广东、山东、江苏。具体如表 3-17 所示。

表 3-17 天安门广场消费需求空间分布

省级行政区域	消费需求（人次）	占比	排名	省级行政区域	消费需求（人次）	占比	排名
北京	223 015	12.51%	1	广西	45 990	2.58%	18
河北	98 915	5.55%	2	重庆	45 260	2.54%	19
广东	90 155	5.06%	3	云南	44 895	2.52%	20
山东	84 680	4.75%	4	江西	44 165	2.48%	21
江苏	81 030	4.54%	5	内蒙古	41 975	2.35%	22
河南	74 095	4.15%	6	黑龙江	41 610	2.33%	23
浙江	67 525	3.79%	7	吉林	40 150	2.25%	24
四川	60 955	3.42%	8	贵州	37 230	2.09%	25
上海	58 035	3.25%	9	甘肃	36 865	2.07%	26
安徽	57 305	3.21%	10	新疆	35 770	2.01%	27
辽宁	57 305	3.21%	10	海南	27 010	1.51%	28
陕西	56 940	3.19%	12	宁夏	22 630	1.27%	29
湖北	56 210	3.15%	13	青海	18 250	1.02%	30
天津	55 480	3.11%	14	西藏	12 045	0.68%	31
湖南	54 750	3.07%	15	香港	6935	0.39%	32
山西	52 195	2.93%	16	台湾	1460	0.08%	33
福建	51 465	2.89%	17	澳门	1095	0.06%	34

（二）中国人民抗日战争纪念馆

中国人民抗日战争纪念馆的消费需求总量为 497 130 人次，平均需求量为 14 621 人次，其中有 15 个省份高于全国平均水平，19 个省份低于全国平均水平。消费需求排名第一的是北京市，其需求量为 86 505，占比 17.40%。前五大消费需求市场分别为北京、河北、广东、山东、江苏。具体如下表所示。

表 3-18 中国人民抗日战争纪念馆消费需求空间分布

省级行政区域	消费需求（人次）	占比	排名	省级行政区域	消费需求（人次）	占比	排名
北京	86 505	17.40%	1	重庆	9490	1.91%	18
河北	36 865	7.42%	2	江西	8760	1.76%	19
广东	29 565	5.95%	3	福建	8760	1.76%	19
山东	28 470	5.73%	4	吉林	8030	1.62%	21
江苏	25 915	5.21%	5	新疆	7665	1.54%	22
河南	21 535	4.33%	6	内蒙古	6935	1.40%	23
天津	21 170	4.26%	7	广西	6935	1.40%	23
四川	20 805	4.19%	8	云南	5110	1.03%	25
辽宁	20 805	4.19%	8	甘肃	3650	0.73%	26
上海	19 345	3.89%	10	贵州	3650	0.73%	26
湖南	17 885	3.60%	11	宁夏	2190	0.44%	28

续表

省级行政区域	消费需求（人次）	占比	排名	省级行政区域	消费需求（人次）	占比	排名
浙江	17 520	3.52%	12	海南	1460	0.29%	29
山西	17 155	3.45%	13	香港	1095	0.22%	30
陕西	17 155	3.45%	13	青海	730	0.15%	31
黑龙江	15 695	3.16%	15	西藏	365	0.07%	32
湖北	13 140	2.64%	16	台湾	0	0.00%	33
安徽	12 775	2.57%	17	澳门	0	0.00%	33

（三）宛平城

宛平城的消费需求总量为450 775人次，平均需求量为13 258人次，其中有15个省份高于全国平均水平，19个省份低于全国平均水平。消费需求排名第一的是北京市，其需求量为67 160，占比14.90%。前五大消费需求市场分别为北京、河北、广东、山东、江苏。具体如下表所示。

表3-19 宛平城消费需求空间分布

省级行政区域	消费需求（人次）	占比	排名	省级行政区域	消费需求（人次）	占比	排名
北京	67 160	14.90%	1	黑龙江	10 220	2.27%	18
河北	30 660	6.80%	2	江西	9125	2.02%	19
广东	29 930	6.64%	3	内蒙古	8030	1.78%	20
山东	28 470	6.32%	4	吉林	7665	1.70%	21
江苏	27 740	6.15%	5	重庆	6570	1.46%	22
上海	23 725	5.26%	6	广西	6205	1.38%	23
河南	22 995	5.10%	7	云南	5110	1.13%	24
浙江	20 805	4.62%	8	贵州	4380	0.97%	25
辽宁	17 885	3.97%	9	甘肃	4015	0.89%	26
天津	16 790	3.72%	10	新疆	2555	0.57%	27
湖北	16 060	3.56%	11	海南	2555	0.57%	27
安徽	15 330	3.40%	12	宁夏	1095	0.24%	29
四川	14 965	3.32%	13	青海	1095	0.24%	29
山西	14 600	3.24%	14	西藏	365	0.08%	31
陕西	13 505	3.00%	15	台湾	0	0.00%	32
湖南	10 585	2.35%	16	澳门	0	0.00%	32
福建	10 585	2.35%	16	香港	0	0.00%	32

（四）新文化运动纪念馆

新文化运动纪念馆的消费需求总量为52 560人次，平均需求量为1546人次，其中有7个省份高于全国平均水平，27个省份低于全国平均水平。消费需求排名第一的是北京市，其需求量为29 565，占比56.25%。前五大消费需求市场分别为北京、辽宁、广东、江苏、上海。具体如下表所示。

表3-20 新文化运动纪念馆消费需求空间分布

省级行政区域	消费需求（人次）	占比	排名	省级行政区域	消费需求（人次）	占比	排名
北京	29 565	56.25%	1	湖南	365	0.69%	14
辽宁	3285	6.25%	2	福建	365	0.69%	14
广东	2190	4.17%	3	重庆	365	0.69%	14
江苏	2190	4.17%	3	陕西	365	0.69%	14
上海	1825	3.47%	5	内蒙古	0	0.00%	22
山东	1825	3.47%	5	台湾	0	0.00%	22
河北	1825	3.47%	5	吉林	0	0.00%	22
四川	1460	2.78%	8	宁夏	0	0.00%	22
天津	1460	2.78%	8	新疆	0	0.00%	22
安徽	1095	2.08%	10	海南	0	0.00%	22
河南	1095	2.08%	10	澳门	0	0.00%	22
浙江	1095	2.08%	10	甘肃	0	0.00%	22
湖北	730	1.39%	13	西藏	0	0.00%	22
云南	365	0.69%	14	贵州	0	0.00%	22
山西	365	0.69%	14	青海	0	0.00%	22
广西	365	0.69%	14	香港	0	0.00%	22
江西	365	0.69%	14	黑龙江	0	0.00%	22

（五）李大钊烈士陵园

李大钊烈士陵园的消费需求总量为78 110人次，平均需求量为2297人次，其中有4个省份高于全国平均水平，30个省份低于全国平均水平。消费需求排名第一的是北京市，其需求量为42 340，占比54.21%。前五大消费需求市场分别为北京、河北、广东、河南、上海。具体如下表所示。

表3-21 李大钊烈士陵园消费需求空间分布

省级行政区域	消费需求（人次）	占比	排名	省级行政区域	消费需求（人次）	占比	排名
北京	42 340	54.21%	1	江西	730	0.93%	15
河北	7300	9.35%	2	湖南	730	0.93%	15
广东	3650	4.67%	3	辽宁	730	0.93%	15
河南	2555	3.27%	4	重庆	730	0.93%	15
上海	2190	2.80%	5	云南	365	0.47%	22
天津	2190	2.80%	5	贵州	365	0.47%	22
山东	2190	2.80%	5	青海	365	0.47%	22
江苏	1825	2.34%	8	黑龙江	365	0.47%	22
四川	1460	1.87%	9	内蒙古	0	0.00%	26
浙江	1460	1.87%	9	台湾	0	0.00%	26

续表

省级行政区域	消费需求（人次）	占比	排名	省级行政区域	消费需求（人次）	占比	排名
安徽	1095	1.40%	11	宁夏	0	0.00%	26
湖北	1095	1.40%	11	新疆	0	0.00%	26
福建	1095	1.40%	11	海南	0	0.00%	26
陕西	1095	1.40%	11	澳门	0	0.00%	26
吉林	730	0.93%	15	甘肃	0	0.00%	26
山西	730	0.93%	15	西藏	0	0.00%	26
广西	730	0.93%	15	香港	0	0.00%	26

（六）中国国家博物馆

中国国家博物馆的消费需求总量为 1 719 150 人次，平均需求量为 50 563 人次，其中有 15 个省份高于全国平均水平，19 个省份低于全国平均水平。消费需求排名第一的是北京市，其需求量为 239 075，占比 13.91%。前五大消费需求市场分别为北京、河北、江苏、广东、山东。具体如下表所示。

表 3-22　中国国家博物馆消费需求空间分布

省级行政区域	消费需求（人次）	占比	排名	省级行政区域	消费需求（人次）	占比	排名
北京	239 075	13.91%	1	江西	45 990	2.68%	18
河北	86 505	5.03%	2	重庆	45 625	2.65%	19
江苏	78 110	4.54%	3	内蒙古	43 800	2.55%	20
广东	77 745	4.52%	4	吉林	42 705	2.48%	21
山东	75 920	4.42%	5	黑龙江	42 705	2.48%	21
浙江	73 730	4.29%	6	广西	41 975	2.44%	23
天津	63 875	3.72%	7	云南	40 150	2.34%	24
上海	63 510	3.69%	8	甘肃	33 580	1.95%	25
河南	60 955	3.55%	9	贵州	33 215	1.93%	26
辽宁	60 955	3.55%	9	新疆	30 295	1.76%	27
湖南	60 590	3.52%	11	海南	24 820	1.44%	28
四川	55 480	3.23%	12	宁夏	18 250	1.06%	29
湖北	52 925	3.08%	13	青海	9855	0.57%	30
陕西	51 100	2.97%	14	香港	9490	0.55%	31
安徽	50 370	2.93%	15	西藏	2920	0.17%	32
福建	50 005	2.91%	16	台湾	2555	0.15%	33
山西	48 545	2.82%	17	澳门	1825	0.11%	34

（七）中国人民革命军事博物馆

中国人民革命军事博物馆的消费需求总量为 806 650 人次，平均需求量为 23 725 人次，其中有 16 个省份高于全国平均水平，18 个省份低于全国平均水平。消费需求排名第一的是北京市，其需求量为 83 950，占比 10.41%。前五大消费需求市场分别为北京、河北、广东、江苏、山东。具体如下表所示。

表 3-23 中国人民革命军事博物馆消费需求空间分布

省级行政区域	消费需求（人次）	占比	排名	省级行政区域	消费需求（人次）	占比	排名
北京	83 950	10.41%	1	江西	20 805	2.58%	18
河北	45 625	5.66%	2	福建	20 805	2.58%	18
广东	45 260	5.61%	3	广西	19 345	2.40%	20
江苏	42 705	5.29%	4	重庆	18 980	2.35%	21
山东	42 340	5.25%	5	内蒙古	18 615	2.31%	22
浙江	38 690	4.80%	6	吉林	17 520	2.17%	23
辽宁	36 135	4.48%	7	云南	14 235	1.76%	24
河南	35 040	4.34%	8	甘肃	12 045	1.49%	25
上海	33 945	4.21%	9	新疆	10 950	1.36%	26
四川	32 850	4.07%	10	贵州	9855	1.22%	27
天津	32 850	4.07%	10	海南	6570	0.81%	28
湖北	29 565	3.67%	12	宁夏	2920	0.36%	29
安徽	28 470	3.53%	13	香港	2555	0.32%	30
湖南	26 645	3.30%	14	青海	2190	0.27%	31
陕西	26 280	3.26%	15	台湾	365	0.05%	32
山西	24 820	3.08%	16	西藏	365	0.05%	32
黑龙江	23 360	2.90%	17	澳门	0	0.00%	34

（八）顺义区焦庄户地道战遗址纪念馆

顺义区焦庄户地道战遗址纪念馆的消费需求总量为 82 125 人次，平均需求量为 2415 人次，其中有 2 个省份高于全国平均水平，32 个省份低于全国平均水平。消费需求排名第一的是北京市，其需求量为 58 765，占比 71.56%。前五大消费需求市场分别为北京、河北、天津、山东、广东。具体如下表所示。

表 3-24 顺义区焦庄户地道战遗址纪念馆消费需求空间分布

省级行政区域	消费需求（人次）	占比	排名	省级行政区域	消费需求（人次）	占比	排名
北京	58 765	71.56%	1	吉林	0	0.00%	15
河北	11 680	14.22%	2	宁夏	0	0.00%	15
天津	1825	2.22%	3	广西	0	0.00%	15
山东	1825	2.22%	3	新疆	0	0.00%	15
广东	1825	2.22%	3	江西	0	0.00%	15
江苏	1460	1.78%	6	海南	0	0.00%	15
上海	1095	1.33%	7	湖北	0	0.00%	15
四川	730	0.89%	8	湖南	0	0.00%	15

续表

省级行政区域	消费需求（人次）	占比	排名	省级行政区域	消费需求（人次）	占比	排名
河南	730	0.89%	8	澳门	0	0.00%	15
辽宁	730	0.89%	8	甘肃	0	0.00%	15
安徽	365	0.44%	11	福建	0	0.00%	15
山西	365	0.44%	11	西藏	0	0.00%	15
浙江	365	0.44%	11	贵州	0	0.00%	15
陕西	365	0.44%	11	重庆	0	0.00%	15
云南	0	0.00%	15	青海	0	0.00%	15
内蒙古	0	0.00%	15	香港	0	0.00%	15
台湾	0	0.00%	15	黑龙江	0	0.00%	15

（九）北京奥林匹克公园

北京奥林匹克公园的消费需求总量为 391 645 人次，平均需求量为 11 519 人次，其中有 14 个省份高于全国平均水平，20 个省份低于全国平均水平。消费需求排名第一的是北京市，其需求量为 58 035，占比 14.82%。前五大消费需求市场分别为北京、河北、广东、山东、江苏。具体如下表所示。

表 3-25　北京奥林匹克公园消费需求空间分布

省级行政区域	消费需求（人次）	占比	排名	省级行政区域	消费需求（人次）	占比	排名
北京	58 035	14.82%	1	内蒙古	8030	2.05%	18
河北	30 295	7.74%	2	黑龙江	7665	1.96%	19
广东	29 930	7.64%	3	吉林	6935	1.77%	20
山东	25 185	6.43%	4	重庆	6570	1.68%	21
江苏	23 725	6.06%	5	江西	5840	1.49%	22
浙江	18 615	4.75%	6	广西	5110	1.30%	23
天津	17 885	4.57%	7	云南	3285	0.84%	24
辽宁	17 885	4.57%	7	甘肃	2920	0.75%	25
上海	17 520	4.47%	9	新疆	2190	0.56%	26
河南	17 155	4.38%	10	海南	2190	0.56%	26
四川	13 140	3.36%	11	贵州	2190	0.56%	26
湖北	13 140	3.36%	11	宁夏	730	0.19%	29
湖南	12 045	3.08%	13	青海	365	0.09%	30
山西	11 680	2.98%	14	香港	365	0.09%	30
安徽	11 315	2.89%	15	台湾	0	0.00%	32
陕西	10 220	2.61%	16	澳门	0	0.00%	32
福建	9490	2.42%	17	西藏	0	0.00%	32

（十）圆明园遗址公园

圆明园遗址公园的消费需求总量为 324 120 人次，平均需求量为 9533 人次，其中有

12个省份高于全国平均水平，22个省份低于全国平均水平。消费需求排名第一的是北京市，其需求量为57 670，占比17.79%。前五大消费需求市场分别为北京、广东、河北、山东、江苏。具体如下表所示。

表3-26 圆明园遗址公园消费需求空间分布

省级行政区域	消费需求(人次)	占比	排名	省级行政区域	消费需求(人次)	占比	排名
北京	57 670	17.79%	1	内蒙古	5840	1.80%	18
广东	25 185	7.77%	2	重庆	5840	1.80%	18
河北	23 360	7.21%	3	江西	5110	1.58%	20
山东	20 805	6.42%	4	黑龙江	5110	1.58%	20
江苏	18 615	5.74%	5	广西	4745	1.46%	22
浙江	17 520	5.41%	6	吉林	4380	1.35%	23
河南	15 695	4.84%	7	云南	4015	1.24%	24
上海	13 870	4.28%	8	贵州	3650	1.13%	25
四川	12 410	3.83%	9	新疆	2555	0.79%	26
天津	11 680	3.60%	10	宁夏	1095	0.34%	27
辽宁	11 315	3.49%	11	海南	1095	0.34%	27
湖北	9855	3.04%	12	香港	730	0.23%	29
湖南	9125	2.82%	13	青海	365	0.11%	30
安徽	8760	2.70%	14	台湾	0	0.00%	31
山西	8760	2.70%	14	澳门	0	0.00%	31
福建	7665	2.36%	16	甘肃	0	0.00%	31
陕西	7300	2.25%	17	西藏	0	0.00%	31

（十一）北京规划展览馆

北京规划展览馆的消费需求总量为60 590人次，平均需求量为1782人次，其中有4个省份高于全国平均水平，30个省份低于全国平均水平。消费需求排名第一的是北京市，其需求量为43 800，占比72.29%。前五大消费需求市场分别为北京、河北、广东、山东、上海。具体如下表所示。

表3-27 北京规划展览馆消费需求空间分布

省级行政区域	消费需求(人次)	占比	排名	省级行政区域	消费需求(人次)	占比	排名
北京	43 800	72.29%	1	辽宁	365	0.60%	11
河北	3285	5.42%	2	陕西	365	0.60%	11
广东	2555	4.22%	3	云南	0	0.00%	20
山东	1825	3.01%	4	台湾	0	0.00%	20
上海	1460	2.41%	5	宁夏	0	0.00%	20
江苏	1460	2.41%	5	安徽	0	0.00%	20
天津	730	1.20%	7	广西	0	0.00%	20

续表

省级行政区域	消费需求（人次）	占比	排名	省级行政区域	消费需求（人次）	占比	排名
河南	730	1.20%	7	新疆	0	0.00%	20
重庆	730	1.20%	7	江西	0	0.00%	20
黑龙江	730	1.20%	7	海南	0	0.00%	20
内蒙古	365	0.60%	11	澳门	0	0.00%	20
吉林	365	0.60%	11	甘肃	0	0.00%	20
四川	365	0.60%	11	福建	0	0.00%	20
山西	365	0.60%	11	西藏	0	0.00%	20
浙江	365	0.60%	11	贵州	0	0.00%	20
湖北	365	0.60%	11	青海	0	0.00%	20
湖南	365	0.60%	11	香港	0	0.00%	20

（十二）中国航空博物馆

中国航空博物馆的消费需求总量为 473 040 人次，平均需求量为 13 913 人次，其中有 12 个省份高于全国平均水平，22 个省份低于全国平均水平。消费需求排名第一的是北京市，其需求量为 94 900，占比 20.06%。前五大消费需求市场分别为北京、河北、山东、广东、天津。具体如下表所示。

表 3-28　中国航空博物馆消费需求空间分布

省级行政区域	消费需求（人次）	占比	排名	省级行政区域	消费需求（人次）	占比	排名
北京	94 900	20.06%	1	内蒙古	9125	1.93%	18
河北	41 245	8.72%	2	黑龙江	8395	1.77%	19
山东	29 565	6.25%	3	吉林	7665	1.62%	20
广东	28 470	6.02%	4	重庆	6935	1.47%	21
天津	24 820	5.25%	5	江西	6205	1.31%	22
江苏	24 455	5.17%	6	广西	5840	1.23%	23
浙江	21 170	4.48%	7	云南	4380	0.93%	24
上海	20 805	4.40%	8	甘肃	3285	0.69%	25
河南	20 805	4.40%	8	新疆	2920	0.62%	26
辽宁	20 440	4.32%	10	贵州	2190	0.46%	27
四川	14 965	3.16%	11	海南	1460	0.31%	28
陕西	14 235	3.01%	12	香港	1095	0.23%	29
山西	13 505	2.85%	13	宁夏	730	0.15%	30
湖北	12 045	2.55%	14	青海	730	0.15%	30
安徽	11 315	2.39%	15	台湾	0	0.00%	32
湖南	9855	2.08%	16	澳门	0	0.00%	32
福建	9490	2.01%	17	西藏	0	0.00%	32

（十三）卢沟桥

卢沟桥的消费需求总量为 1 806 750 人次，平均需求量为 53 140 人次，其中有 16 个省份高于全国平均水平，18 个省份低于全国平均水平。消费需求排名第一的是北京市，其需求量为 182 500，占比 10.10%。前五大消费需求市场分别为北京、广东、山东、江苏、河北。具体如下表所示。

表 3-29 卢沟桥消费需求空间分布

省级行政区域	消费需求（人次）	占比	排名	省级行政区域	消费需求（人次）	占比	排名
北京	182 500	10.10%	1	江西	49 640	2.75%	18
广东	102 200	5.66%	2	重庆	47 815	2.65%	19
山东	87 600	4.85%	3	云南	45 260	2.51%	20
江苏	86 140	4.77%	4	广西	44 165	2.44%	21
河北	85 410	4.73%	5	黑龙江	43 435	2.40%	22
浙江	79 570	4.40%	6	内蒙古	41 245	2.28%	23
河南	73 000	4.04%	7	吉林	41 245	2.28%	23
四川	70 080	3.88%	8	贵州	39 785	2.20%	25
上海	67 525	3.74%	9	甘肃	35 405	1.96%	26
湖北	63 510	3.52%	10	新疆	32 850	1.82%	27
安徽	60 225	3.33%	11	海南	28 105	1.56%	28
辽宁	59 860	3.31%	12	宁夏	23 725	1.31%	29
福建	58 765	3.25%	13	青海	15 695	0.87%	30
湖南	58 035	3.21%	14	西藏	9125	0.51%	31
陕西	57 305	3.17%	15	香港	7665	0.42%	32
山西	54 020	2.99%	16	台湾	1825	0.10%	33
天津	52 925	2.93%	17	澳门	1095	0.06%	34

二、天津市各景区红色旅游经典景区消费需求空间分布

（一）周恩来邓颖超纪念馆

周恩来邓颖超纪念馆的消费需求总量为 207 320 人次，平均需求量为 6098 人次，其中有 6 个省份高于全国平均水平，28 个省份低于全国平均水平。消费需求排名第一的是天津市，其需求量为 49 275，占比 23.77%。前五大消费需求市场分别为天津、北京、河北、山东、江苏。具体如下表所示。

表 3-30 周恩来邓颖超纪念馆消费需求空间分布

省级行政区域	消费需求（人次）	占比	排名	省级行政区域	消费需求（人次）	占比	排名
天津	49 275	23.77%	1	黑龙江	2555	1.23%	18
北京	36 135	17.43%	2	广西	2190	1.06%	19
河北	24 090	11.62%	3	江西	2190	1.06%	19

续表

省级行政区域	消费需求（人次）	占比	排名	省级行政区域	消费需求（人次）	占比	排名
山东	11 680	5.63%	4	内蒙古	1825	0.88%	21
江苏	11 680	5.63%	4	重庆	1825	0.88%	21
广东	10 585	5.11%	6	云南	1460	0.70%	23
上海	5840	2.82%	7	甘肃	1460	0.70%	23
湖南	5840	2.82%	7	吉林	1095	0.53%	25
辽宁	5840	2.82%	7	新疆	1095	0.53%	25
四川	4745	2.29%	10	贵州	730	0.35%	27
河南	4380	2.11%	11	台湾	0	0.00%	28
山西	4015	1.94%	12	宁夏	0	0.00%	28
浙江	4015	1.94%	12	海南	0	0.00%	28
福建	3650	1.76%	14	澳门	0	0.00%	28
陕西	3285	1.58%	15	西藏	0	0.00%	28
安徽	2920	1.41%	16	青海	0	0.00%	28
湖北	2920	1.41%	16	香港	0	0.00%	28

（二）平津战役纪念馆

平津战役纪念馆的消费需求总量为 371 570 人次，平均需求量为 10 929 人次，其中有 8 个省份高于全国平均水平，26 个省份低于全国平均水平。消费需求排名第一的是天津市，其需求量为 93 805，占比 25.25%。前五大消费需求市场分别为天津、北京、河北、辽宁、山东。具体如下表所示。

表 3-31 平津战役纪念馆消费需求空间分布

省级行政区域	消费需求（人次）	占比	排名	省级行政区域	消费需求（人次）	占比	排名
天津	93 805	25.25%	1	吉林	4745	1.28%	18
北京	44 165	11.89%	2	内蒙古	4015	1.08%	19
河北	38 325	10.31%	3	甘肃	4015	1.08%	19
辽宁	24 090	6.48%	4	江西	3650	0.98%	21
山东	21 900	5.89%	5	福建	3650	0.98%	21
江苏	19 345	5.21%	6	广西	2920	0.79%	23
广东	17 155	4.62%	7	新疆	2555	0.69%	24
河南	12 410	3.34%	8	重庆	2190	0.59%	25
上海	8395	2.26%	9	贵州	1825	0.49%	26
四川	8395	2.26%	9	云南	1460	0.39%	27
山西	8395	2.26%	9	海南	1095	0.29%	28
浙江	8395	2.26%	9	台湾	0	0.00%	29
湖北	8030	2.16%	13	宁夏	0	0.00%	29
安徽	6935	1.87%	14	澳门	0	0.00%	29

续表

省级行政区域	消费需求（人次）	占比	排名	省级行政区域	消费需求（人次）	占比	排名
陕西	6935	1.87%	14	西藏	0	0.00%	29
湖南	6570	1.77%	16	青海	0	0.00%	29
黑龙江	6205	1.67%	17	香港	0	0.00%	29

（三）大沽口炮台遗址博物馆

大沽口炮台遗址博物馆的消费需求总量为 198 195 人次，平均需求量为 5829 人次，其中有 9 个省份高于全国平均水平，25 个省份低于全国平均水平。消费需求排名第一的是天津市，其需求量为 49 275，占比 24.86%。前五大消费需求市场分别为天津、北京、河北、山东、江苏。具体如下表所示。

表 3-32　大沽口炮台遗址博物馆消费需求空间分布

省级行政区域	消费需求（人次）	占比	排名	省级行政区域	消费需求（人次）	占比	排名
天津	49 275	24.86%	1	黑龙江	2190	1.10%	18
北京	28 835	14.55%	2	内蒙古	1825	0.92%	19
河北	16 060	8.10%	3	江西	1825	0.92%	19
山东	13 870	7.00%	4	重庆	1825	0.92%	19
江苏	11 680	5.89%	5	吉林	1460	0.74%	22
广东	11 315	5.71%	6	广西	1095	0.55%	23
浙江	8760	4.42%	7	甘肃	1095	0.55%	23
河南	6935	3.50%	8	云南	730	0.37%	25
上海	6205	3.13%	9	新疆	365	0.18%	26
辽宁	5110	2.58%	10	海南	365	0.18%	26
四川	4745	2.39%	11	贵州	365	0.18%	26
安徽	4015	2.03%	12	台湾	0	0.00%	29
山西	4015	2.03%	12	宁夏	0	0.00%	29
湖南	4015	2.03%	12	澳门	0	0.00%	29
湖北	3650	1.84%	15	西藏	0	0.00%	29
陕西	3650	1.84%	15	青海	0	0.00%	29
福建	2920	1.47%	17	香港	0	0.00%	29

三、河北省各景区红色旅游经典景区消费需求空间分布

（一）石家庄市平山县西柏坡红色旅游系列景区（点）

石家庄市平山县西柏坡红色旅游系列景区（点）的消费需求总量为 1 697 615 人次，平均需求量为 49 930 人次，其中有 16 个省份高于全国平均水平，18 个省份低于全国平均水平。消费需求排名第一的是河北省，其需求量为 193 450，占比 11.40%。前五大消费需求市场分别为河北、北京、山东、广东、河南。具体如下表所示。

表 3-33　石家庄市平山县西柏坡红色旅游系列景区（点）消费需求空间分布

省级行政区域	消费需求（人次）	占比	排名	省级行政区域	消费需求（人次）	占比	排名
河北	193 450	11.40%	1	福建	45 260	2.67%	18
北京	109 500	6.45%	2	内蒙古	42 340	2.49%	19
山东	90 520	5.33%	3	重庆	41 245	2.43%	20
广东	75 555	4.45%	4	广西	40 515	2.39%	21
河南	74 460	4.39%	5	吉林	38 690	2.28%	22
山西	70 810	4.17%	6	黑龙江	38 690	2.28%	22
江苏	70 080	4.13%	7	云南	37 595	2.21%	24
浙江	61 320	3.61%	8	贵州	35 770	2.11%	25
陕西	58 400	3.44%	9	新疆	33 945	2.00%	26
天津	58 035	3.42%	10	甘肃	33 580	1.98%	27
上海	57 670	3.40%	11	海南	25 915	1.53%	28
湖北	54 750	3.23%	12	宁夏	21 535	1.27%	29
辽宁	53 655	3.16%	13	青海	15 330	0.90%	30
四川	53 290	3.14%	14	西藏	9855	0.58%	31
湖南	51 830	3.05%	15	香港	4745	0.28%	32
安徽	50 370	2.97%	16	台湾	730	0.04%	33
江西	47 815	2.82%	17	澳门	365	0.02%	34

（二）易县狼牙山风景区

易县狼牙山风景区的消费需求总量为 65 335 人次，平均需求量为 1922 人次，其中有 7 个省份高于全国平均水平，27 个省份低于全国平均水平。消费需求排名第一的是河北省，其需求量为 25 550，占比 39.11%。前五大消费需求市场分别为河北、北京、天津、安徽、江苏。具体如下表所示。

表 3-34　易县狼牙山风景区消费需求空间分布

省级行政区域	消费需求（人次）	占比	排名	省级行政区域	消费需求（人次）	占比	排名
河北	25 550	39.11%	1	湖北	365	0.56%	13
北京	13 870	21.23%	2	湖南	365	0.56%	13
天津	6205	9.50%	3	福建	365	0.56%	13
安徽	3285	5.03%	4	黑龙江	365	0.56%	13
江苏	3285	5.03%	4	云南	0	0.00%	22
山东	2555	3.91%	6	台湾	0	0.00%	22
山西	2190	3.35%	7	宁夏	0	0.00%	22
河南	1825	2.79%	8	广西	0	0.00%	22
广东	1095	1.68%	9	新疆	0	0.00%	22
上海	730	1.12%	10	江西	0	0.00%	22
辽宁	730	1.12%	10	澳门	0	0.00%	22

续表

省级行政区域	消费需求(人次)	占比	排名	省级行政区域	消费需求(人次)	占比	排名
陕西	730	1.12%	10	甘肃	0	0.00%	22
内蒙古	365	0.56%	13	西藏	0	0.00%	22
吉林	365	0.56%	13	贵州	0	0.00%	22
四川	365	0.56%	13	重庆	0	0.00%	22
浙江	365	0.56%	13	青海	0	0.00%	22
海南	365	0.56%	13	香港	0	0.00%	22

(三) 安新县白洋淀景区

安新县白洋淀景区的消费需求总量为 1 608 555 人次，平均需求量为 47 310 人次，其中有 14 个省份高于全国平均水平，20 个省份低于全国平均水平。消费需求排名第一的是河北省，其需求量为 195 640，占比 12.16%。前五大消费需求市场分别为河北、北京、山东、天津、江苏。具体如下表所示。

表 3-35 安新县白洋淀景区消费需求空间分布

省级行政区域	消费需求(人次)	占比	排名	省级行政区域	消费需求(人次)	占比	排名
河北	195 640	12.16%	1	内蒙古	40 150	2.50%	18
北京	129 575	8.06%	2	重庆	38 690	2.41%	19
山东	84315	5.24%	3	黑龙江	38 690	2.41%	19
天津	73 730	4.58%	4	江西	37 960	2.36%	21
江苏	69 350	4.31%	5	吉林	36 135	2.25%	22
河南	69 350	4.31%	5	广西	35 405	2.20%	23
广东	68 985	4.29%	7	云南	31 025	1.93%	24
浙江	63 875	3.97%	8	甘肃	28 105	1.75%	25
山西	59 130	3.68%	9	贵州	28 105	1.75%	25
上海	54 750	3.40%	10	新疆	27 010	1.68%	27
辽宁	53 290	3.31%	11	海南	20 805	1.29%	28
四川	52 195	3.24%	12	宁夏	16 790	1.04%	29
湖北	51 830	3.22%	13	青海	10 585	0.66%	30
陕西	47 450	2.95%	14	香港	6570	0.41%	31
安徽	45 990	2.86%	15	西藏	3650	0.23%	32
湖南	45 625	2.84%	16	台湾	1095	0.07%	33
福建	42 340	2.63%	17	澳门	365	0.02%	34

(四) 涞水县野三坡平西抗日根据地

涞水县野三坡平西抗日根据地的消费需求总量为 893 155 人次，平均需求量为 26 269 人次，其中有 12 个省份高于全国平均水平，22 个省份低于全国平均水平。消费需求排名第一的是河北省，其需求量为 148 190，占比 16.59%。前五大消费需求市场分别为河北、北京、天津、山东、内蒙古。具体如下表所示。

表 3-36　涞水县野三坡平西抗日根据地消费需求空间分布

省级行政区域	消费需求（人次）	占比	排名	省级行政区域	消费需求（人次）	占比	排名
河北	148 190	16.59%	1	湖南	17 520	1.96%	18
北京	103 295	11.57%	2	吉林	15 330	1.72%	19
天津	62 780	7.03%	3	福建	15 330	1.72%	19
山东	58 035	6.50%	4	江西	13 140	1.47%	21
内蒙古	39 055	4.37%	5	重庆	12 410	1.39%	22
山西	37 595	4.21%	6	广西	10 950	1.23%	23
广东	37 230	4.17%	7	云南	9125	1.02%	24
江苏	36 865	4.13%	8	甘肃	6935	0.78%	25
辽宁	33 215	3.72%	9	新疆	6570	0.74%	26
上海	32 485	3.64%	10	贵州	6570	0.74%	26
河南	32 485	3.64%	10	海南	5110	0.57%	28
浙江	30 660	3.43%	12	宁夏	2920	0.33%	29
湖北	25 915	2.90%	13	香港	1825	0.20%	30
安徽	25 185	2.82%	14	青海	1460	0.16%	31
四川	24 455	2.74%	15	台湾	730	0.08%	32
陕西	21 535	2.41%	16	西藏	365	0.04%	33
黑龙江	17 885	2.00%	17	澳门	0	0.00%	34

（五）清苑区冉庄地道战遗址

清苑区冉庄地道战遗址的消费需求总量为 201 480 人次，平均需求量为 5925 人次，其中有 9 个省份高于全国平均水平，25 个省份低于全国平均水平。消费需求排名第一的是河北省，其需求量为 51 100，占比 25.36%。前五大消费需求市场分别为河北、北京、天津、山东、河南。具体如下表所示。

表 3-37　清苑区冉庄地道战遗址消费需求空间分布

省级行政区域	消费需求（人次）	占比	排名	省级行政区域	消费需求（人次）	占比	排名
河北	51 100	25.36%	1	新疆	2190	1.08%	17
北京	32 485	16.12%	2	湖南	1825	0.90%	19
天津	16 790	8.33%	3	福建	1825	0.90%	19
山东	14 965	7.42%	4	重庆	1825	0.90%	19
河南	10 585	5.25%	5	吉林	1460	0.72%	22
山西	9490	4.71%	6	广西	1460	0.72%	22
江苏	6935	3.44%	7	青海	1460	0.72%	22
辽宁	6935	3.44%	7	江西	1095	0.54%	25
广东	6205	3.08%	9	贵州	1095	0.54%	25
上海	5110	2.53%	10	黑龙江	1095	0.54%	25

续表

省级行政区域	消费需求（人次）	占比	排名	省级行政区域	消费需求（人次）	占比	排名
陕西	4745	2.35%	11	甘肃	730	0.36%	28
四川	4015	1.99%	12	宁夏	365	0.181%	29
浙江	4015	1.99%	12	台湾	0	0.00%	30
湖北	3650	1.81%	14	海南	0	0.00%	30
安徽	3285	1.63%	15	澳门	0	0.00%	30
内蒙古	2555	1.26%	16	西藏	0	0.00%	30
云南	2190	1.08%	17	香港	0	0.00%	30

（六）乐亭县李大钊故居和纪念馆

乐亭县李大钊故居和纪念馆的消费需求总量为 238 345 人次，平均需求量为 7010 人次，其中有 8 个省份高于全国平均水平，26 个省份低于全国平均水平。消费需求排名第一的是北京市，其需求量为 66 430，占比 27.87% 占比。前五大消费需求市场分别为北京、河北、天津、山东、江苏。具体如下表所示。

表 3-38 乐亭县李大钊故居和纪念馆消费需求空间分布

省级行政区域	消费需求（人次）	占比	排名	省级行政区域	消费需求（人次）	占比	排名
北京	66 430	27.87%	1	黑龙江	2555	1.07%	17
河北	46 720	19.60%	2	重庆	2190	0.91%	19
天津	22 995	9.64%	3	吉林	1825	0.76%	20
山东	12 410	5.20%	4	福建	1825	0.76%	20
江苏	10 220	4.28%	5	云南	1460	0.61%	22
辽宁	9125	3.82%	6	江西	1460	0.61%	22
广东	8760	3.67%	7	广西	1095	0.45%	24
上海	7300	3.06%	8	新疆	730	0.30%	25
河南	6570	2.75%	9	甘肃	730	0.30%	25
浙江	6205	2.60%	10	贵州	730	0.30%	25
山西	4745	1.99%	11	宁夏	365	0.15%	28
四川	4380	1.83%	12	海南	365	0.15%	28
湖南	4380	1.83%	12	青海	365	0.15%	28
安徽	4015	1.68%	14	台湾	0	0.00%	31
湖北	2920	1.22%	15	澳门	0	0.00%	31
陕西	2920	1.22%	15	西藏	0	0.00%	31
内蒙古	2555	1.07%	17	香港	0	0.00%	31

（七）沧州市献县马本斋烈士纪念馆

沧州市献县马本斋烈士纪念馆的消费需求总量为 35 040 人次，平均需求量为 1030 人次，其中有 3 个省份高于全国平均水平，31 个省份低于全国平均水平。消费需求排名第一的是河北省，其需求量为 26 645，占比 76.04%。前五大消费需求市场分别为河北、北京、山东、天津、广东。具体如下表所示。

表 3-39　沧州市献县马本斋烈士纪念馆消费需求空间分布

省级行政区域	消费需求（人次）	占比	排名	省级行政区域	消费需求（人次）	占比	排名
河北	26 645	76.04%	1	广西	0	0.00%	9
北京	3650	10.41%	2	新疆	0	0.00%	9
山东	2555	7.29%	3	江西	0	0.00%	9
天津	730	2.08%	4	浙江	0	0.00%	9
广东	365	1.04%	5	海南	0	0.00%	9
江苏	365	1.04%	5	湖北	0	0.00%	9
河南	365	1.04%	5	湖南	0	0.00%	9
辽宁	365	1.04%	5	澳门	0	0.00%	9
上海	0	0.00%	9	甘肃	0	0.00%	9
云南	0	0.00%	9	福建	0	0.00%	9
内蒙古	0	0.00%	9	西藏	0	0.00%	9
台湾	0	0.00%	9	贵州	0	0.00%	9
吉林	0	0.00%	9	重庆	0	0.00%	9
四川	0	0.00%	9	陕西	0	0.00%	9
宁夏	0	0.00%	9	青海	0	0.00%	9
安徽	0	0.00%	9	香港	0	0.00%	9
山西	0	0.00%	9	黑龙江	0	0.00%	9

四、山西省各景区红色旅游经典景区消费需求空间分布

（一）黎城县黄崖洞景区

黎城县黄崖洞景区的消费需求总量为 316 090 人次，平均需求量为 9296 人次，其中有 12 个省份高于全国平均水平，22 个省份低于全国平均水平。消费需求排名第一的是山西，其需求量为 66 795，占比 21.13%。前五大消费需求市场分别为山西、北京、河北、河南、山东。具体如下表所示。

表 3-40　黎城县黄崖洞景区消费需求空间分布

省级行政区域	消费需求（人次）	占比	排名	省级行政区域	消费需求（人次）	占比	排名
山西	66 795	21.13%	1	内蒙古	4380	1.38%	18
北京	30 660	9.70%	2	江西	2920	0.92%	19
河北	30 660	9.70%	2	福建	2555	0.80%	20
河南	24 090	7.62%	4	黑龙江	2190	0.69%	21
山东	20 440	6.46%	5	广西	1825	0.57%	22
广东	16 425	5.19%	6	云南	1460	0.46%	23
江苏	14 965	4.73%	7	吉林	1460	0.46%	23

续表

省级行政区域	消费需求（人次）	占比	排名	省级行政区域	消费需求（人次）	占比	排名
天津	12 775	4.04%	8	贵州	1460	0.46%	23
重庆	12 410	3.92%	9	新疆	1095	0.34%	26
上海	10 950	3.46%	10	甘肃	730	0.23%	27
浙江	10 950	3.46%	10	海南	365	0.11%	28
陕西	10 220	3.23%	12	台湾	0	0.00%	29
四川	8395	2.65%	13	宁夏	0	0.00%	29
湖北	7300	2.30%	14	澳门	0	0.00%	29
安徽	6935	2.19%	15	西藏	0	0.00%	29
辽宁	6935	2.19%	15	青海	0	0.00%	29
湖南	4745	1.50%	17	香港	0	0.00%	29

（二）大同煤矿"万人坑"遗址纪念馆

大同煤矿"万人坑"遗址纪念馆的消费需求总量为167 900人次，平均需求量为4938人次，其中有15个省份高于全国平均水平，19个省份低于全国平均水平。消费需求排名第一的是山西省，其需求量为24 455，占比14.56%。前五大消费需求市场分别为山西、广东、北京、江苏、山东。具体如下表所示。

表3-41　大同煤矿"万人坑"遗址纪念馆消费需求空间分布

省级行政区域	消费需求（人次）	占比	排名	省级行政区域	消费需求（人次）	占比	排名
山西	24 455	14.56%	1	湖南	3285	1.95%	18
广东	13 870	8.26%	2	重庆	3285	1.95%	18
北京	13 140	7.82%	3	云南	2920	1.73%	20
江苏	11 315	6.73%	4	天津	2920	1.73%	20
山东	9855	5.87%	5	辽宁	2555	1.52%	22
河北	9125	5.43%	6	甘肃	2190	1.30%	23
河南	8395	5.00%	7	贵州	1825	1.08%	24
浙江	7300	4.34%	8	黑龙江	1825	1.08%	24
四川	6205	3.69%	9	吉林	1460	0.870%	26
上海	5840	3.47%	10	新疆	1095	0.65%	27
内蒙古	5840	3.47%	10	宁夏	730	0.43%	28
湖北	5475	3.26%	12	海南	730	0.43%	28
陕西	5475	3.26%	12	青海	365	0.21%	30
安徽	4745	2.82%	14	台湾	0	0.00%	31
江西	4015	2.39%	15	澳门	0	0.00%	31
福建	4015	2.39%	15	西藏	0	0.00%	31
广西	3650	2.17%	17	香港	0	0.00%	31

（三）灵丘县平型关大捷遗址

灵丘县平型关大捷遗址的消费需求总量为 105 120 人次，平均需求量为 3091 人次，其中有 4 个省份高于全国平均水平，30 个省份低于全国平均水平。消费需求排名第一的是山西省，其需求量为 39 055，占比 37.15%。前五大消费需求市场分别为山西、北京、河北、山东、内蒙古。具体如下表所示。

表 3-42 灵丘县平型关大捷遗址消费需求空间分布

省级行政区域	消费需求（人次）	占比	排名	省级行政区域	消费需求（人次）	占比	排名
山西	39 055	37.15%	1	重庆	730	0.69%	16
北京	17 885	17.01%	2	黑龙江	730	0.69%	16
河北	14 600	13.88%	3	云南	365	0.34%	20
山东	4380	4.16%	4	吉林	365	0.34%	20
内蒙古	2920	2.77%	5	江西	365	0.34%	20
河南	2920	2.77%	5	甘肃	365	0.34%	20
天津	2555	2.43%	7	福建	365	0.34%	20
广东	2555	2.43%	7	贵州	365	0.34%	20
江苏	2555	2.43%	7	台湾	0	0.00%	26
辽宁	2555	2.43%	7	宁夏	0	0.00%	26
陕西	2555	2.43%	7	广西	0	0.00%	26
上海	2190	2.08%	12	新疆	0	0.00%	26
四川	1095	1.04%	13	海南	0	0.00%	26
浙江	1095	1.04%	13	澳门	0	0.00%	26
湖北	1095	1.04%	13	西藏	0	0.00%	26
安徽	730	0.69%	16	青海	0	0.00%	26
湖南	730	0.69%	16	香港	0	0.00%	26

（四）徐向前故居和纪念馆

徐向前故居和纪念馆的消费需求总量为 83 585 人次，平均需求量为 2458 人次，其中有 8 个省份高于全国平均水平，26 个省份低于全国平均水平。消费需求排名第一的是山西省，其需求量为 33 580，占比 40.17%。前五大消费需求市场分别为山西、北京、河北、广东、四川。具体如下表所示。

表 3-43 徐向前故居和纪念馆消费需求空间分布

省级行政区域	消费需求（人次）	占比	排名	省级行政区域	消费需求（人次）	占比	排名
山西	33 580	40.17%	1	重庆	730	0.87%	13
北京	8760	10.48%	2	天津	365	0.43%	19
河北	6570	7.86%	3	江西	365	0.43%	19
广东	5110	6.11%	4	甘肃	365	0.43%	19
四川	4380	5.24%	5	福建	365	0.43%	19

续表

省级行政区域	消费需求（人次）	占比	排名	省级行政区域	消费需求（人次）	占比	排名
河南	4380	5.24%	5	贵州	365	0.43%	19
山东	3650	4.36%	7	云南	0	0.00%	24
江苏	2920	3.49%	8	台湾	0	0.00%	24
湖南	2190	2.62%	9	吉林	0	0.00%	24
陕西	2190	2.62%	9	宁夏	0	0.00%	24
浙江	1825	2.18%	11	新疆	0	0.00%	24
湖北	1825	2.18%	11	海南	0	0.00%	24
上海	730	0.87%	13	澳门	0	0.00%	24
内蒙古	730	0.87%	13	西藏	0	0.00%	24
安徽	730	0.87%	13	青海	0	0.00%	24
广西	730	0.87%	13	香港	0	0.00%	24
辽宁	730	0.87%	13	黑龙江	0	0.00%	24

（五）夜袭阳明堡机场遗址

夜袭阳明堡机场遗址的消费需求总量为32 485人次，平均需求量为955人次，其中有11个省份高于全国平均水平，23个省份低于全国平均水平。消费需求排名第一的是山西省，其需求量为6935，占比21.34%。前五大消费需求市场分别为山西、广东、北京、山东、河南。具体如下表所示。

表3-44 夜袭阳明堡机场遗址消费需求空间分布

省级行政区域	消费需求（人次）	占比	排名	省级行政区域	消费需求（人次）	占比	排名
山西	6935	21.34%	1	江西	365	1.12%	16
广东	2920	8.98%	2	福建	365	1.12%	16
北京	2555	7.86%	3	辽宁	365	1.12%	16
山东	2555	7.86%	3	黑龙江	365	1.12%	16
河南	2555	7.86%	3	云南	0	0.00%	22
江苏	2190	6.74%	6	内蒙古	0	0.00%	22
河北	2190	6.74%	6	台湾	0	0.00%	22
浙江	1825	5.61%	8	吉林	0	0.00%	22
湖北	1460	4.49%	9	宁夏	0	0.00%	22
上海	1095	3.37%	10	新疆	0	0.00%	22
四川	1095	3.37%	10	海南	0	0.00%	22
安徽	730	2.24%	12	澳门	0	0.00%	22
湖南	730	2.24%	12	甘肃	0	0.00%	22
重庆	730	2.24%	12	西藏	0	0.00%	22
陕西	730	2.24%	12	贵州	0	0.00%	22

续表

省级行政区域	消费需求（人次）	占比	排名	省级行政区域	消费需求（人次）	占比	排名
天津	365	1.12%	16	青海	0	0.00%	22
广西	365	1.12%	16	香港	0	0.00%	22

（六）文水县刘胡兰纪念馆

文水县刘胡兰纪念馆的消费需求总量为 247 835 人次，平均需求量为 7289 人次，其中有 10 个省份高于全国平均水平，24 个省份低于全国平均水平。消费需求排名第一的是山西省，其需求量为 59 130，占比 23.85%。前五大消费需求市场分别为山西、北京、河北、山东、广东。具体如下表所示。

表 3-45 文水县刘胡兰纪念馆消费需求空间分布

省级行政区域	消费需求（人次）	占比	排名	省级行政区域	消费需求（人次）	占比	排名
山西	59 130	23.85%	1	天津	4015	1.62%	18
北京	21 170	8.54%	2	福建	3650	1.47%	19
河北	15 330	6.18%	3	重庆	3285	1.32%	20
山东	14 600	5.89%	4	黑龙江	2920	1.17%	21
广东	13 505	5.44%	5	甘肃	2555	1.03%	22
江苏	13 140	5.30%	6	云南	2190	0.88%	23
河南	12 410	5.00%	7	广西	2190	0.88%	23
陕西	12 410	5.00%	7	新疆	1825	0.73%	25
四川	9125	3.68%	9	贵州	1825	0.73%	25
浙江	8395	3.38%	10	吉林	1460	0.58%	27
湖南	6935	2.79%	11	宁夏	1095	0.44%	28
辽宁	6570	2.65%	12	海南	730	0.29%	29
安徽	6205	2.50%	13	青海	730	0.29%	29
上海	5840	2.35%	14	台湾	0	0.00%	31
内蒙古	5110	2.06%	15	澳门	0	0.00%	31
江西	4745	1.91%	16	西藏	0	0.00%	31
湖北	4745	1.91%	16	香港	0	0.00%	31

五、黑龙江省各景区红色旅游经典景区消费需求空间分布

（一）鸡西市侵华日军虎头要塞遗址

黑龙江鸡头市侵华日军虎头要塞遗址的消费需求总量为 270 465 人次，平均需求量为 7954 人次，其中有 12 个省份高于全国平均水平，22 个省份低于全国平均水平。消费需求排名第一的是黑龙江，其需求量为 44 165，占比 16.32%。前五大消费需求市场分别为黑龙江、北京、山东、广东和辽宁。具体如下表所示。

表 3-46　鸡西市侵华日军虎头要塞遗址消费需求空间分布

省级行政区域	消费需求（人次）	占比	排名	省级行政区域	消费需求（人次）	占比	排名
黑龙江	44 165	16.32%	1	山西	5110	1.88%	17
北京	23 725	8.77%	2	福建	5110	1.88%	17
山东	20 440	7.57%	3	内蒙古	4380	1.61%	20
广东	18 250	6.74%	4	江西	4015	1.48%	21
辽宁	17 520	6.47%	5	广西	3650	1.35%	22
江苏	17 155	6.34%	6	重庆	3650	1.35%	22
浙江	13 140	4.85%	7	云南	2190	0.81%	24
河北	12 410	4.58%	8	甘肃	1825	0.67%	25
吉林	10 585	3.91%	9	新疆	1095	0.40%	26
河南	10 220	3.77%	10	海南	1095	0.40%	26
上海	9855	3.64%	11	贵州	1095	0.40%	26
湖北	8030	2.96%	12	宁夏	365	0.13%	29
四川	7300	2.69%	13	台湾	0	0.00%	30
安徽	6570	2.42%	14	澳门	0	0.00%	30
湖南	6205	2.29%	15	西藏	0	0.00%	30
陕西	6205	2.29%	15	青海	0	0.00%	30
天津	5110	1.88%	17	香港	0	0.00%	30

（二）牡丹江市侵华日军东宁要塞遗址

黑龙江牡丹江市侵华日军东宁要塞遗址的消费需求总量为 134 685 人次，平均需求量为 3961 人次，其中有 10 个省份高于全国平均水平，24 个省份低于全国平均水平。消费需求排名第一的是黑龙江，其需求量为 35 040，占比 26.01%。前五大消费需求市场分别为黑龙江、吉林、北京、辽宁和山东。具体如下表所示。

表 3-47　牡丹江市侵华日军东宁要塞遗址消费需求空间分布

省级行政区域	消费需求（人次）	占比	排名	省级行政区域	消费需求（人次）	占比	排名
黑龙江	35 040	26.01%	1	陕西	1460	1.08%	16
吉林	16 425	12.19%	2	湖南	1095	0.81%	19
北京	13 505	10.02%	3	云南	730	0.81%	19
辽宁	13 140	9.75%	4	广西	730	0.54%	20
山东	9125	6.77%	5	江西	730	0.54%	20
广东	7300	5.42%	6	福建	730	0.54%	20
江苏	6205	4.60%	7	新疆	365	0.27%	24
河北	5110	3.79%	8	重庆	365	0.27%	24
浙江	5110	3.79%	8	台湾	0	0.00%	26
上海	4380	3.25%	10	宁夏	0	0.00%	26
河南	2555	1.89%	11	海南	0	0.00%	26

续表

省级行政区域	消费需求（人次）	占比	排名	省级行政区域	消费需求（人次）	占比	排名
天津	2190	1.62%	12	澳门	0	0.00%	26
内蒙古	1825	1.35%	13	甘肃	0	0.00%	26
四川	1825	1.35%	13	西藏	0	0.00%	26
山西	1825	1.35%	13	贵州	0	0.00%	26
安徽	1460	1.08%	16	青海	0	0.00%	26
湖北	1460	1.08%	16	香港	0	0.00%	26

（三）大庆市大庆油田历史陈列馆

黑龙江大庆市大庆油田历史陈列馆的消费需求总量为1 315 825人次，平均需求量为38 700人次，其中有18个省份高于全国平均水平，16个省份低于全国平均水平。消费需求排名第一的是黑龙江，其需求量为81 395，占比6.18%。前五大消费需求市场分别为黑龙江、广东、北京、山东和江苏。具体如下表所示。

表3-48 大庆市大庆油田历史陈列馆消费需求空间分布

省级行政区域	消费需求（人次）	占比	排名	省级行政区域	消费需求（人次）	占比	排名
黑龙江	81 395	6.18%	1	福建	39 420	2.99%	18
广东	67 890	5.16%	2	甘肃	37 960	2.88%	19
北京	65 335	4.96%	3	重庆	37 230	2.82%	20
山东	64 605	4.91%	4	江西	36 135	2.74%	21
江苏	59 495	4.52%	5	广西	35 405	2.69%	22
浙江	55 115	4.18%	6	新疆	35 405	2.69%	22
四川	52 925	4.02%	7	山西	34 310	2.60%	24
河南	51 830	3.93%	8	云南	30 295	2.30%	25
上海	50 370	3.82%	9	内蒙古	28 835	2.19%	26
河北	49 275	3.74%	10	贵州	28 470	2.16%	27
陕西	47 815	3.63%	11	海南	24 090	1.83%	28
辽宁	47 450	3.60%	12	宁夏	15 330	1.16%	29
湖北	47 085	3.57%	13	青海	13 870	1.05%	30
吉林	43 070	3.27%	14	西藏	4745	0.36%	31
安徽	43 070	3.27%	14	香港	3285	0.25%	32
湖南	42 340	3.21%	16	台湾	730	0.05%	33
天津	40 880	3.10%	17	澳门	365	0.02%	34

六、吉林省各景区红色旅游经典景区消费需求空间分布

长春市长春电影制片厂

吉林省长春市长春电影制片厂的消费需求总量为558 450人次，平均需求量为16 425

人次，其中有12个省份高于全国平均水平，22个省份低于全国平均水平。消费需求排名第一的是吉林，其需求量为69 350，占比12.41%。前五大消费需求市场分别为吉林、北京、辽宁、广东、山东。具体如下表所示。

表3-49　长春市长春电影制片厂消费需求空间分布

省级行政区域	消费需求（人次）	占比	排名	省级行政区域	消费需求（人次）	占比	排名
吉林	69 350	12.41%	1	湖南	12 775	2.28%	17
北京	42 705	7.64%	2	福建	11 680	2.09%	19
辽宁	35 405	6.34%	3	内蒙古	11 315	2.02%	20
广东	33 945	6.07%	4	广西	9490	1.69%	21
山东	30 660	5.49%	5	江西	9490	1.69%	21
江苏	29 565	5.29%	6	云南	8395	1.50%	23
黑龙江	29 565	5.29%	6	重庆	6570	1.17%	24
河北	29 200	5.22%	8	海南	4745	0.85%	25
浙江	28 105	5.22%	8	甘肃	4015	0.71%	26
上海	24 820	4.44%	9	贵州	4015	0.71%	26
河南	22 995	4.11%	11	新疆	3650	0.65%	28
四川	18 980	3.39%	12	香港	730	0.13%	29
天津	15 695	2.81%	13	台湾	365	0.06%	30
安徽	15 695	2.81%	13	宁夏	365	0.06%	30
陕西	15 695	2.81%	13	青海	365	0.06%	30
湖北	15 330	2.74%	16	澳门	0	0.00%	33
山西	12 775	2.28%	17	西藏	0	0.00%	33

七、辽宁省各景区红色旅游经典景区消费需求空间分布

（一）"九一八"历史博物馆

辽宁"九一八"历史博物馆的消费需求总量为425 590人次，平均需求量为12 517人次，其中有10个省份高于全国平均水平，24个省份低于全国平均水平。消费需求排名第一的是辽宁，其需求量为98 550，占比23.15%。前五大消费需求市场分别为辽宁、北京、吉林、河北、山东。具体如下表所示。

表3-50　"九一八"历史博物馆消费需求空间分布

省级行政区域	消费需求（人次）	占比	排名	省级行政区域	消费需求（人次）	占比	排名
辽宁	98 550	23.15%	1	湖北	8395	1.97%	18
北京	40 880	9.60%	2	湖南	8030	1.88%	19
吉林	25 185	5.91%	3	江西	6570	1.54%	20
河北	21 900	5.14%	4	福建	5840	1.37%	21
山东	21 170	4.97%	5	广西	4745	1.11%	22
广东	20 805	4.88%	6	重庆	4015	0.94%	23

续表

省级行政区域	消费需求（人次）	占比	排名	省级行政区域	消费需求（人次）	占比	排名
黑龙江	20 440	4.80%	7	新疆	3650	0.85%	24
江苏	19 345	4.54%	8	云南	3285	0.77%	25
河南	13 870	3.25%	9	甘肃	3285	0.77%	25
内蒙古	12 775	3.00%	10	贵州	2920	0.68%	27
上海	12 410	2.91%	11	海南	1460	0.34%	28
天津	12 410	2.91%	11	宁夏	730	0.34%	28
浙江	12 045	2.83%	13	青海	730	0.17%	29
陕西	10 950	2.57%	14	香港	365	0.08%	31
四川	10 585	2.48%	15	台湾	0	0.00%	32
山西	9490	2.23%	16	澳门	0	0.00%	32
安徽	8760	2.05%	16	西藏	0	0.00%	32

（二）抗美援朝烈士陵园

辽宁省抗美援朝烈士陵园的消费需求总量为 198 195 人次，平均需求量为 5829 人次，其中有 10 个省份高于全国平均水平，24 个省份低于全国平均水平。消费需求排名第一的是辽宁，其需求量为 46 355，占比 23.38%。前五大消费需求市场分别为辽宁、北京、广东、山东、江苏。具体如下表所示。

表 3-51 抗美援朝烈士陵园消费需求空间分布

省级行政区域	消费需求（人次）	占比	排名	省级行政区域	消费需求（人次）	占比	排名
辽宁	46 355	23.38%	1	内蒙古	3285	1.65%	18
北京	24 820	12.52%	2	天津	3285	1.65%	18
广东	12 775	6.44%	3	福建	3285	1.65%	18
山东	10 950	5.52%	4	江西	2920	1.47%	18
江苏	10 950	5.52%	4	广西	2555	1.28%	22
河北	8030	4.05%	6	重庆	2555	1.28%	22
吉林	7665	3.86%	7	云南	1825	0.92%	24
河南	7665	3.86%	7	甘肃	1825	0.92%	24
浙江	7300	3.68%	9	贵州	1460	0.73%	26
四川	5840	2.94%	10	新疆	1095	0.55%	27
上海	5475	2.76%	11	海南	730	0.36%	28
安徽	4380	2.21%	12	宁夏	365	0.18%	29
湖南	4380	2.21%	12	青海	365	0.18%	29
黑龙江	4380	2.21%	12	台湾	0	0.00%	31
湖北	4015	2.02%	15	澳门	0	0.00%	31
陕西	4015	2.02%	15	西藏	0	0.00%	31
山西	3650	1.84%	17	香港	0	0.00%	31

（三）丹东市抗美援朝纪念馆

辽宁省丹东市抗美援朝纪念馆的消费需求总量为 672 330 人次，平均需求量为 19 774 人次，其中有 13 个省份高于全国平均水平，21 个省份低于全国平均水平。消费需求排名第一的是辽宁，其需求量为 109 865，占比 16.34%。前五大消费需求市场分别为辽宁、北京、江苏、山东、广东。具体如下表所示。

表 3-52 丹东市抗美援朝纪念馆消费需求空间分布

省级行政区域	消费需求（人次）	占比	排名	省级行政区域	消费需求（人次）	占比	排名
辽宁	109 865	16.34%	1	山西	16 425	2.44%	18
北京	48 180	7.16%	2	内蒙古	15 330	2.28%	19
江苏	35 770	5.32%	3	江西	14 965	2.22%	20
山东	34 675	5.15%	4	福建	14 600	2.17%	21
广东	33 580	4.99%	5	广西	12 775	1.90%	22
河北	32 485	4.83%	6	重庆	11 680	1.73%	23
上海	29 930	4.45%	7	云南	10 220	1.52%	24
吉林	29 930	4.45%	7	贵州	7300	1.08%	25
河南	27 010	4.01%	9	甘肃	6570	0.97%	26
浙江	27 010	4.01%	9	新疆	4015	0.59%	27
四川	25 185	3.74%	11	宁夏	1825	0.27%	28
黑龙江	24 090	3.58%	12	海南	1825	0.27%	28
天津	20 075	2.98%	13	青海	1460	0.21%	30
安徽	19 710	2.93%	14	西藏	730	0.10%	31
湖北	19 710	2.93%	14	香港	730	0.10%	31
湖南	17 520	2.60%	16	台湾	0	0.00%	33
陕西	17 155	2.55%	17	澳门	0	0.00%	33

（四）鸭绿江断桥景区

辽宁省鸭绿江断桥景区的消费需求总量为 654 810 人次，平均需求量为 19 259 人次，其中有 14 个省份高于全国平均水平，20 个省份低于全国平均水平。消费需求排名第一的是辽宁，其需求量为 90 885，占比 13.88%。前五大消费需求市场分别为辽宁、北京、广东、江苏、山东。具体如下表所示。

表 3-53 鸭绿江断桥景区消费需求空间分布

省级行政区域	消费需求（人次）	占比	排名	省级行政区域	消费需求（人次）	占比	排名
辽宁	90 885	13.88%	1	湖南	17 520	2.67%	18
北京	43 800	6.68%	2	山西	16 060	2.45%	19
广东	36 865	5.63%	3	福建	16 060	2.45%	19
江苏	34 310	5.24%	4	广西	13 870	2.11%	21
山东	32 485	4.96%	5	重庆	13 870	2.11%	21

续表

省级行政区域	消费需求（人次）	占比	排名	省级行政区域	消费需求（人次）	占比	排名
吉林	31 390	4.79%	6	江西	11 315	1.72%	23
河北	31 025	4.73%	7	云南	7665	1.17%	24
上海	29 565	4.51%	8	甘肃	6570	1.00%	25
浙江	28 105	4.29%	9	贵州	6570	1.00%	25
黑龙江	25 915	3.95%	10	新疆	5475	0.83%	27
四川	24 090	3.67%	11	海南	4015	0.61%	28
河南	23 725	3.62%	12	宁夏	2555	0.39%	29
湖北	21 900	3.34%	13	青海	1095	0.16%	30
天津	21 535	3.28%	14	西藏	365	0.05%	31
安徽	18 980	2.89%	15	香港	365	0.05%	31
陕西	18 980	2.89%	15	台湾	0	0.00%	33
内蒙古	17 885	2.73%	17	澳门	0	0.00%	33

（五）辽沈战役纪念馆

辽宁省辽沈战役纪念馆的消费需求总量为 477 785 人次，平均需求量为 14 052 人次，其中有 10 个省份高于全国平均水平，24 个省份低于全国平均水平。消费需求排名第一的是辽宁，其需求量为 136 875，占比 28.64%。前五大消费需求市场分别为辽宁、北京、河北、内蒙古、山东。具体如下表所示。

表 3-54 辽沈战役纪念馆消费需求空间分布

省级行政区域	消费需求（人次）	占比	排名	省级行政区域	消费需求（人次）	占比	排名
辽宁	136 875	28.64%	1	湖南	6570	1.37%	18
北京	45 260	9.47%	2	广西	4380	0.91%	19
河北	38 325	8.02%	3	江西	4380	0.91%	19
内蒙古	24 455	5.11%	4	福建	4380	0.91%	19
山东	23 360	4.88%	5	重庆	4015	0.84%	22
江苏	23 360	4.88%	5	甘肃	2920	0.61%	23
吉林	22 630	4.73%	7	云南	2555	0.53%	24
广东	22 265	4.66%	8	新疆	2555	0.53%	24
黑龙江	18 980	3.97%	9	贵州	2190	0.45%	26
河南	14 600	3.05%	10	海南	1095	0.22%	27
上海	13 505	2.82%	11	宁夏	730	0.15%	28
浙江	12 775	2.67%	12	青海	365	0.07%	29
四川	9125	1.91%	13	台湾	0	0.00%	30
山西	9125	1.91%	13	天津	0	0.00%	30
湖北	9125	1.91%	13	澳门	0	0.00%	30
陕西	9125	1.91%	13	西藏	0	0.00%	30
安徽	8760	1.83%	17	香港	0	0.00%	30

八、上海市各景区红色旅游经典景区消费需求空间分布

（一）龙华烈士陵园

上海市龙华烈士陵园的消费需求总量为 239 075 人次，平均需求量为 7031 人次，其中有 7 个省份高于全国平均水平，27 个省份低于全国平均水平。消费需求排名第一的是上海，其需求量为 84 315，占比 35.26%。前五大消费需求市场分别为上海、江苏、北京、浙江、广东。具体如下表所示。

表 3-55　龙华烈士陵园消费需求空间分布

省级行政区域	消费需求（人次）	占比	排名	省级行政区域	消费需求（人次）	占比	排名
上海	84 315	35.26%	1	山西	2190	0.91%	18
江苏	25 185	10.53%	2	天津	1825	0.76%	19
北京	21 900	9.16%	3	广西	1825	0.76%	19
浙江	17 885	7.48%	4	黑龙江	1825	0.76%	19
广东	16 790	7.02%	5	云南	1095	0.45%	22
安徽	10 220	4.27%	6	内蒙古	1095	0.45%	22
山东	8760	3.66%	7	吉林	730	0.30%	24
河南	6205	2.59%	8	贵州	730	0.30%	24
湖南	5475	2.29%	9	新疆	365	0.15%	26
四川	5110	2.13%	10	甘肃	365	0.15%	26
河北	4745	1.98%	11	香港	365	0.15%	26
湖北	4380	1.83%	12	台湾	0	0.00%	29
福建	4015	1.67%	13	宁夏	0	0.00%	29
辽宁	3285	1.37%	14	海南	0	0.00%	29
陕西	3285	1.37%	14	澳门	0	0.00%	29
江西	2555	1.06%	16	西藏	0	0.00%	29
重庆	2555	1.06%	16	青海	0	0.00%	29

（二）陈云纪念馆

上海市陈云纪念馆的消费需求总量为 193 815 人次，平均需求量为 5700 人次，其中有 10 个省份高于全国平均水平，24 个省份低于全国平均水平。消费需求排名第一的是上海，其需求量为 55 115，占比 28.43%。前五大消费需求市场分别为上海、四川、江苏、浙江、北京。具体如下表所示。

表 3-56　上海市陈云纪念馆消费需求空间分布

省级行政区域	消费需求（人次）	占比	排名	省级行政区域	消费需求（人次）	占比	排名
上海	55 115	28.43%	1	福建	1460	0.75%	18
四川	19 710	10.16%	2	云南	1095	0.56%	19
江苏	16 790	8.66%	3	广西	1095	0.56%	19

续表

省级行政区域	消费需求（人次）	占比	排名	省级行政区域	消费需求（人次）	占比	排名
浙江	14 235	7.34%	4	贵州	1095	0.56%	19
北京	13 140	6.78%	5	内蒙古	730	0.37%	22
江西	12 410	6.40%	6	天津	730	0.37%	22
广东	10 950	5.65%	7	山西	730	0.37%	22
辽宁	7665	3.95%	8	香港	365	0.18%	25
重庆	7300	3.76%	9	黑龙江	365	0.18%	25
山东	5840	3.01%	10	台湾	0	0.00%	27
吉林	5475	2.82%	11	宁夏	0	0.00%	27
湖南	4015	2.07%	12	新疆	0	0.00%	27
河南	3650	1.88%	13	海南	0	0.00%	27
湖北	3285	1.69%	14	澳门	0	0.00%	27
安徽	2920	1.50%	15	甘肃	0	0.00%	27
河北	1825	0.94%	16	西藏	0	0.00%	27
陕西	1825	0.94%	16	青海	0	0.00%	27

（三）上海城市规划展示馆

上海城市规划展示馆的消费需求总量为219 730人次，平均需求量为6462人次，其中有8个省份高于全国平均水平，26个省份低于全国平均水平。消费需求排名第一的是上海，其需求量为64 970，占比29.56%。前五大消费需求市场分别为上海、江苏、北京、广东、山东。具体如下表所示。

表3-57 上海城市规划展示馆消费需求空间分布

省级行政区域	消费需求（人次）	占比	排名	省级行政区域	消费需求（人次）	占比	排名
上海	64 970	29.56%	1	天津	2920	1.32%	18
江苏	24 090	10.96%	2	山西	2920	1.32%	18
北京	17 885	8.14%	3	广西	2190	0.99%	20
浙江	16 060	7.30%	4	重庆	2190	0.99%	20
广东	13 870	6.31%	5	云南	1460	0.66%	22
山东	10 585	4.81%	6	吉林	1460	0.66%	22
河南	7300	3.32%	7	新疆	1095	0.49%	24
四川	6570	2.99%	8	香港	1095	0.49%	24
安徽	5475	2.49%	9	内蒙古	730	0.33%	26
河北	5110	2.32%	10	甘肃	730	0.33%	26
湖南	5110	2.32%	10	贵州	730	0.33%	26
辽宁	5110	2.32%	10	台湾	365	0.16%	29
湖北	4380	1.99%	13	宁夏	365	0.16%	29

续表

省级行政区域	消费需求（人次）	占比	排名	省级行政区域	消费需求（人次）	占比	排名
陕西	4015	1.82%	14	海南	365	0.16%	29
黑龙江	4015	1.82%	14	澳门	0	0.00%	32
江西	3285	1.49%	16	西藏	0	0.00%	32
福建	3285	1.49%	16	青海	0	0.00%	32

（四）上海鲁迅纪念馆

上海鲁迅纪念馆的消费需求总量为78 475人次，平均需求量为2308人次，其中有6个省份高于全国平均水平，28个省份低于全国平均水平。消费需求排名第一的是上海，其需求量为36 500，占比46.51%。前五大消费需求市场分别为上海、江苏、浙江、北京、广东。具体如下表所示。

表3-58　上海鲁迅纪念馆消费需求空间分布

省级行政区域	消费需求（人次）	占比	排名	省级行政区域	消费需求（人次）	占比	排名
上海	36 500	46.51%	1	广西	365	0.46%	17
江苏	8760	11.16%	2	江西	365	0.46%	17
浙江	7300	9.30%	3	重庆	365	0.46%	17
北京	5840	7.44%	4	陕西	365	0.46%	17
广东	3650	4.65%	5	黑龙江	365	0.46%	17
河南	2555	3.25%	6	云南	0	0.00%	23
山东	2190	2.79%	7	内蒙古	0	0.00%	23
安徽	1460	1.86%	8	台湾	0	0.00%	23
福建	1460	1.86%	8	宁夏	0	0.00%	23
四川	1095	1.39%	10	新疆	0	0.00%	23
河北	1095	1.39%	10	海南	0	0.00%	23
湖北	1095	1.39%	10	澳门	0	0.00%	23
辽宁	1095	1.39%	10	甘肃	0	0.00%	23
吉林	730	0.93%	14	西藏	0	0.00%	23
山西	730	0.93%	14	贵州	0	0.00%	23
湖南	730	0.93%	14	青海	0	0.00%	23
天津	365	0.46%	17	香港	0	0.00%	23

（五）上海世博园

上海世博园的消费需求总量为388 360人次，平均需求量为11 422人次，其中有11个省份高于全国平均水平，23个省份低于全国平均水平。消费需求排名第一的是上海，其需求量为62 780，占比16.16%。前五大消费需求市场分别为上海、江苏、浙江、广东、北京。具体如下表所示。

表 3-59　上海世博园消费需求空间分布

省级行政区域	消费需求（人次）	占比	排名	省级行政区域	消费需求（人次）	占比	排名
上海	62 780	16.16%	1	云南	6205	1.59%	18
江苏	34 675	8.92%	2	天津	6205	1.59%	18
浙江	31 025	7.98%	3	广西	5475	1.41%	20
广东	29 200	7.51%	4	重庆	4745	1.22%	21
北京	28 470	7.33%	5	内蒙古	4380	1.12%	22
山东	24 455	6.29%	6	吉林	4380	1.12%	22
安徽	17 520	4.51%	7	黑龙江	4380	1.12%	22
辽宁	16 425	4.22%	8	贵州	2555	0.65%	25
河南	15 695	4.04%	9	甘肃	1825	0.47%	26
河北	13 870	3.57%	10	新疆	1460	0.37%	27
四川	11 680	3.00%	11	宁夏	1095	0.28%	28
湖北	10 950	2.82%	12	海南	1095	0.28%	28
湖南	10 220	2.63%	13	香港	730	0.18%	30
福建	10 220	2.63%	13	青海	365	0.09%	31
陕西	10 220	2.63%	13	台湾	0	0.00%	32
江西	8760	2.26%	16	澳门	0	0.00%	32
山西	7300	1.88%	17	西藏	0	0.00%	32

（六）上海四行仓库抗战纪念馆

上海四行仓库抗战纪念馆的消费需求总量为 241 630 人次，平均需求量为 7106 人次，其中有 7 个省份高于全国平均水平，27 个省份低于全国平均水平。排名前五的消费需求分别为上海市、江苏省、浙江省、北京市、广东省，其中上海市以 69 350 次的搜索量居于首位。具体如下表所示。

表 3-60　上海四行仓库抗战纪念馆消费需求空间分布

省级行政区域	消费需求（人次）	占比	排名	省级行政区域	消费需求（人次）	占比	排名
上海	69 350	28.70%	1	天津	2555	1.05%	18
江苏	32 120	13.29%	2	重庆	2190	0.90%	19
浙江	22 995	9.51%	3	广西	1825	0.75%	20
北京	18 615	7.70%	4	吉林	1460	0.60%	21
广东	16 790	6.94%	5	云南	1095	0.45%	22
山东	12 045	4.98%	6	贵州	1095	0.45%	22
安徽	8760	3.62%	7	内蒙古	730	0.30%	24
河南	6935	2.87%	8	新疆	730	0.30%	24
四川	5475	2.26%	9	甘肃	730	0.30%	24
福建	5475	2.26%	9	黑龙江	730	0.30%	24
湖北	5110	2.11%	11	宁夏	365	0.15%	28

续表

省级行政区域	消费需求（人次）	占比	排名	省级行政区域	消费需求（人次）	占比	排名
河北	4745	1.96%	12	海南	365	0.15%	28
辽宁	4380	1.81%	13	香港	365	0.15%	28
江西	4015	1.66%	14	台湾	0	0.00%	31
陕西	4015	1.66%	14	澳门	0	0.00%	31
湖南	3650	1.51%	16	西藏	0	0.00%	31
山西	2920	1.20%	17	青海	0	0.00%	31

九、江苏省各景区红色旅游经典景区消费需求空间分布

（一）镇江市句容市茅山新四军纪念馆

江苏省镇江市句容市茅山新四军纪念馆的消费需求总量为79 570人次，平均需求量为2340人次，其中有5个省份高于全国平均水平，29个省份低于全国平均水平。消费需求排名第一的是江苏，其需求量为49 275，占比61.92%。前五大消费需求市场分别为江苏、安徽、上海、北京、浙江。具体如下表所示。

表3-61　镇江市句容市茅山新四军纪念馆消费需求空间分布

省级行政区域	消费需求（人次）	占比	排名	省级行政区域	消费需求（人次）	占比	排名
江苏	49 275	61.92%	1	内蒙古	0	0.00%	17
安徽	7665	9.63%	2	台湾	0	0.00%	17
上海	6570	8.25%	3	吉林	0	0.00%	17
北京	4380	5.50%	4	天津	0	0.00%	17
浙江	3285	4.12%	5	宁夏	0	0.00%	17
四川	1825	2.29%	6	广西	0	0.00%	17
广东	1825	2.29%	6	新疆	0	0.00%	17
山东	1095	1.37%	8	江西	0	0.00%	17
河北	730	0.91%	9	海南	0	0.00%	17
河南	730	0.91%	9	澳门	0	0.00%	17
山西	365	0.45%	11	甘肃	0	0.00%	17
湖北	365	0.45%	11	西藏	0	0.00%	17
湖南	365	0.45%	11	贵州	0	0.00%	17
福建	365	0.45%	11	重庆	0	0.00%	17
辽宁	365	0.45%	11	青海	0	0.00%	17
陕西	365	0.45%	11	香港	0	0.00%	17
云南	0	0.00%	17	黑龙江	0	0.00%	17

（二）梅园新村纪念馆

江苏省梅园新村纪念馆的消费需求总量为156 585人次，平均需求量为4605人次，其

中有 7 个省份高于全国平均水平，27 个省份低于全国平均水平。消费需求排名第一的是江苏，其需求量为 70 445，占比 44.98%。前五大消费需求市场分别为江苏、北京、安徽、上海、山东。具体如下表所示。

表 3-62　梅园新村纪念馆消费需求空间分布

省级行政区域	消费需求（人次）	占比	排名	省级行政区域	消费需求（人次）	占比	排名
江苏	70 445	44.98%	1	江西	1095	0.69%	18
北京	17 155	10.95%	2	吉林	730	0.46%	19
安徽	13 140	8.39%	3	福建	730	0.46%	19
上海	9855	6.29%	4	黑龙江	730	0.46%	19
山东	7665	4.89%	5	云南	365	0.23%	22
浙江	7665	4.89%	5	宁夏	365	0.23%	22
广东	5475	3.49%	7	广西	365	0.23%	22
河南	3285	2.09%	8	新疆	365	0.23%	22
河北	2555	1.63%	9	甘肃	365	0.23%	22
湖南	2555	1.63%	9	内蒙古	0	0.00%	27
辽宁	2190	1.39%	11	台湾	0	0.00%	27
四川	1825	1.16%	12	海南	0	0.00%	27
陕西	1825	1.16%	12	澳门	0	0.00%	27
天津	1460	0.93%	14	西藏	0	0.00%	27
山西	1460	0.93%	14	贵州	0	0.00%	27
湖北	1460	0.93%	14	青海	0	0.00%	27
重庆	1460	0.93%	14	香港	0	0.00%	27

（三）雨花台烈士陵园

江苏省雨花台烈士陵园的消费需求总量为 483 260 人次，平均需求量为 14 213 人次，其中有 11 个省份高于全国平均水平，23 个省份低于全国平均水平。消费需求排名第一的是江苏，其需求量为 110 960，占比 22.96%。前五大消费需求市场分别为江苏、安徽、北京、上海、浙江。具体如下表所示。

表 3-63　雨花台烈士陵园消费需求空间分布

省级行政区域	消费需求（人次）	占比	排名	省级行政区域	消费需求（人次）	占比	排名
江苏	110 960	22.96%	1	天津	7665	1.58%	18
安徽	35 770	7.40%	2	吉林	5840	1.20%	19
北京	35 405	7.32%	3	广西	5840	1.20%	19
上海	30 660	6.34%	4	重庆	5840	1.20%	19
浙江	30 660	6.34%	4	云南	5110	1.05%	22
山东	29 930	6.19%	6	甘肃	5110	1.05%	22
广东	23 725	4.90%	7	黑龙江	4745	0.98%	24

续表

省级行政区域	消费需求（人次）	占比	排名	省级行政区域	消费需求（人次）	占比	排名
河南	20 440	4.23%	8	内蒙古	4380	0.90%	25
河北	15 695	3.24%	9	新疆	4015	0.83%	26
湖北	15 695	3.24%	9	贵州	3650	0.75%	27
四川	14 965	3.09%	11	青海	1095	0.22%	28
陕西	12 410	2.56%	12	宁夏	730	0.15%	29
湖南	11 315	2.34%	13	海南	730	0.15%	29
辽宁	11 315	2.34%	13	香港	730	0.15%	29
江西	10 220	2.11%	15	台湾	0	0.00%	32
山西	9490	1.96%	16	澳门	0	0.00%	32
福建	9125	1.88%	17	西藏	0	0.00%	32

（四）侵华日军南京大屠杀遇难同胞纪念馆

江苏省侵华日军南京大屠杀遇难同胞纪念馆的消费需求总量为993 165人次，平均需求量为29 210人次，其中有15个省份高于全国平均水平，19个省份低于全国平均水平。消费需求排名第一的是江苏，其需求量为127 750，占比12.86%。前五大消费需求市场分别为江苏、安徽、浙江、北京、山东。具体如下表所示。

表3-64 侵华日军南京大屠杀遇难同胞纪念馆消费需求空间分布

省级行政区域	消费需求（人次）	占比	排名	省级行政区域	消费需求（人次）	占比	排名
江苏	127 750	12.86%	1	天津	25 550	2.57%	18
安徽	63 510	6.39%	2	重庆	23 360	2.35%	19
浙江	57 305	5.77%	3	广西	22 995	2.31%	20
北京	50 370	5.07%	4	黑龙江	19 710	1.98%	21
山东	50 005	5.03%	5	内蒙古	18 250	1.83%	22
上海	49 275	4.96%	6	云南	17 885	1.80%	23
广东	47 450	4.77%	7	吉林	17 155	1.72%	24
河南	42 705	4.30%	8	贵州	16 060	1.61%	25
湖北	38 325	3.85%	9	甘肃	15 330	1.54%	26
河北	35 770	3.60%	10	新疆	12 045	1.21%	27
四川	35 405	3.56%	11	海南	6935	0.69%	28
福建	32 850	3.30%	12	宁夏	6570	0.66%	29
陕西	32 850	3.30%	12	青海	3285	0.33%	30
湖南	31 390	3.16%	14	香港	3285	0.33%	30
江西	31 025	3.12%	15	台湾	730	0.07%	32
辽宁	31 025	3.12%	15	西藏	730	0.07%	32
山西	25 915	2.60%	17	澳门	365	0.03%	34

（五）盐城市新四军纪念馆

江苏省盐城市新四军纪念馆的消费需求总量为 4015 人次，平均需求量为 118 人次。其中江苏省以 2920 的搜索量居于首位。具体如下表所示。

表 3-65　盐城市新四军纪念馆消费需求空间分布

省级行政区域	消费需求（人次）	占比	排名	省级行政区域	消费需求（人次）	占比	排名
江苏	2920	72.72%	1	河北	0	0.00%	5
上海	365	9.09%	2	河南	0	0.00%	5
山东	365	9.09%	2	浙江	0	0.00%	5
广东	365	9.09%	2	海南	0	0.00%	5
云南	0	0.00%	5	湖北	0	0.00%	5
内蒙古	0	0.00%	5	湖南	0	0.00%	5
北京	0	0.00%	5	澳门	0	0.00%	5
台湾	0	0.00%	5	甘肃	0	0.00%	5
吉林	0	0.00%	5	福建	0	0.00%	5
四川	0	0.00%	5	西藏	0	0.00%	5
天津	0	0.00%	5	贵州	0	0.00%	5
宁夏	0	0.00%	5	辽宁	0	0.00%	5
安徽	0	0.00%	5	重庆	0	0.00%	5
山西	0	0.00%	5	陕西	0	0.00%	5
广西	0	0.00%	5	青海	0	0.00%	5
新疆	0	0.00%	5	香港	0	0.00%	5
江西	0	0.00%	5	黑龙江	0	0.00%	5

（六）徐州市淮海战役纪念馆

江苏省徐州市淮海战役纪念馆的消费需求总量为 481 070 人次，平均需求量为 14 149 人次，其中有 11 个省份高于全国平均水平，23 个省份低于全国平均水平。消费需求排名第一的是江苏，其需求量为 84 315，占比 17.52%。前五大消费需求市场分别为江苏、安徽、山东、北京、河南。具体如下表所示。

表 3-66　徐州市淮海战役纪念馆消费需求空间分布

省级行政区域	消费需求（人次）	占比	排名	省级行政区域	消费需求（人次）	占比	排名
江苏	84 315	17.52%	1	福建	6205	1.29%	18
安徽	43 800	9.10%	2	广西	5840	1.21%	19
山东	43 800	9.10%	2	重庆	4745	0.98%	20
北京	35 770	7.43%	4	黑龙江	4745	0.98%	20
河南	35 040	7.28%	5	吉林	4380	0.91%	22
上海	25 550	5.31%	6	内蒙古	3650	0.75%	23
辽宁	25 185	5.23%	7	云南	2920	0.60%	24

续表

省级行政区域	消费需求（人次）	占比	排名	省级行政区域	消费需求（人次）	占比	排名
浙江	22 995	4.78%	8	新疆	2555	0.53%	25
河北	21 900	4.55%	9	甘肃	2190	0.45%	26
广东	21 535	4.47%	10	海南	1095	0.22%	27
天津	19 710	4.09%	11	贵州	1095	0.22%	27
陕西	12 410	2.58%	12	宁夏	365	0.07%	29
四川	12 045	2.50%	13	青海	365	0.07%	29
湖北	11 315	2.35%	14	香港	365	0.07%	29
山西	10 220	2.12%	15	台湾	0	0.00%	32
湖南	8030	1.66%	16	澳门	0	0.00%	32
江西	6935	1.44%	17	西藏	0	0.00%	32

（七）周恩来纪念馆

江苏省周恩来纪念馆的消费需求总量为 718 685 人次，平均需求量为 21 137 人次，其中有 14 个省份高于全国平均水平，20 个省份低于全国平均水平。消费需求排名第一的是江苏，其需求量为 118 625，占比 16.50%。前五大消费需求市场分别为江苏、浙江、山东、北京、上海。具体如下表所示。

表 3-67 周恩来纪念馆消费需求空间分布

省级行政区域	消费需求（人次）	占比	排名	省级行政区域	消费需求（人次）	占比	排名
江苏	118 625	16.50%	1	山西	16 790	2.33%	18
浙江	46 355	6.45%	2	新疆	15 695	2.18%	19
山东	44 530	6.19%	3	重庆	14 600	2.03%	20
北京	40 515	5.63%	4	广西	11 680	1.62%	21
上海	37 960	5.28%	5	云南	10 585	1.47%	22
广东	37 595	5.23%	6	黑龙江	9855	1.37%	23
安徽	33 580	4.67%	7	吉林	8760	1.21%	24
河南	30 295	4.21%	8	甘肃	8395	1.16%	25
天津	29 930	4.16%	9	贵州	7300	1.01%	26
河北	29 200	4.06%	10	内蒙古	6205	0.86%	27
四川	27 375	3.80%	11	海南	3285	0.45%	28
辽宁	26 280	3.65%	12	青海	1825	0.25%	29
湖南	22 630	3.14%	13	宁夏	1460	0.20%	30
湖北	21 535	2.99%	14	西藏	365	0.05%	31
陕西	20 075	2.79%	15	香港	365	0.05%	31
江西	17 520	2.43%	16	台湾	0	0.00%	33
福建	17 520	2.43%	16	澳门	0	0.00%	33

(八)南京市中山陵

江苏省南京市中山陵的消费需求总量为 1 927 200 人次,平均需求量为 56 682 人次,其中有 10 个省份高于全国平均水平,24 个省份低于全国平均水平。消费需求排名第一的是江苏,其需求量为 363 905,占比 18.88%。前五大消费需求市场分别为江苏、安徽、浙江、广东、山东。具体如下表所示。

表 3-68　南京市中山陵消费需求空间分布

省级行政区域	消费需求(人次)	占比	排名	省级行政区域	消费需求(人次)	占比	排名
江苏	363 905	18.88%	1	山西	44 895	2.33%	18
安徽	108 405	5.62%	2	重庆	43 070	2.23%	19
浙江	101 470	5.26%	3	广西	41 245	2.14%	20
广东	89 790	4.65%	4	黑龙江	38 325	1.98%	21
山东	88 330	4.58%	5	吉林	37 960	1.97%	22
上海	87 965	4.56%	6	云南	36 865	1.91%	23
北京	87 235	4.52%	7	内蒙古	33 580	1.74%	24
河南	70 445	3.65%	8	贵州	32 850	1.70%	25
河北	60 225	3.12%	9	甘肃	32 120	1.66%	26
湖北	59 860	3.10%	10	新疆	28 835	1.49%	27
四川	56 210	2.91%	11	海南	27 375	1.42%	28
辽宁	52 925	2.74%	12	宁夏	18 980	0.98%	29
陕西	52 560	2.72%	13	青海	14 600	0.75%	30
福建	52 195	2.70%	14	香港	10 220	0.53%	31
湖南	50 005	2.59%	15	台湾	4015	0.20%	32
江西	48 910	2.53%	16	西藏	4015	0.20%	32
天津	45 625	2.36%	17	澳门	2190	0.11%	34

(九)周恩来故居

江苏省周恩来故居的消费需求总量为 774 895 人次,平均需求量为 22 791 人次,其中有 11 个省份高于全国平均水平,23 个省份低于全国平均水平。消费需求排名第一的是江苏,其需求量为 93 075,占比 12.01%。前五大消费需求市场分别为江苏、浙江、山东、上海、广东。具体如下表所示。

表 3-69　周恩来故居消费需求空间分布

省级行政区域	消费需求(人次)	占比	排名	省级行政区域	消费需求(人次)	占比	排名
江苏	93 075	12.01%	1	江西	20 440	2.63%	18
浙江	62 415	8.05%	2	广西	20 075	2.59%	19
山东	52 195	6.73%	3	山西	18 980	2.44%	20
上海	41 245	5.32%	4	贵州	16 790	2.16%	21
广东	39 055	5.04%	5	云南	14 600	1.88%	22

续表

省级行政区域	消费需求（人次）	占比	排名	省级行政区域	消费需求（人次）	占比	排名
北京	37 595	4.85%	6	黑龙江	14 235	1.83%	23
安徽	34 675	4.47%	7	吉林	11 680	1.50%	24
湖南	34 310	4.42%	8	内蒙古	10 220	1.31%	25
四川	30 295	3.91%	9	甘肃	9125	1.17%	26
河南	29 930	3.86%	10	新疆	7300	0.94%	27
湖北	28 105	3.62%	11	海南	5840	0.75%	28
河北	27 010	3.48%	12	宁夏	1825	0.23%	29
辽宁	24 455	3.15%	13	青海	1825	0.23%	29
福建	22 265	2.87%	14	西藏	365	0.04%	31
陕西	21 900	2.82%	15	台湾	0	0.00%	32
天津	21 535	2.77%	16	澳门	0	0.00%	32
重庆	21 535	2.77%	16	香港	0	0.00%	32

十、浙江省各景区红色旅游经典景区消费需求空间分布

（一）嘉兴市南湖风景名胜区（中共一大旧址）

浙江省嘉兴市南湖风景名胜区（中共一大旧址）的消费需求总量为818 330人次，平均需求量为2242人次，其中有29个省份高于全国平均水平，5个省份低于全国平均水平。消费需求排名第一的是浙江，其需求量为95 995，占比11.73%。前五大消费需求市场分别为浙江、上海、江苏、北京、广东。具体如下表所示。

表3-70 嘉兴市南湖风景名胜区（中共一大旧址）消费需求空间分布

省级行政区域	消费需求（人次）	占比	排名	省级行政区域	消费需求（人次）	占比	排名
浙江	95 995	11.73%	1	山西	20 075	2.45%	18
上海	59 860	7.31%	2	广西	19 345	2.36%	19
江苏	53 655	6.56%	3	天津	18 615	2.27%	20
北京	43 800	5.35%	4	云南	17 520	2.14%	21
广东	43 435	5.31%	5	黑龙江	16 425	2.01%	22
山东	38 690	4.73%	6	吉林	13 870	1.69%	24
安徽	35 040	4.28%	7	贵州	13 870	1.69%	24
四川	34 310	4.19%	8	甘肃	12 410	1.52%	26
河南	34 310	4.19%	8	内蒙古	12 045	1.47%	27
湖北	31 025	3.79%	10	新疆	11 680	1.43%	28
河北	28 470	3.48%	11	海南	5110	0.62%	29
湖南	28 105	3.43%	12	宁夏	2920	0.36%	30
福建	27 375	3.35%	13	青海	1825	0.22%	31
江西	25 915	3.17%	14	香港	1825	0.22%	31

续表

省级行政区域	消费需求（人次）	占比	排名	省级行政区域	消费需求（人次）	占比	排名
陕西	25 915	3.17%	14	西藏	730	0.09%	32
辽宁	22 995	2.81%	16	台湾	0	0.00%	33
重庆	21 170	2.59%	17	澳门	0	0.00%	33

（二）绍兴市鲁迅故居及纪念馆

浙江省绍兴市鲁迅故居及纪念馆的消费需求总量为285 065人次，平均需求量为781人次，其中有23个省份高于全国平均水平，11个省份低于全国平均水平。消费需求排名第一的是浙江，其需求量为65 700，占比23.05%。前五大消费需求市场分别为浙江、上海、江苏、北京、广东。具体如下表所示。

表3-71 绍兴市鲁迅故居及纪念馆消费需求空间分布

省级行政区域	消费需求（人次）	占比	排名	省级行政区域	消费需求（人次）	占比	排名
浙江	65 700	23.05%	1	天津	2555	0.90%	18
上海	36 865	12.93%	2	山西	2190	0.77%	19
江苏	32 120	11.27%	3	重庆	2190	0.77%	19
北京	22 995	8.07%	4	黑龙江	1825	0.64%	21
广东	17 885	6.27%	5	云南	1460	0.51%	22
安徽	15 695	5.51%	6	吉林	1460	0.51%	22
山东	14 235	4.99%	7	内蒙古	730	0.26%	24
河南	9855	3.46%	8	贵州	730	0.26%	25
福建	9855	3.46%	8	宁夏	365	0.13%	26
江西	6935	2.43%	10	新疆	365	0.13%	26
辽宁	6935	2.43%	10	海南	365	0.13%	26
河北	6570	2.30%	12	甘肃	365	0.13%	26
湖北	6570	2.30%	12	香港	365	0.13%	26
四川	6205	2.18%	14	台湾	0	0.00%	31
湖南	5110	1.79%	15	澳门	0	0.00%	31
陕西	3650	1.28%	16	西藏	0	0.00%	31
广西	2920	1.02%	17	青海	0	0.00%	31

十一、安徽省各景区红色旅游经典景区消费需求空间分布

（一）宣城市泾县皖南事变烈士陵园

安徽省宣城市泾县皖南事变烈士陵园的消费需求总量为73 365人次，平均需求量为201人次，其中有19个省份高于全国平均水平，15个省份低于全国平均水平。消费需求排名第一的是安徽，其需求量为34 675，占比47.26%。前五大消费需求市场分别为安徽、江苏、浙江、上海、北京。具体如下表所示。

表 3-72 宣城市泾县皖南事变烈士陵园消费需求空间分布

省级行政区域	消费需求（人次）	占比	排名	省级行政区域	消费需求（人次）	占比	排名
安徽	34 675	47.26%	1	湖南	365	0.50%	15
江苏	12 775	17.41%	2	黑龙江	365	0.50%	15
浙江	5110	6.97%	3	云南	0	0.00%	20
上海	4380	5.97%	4	内蒙古	0	0.00%	20
北京	3650	4.98%	5	台湾	0	0.00%	20
广东	2190	2.99%	6	吉林	0	0.00%	20
山东	1460	1.99%	7	宁夏	0	0.00%	20
河北	1460	1.99%	7	广西	0	0.00%	20
湖北	1460	1.99%	7	新疆	0	0.00%	20
河南	1095	1.49%	7	海南	0	0.00%	20
辽宁	1095	1.49%	7	澳门	0	0.00%	20
江西	730	1.00%	12	甘肃	0	0.00%	20
福建	730	1.00%	12	西藏	0	0.00%	20
陕西	730	1.00%	12	贵州	0	0.00%	20
四川	365	0.50%	15	重庆	0	0.00%	20
天津	365	0.50%	15	青海	0	0.00%	20
山西	365	0.50%	15	香港	0	0.00%	20

（二）淮北市濉溪县淮海战役双堆集烈士陵园

安徽省淮北市濉溪县淮海战役双堆集烈士陵园的消费需求总量为8030人次，平均需求量为22人次，其中有5个省份高于全国平均水平，29个省份低于全国平均水平。消费需求排名第一的是安徽，其需求量为6205，占比77.27%。前五大消费需求市场分别为安徽、江苏、山东、河南、浙江。具体如下表所示。

表 3-73 淮北市濉溪县淮海战役双堆集烈士陵园消费需求空间分布

省级行政区域	消费需求（人次）	占比	排名	省级行政区域	消费需求（人次）	占比	排名
安徽	6205	77.27%	1	新疆	0	0.00%	6
江苏	730	9.09%	2	江西	0	0.00%	6
山东	365	4.55%	3	河北	0	0.00%	6
河南	365	4.55%	3	海南	0	0.00%	6
浙江	365	4.55%	3	湖北	0	0.00%	6
上海	0	0.00%	6	湖南	0	0.00%	6
云南	0	0.00%	6	澳门	0	0.00%	6
内蒙古	0	0.00%	6	甘肃	0	0.00%	6
北京	0	0.00%	6	福建	0	0.00%	6
台湾	0	0.00%	6	西藏	0	0.00%	6
吉林	0	0.00%	6	贵州	0	0.00%	6

续表

省级行政区域	消费需求（人次）	占比	排名	省级行政区域	消费需求（人次）	占比	排名
四川	0	0.00%	6	辽宁	0	0.00%	6
天津	0	0.00%	6	重庆	0	0.00%	6
宁夏	0	0.00%	6	陕西	0	0.00%	6
山西	0	0.00%	6	青海	0	0.00%	6
广东	0	0.00%	6	香港	0	0.00%	6
广西	0	0.00%	6	黑龙江	0	0.00%	6

（三）芜湖市王稼祥纪念园

安徽省芜湖市王稼祥纪念园的消费需求总量为81 395人次，平均需求量为223人次，其中有24个省份高于全国平均水平，12个省份低于全国平均水平。消费需求排名第一的是安徽，其需求量为29 930，占比36.77%。前五大消费需求市场分别为安徽、江苏、广东、北京、浙江。具体如下表所示。

表3-74 芜湖市王稼祥纪念园消费需求空间分布

省级行政区域	消费需求（人次）	占比	排名	省级行政区域	消费需求（人次）	占比	排名
安徽	29 930	36.77%	1	福建	1095	1.35%	16
江苏	7665	9.42%	2	贵州	1095	1.35%	16
广东	4745	5.83%	3	天津	730	0.90%	20
北京	4015	4.93%	4	广西	730	0.90%	20
浙江	4015	4.93%	4	重庆	730	0.90%	20
山东	3650	4.48%	6	黑龙江	730	0.90%	20
上海	3285	4.04%	7	内蒙古	365	0.45%	24
河南	2920	3.59%	8	吉林	365	0.45%	24
四川	2190	2.69%	9	甘肃	365	0.45%	24
湖南	2190	2.69%	9	台湾	0	0.00%	27
江西	1825	2.24%	11	宁夏	0	0.00%	27
河北	1825	2.24%	11	新疆	0	0.00%	27
陕西	1825	2.24%	11	海南	0	0.00%	27
湖北	1460	1.79%	14	澳门	0	0.00%	27
辽宁	1460	1.79%	14	西藏	0	0.00%	27
云南	1095	1.35%	16	青海	0	0.00%	27
山西	1095	1.35%	16	香港	0	0.00%	27

（四）滁州市凤阳县小岗村

安徽省滁州市凤阳小岗村的消费需求总量为264 990人次，平均需求量为726人次，其中有27个省份高于全国平均水平，7个省份低于全国平均水平。消费需求排名第一的是安徽，其需求量为45 260，占比17.08%。前五大消费需求市场分别为安徽、江苏、浙江、广东、北京。具体如下表所示。

表 3-75 滁州市凤阳县小岗村消费需求空间分布

省级行政区域	消费需求（人次）	占比	排名	省级行政区域	消费需求（人次）	占比	排名
安徽	45 260	17.08%	1	云南	2920	1.10%	18
江苏	31 755	11.98%	2	山西	2920	1.10%	18
浙江	21 535	8.13%	3	重庆	2920	1.10%	18
广东	21 170	7.99%	4	天津	2190	0.83%	21
北京	17 155	6.47%	5	黑龙江	2190	0.83%	21
上海	16 060	6.06%	6	内蒙古	1825	0.69%	23
山东	16 060	6.06%	6	吉林	1825	0.69%	23
河南	14 235	5.37%	8	贵州	1460	0.55%	25
湖北	9490	3.58%	9	新疆	730	0.28%	26
河北	9125	3.44%	10	甘肃	730	0.28%	26
四川	8760	3.31%	11	海南	365	0.14%	28
江西	8030	3.03%	12	台湾	0	0.00%	29
湖南	6935	2.62%	13	宁夏	0	0.00%	29
福建	6570	2.48%	14	澳门	0	0.00%	29
辽宁	4380	1.65%	15	西藏	0	0.00%	29
陕西	4380	1.65%	15	青海	0	0.00%	29
广西	4015	1.52%	17	香港	0	0.00%	29

十二、江西省各景区红色旅游经典景区消费需求空间分布

（一）南昌八一起义纪念馆

江西省南昌八一起义纪念馆的消费需求总量为 253 310 人次，平均需求量为 694 人次，其中有 28 个省份高于全国平均水平，6 个省份低于全国平均水平。消费需求排名第一的是江西，其需求量为 36 135，占比 14.27%。前五大消费需求市场分别为江西、广东、湖北、江苏、浙江。具体如下表所示。

表 3-76 南昌八一起义纪念馆消费需求空间分布

省级行政区域	消费需求（人次）	占比	排名	省级行政区域	消费需求（人次）	占比	排名
江西	36 135	14.27%	1	广西	4745	1.87%	17
广东	22 265	8.79%	2	天津	3285	1.30%	19
湖北	16 425	6.48%	3	吉林	2920	1.15%	20
江苏	15 695	6.20%	4	贵州	2920	1.15%	20
浙江	15 330	6.05%	5	重庆	2920	1.15%	20
北京	14 965	5.91%	6	黑龙江	2920	1.15%	20
湖南	14 965	5.91%	6	云南	2190	0.86%	24
山东	13 505	5.33%	8	新疆	1825	0.72%	25

续表

省级行政区域	消费需求（人次）	占比	排名	省级行政区域	消费需求（人次）	占比	排名
安徽	12 775	5.04%	9	内蒙古	1460	0.58%	26
福建	10 950	4.32%	10	海南	1095	0.43%	27
河南	10 585	4.18%	11	甘肃	1095	0.43%	27
上海	9125	3.60%	12	台湾	0	0.00%	29
四川	9125	3.60%	12	宁夏	0	0.00%	29
辽宁	7300	2.88%	14	澳门	0	0.00%	29
河北	6570	2.59%	15	西藏	0	0.00%	29
陕西	5475	2.16%	16	青海	0	0.00%	29
山西	4745	1.87%	17	香港	0	0.00%	29

（二）江西革命烈士纪念堂

江西省江西革命烈士纪念堂的消费需求总量为 54 020 人次，平均需求量为 148 人次，其中有 17 个省份高于全国平均水平，17 个省份低于全国平均水平。消费需求排名第一的是江西，其需求量为 36 865，占比 68.24%。前五大消费需求市场分别为江西、广东、北京、江苏、河北。具体如下表所示。

表 3-77　江西革命烈士纪念堂消费需求空间分布

省级行政区域	消费需求（人次）	占比	排名	省级行政区域	消费需求（人次）	占比	排名
江西	36 865	68.24%	1	云南	0	0.00%	18
广东	3285	6.08%	2	内蒙古	0	0.00%	18
北京	2190	4.05%	3	台湾	0	0.00%	18
江苏	1460	2.70%	4	吉林	0	0.00%	18
河北	1460	2.70%	4	天津	0	0.00%	18
湖北	1460	2.70%	4	宁夏	0	0.00%	18
湖南	1460	2.70%	4	山西	0	0.00%	18
河南	1095	2.03%	8	新疆	0	0.00%	18
上海	730	1.35%	9	海南	0	0.00%	18
山东	730	1.35%	9	澳门	0	0.00%	18
浙江	730	1.35%	9	甘肃	0	0.00%	18
福建	730	1.35%	9	西藏	0	0.00%	18
四川	365	0.68%	13	贵州	0	0.00%	18
安徽	365	0.68%	13	重庆	0	0.00%	18
广西	365	0.68%	13	青海	0	0.00%	18
辽宁	365	0.68%	13	香港	0	0.00%	18
陕西	365	0.68%	13	黑龙江	0	0.00%	18

（三）九江市修水县秋收起义纪念地系列景点

江西省九江市修水县秋收起义纪念地系列景点的消费需求总量为 29 930 人次，平均需求量为 82 人次，其中有 11 个省份高于全国平均水平，23 个省份低于全国平均水平。消费需求排名第一的是江西，其需求量为 19 345，占比 64.63%。前五大消费需求市场分别为江西、湖南、广东、江苏、浙江。具体如下表所示。

表 3-78 九江市修水县秋收起义纪念地系列景点消费需求空间分布

省级行政区域	消费需求（人次）	占比	排名	省级行政区域	消费需求（人次）	占比	排名
江西	19 345	64.63%	1	天津	0	0.00%	12
湖南	3650	12.20%	2	宁夏	0	0.00%	12
广东	2920	9.76%	3	安徽	0	0.00%	12
江苏	730	2.44%	4	山西	0	0.00%	12
浙江	730	2.44%	4	广西	0	0.00%	12
湖北	730	2.44%	4	新疆	0	0.00%	12
北京	365	1.22%	7	河南	0	0.00%	12
山东	365	1.22%	7	海南	0	0.00%	12
河北	365	1.22%	7	澳门	0	0.00%	12
重庆	365	1.22%	7	甘肃	0	0.00%	12
陕西	365	1.22%	7	福建	0	0.00%	12
上海	0	0.00%	12	西藏	0	0.00%	12
云南	0	0.00%	12	贵州	0	0.00%	12
内蒙古	0	0.00%	12	辽宁	0	0.00%	12
台湾	0	0.00%	12	青海	0	0.00%	12
吉林	0	0.00%	12	香港	0	0.00%	12
四川	0	0.00%	12	黑龙江	0	0.00%	12

（四）井冈山红色旅游系列景区

江西省井冈山红色旅游系列景区的消费需求总量为 2 887 515 人次，平均需求量为 7911 人次，其中有 32 个省份高于全国平均水平，2 个省份低于全国平均水平。消费需求排名第一的是江西，其需求量为 287 255，占比 9.95%。前五大消费需求市场分别为江西、广东、北京、江苏、山东。具体如下表所示。

表 3-79 井冈山红色旅游系列景区消费需求空间分布

省级行政区域	消费需求（人次）	占比	排名	省级行政区域	消费需求（人次）	占比	排名
江西	287 255	9.95%	1	广西	73 730	2.55%	18
广东	236 155	8.18%	2	重庆	67 890	2.35%	19
北京	141 985	4.92%	3	云南	66 065	2.29%	20
江苏	132 860	4.60%	4	天津	63 875	2.21%	21
山东	131 035	4.54%	5	贵州	61 685	2.14%	22

续表

省级行政区域	消费需求（人次）	占比	排名	省级行政区域	消费需求（人次）	占比	排名
浙江	130 305	4.51%	6	内蒙古	59 860	2.07%	23
湖南	126 290	4.37%	7	黑龙江	59 495	2.06%	24
河南	107 310	3.72%	8	吉林	58 400	2.02%	25
上海	103 295	3.58%	9	甘肃	52 560	1.82%	26
河北	102 930	3.56%	10	新疆	51 830	1.79%	27
湖北	98 550	3.41%	11	海南	45 990	1.59%	28
四川	93 075	3.22%	12	宁夏	36 135	1.25%	29
福建	93 075	3.22%	12	青海	29 565	1.02%	30
安徽	86 505	3.00%	14	西藏	23 360	0.81%	31
陕西	85 410	2.96%	15	香港	20 440	0.71%	32
辽宁	78 110	2.71%	16	澳门	4015	0.14%	33
山西	76 285	2.64%	17	台湾	2190	0.08%	34

（五）瑞金革命遗址

江西省瑞金革命遗址的消费需求总量为 16 425 人次，平均需求量为 45 人次，其中有 16 个省份高于全国平均水平，18 个省份低于全国平均水平。消费需求排名第一的是江西，其需求量为 5840，占比 35.56%。前五大消费需求市场分别为江西、广东、北京、福建、山东。具体如下表所示。

表 3-80　瑞金革命遗址消费需求空间分布

省级行政区域	消费需求（人次）	占比	排名	省级行政区域	消费需求（人次）	占比	排名
江西	5840	35.56%	1	内蒙古	0	0.00%	17
广东	1460	8.89%	2	台湾	0	0.00%	17
北京	1095	6.67%	3	吉林	0	0.00%	17
福建	1095	6.67%	3	天津	0	0.00%	17
山东	730	4.44%	5	宁夏	0	0.00%	17
江苏	730	4.44%	5	广西	0	0.00%	17
河北	730	4.44%	5	新疆	0	0.00%	17
河南	730	4.44%	5	海南	0	0.00%	17
浙江	730	4.44%	5	湖北	0	0.00%	17
贵州	730	4.44%	5	湖南	0	0.00%	17
辽宁	730	4.44%	5	澳门	0	0.00%	17
上海	365	2.22%	12	甘肃	0	0.00%	17
四川	365	2.22%	12	西藏	0	0.00%	17
安徽	365	2.22%	12	重庆	0	0.00%	17
山西	365	2.22%	12	青海	0	0.00%	17
陕西	365	2.22%	12	香港	0	0.00%	17

续表

省级行政区域	消费需求（人次）	占比	排名	省级行政区域	消费需求（人次）	占比	排名
云南	0	0.00%	17	黑龙江	0	0.00%	17

（六）永新三湾改编旧址

江西省永新三湾改编旧址的消费需求总量为 21 900 人次，平均需求量为 60 人次，其中有 14 个省份高于全国平均水平，20 个省份低于全国平均水平。消费需求排名第一的是江西，其需求量为 12 045，占比 55.00%。前五大消费需求市场分别为江西、北京、湖南、广东、江苏。具体如下表所示。

表 3-81 永新三湾改编旧址消费需求空间分布

省级行政区域	消费需求（人次）	占比	排名	省级行政区域	消费需求（人次）	占比	排名
江西	12 045	55.00%	1	吉林	0	0.00%	15
北京	2190	10.00%	2	天津	0	0.00%	15
湖南	1460	6.67%	3	宁夏	0	0.00%	15
广东	1095	5.00%	4	安徽	0	0.00%	15
江苏	1095	5.00%	4	山西	0	0.00%	15
山东	730	3.33%	6	广西	0	0.00%	15
湖北	730	3.33%	6	新疆	0	0.00%	15
上海	365	1.67%	8	河南	0	0.00%	15
四川	365	1.67%	8	海南	0	0.00%	15
河北	365	1.67%	8	澳门	0	0.00%	15
浙江	365	1.67%	8	甘肃	0	0.00%	15
福建	365	1.67%	8	西藏	0	0.00%	15
辽宁	365	1.67%	8	贵州	0	0.00%	15
重庆	365	1.67%	8	陕西	0	0.00%	15
云南	0	0.00%	15	青海	0	0.00%	15
内蒙古	0	0.00%	15	香港	0	0.00%	15
台湾	0	0.00%	15	黑龙江	0	0.00%	15

（七）上饶市上饶集中营革命烈士陵园

江西省上饶市上饶集中营革命烈士陵园的消费需求总量为 293 460 人次，平均需求量为 804 人次，其中有 26 个省份高于全国平均水平，8 个省份低于全国平均水平。消费需求排名第一的是江西，其需求量为 58 035，占比 19.78%。前五大消费需求市场分别为江西、浙江、北京、上海、广东。具体如下表所示。

表 3-82 上饶市上饶集中营革命烈士陵园消费需求空间分布

省级行政区域	消费需求(人次)	占比	排名	省级行政区域	消费需求（人次）	占比	排名
江西	58 035	19.78%	1	山西	3285	1.12%	18

续表

省级行政区域	消费需求（人次）	占比	排名	省级行政区域	消费需求（人次）	占比	排名
浙江	31 755	10.82%	2	重庆	2920	1.00%	19
北京	21 900	7.46%	3	贵州	2555	0.87%	20
上海	21 535	7.34%	4	黑龙江	2555	0.87%	20
广东	21 170	7.21%	5	广西	2190	0.75%	22
江苏	21 170	7.21%	5	云南	1460	0.50%	23
福建	19 345	6.59%	7	吉林	1460	0.50%	23
安徽	15 695	5.35%	8	内蒙古	1095	0.37%	25
山东	13 505	4.60%	9	甘肃	1095	0.37%	25
河南	8760	2.99%	10	宁夏	365	0.12%	27
河北	7665	2.61%	11	新疆	365	0.12%	27
湖北	7665	2.61%	11	海南	365	0.12%	27
湖南	7300	2.49%	13	台湾	0	0.00%	30
四川	5110	1.74%	14	澳门	0	0.00%	30
辽宁	4745	1.62%	15	西藏	0	0.00%	30
陕西	4745	1.62%	15	青海	0	0.00%	30
天津	3650	1.24%	17	香港	0	0.00%	30

（八）南昌市新建区小平小道陈列馆

江西省南昌市新建区小平小道陈列馆的消费需求总量为 199 290 人次，平均需求量为 546 人次，其中有 27 个省份高于全国平均水平，7 个省份低于全国平均水平。消费需求排名第一的是江西，其需求量为 56 575，占比 28.39%。前五大消费需求市场分别为江西、广东、北京、江苏、湖北。具体如下表所示。

表 3-83 南昌市新建区小平小道陈列馆消费需求空间分布

省级行政区域	消费需求（人次）	占比	排名	省级行政区域	消费需求（人次）	占比	排名
江西	56 575	28.39%	1	重庆	2555	1.28%	17
广东	16 060	8.06%	2	陕西	2555	1.28%	17
北京	14 965	7.51%	3	山西	1825	0.92%	20
江苏	12 045	6.04%	4	云南	1460	0.73%	21
湖北	10 585	5.31%	5	黑龙江	1460	0.73%	21
浙江	10 220	5.13%	6	新疆	1095	0.55%	23
四川	9125	4.58%	7	贵州	1095	0.55%	23
河北	8030	4.03%	8	内蒙古	730	0.37%	25
上海	7300	3.66%	9	吉林	730	0.37%	25
山东	6935	3.48%	10	甘肃	730	0.37%	25
天津	6570	3.30%	11	海南	365	0.18%	28
河南	5475	2.75%	12	青海	365	0.18%	28

续表

省级行政区域	消费需求（人次）	占比	排名	省级行政区域	消费需求（人次）	占比	排名
湖南	5475	2.75%	12	台湾	0	0.00%	30
安徽	4745	2.38%	14	宁夏	0	0.00%	30
福建	4745	2.38%	14	澳门	0	0.00%	30
广西	2920	1.47%	16	西藏	0	0.00%	30
辽宁	2555	1.28%	17	香港	0	0.00%	30

十三、山东省各景区红色旅游经典景区消费需求空间分布

（一）济南战役纪念馆

山东省济南战役纪念馆的消费需求总量为 118 990 人次，平均需求量为 236 人次，其中有 24 个省份高于全国平均水平，10 个省份低于全国平均水平。消费需求排名第一的是山东，其需求量为 65 700，占比 55.21%。前五大消费需求市场分别为山东、北京、江苏、河北、广东。具体如下表所示。

表 3-84 济南战役纪念馆消费需求空间分布

省级行政区域	消费需求（人次）	占比	排名	省级行政区域	消费需求（人次）	占比	排名
山东	65 700	55.21%	1	黑龙江	730	0.61%	17
北京	16 790	14.11%	2	内蒙古	365	0.31%	19
江苏	6205	5.21%	3	吉林	365	0.31%	19
河北	5475	4.60%	4	新疆	365	0.31%	19
广东	3285	2.76%	5	江西	365	0.31%	19
河南	2555	2.15%	6	福建	365	0.31%	19
上海	2190	1.84%	7	重庆	365	0.31%	19
天津	2190	1.84%	7	台湾	0	0.00%	25
辽宁	2190	1.84%	7	宁夏	0	0.00%	25
浙江	1825	1.53%	10	广西	0	0.00%	25
安徽	1460	1.23%	11	海南	0	0.00%	25
四川	1095	0.92%	12	澳门	0	0.00%	25
山西	1095	0.92%	12	甘肃	0	0.00%	25
湖北	1095	0.92%	12	西藏	0	0.00%	25
湖南	1095	0.92%	12	贵州	0	0.00%	25
陕西	1095	0.92%	12	青海	0	0.00%	25
云南	730	0.61%	17	香港	0	0.00%	25

（二）华东地区革命烈士陵园

山东省华东地区革命烈士陵园的消费需求总量为 66 065 人次，平均需求量为 181 人次，其中有 15 个省份高于全国平均水平，19 个省份低于全国平均水平。消费需求排名第

一的是山东，其需求量为 41 245，占比 62.43%。前五大消费需求市场分别为山东、北京、江苏、上海、广东。具体如下表所示。

表 3-85 华东地区革命烈士陵园消费需求空间分布

省级行政区域	消费需求（人次）	占比	排名	省级行政区域	消费需求（人次）	占比	排名
山东	41 245	62.43%	1	台湾	0	0.00%	16
北京	9490	14.36%	2	宁夏	0	0.00%	16
江苏	5110	7.73%	3	山西	0	0.00%	16
上海	1825	2.76%	4	广西	0	0.00%	16
广东	1460	2.21%	5	新疆	0	0.00%	16
安徽	1095	1.66%	6	江西	0	0.00%	16
浙江	1095	1.66%	6	湖北	0	0.00%	16
吉林	730	1.10%	8	湖南	0	0.00%	16
天津	730	1.10%	8	澳门	0	0.00%	16
河北	730	1.10%	8	甘肃	0	0.00%	16
河南	730	1.10%	8	福建	0	0.00%	16
陕西	730	1.10%	8	西藏	0	0.00%	16
四川	365	0.55%	13	贵州	0	0.00%	16
海南	365	0.55%	13	重庆	0	0.00%	16
辽宁	365	0.55%	13	青海	0	0.00%	16
云南	0	0.00%	16	香港	0	0.00%	16
内蒙古	0	0.00%	16	黑龙江	0	0.00%	16

（三）沂南县沂蒙山孟良崮战役遗址

山东省沂南县沂蒙山孟良崮战役遗址的消费需求总量为 200 750 人次，平均需求量为 550 人次，其中有 26 个省份高于全国平均水平，8 个省份低于全国平均水平。消费需求排名第一的是山东，其需求量为 67 160，占比 33.45%。前五大消费需求市场分别为山东、江苏、北京、河北、河南。具体如下表所示。

表 3-86 沂南县沂蒙山孟良崮战役遗址消费需求空间分布

省级行政区域	消费需求（人次）	占比	排名	省级行政区域	消费需求（人次）	占比	排名
山东	67 160	33.45%	1	黑龙江	1825	0.91%	17
江苏	28 470	14.18%	2	吉林	1095	0.55%	19
北京	23 725	11.82%	3	广西	1095	0.55%	19
河北	10 220	5.09%	4	江西	1095	0.55%	19
河南	9855	4.91%	5	云南	730	0.36%	22
广东	7665	3.82%	6	内蒙古	730	0.36%	22
上海	7300	3.64%	7	新疆	730	0.36%	22
安徽	7300	3.64%	7	甘肃	730	0.36%	22
浙江	5475	2.73%	9	重庆	730	0.36%	22

续表

省级行政区域	消费需求（人次）	占比	排名	省级行政区域	消费需求（人次）	占比	排名
天津	5110	2.55%	10	宁夏	365	0.18%	27
辽宁	4015	2.00%	11	贵州	365	0.18%	27
山西	2920	1.45%	12	台湾	0	0.00%	29
湖北	2920	1.45%	12	海南	0	0.00%	29
四川	2555	1.27%	14	澳门	0	0.00%	29
陕西	2555	1.27%	14	西藏	0	0.00%	29
湖南	2190	1.09%	16	青海	0	0.00%	29
福建	1825	0.91%	17	香港	0	0.00%	29

（四）青岛市中国人民解放军海军博物馆

山东省青岛市中国人民解放军海军博物馆的消费需求总量为 468 660 人次，平均需求量为 1284 人次，其中有 27 个省份高于全国平均水平，7 个省份低于全国平均水平。消费需求排名第一的是山东，其需求量为 101 470，占比 21.65%。前五大消费需求市场分别为山东、江苏、北京、上海、浙江。具体如下表所示。

表 3-87 青岛市中国人民解放军海军博物馆消费需求空间分布

省级行政区域	消费需求（人次）	占比	排名	省级行政区域	消费需求（人次）	占比	排名
山东	101 470	21.65%	1	重庆	6935	1.48%	18
江苏	38 690	8.26%	2	内蒙古	5840	1.25%	19
北京	37 595	8.02%	3	吉林	5840	1.25%	20
上海	26 645	5.69%	4	福建	5840	1.25%	20
浙江	25 550	5.45%	5	江西	5475	1.17%	22
广东	21 170	4.52%	6	云南	4380	0.93%	23
河南	21 170	4.52%	6	广西	3650	0.78%	24
河北	20 805	4.44%	8	甘肃	3650	0.78%	24
四川	18 250	3.89%	9	新疆	3285	0.70%	26
安徽	17 885	3.82%	10	贵州	1460	0.31%	27
辽宁	16 790	3.58%	11	宁夏	730	0.16%	28
山西	14 600	3.12%	12	海南	730	0.16%	28
陕西	14 600	3.12%	12	香港	730	0.16%	28
湖北	14 235	3.04%	14	青海	365	0.08%	31
天津	10 950	2.34%	15	台湾	0	0.00%	32
黑龙江	10 585	2.26%	16	澳门	0	0.00%	32
湖南	8760	1.87%	17	西藏	0	0.00%	32

（五）威海市环翠区刘公岛甲午海战纪念地

山东省威海市环翠区刘公岛甲午海战纪念地的消费需求总量为 1 195 740 人次，平均需求量为 3276 人次，其中有 30 个省份高于全国平均水平，4 个省份低于全国平均水平。

消费需求排名第一的是山东，其需求量为242 360，占比20.27%。前五大消费需求市场分别为山东、北京、江苏、河北、上海。具体如下表所示。

表3-88 威海市环翠区刘公岛甲午海战纪念地消费需求空间分布

省级行政区域	消费需求(人次)	占比	排名	省级行政区域	消费需求(人次)	占比	排名
山东	242 360	20.27%	1	吉林	27 740	2.32%	18
北京	68 985	5.77%	2	福建	27 740	2.32%	18
江苏	60 590	5.07%	3	内蒙古	26 645	2.23%	20
河北	53 655	4.49%	4	重庆	26 280	2.20%	21
上海	48 180	4.03%	5	江西	22 265	1.86%	22
河南	48 180	4.03%	5	甘肃	19 345	1.62%	23
广东	45 260	3.79%	7	广西	17 885	1.50%	24
浙江	43 800	3.66%	8	新疆	17 885	1.50%	24
辽宁	43 070	3.60%	9	云南	17 155	1.43%	26
陕西	40 880	3.42%	10	贵州	11 680	0.98%	27
四川	40 150	3.36%	11	海南	10 585	0.89%	28
安徽	39 785	3.33%	12	宁夏	9125	0.76%	29
天津	39 420	3.30%	13	青海	5840	0.49%	30
山西	39 055	3.27%	14	香港	2190	0.18%	31
湖北	37 595	3.14%	15	西藏	1460	0.12%	32
黑龙江	32 120	2.69%	16	台湾	365	0.03%	33
湖南	28 470	2.38%	17	澳门	0	0.00%	34

（六）聊城市孔繁森同志纪念馆

山东省聊城市孔繁森同志纪念馆的消费需求总量为110 960人次，平均需求量为304人次；其中有27个省份高于全国平均水平，7个省份低于全国平均水平。消费需求排名第一的是山东，其需求量为49 275，占比44.41%。前五大消费需求市场分别为山东、北京、河北、河南、江苏。具体如下表所示。

表3-89 聊城市孔繁森同志纪念馆消费需求空间分布

省级行政区域	消费需求(人次)	占比	排名	省级行政区域	消费需求(人次)	占比	排名
山东	49 275	44.41%	1	陕西	1095	0.99%	11
北京	12 410	11.18%	2	黑龙江	1095	0.99%	11
河北	11 315	10.20%	3	广西	730	0.66%	20
河南	9125	8.22%	4	江西	730	0.66%	20
江苏	4380	3.95%	5	湖南	730	0.66%	20
广东	2555	2.30%	6	重庆	730	0.66%	20
辽宁	2190	1.97%	7	云南	365	0.33%	24
山西	1825	1.64%	8	内蒙古	365	0.33%	24

续表

省级行政区域	消费需求(人次)	占比	排名	省级行政区域	消费需求(人次)	占比	排名
新疆	1825	1.64%	8	福建	365	0.33%	24
西藏	1825	1.64%	8	青海	365	0.33%	24
上海	1095	0.99%	11	台湾	0	0.00%	28
吉林	1095	0.99%	11	宁夏	0	0.00%	28
四川	1095	0.99%	11	海南	0	0.00%	28
天津	1095	0.99%	11	澳门	0	0.00%	28
安徽	1095	0.99%	11	甘肃	0	0.00%	28
浙江	1095	0.99%	11	贵州	0	0.00%	28
湖北	1095	0.99%	11	香港	0	0.00%	28

十四、福建省各景区红色旅游经典景区消费需求空间分布

(一)福州市福建省革命历史纪念馆

福州市福建省革命历史纪念馆的消费需求总量为 73 730 人次,平均需求量为 202 人次,其中有 20 个省份高于全国平均水平,14 个省份低于全国平均水平。消费需求排名第一的是福建,其需求量为 47 450,占比 64.36%。前五大消费需求市场分别为福建、北京、广东、江苏、浙江。具体如下表所示。

表 3-90 福州市福建省革命历史纪念馆消费需求空间分布

省级行政区域	消费需求(人次)	占比	排名	省级行政区域	消费需求(人次)	占比	排名
福建	47 450	64.36%	1	河北	365	0.50%	14
北京	8395	11.39%	2	湖南	365	0.50%	14
广东	3285	4.46%	3	辽宁	365	0.50%	14
江苏	2190	2.97%	4	云南	0	0.00%	21
浙江	2190	2.97%	4	内蒙古	0	0.00%	21
上海	1825	2.48%	6	台湾	0	0.00%	21
江西	1460	1.98%	7	宁夏	0	0.00%	21
四川	730	0.99%	8	新疆	0	0.00%	21
天津	730	0.99%	8	海南	0	0.00%	21
山东	730	0.99%	8	澳门	0	0.00%	21
河南	730	0.99%	8	甘肃	0	0.00%	21
湖北	730	0.99%	8	西藏	0	0.00%	21
陕西	730	0.99%	8	贵州	0	0.00%	21
吉林	365	0.50%	14	重庆	0	0.00%	21
安徽	365	0.50%	14	青海	0	0.00%	21
山西	365	0.50%	14	香港	0	0.00%	21
广西	365	0.50%	14	黑龙江	0	0.00%	21

（二）瞿秋白烈士纪念碑

瞿秋白烈士纪念碑的消费需求总量为 90 885 人次，平均需求量为 249 人次，其中有 18 个省份高于全国平均水平，16 个省份低于全国平均水平。消费需求排名第一的是江苏，其需求量为 49 640，占比 54.62%。前五大消费需求市场分别为江苏、福建、北京、上海、广东。具体如下表所示。

表 3-91　瞿秋白烈士纪念碑消费需求空间分布

省级行政区域	消费需求（人次）	占比	排名	省级行政区域	消费需求（人次）	占比	排名
江苏	49 640	54.62%	1	陕西	365	0.40%	15
福建	12 410	13.65%	2	云南	0	0.00%	19
北京	5110	5.62%	3	内蒙古	0	0.00%	19
上海	4745	5.22%	4	台湾	0	0.00%	19
广东	4380	4.82%	5	吉林	0	0.00%	19
四川	1825	2.01%	6	宁夏	0	0.00%	19
安徽	1825	2.01%	6	广西	0	0.00%	19
江西	1825	2.01%	6	新疆	0	0.00%	19
浙江	1825	2.01%	6	海南	0	0.00%	19
山东	1460	1.61%	10	澳门	0	0.00%	19
湖北	1460	1.61%	10	甘肃	0	0.00%	19
河南	1095	1.20%	12	西藏	0	0.00%	19
湖南	1095	1.20%	12	贵州	0	0.00%	19
河北	730	0.80%	14	重庆	0	0.00%	19
天津	365	0.40%	15	青海	0	0.00%	19
山西	365	0.40%	15	香港	0	0.00%	19
辽宁	365	0.40%	15	黑龙江	0	0.00%	19

（三）漳州市毛主席率领红军攻克漳州陈列馆

漳州市毛主席率领红军攻克漳州陈列馆的消费需求总量为 22 265 人次，平均需求量为 61 人次，其中有 6 个省份高于全国平均水平，28 个省份低于全国平均水平。消费需求排名第一的是福建，其需求量为 17 155，占比 77.05%。前五大消费需求市场分别为福建、北京、江西、广东、浙江。具体如下表所示。

表 3-92　漳州市毛主席率领红军攻克漳州陈列馆消费需求空间分布

省级行政区域	消费需求（人次）	占比	排名	省级行政区域	消费需求（人次）	占比	排名
福建	17 155	77.05%	1	广西	0	0.00%	6
北京	2555	11.48%	2	新疆	0	0.00%	6
江西	1095	4.92%	3	江苏	0	0.00%	6
广东	730	3.28%	4	河北	0	0.00%	6
浙江	365	1.64%	5	河南	0	0.00%	6

续表

省级行政区域	消费需求（人次）	占比	排名	省级行政区域	消费需求（人次）	占比	排名
甘肃	365	1.64%	5	海南	0	0.00%	6
上海	0	0.00%	6	湖北	0	0.00%	6
云南	0	0.00%	6	湖南	0	0.00%	6
内蒙古	0	0.00%	6	澳门	0	0.00%	6
台湾	0	0.00%	6	西藏	0	0.00%	6
吉林	0	0.00%	6	贵州	0	0.00%	6
四川	0	0.00%	6	辽宁	0	0.00%	6
天津	0	0.00%	6	重庆	0	0.00%	6
宁夏	0	0.00%	6	陕西	0	0.00%	6
安徽	0	0.00%	6	青海	0	0.00%	6
山东	0	0.00%	6	香港	0	0.00%	6
山西	0	0.00%	6	黑龙江	0	0.00%	6

十五、河南省各景区红色旅游经典景区消费需求空间分布

（一）兰考县焦裕禄烈士陵园

兰考县焦裕禄烈士陵园的消费需求总量为 219 365 人次，平均需求量为 601 人次，其中有 27 个省份高于全国平均水平，7 个省份低于全国平均水平。消费需求排名第一的是河南，其需求量为 52 560，占比 23.96%。前五大消费需求市场分别为河南、山东、北京、江苏、河北。具体如下表所示。

表 3-93 兰考县焦裕禄烈士陵园消费需求空间分布

省级行政区域	消费需求（人次）	占比	排名	省级行政区域	消费需求（人次）	占比	排名
河南	52 560	23.96%	1	江西	1825	0.83%	18
山东	51 100	23.29%	2	新疆	1460	0.67%	19
北京	21 900	9.98%	3	福建	1460	0.67%	19
江苏	15 695	7.15%	4	内蒙古	1095	0.50%	21
河北	9855	4.49%	5	吉林	1095	0.50%	21
广东	7665	3.49%	6	广西	1095	0.50%	21
安徽	5840	2.66%	7	重庆	1095	0.50%	21
湖北	5840	2.66%	7	云南	730	0.33%	25
山西	5475	2.50%	9	甘肃	730	0.33%	25
浙江	5475	2.50%	9	贵州	730	0.33%	25
上海	5110	2.33%	11	宁夏	365	0.17%	28
辽宁	4745	2.16%	12	海南	365	0.17%	28
陕西	4380	2.00%	13	台湾	0	0.00%	30
天津	3650	1.66%	14	澳门	0	0.00%	30

续表

省级行政区域	消费需求（人次）	占比	排名	省级行政区域	消费需求（人次）	占比	排名
四川	2920	1.33%	15	西藏	0	0.00%	30
湖南	2920	1.33%	15	青海	0	0.00%	30
黑龙江	2190	1.00%	17	香港	0	0.00%	30

（二）新乡市南太行创业精神红色旅游景区

新乡市南太行创业精神红色旅游景区的消费需求总量为 39 420 人次，平均需求量为 108 人次，其中有 17 个省份高于全国平均水平，17 个省份低于全国平均水平。消费需求排名第一的是河南，其需求量为 15 330，占比 38.89%。前五大消费需求市场分别为河南、山东、北京、广东、江苏。具体如下表所示。

表 3-94 新乡市南太行创业精神红色旅游景区消费需求空间分布

省级行政区域	消费需求（人次）	占比	排名	省级行政区域	消费需求（人次）	占比	排名
河南	15 330	38.89%	1	云南	0	0.00%	18
山东	4745	12.04%	2	内蒙古	0	0.00%	18
北京	3650	9.26%	3	台湾	0	0.00%	18
广东	2555	6.48%	4	吉林	0	0.00%	18
江苏	2555	6.48%	4	宁夏	0	0.00%	18
浙江	1825	4.63%	6	广西	0	0.00%	18
上海	1460	3.70%	7	新疆	0	0.00%	18
河北	1460	3.70%	7	江西	0	0.00%	18
山西	1095	2.78%	9	海南	0	0.00%	18
四川	730	1.85%	10	澳门	0	0.00%	18
安徽	730	1.85%	10	甘肃	0	0.00%	18
湖北	730	1.85%	10	西藏	0	0.00%	18
辽宁	730	1.85%	10	贵州	0	0.00%	18
陕西	730	1.85%	10	重庆	0	0.00%	18
天津	365	0.93%	15	青海	0	0.00%	18
湖南	365	0.93%	15	香港	0	0.00%	18
福建	365	0.93%	15	黑龙江	0	0.00%	18

（三）安阳市林州市红旗渠

安阳市林州市红旗渠的消费需求总量为 2 661 580 人次，平均需求量为 7292 人次，其中有 32 个省份高于全国平均水平，2 个省份低于全国平均水平。消费需求排名第一的是河南，其需求量为 369 380，占比 13.88%。前五大消费需求市场分别为河南、山东、北京、江苏、河北。具体如下表所示。

表 3-95 安阳市林州市红旗渠消费需求空间分布

省级行政区域	消费需求（人次）	占比	排名	省级行政区域	消费需求（人次）	占比	排名
河南	369 380	13.88%	1	天津	63 875	2.40%	18
山东	158 045	5.94%	2	广西	62 050	2.33%	19
北京	142 350	5.35%	3	内蒙古	59 860	2.25%	20
江苏	131 400	4.94%	4	重庆	59 860	2.25%	20
河北	128 480	4.83%	5	云南	59 495	2.24%	22
广东	127 750	4.80%	6	吉林	54 385	2.04%	23
浙江	101 835	3.83%	7	黑龙江	53 655	2.02%	24
山西	98 915	3.72%	8	贵州	51 830	1.95%	25
陕西	86 870	3.26%	9	甘肃	48 180	1.81%	26
安徽	86 140	3.24%	10	新疆	47 450	1.78%	27
湖北	85 410	3.21%	11	海南	36 500	1.37%	28
四川	84 680	3.18%	12	宁夏	33 580	1.26%	29
上海	81 760	3.07%	13	青海	27 740	1.04%	30
湖南	79 935	3.00%	14	西藏	20 805	0.78%	31
辽宁	72 270	2.72%	15	香港	9125	0.34%	32
江西	68 985	2.59%	16	台湾	1460	0.05%	33
福建	66 795	2.51%	17	澳门	730	0.03%	34

十六、湖北省各景区红色旅游经典景区消费需求空间分布

（一）武昌区辛亥革命武昌起义纪念馆

武昌区辛亥革命武昌起义纪念馆的消费需求总量为 156 585 人次，平均需求量为 429 人次，其中有 24 个省份高于全国平均水平，10 个省份低于全国平均水平。消费需求排名第一的是湖北，其需求量为 43 800，占比 27.97%。前五大消费需求市场分别为湖北、广东、北京、江苏、河南。具体如下表所示。

表 3-96 武昌区辛亥革命武昌起义纪念馆消费需求空间分布

省级行政区域	消费需求（人次）	占比	排名	省级行政区域	消费需求（人次）	占比	排名
湖北	43 800	27.97%	1	天津	1825	1.17%	18
广东	13 140	8.39%	2	山西	1825	1.17%	18
北京	11 680	7.46%	3	重庆	1460	0.93%	20
江苏	9855	6.29%	4	云南	1095	0.70%	21
河南	8760	5.59%	5	黑龙江	1095	0.70%	21
湖南	8030	5.13%	6	甘肃	730	0.47%	23
上海	7665	4.90%	7	贵州	730	0.47%	23
安徽	7300	4.66%	8	吉林	365	0.23%	25
浙江	6935	4.43%	9	新疆	365	0.23%	25

续表

省级行政区域	消费需求（人次）	占比	排名	省级行政区域	消费需求（人次）	占比	排名
江西	6205	3.96%	10	海南	365	0.23%	25
山东	5840	3.73%	11	内蒙古	0	0.00%	28
四川	3285	2.10%	12	台湾	0	0.00%	28
河北	3285	2.10%	12	宁夏	0	0.00%	28
福建	3285	2.10%	12	澳门	0	0.00%	28
辽宁	2920	1.86%	15	西藏	0	0.00%	28
陕西	2555	1.63%	16	青海	0	0.00%	28
广西	2190	1.40%	17	香港	0	0.00%	28

（二）首义广场

首义广场的消费需求总量为 66 065 人次，平均需求量为 181 人次，其中有 23 个省份高于全国平均水平，11 个省份低于全国平均水平。消费需求排名第一的是湖北，其需求量为 36 500，占比 55.25%。前五大消费需求市场分别为湖北、广东、北京、江苏、上海。具体如下表所示。

表 3-97 首义广场消费需求空间分布

省级行政区域	消费需求（人次）	占比	排名	省级行政区域	消费需求（人次）	占比	排名
湖北	36 500	55.25%	1	山西	365	0.55%	15
广东	4745	7.18%	2	广西	365	0.55%	15
北京	3650	5.52%	3	福建	365	0.55%	15
江苏	2920	4.42%	4	重庆	365	0.55%	15
上海	2555	3.87%	5	陕西	365	0.55%	15
湖南	2555	3.87%	5	黑龙江	365	0.55%	15
河南	2190	3.31%	7	内蒙古	0	0.00%	24
四川	1460	2.21%	8	台湾	0	0.00%	24
河北	1460	2.21%	8	宁夏	0	0.00%	24
安徽	1095	1.66%	10	新疆	0	0.00%	24
山东	1095	1.66%	10	海南	0	0.00%	24
浙江	1095	1.66%	10	澳门	0	0.00%	24
江西	730	1.10%	13	甘肃	0	0.00%	24
辽宁	730	1.10%	13	西藏	0	0.00%	24
云南	365	0.55%	15	贵州	0	0.00%	24
吉林	365	0.55%	15	青海	0	0.00%	24
天津	365	0.55%	15	香港	0	0.00%	24

（三）宜昌市长江三峡水利枢纽工程

宜昌市长江三峡水利枢纽工程的消费需求总量为 29 565 人次，平均需求量为 81 人次，其中有 23 个省份高于全国平均水平，11 个省份低于全国平均水平。消费需求排名第一的是湖北，其需求量为 3285，占比 11.11%。前五大消费需求市场分别为湖北、广东、浙江、北京、江苏。具体如下表所示。

表 3-98 宜昌市长江三峡水利枢纽工程消费需求空间分布

省级行政区域	消费需求（人次）	占比	排名	省级行政区域	消费需求（人次）	占比	排名
湖北	3285	11.11%	1	天津	365	1.23%	17
广东	2920	9.88%	2	安徽	365	1.23%	17
浙江	2555	8.64%	3	江西	365	1.23%	17
北京	2190	7.41%	4	甘肃	365	1.23%	17
江苏	2190	7.41%	4	福建	365	1.23%	17
河南	2190	7.41%	4	黑龙江	365	1.23%	17
四川	1460	4.94%	7	内蒙古	0	0.00%	24
山东	1460	4.94%	7	台湾	0	0.00%	24
河北	1460	4.94%	7	吉林	0	0.00%	24
重庆	1460	4.94%	7	宁夏	0	0.00%	24
上海	1095	3.70%	11	新疆	0	0.00%	24
湖南	1095	3.70%	11	海南	0	0.00%	24
辽宁	1095	3.70%	11	澳门	0	0.00%	24
陕西	1095	3.70%	11	西藏	0	0.00%	24
山西	730	2.47%	15	贵州	0	0.00%	24
广西	730	2.47%	15	青海	0	0.00%	24
云南	365	1.23%	17	香港	0	0.00%	24

十七、湖南省各景区红色旅游经典景区消费需求空间分布

（一）湘潭市韶山市毛泽东故居和纪念馆

湘潭市韶山市毛泽东故居和纪念馆的消费需求总量为 1 366 195 人次，平均需求量为 3743 人次，其中有 30 个省份高于全国平均水平，4 个省份低于全国平均水平。消费需求排名第一的是湖南，其需求量为 178 120，占比 13.04%。前五大消费需求市场分别为湖南、广东、湖北、浙江、江苏。具体如下表所示。

表 3-99 湘潭市韶山市毛泽东故居和纪念馆消费需求空间分布

省级行政区域	消费需求（人次）	占比	排名	省级行政区域	消费需求（人次）	占比	排名
湖南	178 120	13.04%	1	贵州	35 770	2.62%	18
广东	104 025	7.61%	2	云南	32 485	2.38%	19
湖北	66 430	4.86%	3	辽宁	32 485	2.38%	19
浙江	59 495	4.35%	4	山西	29 930	2.19%	21
江苏	59 130	4.33%	5	天津	25 915	1.90%	22
北京	58 035	4.25%	6	内蒙古	24 455	1.79%	23

续表

省级行政区域	消费需求（人次）	占比	排名	省级行政区域	消费需求（人次）	占比	排名
山东	55 480	4.06%	7	黑龙江	24 455	1.79%	23
河南	54 750	4.01%	8	新疆	23 725	1.74%	25
广西	53 655	3.93%	9	吉林	23 360	1.71%	26
四川	51 830	3.79%	10	海南	23 360	1.71%	26
江西	51 465	3.77%	11	甘肃	22 265	1.63%	28
上海	50 735	3.71%	12	宁夏	9125	0.67%	29
安徽	42 705	3.13%	13	青海	8395	0.61%	30
河北	40 515	2.97%	14	西藏	2920	0.21%	31
福建	40 150	2.94%	15	香港	2920	0.21%	31
重庆	40 150	2.94%	15	澳门	730	0.05%	33
陕西	37 230	2.73%	17	台湾	0	0.00%	34

（二）宁乡市花明楼刘少奇故居和纪念馆

宁乡市花明楼刘少奇故居和纪念馆的消费需求总量为 658 825 人次，平均需求量为 1805 人次，其中有 29 个省份高于全国平均水平，5 个省份低于全国平均水平。消费需求排名第一的是湖南，其需求量为 101 105，占比 15.35%。前五大消费需求市场分别为湖南、广东、河南、北京、湖北。具体如下表所示。

表 3-100　宁乡市花明楼刘少奇故居和纪念馆消费需求空间分布

省级行政区域	消费需求（人次）	占比	排名	省级行政区域	消费需求（人次）	占比	排名
湖南	101 105	15.35%	1	重庆	19 345	2.94%	18
广东	45 625	6.93%	2	山西	18 980	2.88%	19
河南	33 945	5.15%	3	福建	17 885	2.71%	20
北京	33 215	5.04%	4	云南	13 505	2.05%	21
湖北	33 215	5.04%	4	内蒙古	8030	1.22%	22
江苏	31 755	4.82%	6	天津	7300	1.11%	23
山东	28 835	4.38%	7	甘肃	7300	1.11%	23
江西	26 645	4.04%	8	黑龙江	6935	1.05%	25
浙江	26 645	4.04%	8	吉林	6570	1.00%	26
四川	25 185	3.82%	10	新疆	6205	0.94%	27
广西	25 185	3.82%	10	海南	6205	0.94%	27
安徽	22 630	3.43%	12	青海	1825	0.28%	29
河北	21 900	3.32%	13	宁夏	1460	0.22%	30
上海	20 440	3.10%	14	西藏	365	0.06%	31
辽宁	20 440	3.10%	14	香港	365	0.06%	31
陕西	20 075	3.05%	16	台湾	0	0.00%	33
贵州	19 710	2.99%	17	澳门	0	0.00%	33

（三）长沙县杨开慧故居和纪念馆

长沙县杨开慧故居和纪念馆的消费需求总量为 388 725 人次，平均需求量为 1065 人次，其中有 28 个省份高于全国平均水平，6 个省份低于全国平均水平。消费需求排名第一的是湖南，其需求量为 68 255，占比 17.56%。前五大消费需求市场分别为湖南、广东、北京、湖北、江苏。具体如下表所示。

表 3-101　长沙县杨开慧故居和纪念馆消费需求空间分布

省级行政区域	消费需求（人次）	占比	排名	省级行政区域	消费需求（人次）	占比	排名
湖南	68 255	17.56%	1	云南	8760	2.25%	18
广东	27 740	7.14%	2	辽宁	8760	2.25%	18
北京	22 265	5.73%	3	重庆	8395	2.16%	20
湖北	19 710	5.07%	4	贵州	8030	2.07%	21
江苏	19 345	4.98%	5	内蒙古	5475	1.41%	22
河南	18 250	4.69%	6	黑龙江	5475	1.41%	22
浙江	17 885	4.60%	7	甘肃	4745	1.22%	24
山东	16 060	4.13%	8	吉林	4380	1.13%	25
江西	14 600	3.76%	9	海南	4380	1.13%	25
四川	14 235	3.66%	10	天津	4015	1.03%	27
安徽	13 505	3.47%	11	新疆	2190	0.56%	28
河北	13 505	3.47%	11	宁夏	730	0.19%	29
上海	12 775	3.29%	13	青海	730	0.19%	29
福建	11 680	3.00%	14	台湾	0	0.00%	31
广西	10 950	2.82%	15	澳门	0	0.00%	31
陕西	10 950	2.82%	15	西藏	0	0.00%	31
山西	9855	2.54%	17	香港	0	0.00%	31

（四）岳麓山景区

岳麓山景区的消费需求总量为 1 934 500 人次，平均需求量为 5300 人次，其中有 32 个省份高于全国平均水平，2 个省份低于全国平均水平。消费需求排名第一的是湖南，其需求量为 348 940，占比 18.04%。前五大消费需求市场分别为湖南、广东、湖北、江苏、北京。具体如下表所示。

表 3-102　岳麓山景区消费需求空间分布

省级行政区域	消费需求（人次）	占比	排名	省级行政区域	消费需求（人次）	占比	排名
湖南	348 940	18.04%	1	重庆	45 260	2.34%	18
广东	141 255	7.30%	2	天津	41 975	2.17%	19
湖北	88 330	4.57%	3	山西	41 245	2.13%	20
江苏	83 950	4.34%	4	贵州	37 595	1.94%	21
北京	82 125	4.25%	5	云南	34 675	1.79%	22
浙江	82 125	4.25%	5	甘肃	33 945	1.75%	23

续表

省级行政区域	消费需求（人次）	占比	排名	省级行政区域	消费需求（人次）	占比	排名
江西	77 745	4.02%	7	吉林	33 580	1.74%	24
上海	72 635	3.75%	8	黑龙江	33 215	1.72%	25
河南	69 350	3.58%	9	海南	32 120	1.66%	26
山东	64 605	3.34%	10	内蒙古	31 025	1.60%	27
安徽	58 400	3.02%	11	新疆	27 740	1.43%	28
福建	57 305	2.96%	12	宁夏	17 885	0.92%	29
四川	55 480	2.87%	13	青海	14 965	0.77%	30
广西	53 655	2.77%	14	香港	12 775	0.66%	31
河北	53 655	2.77%	14	西藏	5475	0.28%	32
陕西	48 180	2.49%	16	澳门	4745	0.25%	33
辽宁	47 085	2.43%	17	台湾	1460	0.08%	34

（五）湘潭市湘潭县彭德怀故居和纪念馆

湘潭市湘潭县彭德怀故居和纪念馆的消费需求总量为350 765人次，平均需求量为10 317人次，其中有12个省份高于全国平均水平，22个省份低于全国平均水平。消费需求排名第一的是湖南，其需求量为77 745，占比22.16%。前五大消费需求市场分别为湖南、广东、北京、湖北、江西。具体如下表所示。

表3-103 湘潭市湘潭县彭德怀故居和纪念馆消费需求空间分布

省级行政区域	消费需求（人次）	占比	排名	省级行政区域	消费需求（人次）	占比	排名
湖南	77 745	22.16%	1	福建	7300	2.08%	18
广东	33 945	9.68%	2	云南	5475	1.56%	19
北京	23 360	6.66%	3	山西	5110	1.46%	20
湖北	21 170	6.04%	4	辽宁	2920	0.83%	21
江西	19 710	5.62%	5	海南	1825	0.52%	22
四川	19 345	5.52%	6	甘肃	1825	0.52%	22
河南	16 790	4.79%	7	内蒙古	1460	0.42%	24
江苏	16 425	4.68%	8	天津	1095	0.31%	25
广西	15 330	4.37%	9	新疆	1095	0.31%	25
浙江	14 235	4.06%	10	黑龙江	1095	0.31%	25
山东	10 585	3.02%	11	吉林	730	0.21%	28
重庆	10 585	3.02%	11	台湾	0	0.00%	29
贵州	9490	2.71%	13	宁夏	0	0.00%	29
上海	8030	2.29%	14	澳门	0	0.00%	29
安徽	8030	2.29%	14	西藏	0	0.00%	29
河北	8030	2.29%	14	青海	0	0.00%	29
陕西	8030	2.29%	14	香港	0	0.00%	29

（六）汨罗市任弼时故居

汨罗市任弼时故居的消费需求总量为 55 845 人次，平均需求量为 1643 人次，其中有 3 个省份高于全国平均水平，31 个省份低于全国平均水平。消费需求排名第一的是湖南，其需求量为 35 405，占比 63.40%。前五大消费需求市场分别为湖南、北京、广东、湖北、山东。具体如下表所示。

表 3-104　汨罗市任弼时故居消费需求空间分布

省级行政区域	消费需求（人次）	占比	排名	省级行政区域	消费需求（人次）	占比	排名
湖南	35 405	63.40%	1	重庆	365	0.65%	13
北京	4745	8.50%	2	黑龙江	365	0.65%	13
广东	4380	7.84%	3	云南	0	0.00%	20
湖北	1460	2.61%	4	内蒙古	0	0.00%	20
山东	1095	1.96%	5	台湾	0	0.00%	20
江苏	1095	1.96%	6	吉林	0	0.00%	20
江西	1095	1.96%	6	天津	0	0.00%	20
浙江	1095	1.96%	6	宁夏	0	0.00%	20
上海	730	1.31%	9	新疆	0	0.00%	20
广西	730	1.31%	9	海南	0	0.00%	20
河北	730	1.31%	9	澳门	0	0.00%	20
河南	730	1.31%	9	甘肃	0	0.00%	20
四川	365	0.65%	13	西藏	0	0.00%	20
安徽	365	0.65%	13	贵州	0	0.00%	20
山西	365	0.65%	13	陕西	0	0.00%	20
福建	365	0.65%	13	青海	0	0.00%	20
辽宁	365	0.65%	13	香港	0	0.00%	20

（七）桑植县贺龙故居和纪念馆

桑植县贺龙故居和纪念馆的消费需求总量为 121 910 人次，平均需求量为 3586 人次，其中有 8 个省份高于全国平均水平，26 个省份低于全国平均水平。消费需求排名第一的是湖南，其需求量为 40 515，占比 33.23%。前五大消费需求市场分别为湖南、广东、四川、北京、湖北。具体如下表所示。

表 3-105　桑植县贺龙故居和纪念馆消费需求空间分布

省级行政区域	消费需求（人次）	占比	排名	省级行政区域	消费需求（人次）	占比	排名
湖南	40 515	33.23%	1	福建	1095	0.90%	16
广东	14 600	11.98%	2	陕西	1095	0.90%	16
四川	10 220	8.38%	3	云南	730	0.60%	20
北京	9490	7.78%	4	内蒙古	730	0.60%	20
湖北	9125	7.49%	5	天津	365	0.30%	22

续表

省级行政区域	消费需求（人次）	占比	排名	省级行政区域	消费需求（人次）	占比	排名
重庆	6205	5.09%	6	甘肃	365	0.30%	22
江苏	4745	3.89%	7	辽宁	365	0.30%	22
浙江	4380	3.59%	8	台湾	0	0.00%	25
山东	2920	2.40%	9	吉林	0	0.00%	25
贵州	2920	2.40%	9	宁夏	0	0.00%	25
广西	2190	1.80%	11	新疆	0	0.00%	25
河南	2190	1.80%	11	海南	0	0.00%	25
上海	1825	1.50%	13	澳门	0	0.00%	25
安徽	1825	1.50%	13	西藏	0	0.00%	25
江西	1825	1.50%	13	青海	0	0.00%	25
山西	1095	0.90%	16	香港	0	0.00%	25
河北	1095	0.90%	16	黑龙江	0	0.00%	25

（八）湘潭市湘乡东山学校旧址

湘潭市湘乡东山学校旧址的消费需求总量为139 795人次，平均需求量为4112人次，其中有8个省份高于全国平均水平，26个省份低于全国平均水平。消费需求排名第一的是湖南，其需求量为43 070，占比30.81%。前五大消费需求市场分别为湖南、广东、北京、江西、浙江。具体如下表所示。

表3-106 湘潭市湘乡东山学校旧址消费需求空间分布

省级行政区域	消费需求（人次）	占比	排名	省级行政区域	消费需求（人次）	占比	排名
湖南	43 070	30.81%	1	重庆	1095	0.78%	18
广东	31 755	22.72%	2	云南	730	0.52%	19
北京	9855	7.05%	3	山西	730	0.52%	19
江西	6570	4.70%	4	贵州	730	0.52%	19
浙江	6570	4.70%	4	黑龙江	730	0.52%	19
四川	4380	3.13%	6	内蒙古	365	0.26%	23
江苏	4380	3.13%	6	吉林	365	0.26%	23
湖北	4380	3.13%	6	天津	365	0.26%	23
上海	4015	2.87%	9	新疆	365	0.26%	23
山东	3650	2.61%	10	海南	365	0.26%	23
河南	3285	2.35%	11	台湾	0	0.00%	28
福建	2555	1.83%	12	宁夏	0	0.00%	28
安徽	2190	1.57%	13	澳门	0	0.00%	28
河北	2190	1.57%	13	甘肃	0	0.00%	28
广西	1825	1.31%	15	西藏	0	0.00%	28
陕西	1825	1.31%	16	青海	0	0.00%	28

续表

省级行政区域	消费需求(人次)	占比	排名	省级行政区域	消费需求(人次)	占比	排名
辽宁	1460	1.04%	17	香港	0	0.00%	28

（九）衡阳市南岳忠烈祠

衡阳市南岳忠烈祠的消费需求总量为135 415人次，平均需求量为3983人次，其中有11个省份高于全国平均水平，23个省份低于全国平均水平。消费需求排名第一的是湖南，其需求量为28 470，占比21.02%。前五大消费需求市场分别为湖南、广东、北京、江苏、浙江。具体如下表所示。

表3-107 衡阳市南岳忠烈祠消费需求空间分布

省级行政区域	消费需求(人次)	占比	排名	省级行政区域	消费需求(人次)	占比	排名
湖南	28 470	21.02%	1	山西	2190	1.62%	18
广东	18 250	13.48%	2	天津	1825	1.35%	19
北京	9125	6.74%	3	云南	1460	1.08%	20
江苏	9125	6.74%	3	辽宁	1460	1.08%	20
浙江	7665	5.66%	5	贵州	1095	0.81%	22
山东	6205	4.58%	6	吉林	730	0.54%	23
河南	6205	4.58%	6	海南	730	0.54%	23
上海	5840	4.31%	8	甘肃	730	0.54%	23
四川	5475	4.04%	9	黑龙江	730	0.54%	23
湖北	5110	3.77%	10	内蒙古	365	0.27%	27
安徽	4015	2.96%	11	新疆	365	0.27%	27
江西	3650	2.70%	12	台湾	0	0.00%	29
河北	3650	2.70%	12	宁夏	0	0.00%	29
福建	2920	2.16%	14	澳门	0	0.00%	29
陕西	2920	2.16%	14	西藏	0	0.00%	29
广西	2555	1.89%	16	青海	0	0.00%	29
重庆	2555	1.89%	16	香港	0	0.00%	29

（十）飞虎队纪念馆

飞虎队纪念馆的消费需求总量为56 575人次，平均需求量为1664人次，其中有8个省份高于全国平均水平，26个省份低于全国平均水平。消费需求排名第一的是湖南，其需求量为18 250，占比32.26%。前五大消费需求市场分别为湖南、云南、广西、北京、广东。具体如下表所示。

表3-108 飞虎队纪念馆消费需求空间分布

省级行政区域	消费需求(人次)	占比	排名	省级行政区域	消费需求(人次)	占比	排名
湖南	18 250	32.26%	1	甘肃	365	0.65%	16

续表

省级行政区域	消费需求（人次）	占比	排名	省级行政区域	消费需求（人次）	占比	排名
云南	11 315	20.00%	2	陕西	365	0.65%	16
广西	5110	9.03%	3	内蒙古	0	0.00%	20
北京	4745	8.39%	4	台湾	0	0.00%	20
广东	3650	6.45%	5	吉林	0	0.00%	20
江苏	2190	3.87%	6	天津	0	0.00%	20
重庆	2190	3.87%	6	宁夏	0	0.00%	20
上海	1825	3.23%	8	山西	0	0.00%	20
四川	1095	1.94%	9	新疆	0	0.00%	20
浙江	1095	1.94%	9	江西	0	0.00%	20
山东	730	1.29%	11	海南	0	0.00%	20
河北	730	1.29%	11	澳门	0	0.00%	20
湖北	730	1.29%	11	西藏	0	0.00%	20
福建	730	1.29%	11	辽宁	0	0.00%	20
贵州	730	1.29%	11	青海	0	0.00%	20
安徽	365	0.65%	16	香港	0	0.00%	20
河南	365	0.65%	16	黑龙江	0	0.00%	20

（十一）胡耀邦故居和陈列馆

胡耀邦故居和陈列馆的消费需求总量为162 060人次，平均需求量为4767人次，其中有7个省份高于全国平均水平，27个省份低于全国平均水平。消费需求排名第一的是湖南，其需求量为56 940，占比35.14%。前五大消费需求市场分别为湖南、江西、广东、北京、浙江。具体如下表所示。

表3-109　胡耀邦故居和陈列馆消费需求空间分布

省级行政区域	消费需求（人次）	占比	排名	省级行政区域	消费需求（人次）	占比	排名
湖南	56 940	35.14%	1	辽宁	1095	0.68%	18
江西	24 455	15.09%	2	云南	730	0.45%	19
广东	16 790	10.36%	3	贵州	730	0.45%	19
北京	16 060	9.91%	4	内蒙古	365	0.23%	21
浙江	6570	4.05%	5	吉林	365	0.23%	21
河南	6205	3.83%	6	天津	365	0.23%	21
湖北	5110	3.15%	7	山西	365	0.23%	21
江苏	4015	2.48%	8	海南	365	0.23%	21
四川	3285	2.03%	9	甘肃	365	0.23%	21
山东	3285	2.03%	9	台湾	0	0.00%	27
上海	2920	1.80%	11	宁夏	0	0.00%	27
安徽	2920	1.80%	11	新疆	0	0.00%	27

续表

省级行政区域	消费需求（人次）	占比	排名	省级行政区域	消费需求（人次）	占比	排名
河北	2190	1.35%	13	澳门	0	0.00%	27
福建	1825	1.13%	14	西藏	0	0.00%	27
陕西	1825	1.13%	14	青海	0	0.00%	27
广西	1460	0.90%	16	香港	0	0.00%	27
重庆	1460	0.90%	16	黑龙江	0	0.00%	27

十八、广东省各景区红色旅游经典景区消费需求空间分布

（一）广州起义纪念馆和烈士陵园

广州起义纪念馆和烈士陵园的消费需求总量为 148 555 人次，平均需求量为 4369 人次，其中有 4 个省份高于全国平均水平，30 个省份低于全国平均水平。消费需求排名第一的是广东，其需求量为 79 935，占比 53.81%。前五大消费需求市场分别为广东、北京、江苏、湖北、河南。具体如下表所示。

表3-110　广州起义纪念馆和烈士陵园消费需求空间分布

省级行政区域	消费需求（人次）	占比	排名	省级行政区域	消费需求（人次）	占比	排名
广东	79 935	53.81%	1	陕西	1825	1.23%	17
北京	8760	5.90%	2	黑龙江	1460	0.98%	19
江苏	5475	3.69%	3	天津	1095	0.74%	20
湖北	4380	2.95%	4	山西	1095	0.74%	20
河南	4015	2.70%	5	海南	1095	0.74%	20
山东	3650	2.46%	6	云南	730	0.49%	23
广西	3650	2.46%	6	贵州	730	0.49%	23
湖南	3650	2.46%	6	内蒙古	365	0.25%	25
上海	3285	2.21%	9	吉林	365	0.25%	25
四川	3285	2.21%	9	甘肃	365	0.25%	25
安徽	3285	2.21%	9	台湾	0	0.00%	28
福建	3285	2.21%	9	宁夏	0	0.00%	28
江西	2920	1.97%	13	新疆	0	0.00%	28
重庆	2920	1.97%	13	澳门	0	0.00%	28
河北	2555	1.72%	15	西藏	0	0.00%	28
浙江	2555	1.72%	15	青海	0	0.00%	28
辽宁	1825	1.23%	17	香港	0	0.00%	28

（二）梅州市梅县叶剑英元帅纪念馆

梅州市梅县叶剑英元帅纪念馆的消费需求总量为 138 700 人次，平均需求量为 4079 人次，其中有 7 个省份高于全国平均水平，27 个省份低于全国平均水平。消费需求排名第一

的是广东，其需求量为 55 480，占比 40.00%。前五大消费需求市场分别为广东、福建、广西、北京、湖南。具体如下表所示。

表 3-111　梅州市梅县叶剑英元帅纪念馆消费需求空间分布

省级行政区域	消费需求(人次)	占比	排名	省级行政区域	消费需求(人次)	占比	排名
广东	55 480	40.00%	1	辽宁	1095	0.79%	16
福建	14 965	10.79%	2	陕西	1095	0.79%	16
广西	9125	6.58%	3	云南	730	0.53%	20
北京	8760	6.32%	4	海南	730	0.53%	20
湖南	8760	6.32%	5	贵州	730	0.53%	20
江西	6935	5.00%	6	内蒙古	365	0.26%	23
四川	4745	3.42%	7	吉林	365	0.26%	23
山东	4015	2.89%	8	天津	365	0.26%	23
江苏	3650	2.63%	9	甘肃	365	0.26%	23
上海	2920	2.11%	10	黑龙江	365	0.26%	23
浙江	2920	2.11%	10	台湾	0	0.00%	28
湖北	2920	2.11%	10	宁夏	0	0.00%	28
河南	2190	1.58%	13	新疆	0	0.00%	28
河北	1460	1.05%	14	澳门	0	0.00%	28
重庆	1460	1.05%	14	西藏	0	0.00%	28
安徽	1095	0.79%	16	青海	0	0.00%	28
山西	1095	0.79%	16	香港	0	0.00%	28

（三）惠州市惠阳区叶挺纪念馆

惠州市惠阳区叶挺纪念馆的消费需求总量为 61 685 人次，平均需求量为 1814 人次，其中有 4 个省份高于全国平均水平，30 个省份低于全国平均水平。消费需求排名第一的是广东，其需求量为 41 975，占比 68.05%。前五大消费需求市场分别为广东、湖南、北京、江苏、四川。具体如下表所示。

表 3-112　惠州市惠阳区叶挺纪念馆消费需求空间分布

省级行政区域	消费需求(人次)	占比	排名	省级行政区域	消费需求(人次)	占比	排名
广东	41 975	68.05%	1	贵州	365	0.59%	16
湖南	2920	4.73%	2	重庆	365	0.59%	16
北京	1825	2.96%	3	陕西	365	0.59%	16
江苏	1825	2.96%	3	香港	365	0.59%	16
四川	1460	2.37%	5	云南	0	0.00%	22
湖北	1460	2.37%	5	内蒙古	0	0.00%	22
安徽	1095	1.78%	7	台湾	0	0.00%	22
山东	1095	1.78%	7	吉林	0	0.00%	22
广西	1095	1.78%	7	天津	0	0.00%	22

续表

省级行政区域	消费需求（人次）	占比	排名	省级行政区域	消费需求（人次）	占比	排名
福建	1095	1.78%	7	宁夏	0	0.00%	22
上海	730	1.18%	11	山西	0	0.00%	22
江西	730	1.18%	11	新疆	0	0.00%	22
河南	730	1.18%	11	甘肃	0	0.00%	22
浙江	730	1.18%	11	西藏	0	0.00%	22
澳门	730	1.18%	11	辽宁	0	0.00%	22
河北	365	0.59%	16	青海	0	0.00%	22
海南	365	0.59%	16	黑龙江	0	0.00%	22

（四）深圳市博物馆

深圳市博物馆的消费需求总量为599 330人次，平均需求量为17 627人次，其中有12个省份高于全国平均水平，22个省份低于全国平均水平。消费需求排名第一的是广东，其需求量为208 780，占比34.84%。前五大消费需求市场分别为广东、北京、江苏、湖南、上海。具体如下表所示。

表3-113 深圳市博物馆消费需求空间分布

省级行政区域	消费需求（人次）	占比	排名	省级行政区域	消费需求（人次）	占比	排名
广东	208 780	34.84%	1	辽宁	9490	1.58%	18
北京	38 325	6.39%	2	安徽	8760	1.46%	19
江苏	26 280	4.38%	3	山西	8395	1.40%	20
湖南	26 280	4.38%	3	天津	6935	1.16%	21
上海	23 360	3.90%	5	云南	5475	0.91%	22
浙江	22 995	3.84%	6	海南	4745	0.79%	23
福建	21 170	3.53%	7	吉林	4380	0.73%	24
香港	20 805	3.47%	8	黑龙江	4015	0.67%	25
四川	20 440	3.41%	9	内蒙古	3285	0.55%	26
江西	20 075	3.35%	10	贵州	3285	0.55%	26
湖北	20 075	3.35%	10	甘肃	2920	0.49%	28
广西	18 250	3.05%	12	新疆	2190	0.37%	29
河南	17 155	2.86%	13	台湾	1095	0.18%	30
山东	16 790	2.80%	14	宁夏	730	0.12%	31
河北	10 950	1.83%	15	澳门	365	0.06%	32
重庆	10 585	1.77%	16	青海	365	0.06%	32
陕西	10 585	1.77%	16	西藏	0	0.00%	34

（五）深圳市莲花山公园

深圳市莲花山公园的消费需求总量为286 525人次，平均需求量为8427人次，其中有

13个省份高于全国平均水平，21个省份低于全国平均水平。消费需求排名第一的是广东，其需求量为91 250，占比31.85%。前五大消费需求市场分别为广东、北京、湖南、四川、江苏。具体如下表所示。

表3-114 深圳市莲花山公园消费需求空间分布

省级行政区域	消费需求（人次）	占比	排名	省级行政区域	消费需求（人次）	占比	排名
广东	91 250	31.85%	1	安徽	4380	1.53%	18
北京	18 980	6.62%	2	重庆	4380	1.53%	18
湖南	15 330	5.35%	3	山西	3285	1.15%	20
四川	13 140	4.59%	3	云南	2555	0.89%	21
江苏	13 140	4.59%	5	天津	2555	0.89%	21
浙江	10 950	3.82%	6	贵州	2555	0.89%	21
上海	10 585	3.69%	7	黑龙江	2555	0.89%	21
广西	10 585	3.69%	7	海南	2190	0.76%	25
江西	10 220	3.57%	9	吉林	1825	0.64%	26
河南	10 220	3.57%	9	甘肃	1460	0.51%	27
湖北	10 220	3.57%	9	内蒙古	1095	0.38%	28
山东	9490	3.31%	12	新疆	730	0.25%	29
福建	8760	3.06%	13	台湾	365	0.13%	30
香港	6935	2.42%	14	宁夏	365	0.13%	30
辽宁	6205	2.17%	15	澳门	0	0.00%	32
河北	5110	1.78%	16	西藏	0	0.00%	32
陕西	5110	1.78%	16	青海	0	0.00%	32

（六）汕尾市海丰县彭湃故居

汕尾市海丰县彭湃故居的消费需求总量为29 200人次，平均需求量为859人次，其中有6个省份高于全国平均水平，28个省份低于全国平均水平。消费需求排名第一的是广东，其需求量为23 725，占比81.25%。前五大消费需求市场分别为广东、北京、山东、江西、河南。具体如下表所示。

表3-115 汕尾市海丰县彭湃故居消费需求空间分布

省级行政区域	消费需求（人次）	占比	排名	省级行政区域	消费需求（人次）	占比	排名
广东	23 725	81.25%	1	宁夏	0	0.00%	12
北京	730	2.50%	2	安徽	0	0.00%	12
山东	730	2.50%	2	山西	0	0.00%	12
江西	730	2.50%	2	广西	0	0.00%	12
河南	730	2.50%	2	新疆	0	0.00%	12
湖南	730	2.50%	2	浙江	0	0.00%	12
上海	365	1.25%	7	海南	0	0.00%	12

续表

省级行政区域	消费需求（人次）	占比	排名	省级行政区域	消费需求（人次）	占比	排名
江苏	365	1.25%	7	湖北	0	0.00%	12
河北	365	1.25%	7	澳门	0	0.00%	12
福建	365	1.25%	7	甘肃	0	0.00%	12
黑龙江	365	1.25%	7	西藏	0	0.00%	12
云南	0	0.00%	12	贵州	0	0.00%	12
内蒙古	0	0.00%	12	辽宁	0	0.00%	12
台湾	0	0.00%	12	重庆	0	0.00%	12
吉林	0	0.00%	12	陕西	0	0.00%	12
四川	0	0.00%	12	青海	0	0.00%	12
天津	0	0.00%	12	香港	0	0.00%	12

（七）中山市孙中山故居和纪念馆

中山市孙中山故居和纪念馆的消费需求总量为477 420人次，平均需求量为14 042人次，其中有11个省份高于全国平均水平，23个省份低于全国平均水平。消费需求排名第一的是广东，其需求量为95 630，占比20.03%。前五大消费需求市场分别为广东、上海、江苏、北京、浙江。具体如下表所示。

表3-116 中山市孙中山故居和纪念馆消费需求空间分布

省级行政区域	消费需求（人次）	占比	排名	省级行政区域	消费需求（人次）	占比	排名
广东	95 630	20.03%	1	山西	8395	1.76%	18
上海	47 450	9.94%	2	重庆	8395	1.76%	18
江苏	29 565	6.19%	3	云南	7300	1.53%	20
北京	29 200	6.12%	4	天津	6935	1.45%	21
浙江	25 550	5.35%	5	贵州	6205	1.30%	22
湖南	23 360	4.89%	6	黑龙江	5475	1.15%	23
山东	22 630	4.74%	7	吉林	3650	0.76%	24
四川	21 170	4.43%	8	海南	3650	0.76%	24
河南	18 615	3.90%	9	内蒙古	2920	0.61%	26
广西	17 155	3.59%	10	甘肃	2190	0.46%	27
湖北	16 425	3.44%	11	新疆	1825	0.38%	28
安徽	13 505	2.83%	12	澳门	1825	0.38%	28
河北	13 505	2.83%	12	香港	1460	0.31%	30
福建	13 505	2.83%	12	宁夏	365	0.08%	31
江西	10 220	2.14%	15	青海	365	0.08%	31
辽宁	9855	2.06%	16	台湾	0	0.00%	33
陕西	9125	1.91%	17	西藏	0	0.00%	33

（八）广州市黄花岗七十二烈士墓

广州市黄花岗七十二烈士墓的消费需求总量为 22 265 人次，平均需求量为 655 人次，其中有 8 个省份高于全国平均水平，26 个省份低于全国平均水平。消费需求排名第一的是广东，其需求量为 13 140，占比 59.02%。前五大消费需求市场分别为广东、北京、河南、安徽、山东。具体如下表所示。

表 3-117　广州市黄花岗七十二烈士墓消费需求空间分布

省级行政区域	消费需求（人次）	占比	排名	省级行政区域	消费需求（人次）	占比	排名
广东	13 140	59.02%	1	天津	0	0.00%	10
北京	2190	9.84%	2	宁夏	0	0.00%	10
河南	1095	4.92%	3	广西	0	0.00%	10
安徽	730	3.28%	4	新疆	0	0.00%	10
山东	730	3.28%	4	江西	0	0.00%	10
江苏	730	3.28%	4	海南	0	0.00%	10
河北	730	3.28%	4	澳门	0	0.00%	10
浙江	730	3.28%	4	甘肃	0	0.00%	10
上海	365	1.64%	9	福建	0	0.00%	10
云南	365	1.64%	9	西藏	0	0.00%	10
四川	365	1.64%	9	贵州	0	0.00%	10
山西	365	1.64%	9	辽宁	0	0.00%	10
湖北	365	1.64%	9	重庆	0	0.00%	10
湖南	365	1.64%	9	陕西	0	0.00%	10
内蒙古	0	0.00%	10	青海	0	0.00%	10
台湾	0	0.00%	10	香港	0	0.00%	10
吉林	0	0.00%	10	黑龙江	0	0.00%	10

（九）广州市黄埔陆军军官学校旧址

广州市黄埔陆军军官学校旧址的消费需求总量为 208 780 人次，平均需求量为 6141 人次，其中有 12 个省份高于全国平均水平，22 个省份低于全国平均水平。消费需求排名第一的是广东，其需求量为 54 385，占比 26.05%。前五大消费需求市场分别为广东、江苏、北京、上海、山东。具体如下表所示。

表 3-118　广州市黄埔陆军军官学校旧址消费需求空间分布

省级行政区域	消费需求（人次）	占比	排名	省级行政区域	消费需求（人次）	占比	排名
广东	54 385	26.05%	1	江西	4380	2.10%	18
江苏	15 695	7.52%	2	云南	2190	1.05%	19
北京	15 330	7.34%	3	贵州	2190	1.05%	19
上海	13 870	6.64%	4	黑龙江	2190	1.05%	19

续表

省级行政区域	消费需求(人次)	占比	排名	省级行政区域	消费需求(人次)	占比	排名
山东	11 315	5.42%	5	天津	1825	0.87%	22
浙江	9490	4.55%	6	山西	1825	0.87%	22
河南	7665	3.67%	7	吉林	1460	0.70%	24
湖南	7665	3.67%	7	内蒙古	1095	0.52%	25
广西	7300	3.50%	9	海南	1095	0.52%	25
湖北	7300	3.50%	9	甘肃	1095	0.52%	25
四川	6570	3.15%	11	新疆	730	0.35%	28
河北	6205	2.97%	12	香港	730	0.35%	28
福建	5475	2.62%	13	台湾	0	0.00%	30
安徽	5110	2.45%	14	宁夏	0	0.00%	30
辽宁	5110	2.45%	14	澳门	0	0.00%	30
重庆	4745	2.27%	16	西藏	0	0.00%	30
陕西	4745	2.27%	16	青海	0	0.00%	30

(十)东莞市鸦片战争博物馆

东莞市鸦片战争博物馆的消费需求总量为 178 850 人次,平均需求量为 5260 人次,其中有 10 个省份高于全国平均水平,24 个省份低于全国平均水平。消费需求排名第一的是广东,其需求量为 58 765,占比 32.86%。前五大消费需求市场分别为广东、北京、江苏、浙江、山东。具体如下表所示。

表 3-119 东莞市鸦片战争博物馆消费需求空间分布

省级行政区域	消费需求(人次)	占比	排名	省级行政区域	消费需求(人次)	占比	排名
广东	58 765	32.86%	1	广西	2920	1.63%	18
北京	16 425	9.18%	2	天津	2555	1.43%	19
江苏	10 585	5.92%	3	山西	2555	1.43%	19
浙江	9490	5.31%	4	贵州	1460	0.82%	21
山东	8030	4.49%	5	云南	1095	0.61%	22
四川	6205	3.47%	6	内蒙古	1095	0.61%	22
河北	5840	3.27%	7	吉林	1095	0.61%	22
湖北	5840	3.27%	7	黑龙江	1095	0.61%	22
上海	5475	3.06%	9	新疆	730	0.41%	26
陕西	5475	3.06%	9	甘肃	730	0.41%	26
湖南	5110	2.86%	11	香港	730	0.41%	26
河南	4745	2.65%	12	海南	365	0.20%	29
安徽	4380	2.45%	13	台湾	0	0.00%	30
江西	4015	2.24%	14	宁夏	0	0.00%	30
福建	4015	2.24%	14	澳门	0	0.00%	30

续表

省级行政区域	消费需求（人次）	占比	排名	省级行政区域	消费需求（人次）	占比	排名
辽宁	4015	2.24%	14	西藏	0	0.00%	30
重庆	4015	2.24%	14	青海	0	0.00%	30

（十一）韶关南雄市梅关古道景区

韶关南雄市梅关古道景区的消费需求总量为 142 715 人次，平均需求量为 4198 人次，其中有 7 个省份高于全国平均水平，27 个省份低于全国平均水平。消费需求排名第一的是广东，其需求量为 54 020，占比 37.85%。前五大消费需求市场分别为广东、江西、北京、江苏、上海。具体如下表所示。

表 3-120 韶关南雄市梅关古道景区消费需求空间分布

省级行政区域	消费需求（人次）	占比	排名	省级行政区域	消费需求（人次）	占比	排名
广东	54 020	37.85%	1	云南	730	0.51%	18
江西	26 645	18.67%	2	山西	730	0.51%	18
北京	10 220	7.16%	3	重庆	730	0.51%	18
江苏	6205	4.35%	4	吉林	365	0.26%	21
上海	5840	4.09%	5	天津	365	0.26%	21
湖南	5840	4.09%	5	海南	365	0.26%	21
浙江	5475	3.84%	7	甘肃	365	0.26%	21
湖北	3650	2.56%	8	贵州	365	0.26%	21
山东	3285	2.30%	9	黑龙江	365	0.26%	21
四川	2920	2.05%	10	内蒙古	0	0.00%	27
福建	2920	2.05%	10	台湾	0	0.00%	27
河南	2555	1.79%	12	宁夏	0	0.00%	27
陕西	2190	1.53%	13	新疆	0	0.00%	27
广西	1825	1.28%	14	澳门	0	0.00%	27
河北	1825	1.28%	14	西藏	0	0.00%	27
安徽	1460	1.02%	16	青海	0	0.00%	27
辽宁	1460	1.02%	16	香港	0	0.00%	27

十九、广西壮族自治区各景区红色旅游经典景区消费需求空间分布

百色市红七军军部旧址

百色市红七军军部旧址的消费需求总量为 55 480 人次，平均需求量为 1631 人次，其中 3 个省份年检索量高于全国平均搜索量，31 个省份低于全国平均水平。消费需求排名第一的是广西，其需求量为 33 215，占比 59.87%。前五大消费需求市场分别为广西、广东、北京、云南、上海。具体如下表所示。

表 3-121　百色市红七军军部旧址消费需求空间分布

省级行政区域	消费需求（人次）	占比	排名	省级行政区域	消费需求（人次）	占比	排名
广西	33 215	59.87%	1	吉林	0	0.00%	16
广东	9125	16.45%	2	宁夏	0	0.00%	16
北京	6205	11.18%	3	安徽	0	0.00%	16
云南	1095	1.97%	4	山西	0	0.00%	16
上海	730	1.32%	5	新疆	0	0.00%	16
四川	730	1.32%	5	江西	0	0.00%	16
山东	730	1.32%	5	海南	0	0.00%	16
江苏	730	1.32%	5	澳门	0	0.00%	16
浙江	730	1.32%	5	甘肃	0	0.00%	16
天津	365	0.66%	10	福建	0	0.00%	16
河北	365	0.66%	10	西藏	0	0.00%	16
河南	365	0.66%	10	辽宁	0	0.00%	16
湖北	365	0.66%	10	重庆	0	0.00%	16
湖南	365	0.66%	10	陕西	0	0.00%	16
贵州	365	0.66%	10	青海	0	0.00%	16
内蒙古	0	0.00%	16	香港	0	0.00%	16
台湾	0	0.00%	16	黑龙江	0	0.00%	16

二十、重庆市各景区红色旅游经典景区消费需求空间分布

红岩魂广场及陈列馆

红岩魂广场及陈列馆的消费需求总量为 74 095 人次，平均需求量为 2179 人次，其中有 4 个省份高于全国平均水平，30 个省份低于全国平均水平。消费需求排名第一的是重庆，其需求量为 39 785，占比 53.69%。前五大消费需求市场分别为重庆、四川、北京、广东、山东。具体如下表所示。

表 3-122　红岩魂广场及陈列馆消费需求空间分布

省级行政区域	消费需求（人次）	占比	排名	省级行政区域	消费需求（人次）	占比	排名
重庆	39 785	53.69%	1	辽宁	730	0.99%	13
四川	9855	13.30%	2	云南	365	0.49%	19
北京	5110	6.90%	3	内蒙古	365	0.49%	19
广东	2920	3.94%	4	天津	365	0.49%	19
山东	1460	1.97%	5	广西	365	0.49%	19
江苏	1460	1.97%	5	福建	365	0.49%	19
河南	1460	1.97%	5	台湾	0	0.00%	24
浙江	1460	1.97%	5	吉林	0	0.00%	24
上海	1095	1.48%	9	宁夏	0	0.00%	24

续表

省级行政区域	消费需求（人次）	占比	排名	省级行政区域	消费需求（人次）	占比	排名
河北	1095	1.48%	9	江西	0	0.00%	24
湖北	1095	1.48%	9	海南	0	0.00%	24
陕西	1095	1.48%	9	澳门	0	0.00%	24
安徽	730	0.99%	13	甘肃	0	0.00%	24
山西	730	0.99%	13	西藏	0	0.00%	24
新疆	730	0.99%	13	青海	0	0.00%	24
湖南	730	0.99%	13	香港	0	0.00%	24
贵州	730	0.99%	13	黑龙江	0	0.00%	24

二十一、四川省各景区红色旅游经典景区消费需求空间分布

（一）邓小平故居和纪念馆

邓小平故居和纪念馆的消费需求总量为 211 700 人次，平均需求量为 6226 人次，其中有 13 个省份高于全国平均水平，21 个省份低于全国平均水平。消费需求排名第一的是四川，其需求量为 22 630，占比 10.69%。前五大消费需求市场分别为四川、江苏、广东、北京、山东。具体如下表所示。

表 3-123 邓小平故居和纪念馆消费需求空间分布

省级行政区域	消费需求（人次）	占比	排名	省级行政区域	消费需求（人次）	占比	排名
四川	22 630	10.69%	1	福建	5110	2.41%	16
江苏	20 805	9.83%	2	辽宁	4745	2.24%	19
广东	17 520	8.28%	3	广西	4380	2.07%	20
北京	15 695	7.41%	4	云南	1825	0.86%	21
山东	14 965	7.07%	5	内蒙古	1825	0.86%	21
河南	11 315	5.34%	6	吉林	1825	0.86%	21
河北	10 585	5.00%	7	甘肃	1825	0.86%	21
上海	9125	4.31%	8	黑龙江	1825	0.86%	21
山西	9125	4.31%	8	贵州	1460	0.69%	26
浙江	8760	4.14%	10	新疆	730	0.34%	27
重庆	8030	3.79%	11	海南	730	0.34%	27
天津	7665	3.62%	12	台湾	0	0.00%	29
湖南	7300	3.45%	13	宁夏	0	0.00%	29
陕西	6205	2.93%	14	澳门	0	0.00%	29
湖北	5475	2.59%	15	西藏	0	0.00%	29
安徽	5110	2.41%	16	青海	0	0.00%	29
江西	5110	2.41%	16	香港	0	0.00%	29

（二）川陕革命根据地红军烈士陵园

川陕革命根据地红军烈士陵园的消费需求总量为 82 855 人次，平均需求量为 2437 人

次，其中有 6 个省份高于全国平均水平，28 个省份低于全国平均水平。消费需求排名第一的是四川，其需求量为 37 960，占比 45.81%。前五大消费需求市场分别为四川、陕西、广东、北京、重庆。具体如下表所示。

表 3-124　川陕革命根据地红军烈士陵园消费需求空间分布

省级行政区域	消费需求（人次）	占比	排名	省级行政区域	消费需求（人次）	占比	排名
四川	37 960	45.81%	1	甘肃	730	0.88%	15
陕西	9490	11.45%	2	福建	730	0.88%	15
广东	5110	6.17%	3	辽宁	730	0.88%	15
北京	4745	5.73%	4	天津	365	0.44%	21
重庆	4015	4.85%	5	广西	365	0.44%	21
江苏	2920	3.52%	6	新疆	365	0.44%	21
上海	2190	2.64%	7	贵州	365	0.44%	21
山东	1825	2.20%	7	黑龙江	365	0.44%	21
河南	1825	2.20%	7	内蒙古	0	0.00%	26
浙江	1825	2.20%	7	台湾	0	0.00%	26
湖南	1460	1.76%	11	吉林	0	0.00%	26
山西	1095	1.32%	12	宁夏	0	0.00%	26
河北	1095	1.32%	12	海南	0	0.00%	26
湖北	1095	1.32%	12	澳门	0	0.00%	26
云南	730	0.88%	15	西藏	0	0.00%	26
安徽	730	0.88%	15	青海	0	0.00%	26
江西	730	0.88%	15	香港	0	0.00%	26

（三）凉山州中国西昌卫星发射中心

凉山州中国西昌卫星发射中心的消费需求总量为 1 430 435 人次，平均需求量为 42 072 人次，其中有 16 个省份高于全国平均水平，18 个省份低于全国平均水平。消费需求排名第一的是北京，其需求量为 109 500，占比 7.66%。前五大消费需求市场分别为北京、四川、广东、江苏、山东。具体如下表所示。

表 3-125　凉山州中国西昌卫星发射中心消费需求空间分布

省级行政区域	消费需求（人次）	占比	排名	省级行政区域	消费需求（人次）	占比	排名
北京	109 500	7.66%	1	山西	40 150	2.81%	18
四川	95 630	6.69%	2	广西	39 420	2.76%	19
广东	95 630	6.69%	2	甘肃	34 310	2.40%	20
江苏	88 695	6.20%	4	辽宁	33 580	2.35%	21
山东	83 950	5.87%	5	海南	26 280	1.84%	22
上海	72 635	5.08%	6	贵州	24 455	1.71%	23
浙江	60 590	4.24%	7	天津	24 090	1.68%	24

续表

省级行政区域	消费需求（人次）	占比	排名	省级行政区域	消费需求（人次）	占比	排名
安徽	57 305	4.01%	8	内蒙古	21 900	1.53%	25
云南	52 925	3.70%	9	黑龙江	21 900	1.53%	25
湖北	52 195	3.65%	10	吉林	20 075	1.40%	27
重庆	49 275	3.44%	11	新疆	17 885	1.25%	28
陕西	48 180	3.37%	12	青海	13 870	0.97%	29
湖南	45 990	3.22%	13	宁夏	13 505	0.94%	30
福建	45 990	3.22%	13	西藏	9125	0.64%	31
江西	43 800	3.06%	15	香港	1825	0.13%	32
河南	43 800	3.06%	15	台湾	1095	0.08%	33
河北	40 880	2.86%	17	澳门	0	0.00%	34

（四）阿坝州理县桃坪羌寨

阿坝州理县桃坪羌寨的消费需求总量为 272 290 人次，平均需求量为 8009 人次，其中有 8 个省份高于全国平均水平，26 个省份低于全国平均水平。消费需求排名第一的是四川，其需求量为 80 665，占比 29.62%。前五大消费需求市场分别为四川、重庆、广东、北京、浙江。具体如下表所示。

表 3-126 阿坝州理县桃坪羌寨消费需求空间分布

省级行政区域	消费需求（人次）	占比	排名	省级行政区域	消费需求（人次）	占比	排名
四川	80 665	29.62%	1	安徽	3285	1.21%	18
重庆	29 565	10.86%	2	河北	3285	1.21%	18
广东	25 550	9.38%	3	山西	2920	1.07%	20
北京	15 330	5.63%	4	江西	2190	0.80%	21
浙江	14 965	5.50%	5	甘肃	1825	0.67%	22
上海	14 600	5.36%	6	天津	1460	0.54%	23
江苏	10 950	4.02%	7	内蒙古	1095	0.40%	24
陕西	8395	3.08%	8	吉林	1095	0.40%	24
山东	7665	2.82%	9	新疆	1095	0.40%	24
湖北	7665	2.82%	10	海南	1095	0.40%	24
湖南	6935	2.55%	11	黑龙江	1095	0.40%	24
河南	5840	2.14%	12	香港	730	0.27%	29
广西	5110	1.88%	13	台湾	365	0.13%	30
云南	4380	1.61%	14	宁夏	365	0.13%	30
福建	4380	1.61%	14	青海	365	0.13%	30
贵州	4380	1.61%	14	澳门	0	0.00%	33
辽宁	3650	1.34%	17	西藏	0	0.00%	33

（五）汶川县水磨古镇

汶川县水磨古镇的消费需求总量为 102 200 人次，平均需求量为 3006 人次，其中有 4 个省份高于全国平均水平，30 个省份低于全国平均水平。消费需求排名第一的是四川，其需求量为 56 575，占比 55.36%。前五大消费需求市场分别为四川、重庆、广东、北京、上海。具体如下表所示。

表 3-127　汶川县水磨古镇消费需求空间分布

省级行政区域	消费需求（人次）	占比	排名	省级行政区域	消费需求（人次）	占比	排名
四川	56 575	55.36%	1	福建	730	0.71%	17
重庆	7665	7.50%	2	黑龙江	730	0.71%	17
广东	6935	6.79%	3	吉林	365	0.36%	20
北京	4380	4.29%	4	天津	365	0.36%	20
上海	2555	2.50%	5	广西	365	0.36%	20
江苏	2555	2.50%	5	江西	365	0.36%	20
陕西	2555	2.50%	5	甘肃	365	0.36%	20
山东	2190	2.14%	8	贵州	365	0.36%	20
河南	2190	2.14%	8	内蒙古	0	0.00%	26
浙江	2190	2.14%	8	台湾	0	0.00%	26
河北	1825	1.79%	11	宁夏	0	0.00%	26
湖北	1460	1.43%	12	新疆	0	0.00%	26
辽宁	1460	1.43%	12	海南	0	0.00%	26
云南	1095	1.07%	14	澳门	0	0.00%	26
山西	1095	1.07%	14	西藏	0	0.00%	26
湖南	1095	1.07%	14	青海	0	0.00%	26
安徽	730	0.71%	17	香港	0	0.00%	26

二十二、贵州省各景区红色旅游经典景区消费需求空间分布

（一）贵阳市息烽集中营革命历史纪念馆

贵阳市息烽集中营革命历史纪念馆的消费需求总量为 326 310 人次，平均需求量为 9597 人次，其中有 12 个省份高于全国平均水平，22 个省份低于全国平均水平。消费需求排名第一的是贵州，其需求量为 70 080，占比 21.48%。前五大消费需求市场分别为贵州、北京、广东、四川、重庆。具体如下表所示。

表 3-128　贵阳市息烽集中营革命历史纪念馆消费需求空间分布

省级行政区域	消费需求（人次）	占比	排名	省级行政区域	消费需求（人次）	占比	排名
贵州	70 080	21.48%	1	山西	4745	1.45%	18
北京	29 200	8.95%	2	江西	4745	1.45%	18
广东	24 820	7.61%	3	辽宁	4745	1.45%	18

续表

省级行政区域	消费需求(人次)	占比	排名	省级行政区域	消费需求(人次)	占比	排名
四川	20 805	6.38%	4	福建	3650	1.12%	21
重庆	19 710	6.04%	5	吉林	3285	1.01%	22
江苏	16 790	5.15%	6	内蒙古	2555	0.78%	23
山东	14 235	4.36%	7	黑龙江	2555	0.78%	23
湖南	12 410	3.80%	8	天津	2190	0.67%	25
浙江	12 045	3.69%	9	新疆	1825	0.56%	26
河南	10 585	3.24%	10	甘肃	1825	0.56%	26
河北	9855	3.02%	11	海南	1095	0.34%	28
湖北	9855	3.02%	11	宁夏	730	0.22%	29
云南	9490	2.91%	13	青海	365	0.11%	30
广西	9125	2.80%	14	香港	365	0.11%	30
上海	8760	2.68%	15	台湾	0	0.00%	32
陕西	8395	2.57%	16	澳门	0	0.00%	32
安徽	5475	1.68%	17	西藏	0	0.00%	32

（二）汇川区、桐梓县娄山关景区

汇川区、桐梓县娄山关景区的消费需求总量为 1 353 785 人次，平均需求量为 39 817 人次，其中有 15 个省份高于全国平均水平，19 个省份低于全国平均水平。消费需求排名第一的是贵州，其需求量为 123 735，占比 9.14%。前五大消费需求市场分别为贵州、北京、广东、重庆、四川。具体如下表所示。

表 3-129　汇川区、桐梓县娄山关景区消费需求空间分布

省级行政区域	消费需求(人次)	占比	排名	省级行政区域	消费需求(人次)	占比	排名
贵州	123 735	9.14%	1	福建	37 960	2.80%	18
北京	67 890	5.01%	2	云南	37 595	2.78%	19
广东	65 700	4.85%	3	山西	37 595	2.78%	19
重庆	65 700	4.85%	3	辽宁	37 595	2.78%	19
四川	62 780	4.64%	5	天津	34 675	2.56%	22
山东	60 225	4.45%	6	内蒙古	29 930	2.21%	23
江苏	55 480	4.10%	7	甘肃	29 930	2.21%	23
上海	55 115	4.07%	8	黑龙江	29 565	2.18%	25
浙江	53 290	3.94%	9	吉林	28 470	2.10%	26
河南	52 925	3.91%	10	新疆	27 010	2.00%	27
湖南	49 275	3.64%	11	海南	20 075	1.48%	28
湖北	47 450	3.50%	12	宁夏	16 790	1.24%	29
河北	45 625	3.37%	13	青海	12 775	0.94%	30

续表

省级行政区域	消费需求（人次）	占比	排名	省级行政区域	消费需求（人次）	占比	排名
陕西	42 705	3.15%	14	西藏	6570	0.49%	31
安徽	40 150	2.97%	15	香港	1825	0.13%	32
广西	38 690	2.86%	16	澳门	365	0.03%	33
江西	38 325	2.83%	17	台湾	0	0.00%	34

（三）安顺市王若飞故居

安顺市王若飞故居的消费需求总量为 79 570 人次，平均需求量为 2340 人次，其中有 5 个省份年检索量高于全国平均搜索量，29 个省份低于全国平均水平。消费需求排名第一的是贵州，其需求量为 37 595，占比 47.25%。前五大消费需求市场分别为贵州、北京、内蒙古、广东、四川。具体如下表所示。

表 3-130　安顺市王若飞故居消费需求空间分布

省级行政区域	消费需求（人次）	占比	排名	省级行政区域	消费需求（人次）	占比	排名
贵州	37 595	47.25%	1	陕西	730	0.92%	15
北京	9490	11.93%	2	黑龙江	730	0.92%	15
内蒙古	5475	6.88%	3	天津	365	0.46%	20
广东	4745	5.96%	4	安徽	365	0.46%	20
四川	3650	4.59%	5	广西	365	0.46%	20
山东	2190	2.75%	6	江西	365	0.46%	20
浙江	2190	2.75%	6	台湾	0	0.00%	24
湖南	2190	2.75%	6	吉林	0	0.00%	24
江苏	1460	1.83%	9	宁夏	0	0.00%	24
上海	1095	1.38%	10	山西	0	0.00%	24
云南	1095	1.38%	10	新疆	0	0.00%	24
河南	1095	1.38%	10	海南	0	0.00%	24
福建	1095	1.38%	10	澳门	0	0.00%	24
重庆	1095	1.38%	10	甘肃	0	0.00%	24
河北	730	0.92%	15	西藏	0	0.00%	24
湖北	730	0.92%	15	青海	0	0.00%	24
辽宁	730	0.92%	15	香港	0	0.00%	24

（四）黔南州荔波县邓恩铭烈士故居

黔南州荔波县邓恩铭烈士故居的消费需求总量为 114 610 人次，平均需求量为 3371 人次，其中有 9 个省份年检索量高于全国平均搜索量，25 个省份低于全国平均水平。消费需求排名第一的是贵州，其需求量为 31 755，占比 27.71%。前五大消费需求市场分别为贵州、山东、北京、广东、广西。具体如下表所示。

表 3-131 黔南州荔波县邓恩铭烈士故居消费需求空间分布

省级行政区域	消费需求（人次）	占比	排名	省级行政区域	消费需求（人次）	占比	排名
贵州	31 755	27.71%	1	福建	1460	1.27%	16
山东	13 505	11.78%	2	重庆	1460	1.27%	16
北京	9125	7.96%	3	陕西	1460	1.27%	16
广东	8030	7.01%	4	辽宁	1095	0.96%	21
广西	6570	5.73%	5	内蒙古	730	0.64%	22
江苏	6205	5.41%	6	吉林	730	0.64%	22
浙江	5110	4.46%	7	山西	730	0.64%	22
四川	4380	3.82%	8	黑龙江	730	0.64%	22
湖南	3650	3.18%	9	天津	365	0.32%	26
安徽	3285	2.87%	10	新疆	365	0.32%	26
湖北	2920	2.55%	11	台湾	0	0.00%	28
上海	2190	1.91%	12	宁夏	0	0.00%	28
河南	2190	1.91%	12	海南	0	0.00%	28
江西	1825	1.59%	14	澳门	0	0.00%	28
河北	1825	1.59%	14	西藏	0	0.00%	28
云南	1460	1.27%	16	青海	0	0.00%	28
甘肃	1460	1.27%	16	香港	0	0.00%	28

二十三、云南省各景区红色旅游经典景区消费需求空间分布

昆明市陆军讲武堂旧址

昆明市陆军讲武堂旧址的消费需求总量为 177 390 人次，平均需求量为 5217 人次，其中有 9 个省份高于全国平均水平，25 个省份低于全国平均水平。消费需求排名第一的是云南，其需求量为 62 050，占比 34.98%。前五大消费需求市场分别为云南、北京、广东、四川、江苏。具体如下表所示。

表 3-132 昆明市陆军讲武堂旧址消费需求空间分布

省级行政区域	消费需求（人次）	占比	排名	省级行政区域	消费需求（人次）	占比	排名
云南	62 050	34.98%	1	陕西	2190	1.23%	18
北京	14 600	8.23%	2	天津	1825	1.03%	19
广东	14 600	8.23%	2	安徽	1825	1.03%	19
四川	12 410	7.00%	4	山西	-1460	0.82%	21
江苏	8395	4.73%	5	内蒙古	730	0.41%	22
上海	7300	4.12%	6	江西	730	0.41%	22
浙江	6205	3.50%	7	黑龙江	730	0.41%	22
山东	5475	3.09%	8	吉林	365	0.21%	25
重庆	5475	3.09%	8	新疆	365	0.21%	25

续表

省级行政区域	消费需求（人次）	占比	排名	省级行政区域	消费需求（人次）	占比	排名
湖南	4745	2.67%	10	海南	365	0.21%	25
辽宁	4380	2.47%	11	甘肃	365	0.21%	25
贵州	4015	2.26%	12	台湾	0	0.00%	29
广西	3650	2.06%	13	宁夏	0	0.00%	29
河南	3650	2.06%	13	澳门	0	0.00%	29
福建	3650	2.06%	13	西藏	0	0.00%	29
河北	2920	1.65%	16	青海	0	0.00%	29
湖北	2920	1.65%	16	香港	0	0.00%	29

二十四、陕西省各景区红色旅游经典景区消费需求空间分布

（一）"西安事变"纪念馆

"西安事变"纪念馆的消费需求总量为354 780人次，平均需求量为10 435人次，其中有12个省份高于全国平均水平，22个省份低于全国平均水平。消费需求排名第一的是陕西，其需求量为84 680，占比23.87%。前五大消费需求市场分别为陕西、北京、广东、江苏、河南。具体如下表所示。

表3-133 "西安事变"纪念馆消费需求空间分布

省级行政区域	消费需求（人次）	占比	排名	省级行政区域	消费需求（人次）	占比	排名
陕西	84 680	23.87%	1	天津	5475	1.54%	18
北京	27 740	7.82%	2	福建	5110	1.44%	19
广东	22 265	6.28%	3	内蒙古	4380	1.23%	20
江苏	19 345	5.45%	4	广西	4015	1.13%	21
河南	19 345	5.45%	4	江西	4015	1.13%	21
四川	18 980	5.35%	6	云南	3285	0.93%	23
山东	18 615	5.25%	7	黑龙江	2920	0.82%	24
浙江	14 600	4.12%	8	吉林	2555	0.72%	25
辽宁	13 870	3.91%	9	新疆	2555	0.72%	25
上海	12 775	3.60%	10	贵州	2555	0.72%	25
山西	12 775	3.60%	10	宁夏	1460	0.41%	28
河北	11 680	3.29%	12	海南	1095	0.31%	29
湖北	9125	2.57%	13	青海	730	0.21%	30
安徽	8030	2.26%	14	台湾	0	0.00%	31
湖南	7665	2.16%	15	澳门	0	0.00%	31
甘肃	6935	1.95%	16	西藏	0	0.00%	31
重庆	6205	1.75%	17	香港	0	0.00%	31

（二）延安革命纪念馆

延安革命纪念馆的消费需求总量为 690 945 人次，平均需求量为 20 322 人次，其中有 16 个省份高于全国平均水平，18 个省份低于全国平均水平。消费需求排名第一的是陕西，其需求量为 94 170，占比 13.63%。前五大消费需求市场分别为陕西、北京、广东、河南、山东。具体如下表所示。

表 3-134　延安革命纪念馆消费需求空间分布

省级行政区域	消费需求（人次）	占比	排名	省级行政区域	消费需求（人次）	占比	排名
陕西	94 170	13.63%	1	天津	16 790	2.43%	18
北京	43 800	6.34%	2	重庆	16 425	2.38%	19
广东	36 865	5.34%	3	福建	14 235	2.06%	20
河南	36 500	5.28%	4	江西	13 870	2.01%	21
山东	34 675	5.02%	5	广西	13 505	1.95%	22
江苏	32 850	4.75%	6	宁夏	13 140	1.90%	23
山西	31 755	4.60%	7	云南	10 950	1.58%	24
四川	29 930	4.33%	8	新疆	10 220	1.48%	25
河北	27 740	4.01%	9	黑龙江	10 220	1.48%	25
浙江	27 375	3.96%	10	吉林	8030	1.16%	27
上海	26 645	3.86%	11	贵州	6570	0.95%	28
内蒙古	24 090	3.49%	12	青海	2920	0.42%	29
辽宁	22 265	3.22%	13	海南	2555	0.37%	30
湖北	21 535	3.12%	14	西藏	1460	0.21%	31
湖南	21 170	3.06%	15	香港	365	0.05%	32
甘肃	21 170	3.06%	15	台湾	0	0.00%	33
安徽	17 155	2.48%	17	澳门	0	0.00%	33

（三）宝塔山景区

宝塔山景区的消费需求总量为 777 085 人次，平均需求量为 22 855 人次，其中有 16 个省份高于全国平均水平，18 个省份低于全国平均水平。消费需求排名第一的是陕西，其需求量为 93 075，占比 11.98%。前五大消费需求市场分别为陕西、北京、江苏、广东、山东。具体如下表所示。

表 3-135　宝塔山景区消费需求空间分布

省级行政区域	消费需求（人次）	占比	排名	省级行政区域	消费需求（人次）	占比	排名
陕西	93 075	11.98%	1	甘肃	18 250	2.35%	18
北京	44 530	5.73%	2	重庆	18 250	2.35%	18
江苏	43 800	5.64%	3	江西	17 520	2.25%	20
广东	42 705	5.50%	4	天津	16 790	2.16%	21
山东	37 230	4.79%	5	广西	14 235	1.83%	22

续表

省级行政区域	消费需求（人次）	占比	排名	省级行政区域	消费需求（人次）	占比	排名
浙江	35 770	4.60%	6	黑龙江	13 870	1.78%	23
河南	33 945	4.37%	7	贵州	13 505	1.74%	24
上海	33 215	4.27%	8	云南	12 045	1.55%	25
四川	32 485	4.18%	9	宁夏	12 045	1.55%	25
河北	30 660	3.95%	10	吉林	11 315	1.46%	27
山西	30 295	3.90%	11	新疆	10 220	1.32%	28
湖北	28 105	3.62%	12	青海	4745	0.61%	29
湖南	27 010	3.48%	13	海南	4015	0.52%	30
安徽	26 645	3.43%	14	西藏	730	0.09%	31
内蒙古	25 185	3.24%	15	香港	365	0.05%	32
辽宁	24 820	3.19%	16	台湾	0	0.00%	33
福建	19 710	2.54%	17	澳门	0	0.00%	33

二十五、甘肃省各景区红色旅游经典景区消费需求空间分布

酒泉市玉门油田

酒泉市玉门油田的消费需求总量为 398 215 人次，平均需求量为 11 712 人次，其中有 15 个省份高于全国平均水平，19 个省份低于全国平均水平。消费需求排名第一的是甘肃，其需求量为 41 975，占比 10.54%。前五大消费需求市场分别为甘肃、北京、陕西、山东、广东。具体如下表所示。

表 3-136 酒泉市玉门油田消费需求空间分布

省级行政区域	消费需求（人次）	占比	排名	省级行政区域	消费需求（人次）	占比	排名
甘肃	41 975	10.54%	1	湖南	7300	1.83%	18
北京	36 135	9.07%	2	安徽	6935	1.74%	19
陕西	26 645	6.69%	3	山西	4745	1.19%	20
山东	25 915	6.51%	4	福建	4745	1.19%	20
广东	24 455	6.14%	5	内蒙古	4380	1.10%	22
四川	23 360	5.87%	6	吉林	4380	1.10%	22
江苏	20 805	5.22%	7	宁夏	3650	0.92%	24
河南	18 250	4.58%	8	广西	3650	0.92%	24
浙江	18 250	4.58%	8	江西	3650	0.92%	24
黑龙江	18 250	4.58%	8	青海	3285	0.82%	27
上海	16 790	4.22%	11	云南	2555	0.64%	28
新疆	16 790	4.22%	11	贵州	1095	0.27%	29
河北	15 695	3.94%	13	海南	730	0.18%	30
辽宁	14 235	3.57%	14	香港	365	0.09%	31

续表

省级行政区域	消费需求（人次）	占比	排名	省级行政区域	消费需求（人次）	占比	排名
湖北	12 410	3.12%	15	台湾	0	0.00%	32
天津	9125	2.29%	16	澳门	0	0.00%	32
重庆	7665	1.92%	17	西藏	0	0.00%	32

第四章 红色旅游经典景区消费需求影响因素及红色旅游发展建议

2023年全国红色旅游经典景区的消费需求数据分析，为探讨其影响因素及发展策略提供了坚实基础。本研究从空间角度分析了全国整体情况到七大区域、从时间上分析了全年整体情况到"十一"、春节期间这两大重要节假日的消费需求状况，同时，还分析了包括不同等级旅游景区的消费动态。具体包括：红色旅游经典景区网络热度全国整体及七大区域的基本情况，全年、"十一"假期、春节假期消费需求排名，不同等级景区消费需求排名；红色旅游经典景区全国及七大区域消费群体的性别与年龄两类属性人口特征，七大区域及34个省级行政区消费群体的搜索对象偏好；红色旅游经典景区全国、七大区域、省域、景区4个维度的消费需求空间分布。这些数据不仅跨越了地理尺度和时间尺度，更涵盖了不同等级和多元特征，构建了一个立体化的分析框架。从网络大数据的角度出发探究相关分布规律，捕捉公众对红色旅游经典景区的认知、情感与偏好，为景区管理、区域规划和全国红色旅游高质量发展提供了有力支撑。

研究团队凭借对数据结果的精细梳理和深入分析，全面审视了影响红色旅游经典景区发展的各种因素，并据此提出了切实可行的发展建议。这些建议旨在推动景区实现持续繁荣，并为红色旅游经典景区的未来发展提供有益的参考和启示。

第一节　消费需求影响因素

一、政策支持力度

我国高度重视红色旅游发展。自2004年开始，我国相继颁布了2004—2010年、2011—2015年、2016—2020年三期全国红色旅游发展规划纲要，就发展红色旅游的总体思路、总体布局和主要措施等方面作出了明确部署，为我国红色旅游的发展提供了行动指南。打造红色旅游经典景区是第一期规划纲要（2004—2010年）就提出的发展目标，经过两个周期的建设，2016年，国家发改委等十四个国家部委印发《全国红色旅游经典景区名录》，共有300处红色旅游景区进入名录。这300处红色旅游经典景区已成为我国红色旅游发展的重要抓手。2021年1月，《国务院关于新时代支持革命老区振兴发展的意见》印发实施，支持革命老区在新发展阶段"培育壮大特色产业"，"推动红色旅游高质量发展"。《"十四五"旅游业发展规划》提出，要"大力发展红色旅游"，"持续优化建设300处红色旅游经典景区"。2023年8月，文化和旅游部、教育部、共青团中央、全国妇联、中国关工委印发《用好红色资源 培育时代新人 红色旅游助推铸魂育人行动计划（2023—2025年）》，主要任务有实施红色文化课程建设、开展系列宣讲活动、举办红色旅游品牌活动、提升红色教育服务水平。2023年9月27日，国务院办公厅印发了《关于释放旅游消费潜力推动旅游业高质量发展的若干措施》，强调"有序发展红色旅游，保护好、管理好、运用好红色资源"。2023年11月，文化和旅游部印发《国内旅游提升计划（2023—2025年）》，提出"推进全国红色旅游融合发展示范区、重点区建设"。一系列支持政策的出台，有力促进了红色旅游的快速发展，同时，也激发了旅游者对红色旅游景区和目的地的兴趣。

政策支持力度越大，资金、智力、技术投入越多，景区消费需求排名相对越靠前。参照全年消费需求排名可以发现，日均值排名前三的景区来自江西、河南、湖南三个省级行政区，这些地区之所以能够获得如此突出的红色旅游景区消费需求，离不开政府政策支持。以湖南为例。习近平总书记于2024年3月在考察湖南时，强调要"保护好、运用好红色资源，加强革命传统和爱国主义教育，引导广大干部群众发扬优良传统、赓续红色血脉，践行社会主义核心价值观，培育时代新风新貌"。湖南是红色旅游资源大省，被誉为"革命摇篮，伟人故里，将帅之乡"。近年来，湖南锚定"三高四新"美好蓝图，坚持以新发展理念引领高质量发展，出台了《湖南省红色资源保护和利用条例》《湖南省"十四五"红色旅游发展专项规划》《湖南省红色旅游基地规范》等，对全省红色旅游发展进行了系统性布局。2022年9月，湖南省委、省政府出台《关于加快建设世界旅游目的地的意见》，指出着力打造以韶山等为代表的经典红色名片。2023年3月，湖南省文化和旅游厅印发《湖南促进文旅业复苏振兴若干措施》；6月，湖南省文化和旅游厅、省财政厅联合印发了《湖南省"引客入湘"入境旅游奖励办法》；9月，湖南省人民政府办公厅印发《湖南省恢复和扩大消费的若干政策措施》，明确"丰富文旅消费"。湘潭市出台《关于湘潭市打造韶山经典红色名片实施方案（2023—2026年）》，韶山市获批为全国红色旅游融合发展试点单位。在一系列政策的推动下，湖南加大红色文化与旅游的深度融合，持续打造"伟人故里"红色旅游品牌，抓好韶山直达井冈山的"两山铁路"建设、长征国家文化公园（湖南段）建设等重点工程项目，重点推介湖南首批10条红色旅游研学精品线路，重点打造湖南省红色文化旅游节和潇湘红色故事讲解员大赛等节会赛事，多项举措深化"红色旅游+"产业融合，形成"一核八景三走廊十二线"发展全新格局，红色旅游发展取得了良好的社会效益和经济效益。湖南的红色旅游发展日益受到旅游者的持续关注，激发了旅游需求。

二、地区发展水平

我国地域辽阔，资源禀赋各具特色，改革开放进程中区域发展呈现出多样化发展格局。从东部沿海的繁荣到西部内陆的崛起，从华北地区的发达到西南地区、西北地区的潜力挖掘，34个省级行政区域发展水平各不相同。近年来，我国在促进区域协调发展上取得积极进展，地区间在经济发展、社会管理、科学技术创新等方面的差距逐渐缩小，区域间互补合作日益增强。新时代的区域协调发展强调发挥各自比较优势，实现高质量发展，并在这一过程中促进区域间的相对平衡。随着区域发展水平的提升，社会、经济、技术环境不断优化，这为红色旅游经典景区的发展提供了强有力的支撑。与此同时，在这样的背景下，红色旅游经典景区的消费需求也受到所在区域基础条件的深刻影响。

地区发展水平越高，社会、经济、技术环境越好，景区消费需求排名相对靠前。参照人均GDP与消费需求排名关系可以发现，北京（人均GDP19.03万元）、上海（人均GDP17.99万元）、江苏（人均GDP14.44万元）位列前三，消费需求排名也位居较前列（分别排第1、14、2）；广东（人均GDP第4，消费需求第8）、陕西（人均GDP第11，消费需求第12）、山西（人均GDP第12，消费需求第16）、山东（人均GDP第10，消费需求第9）、云南（人均GDP第20，消费需求第24）。从七大区域来看，华东地区、华北地区、华南地区经济发展水平整体较高，其区内红色旅游经典景区消费需求也名列前茅。以上数据表明，区域发展水平与经典景区消费需求呈现较为显著的相关性，这一方面是因为位于发展水平较高地区的红色旅游经典景区拥有更丰富的资金、技术、人才资源，可以在景区宣传尤其网络推广上做更多布局；另一方面，景区客源以本省与邻近地区为主，发展水平较高区域的互联网渗透率更为突出，其公众关注区内红色旅游经典景区的可能性更大、频次更高。

三、交通运输条件

交通运输，作为人与物实现空间位移的桥梁，借助铁路、公路、水路及航空等多样化交通工具，极大地促进了人员和物资的高效、便捷流动。交通运输网络不仅是国家基础设施的重要组成部分，更是推动经济发展的关键要素，为现代社会的持续繁荣提供了坚实的基础。在旅游领域中，交通运输的重要性尤为凸显。旅游作为一种典型的空间位移活动，其出游半径和交通条件紧密相关。随着立体交通网络的日益完善，游客在选择旅游目的地时，不再仅仅关注目的地与出发地的直线距离，而是更多地考虑乘坐不同交通工具所需的时间成本。时间成本成为影响游客旅游决策的重要因素之一。

交通运输条件越好，目的地通达性越高，景区消费需求排名相对靠前。参照红色旅游经典景区全年消费需求分布，华北地区、华东地区占比超过四分之一，华中地区也高于15%，其次是东北地区、西南地区、华南地区、西北地区，这与我国东西部交通发展不平衡是分不开的。具体而言，全年消费需求名列前茅的省级行政区域中，河北、山东、河南、湖南等地的交通运输条件为其提供了良好助力。而云南、甘肃等位于西部交通欠发达区域的消费需求则排名靠后。可见，交通运输条件与经典景区消费需求呈现较为显著的相关性，这是因为交通网络密度越大，公众到达目的地越方便快捷，红色旅游经典景区才越有可能被纳入考虑，出游意愿一旦被激发，就可能产生相关的网络关注，伴随旅游行为发生，还会带来更多的消费需求提升。

四、区域人口规模

人口规模一直是衡量一个地区经济活力和市场潜力的重要指标。人口的集聚不仅能带来劳动力市场的繁荣，也能为消费市场提供广阔的空间。我国各地的人口分布差异显著。第七次人口普查结果显示，广东（1.26亿人）、山东（1.01亿人）、河南（9936.55万人）和江苏（8474.8万人）仍然是我国人口最多的四个地区，四川、河北、湖南、浙江、安徽、湖北分别排名第5至第10。按照国务院城市规模划分标准，目前全国共有105个大城市，其中超大城市7个（上海、北京、深圳、重庆、广州、成都、天津），特大城市有14个，Ⅰ型大城市有14个，Ⅱ型大城市有70个。在这样的背景下，红色旅游作为一种特殊的文化旅游形式，其发展和消费需求与人口规模有着密切的联系。人口稠密的地区往往意味着更大的潜在客源市场，使得人口规模较大的地区在红色旅游消费需求上具有明显的优势。

人口分布越稠密，潜在客源市场越大，景区消费需求排名相对越靠前。参照全国红色旅游经典景区消费需求空间分布，消费需求总量排名前十分别是北京、江苏、湖南、河北、江西、河南、辽宁、广东、山东、四川，其中一半以上的省份位列我国人口规模前十。此外，全国红色旅游经典景区全年消费需求排名前十的景区分别是井冈山红色旅游系列景区、安阳市林州市红旗渠、岳麓山景区、南京市中山陵、卢沟桥、天安门广场、中国国家博物馆、石家庄市平山县西柏坡红色旅游系列景区（点）、安新县白洋淀景区、凉山州中国西昌卫星发射中心，3个景区位于北京，2个景区位于河北，另外5个景区位于江西、湖南、江苏、四川，以上表明绝大部分消费需求较高的红色旅游经典景区是来自人口规模较大的省级行政区或城市。可见，人口分布特点与经典景区消费需求呈现较为显著的相关性，这是由于旅游资源吸引力随多维感知距离而衰减，红色旅游经典景区的首要客源地是本省、本市，因此景区所在地区的人口规模、城镇化率、空间分布直接决定其客源结构，由此对消费需求产生影响。

五、节假日与节事活动

随着社会对文化多样性和个性化需求的增长，从传统的春节、中秋等节日庆典，到现代的各类文化节、艺术节等，节事活动已经成为人们生活中不可或缺的一部分。这些活动不仅丰富了人们的精神文化生活，也为地方经济的发展带来了新的活力。红色旅游经典景区通过举办各种节庆活动，如纪念日活动、红色文化节等来吸引游客。游客在参与中感受到红色文化的魅力，增强对红色历史的认同感和归属感。同时，节庆活动对于红色旅游的消费需求也带来积极的推动作用。2023年12月26日是毛主席诞辰130周年纪念日，自25日晚间起，来自中国各地的民众便源源不断涌入湖南韶山毛泽东广场，敬献鲜花、瞻仰毛主席铜像，缅怀伟人。节事活动对红色旅游经典景区的消费需求有着直接且积极的影响。它们不仅丰富了游客的文化体验，还激发了游客的消费热情，为红色旅游的发展注入了持续的动力。

在当今繁荣的经济背景下，生活品质的显著提升使得节假日的内涵发生了深刻变化。节假日不再仅仅是人们日常忙碌生活中的喘息时刻，而是转化为了旅游与消费的黄金时段，成为人们追求休闲、探索新奇和享受生活的绝佳机会。传统的节假日如春节、国庆、劳动节等，不仅承载着深厚的文化意义，也成为人们出游的高峰期。此外，随着带薪休假制度的逐渐完善，人们有了更多自主安排假期的机会，这进一步激发了节假日旅游市场的需求。2023年全国红色旅游经典景区整体消费需求年均值429 116次，计算得到日均值1176次，"十一"假期（包括中秋）整体消费需求期均值10 940次，计算得到日均值1367次，日均值上涨16%。从全年来看，121个景区中有35个景区在平均水平以上，而"十一"期间则有42个景区的消费需求日均值超过1176次，高于日常平均水平，充分说明国庆黄金周对于旅游出行的拉动作用。可见，闲暇时间直接决定公众出游意愿高低，节假日成为推动红色旅游消费的重要力量。

六、知名度与资源赋存

知名度是基于历史影响力、文化价值和社会认知度的综合体现。红色旅游经典景区的知名度往往与其承载的历史事件紧密相关，这些事件在国家叙事中占据重要位置，成为民族记忆的一部分。随着时间的推移，一些景区通过各种宣传和教育活动，如纪录片、电影、书籍以及学校教育，不断提升其在公众心中的地位。此外，利用现代传媒和互联网平台，这些景区的知名度得以迅速扩大，吸引了来自全国各地乃至世界各地的游客。韶山、井冈山、北京天安门广场等因其在中国革命历史中的重要地位而享有极高的知名度，这使得它们成为了红色旅游的热点，吸引了大量游客前来参观学习。搜索日均值排名靠前的红色旅游景区普遍是知名度较高的景区。

旅游资源赋存衡量各地区旅游资源的类型、数量、质量、特点及其分布规律，红色旅游资源赋存区际、省际差异明显，由此引起消费需求高低有别。从七大区域差异来看，华东地区拥有数量最多（38）的红色旅游经典景区，其次是华北地区（29），随后华中地区（17）、华南地区（13）、西南地区（11），最后东北地区（9）、西北地区（4），AAAAA 级、AAAA 级景区也集中于华东地区、华北地区、华中地区，全年消费需求总值同样呈现这一特征。再看省际差异，消费需求日均值前五的省级行政区域分别是江西、河南、湖南、江苏、北京，一方面由于其辖区内景区数量较多，另一方面归功于需求量较高的典型景区。此外，从景区排名也可发现，位居前十的景区有 6 个 AAAAA 级、1 个 AAA 级，另外 3 个未评定等级，整体来看较高等级景区更加受到关注。可见，红色旅游经典景区的数量、等级、空间分布将决定景区、省际、区域红色旅游知名度与影响力，造成景区间消费需求的显著差异。

第二节 红色旅游发展建议

一、精准政策扶持，引领红色旅游

全面推进红色旅游，需要精准、差异化的扶持政策。红色旅游不仅承载着革命历史与文化，更是传播爱国主义和民族精神的重要载体。鉴于各地红色资源的独特性和发展的不均衡性，深入调研并因地制宜地制定政策显得尤为重要。第一，强化基础良好景区的深度开发与特色打造。政府应提供资金支持和政策引导，鼓励其积极运用现代科技增强游客的体验，并结合当地文化艺术，推出独具特色的演艺项目和主题展览，深化文化内涵，提升景区吸引力。第二，加速尚待开发的红色资源的孵化与成长。对于这部分资源，重点应放在基础设施建设和市场推广上。投入资金完善交通、住宿等基础设施，提升景区的可进入性和舒适度；同时，制定针对性的市场营销策略，提升知名度。此外，鼓励当地社区参与开发，实现利益共享。第三，深化红色旅游与教育的融合互动。通过与高校的紧密合作，共同开发红色旅游教育课程，组织学生前往红色景区进行实地学习和社会实践，让学生在实践中学习和传承红色文化。同时，在红色旅游景区设立教育基地，为游客提供全面的红色文化教育服务，让每一位游客在游览红色景区时都能深刻感受到革命精神和爱国主义的熏陶。通过精准政策扶持，实现红色旅游资源的充分利用和高效发展，全面提升红色旅游的知名度和影响力。

二、区域协调发展，促进资源共享

在实现红色旅游的全面发展过程中，不仅要关注单一地区、单一景区的建设，更要从宏观的角度，着眼于整个红色旅游产业的战略布局。具体而言，第一，强化区域协调合作机制。建立跨区域红色旅游合作机制，共同探讨红色旅游发展规划、政策协调及市场推广等问题。推动成立红色旅游区域合作联盟，共同制定并实施区域合作行动计划。第二，优化资源配置与优势互补。开展红色旅游资源普查与评估，建立资源数据库，明确各区域资源特色与优势。实施差异化发展战略，避免同质化竞争，鼓励各地根据自身资源特点开发特色红色旅游产品。推动跨区域红色旅游线路设计，实现资源互补与串联，提升整体旅游体验。第三，推动红色旅游与多元产业深度融合。将红色旅游与当地文化、农业、教育等产业相结合，开发多元化旅游产品。鼓励红色旅游景区与周边景区、特色小镇、乡村旅游点等形成联动效应，共同打造综合旅游目的地。支持红色旅游与文化创意产业结合，开发红色文化衍生品，提升红色旅游的文化附加值。第四，打破地域壁垒，实现资源共享。推动建立红色旅游资源共享平台，实现信息互通、资源共享、市场共拓。鼓励跨区域旅游企业合作，共同开发红色旅游市场，实现互利共赢。取消或降低跨区域旅游合作中的行政壁垒和限制条件，为红色旅游合作创造良好环境。

三、构建交通网络，优化出行体验

交通作为连接红色旅游目的地与游客之间的桥梁，正逐渐从简单的通行功能转变为推动红色旅游经济发展和文化传播的关键力量。在促进红色旅游发展的过程中，交通网络的优化与升级不仅是红色旅游发展的必要条件，更是实现其长远目标的重要途径。为此，可以从以下几个方面着手实施：第一，构建高效便捷的交通网络。加大对连接主要城市与红色旅游目的地的交通主干道建设投入，完善景区周边的连接线，形成快速通达的交通网络。根据区域特点，协调发展公路、铁路、航空等多种交通方式，提升高铁、动车等快速交通工具的覆盖率，缩短游客出行途中时间，提高出行效率。第二，优化交通网络布局与衔接。合理规划区域内大、中、小交通网络的布局，确保各种交通方式之间的衔接，减少换乘次数和时间成本。加强交通枢纽（如机场、火车站、汽车站）与红色旅游景区之间的直达交通建设，如设置旅游专线巴士、直达班车等，方便游客快速到达景区。在景区内部，合理规划停车场、步道、观光车线路等，确保游客在景区内的出行安全、便捷、舒适。第三，引入智能化交通导航系统。与科技公司合作，开发针对红色旅游景区的智能导航APP，提供实时路况、最佳路线规划、景区内位置定位等功能，提升游客获取交通信息的便捷性。通过构建一个更加高效、便捷、智能的红色旅游交通网络，为游客提供更加优质的出行体验，进一步推动红色旅游经济的发展和文化传播。

四、扩大市场规模，增加游客流量

红色旅游的发展离不开市场规模的扩大和游客流量的增加。为了吸引更多游客，需从多个维度出发，深入挖掘和利用区域人口规模这一关键因素。第一，深入研究目标市场，精准定位。通过大数据分析区域人口规模、结构及消费特点，明确不同年龄、性别、教育水平等群体的旅游偏好与需求，为红色旅游产品的开发与营销提供精准指导。第二，创新红色旅游产品，打造差异化体验。深入挖掘区域红色文化内涵，结合当地特色资源，创新开发一系列具有独特魅力的红色旅游线路和活动。通过丰富多样的体验形式，让游客在参与中深刻感受红色文化的独特魅力，增强旅游体验的深度与广度。第三，充分利用新媒体平台，拓宽市场推广渠道。借助微博、微信、抖音等新媒体平台，通过高质量的图片、视频、故事等内容，生动展现红色旅游景点的美丽风光与深厚底蕴，吸引更多潜在游客的关注。第四，加强区域合作，共促市场发展。积极与周边地区建立合作机制，共同打造跨区域的红色旅游精品线路。通过联合推广、互送客源等方式，实现资源共享、市场共赢。此外，还可以共同举办红色旅游节庆活动、展览等，提升红色旅游的吸引力和影响力，推动红色旅游市场的整体繁荣与发展。通过深入研究市场、创新旅游产品、利用新媒体平台以及加强区域合作等措施，有效扩大红色旅游的市场规模，增加游客流量，为红色旅游的持续健康发展奠定坚实基础。

五、策划节事活动，激活旅游热点

节假日和节事活动对红色旅游消费需求具有直接且显著的影响。为了促进红色旅游消费需求，可策划一系列与红色文化紧密关联的节事活动，以激活红色旅游热点。首先，深度挖掘红色文化。通过举办红色主题展览、经典剧目演出、专家讲座及研讨会等多元化形式，全方位展示红色历史的厚重与文化的魅力。同时，创新性地融入现代科技元素，如虚拟现实（VR）、增强现实（AR）技术，打造沉浸式红色旅游体验，增强旅游体验的真实感与震撼力。其次，注重节庆活动的互动性与创新性。设计丰富的互动环节与体验项目，如角色扮演、红色寻宝等，鼓励游客积极参与，提升参与感与体验感。利用社交媒体与新媒体平台，发起线上互动话题与挑战，吸引游客分享自己的红色旅游故事与体验，形成口碑传播效应。另外，节假日期间，景区应精准把握市场机遇，制定科学的营销策划方案。通过提前发布活动预告、优惠信息等方式，吸引游客关注与预订。同时，利用大数据与人工智能技术，实时监测并发布客流信息，科学引导游客分流，减少拥堵现象，提升游览舒适度与满意度。此外，针对热度较低的红色旅游景区，应深入调查游客需求与偏好，科学规划并举办具有地方特色的主题活动。通过新媒体平台广泛宣传，吸引更多潜在游客的关注与参与。同时，加强与旅行社、在线旅游平台等渠道的合作，拓宽客源市场，促进红色旅游消费需求的持续增长。通过深入挖掘红色文化、创新节庆活动形式、精准把握节假日市场机遇以及科学规划并推广低热度景区等措施，有效激活红色旅游热点，促进红色旅游市场的繁荣与多元化发展。

六、深挖红色资源，提升旅游品牌

深挖红色资源，提升旅游品牌，是激活红色旅游潜力、展现其独特魅力的关键所在。第一，深入挖掘红色资源，让故事生动再现。全面梳理区域内的红色资源，从历史事件、人物事迹到遗址遗迹，每一块土地、每一处遗迹都是讲述动人红色故事的载体。在景区开发过程中，紧密围绕红色资源的核心价值，将其精髓融入整体规划与设计中，从旅游产品创新到展陈形式更新，每一步都需精心策划，力求让游客在游览中深刻感受红色文化的厚重与魅力。第二，加强区域联动，共筑红色旅游新格局。顺应区域协调发展趋势，积极与周边地区、其他旅游资源形成紧密合作，通过资源共享、市场共拓、线路共推等方式，共同打造红色旅游精品线路和特色品牌，丰富红色旅游的内涵与外延，促进红色旅游业的繁荣发展。第三，提升旅游品牌，展现独特文化内涵。深入挖掘红色资源的文化内涵，提炼出具有鲜明特色的品牌理念，是提升旅游品牌的关键。通过创意策划和精心打造，让红色旅游品牌具有更强的辨识度和吸引力。同时，借助新媒体等现代传播手段，加大品牌宣传力度，通过线上线下相结合的方式，广泛传播红色旅游品牌形象，提高品牌的知名度和美誉度。深挖红色资源、提升旅游品牌是一个系统工程，需要从多个方面入手，全方位、多角度地展现红色资源的独特魅力。